的聲音

ALL VOICES FROM THE ISLAND

被壓抑的天才

錢鍾書與現代中國

湯晏　著

謹跪獻給

先父母在天之靈

目次

楊絳先生函

湯晏先生：

昨天收到您十月十五、十六日二信及附件，謝謝！您的《錢鍾書傳》快要出版了，我向您賀喜。您孜孜矻矻為他寫傳，不採用無根據的傳聞，不憑「想當然」的推理來斷定過去，力求歷史的真實；遇到不確切的事，不憚其煩地老遠一次次來信問我，不敢強不知以為知。我很佩服您這種精神。但是，我只對您提出的問題做了答覆，卻未能從頭至尾細讀原稿；對於您所採用的某些資料是否可靠，我不知道。所以，我不敢應命為您寫序。而且您和我的觀點也不相同。錢鍾書不願去父母之邦，有幾個原因。一個重要的原因是他深愛祖國的語言——他的 mother tongue，他不願用外文創作。假如他不得已而只能寄居國外，他首先就得謀求合適的職業來維持生計。他必須付出大部分時間保住職業，以圖生存。憑他的才學，他準會擠出時間，配合職業，用外文寫出幾部有關中外文化的著作。但是《百合心》是不會寫下去了。《槐聚詩存》也沒有了。《宋詩選注》也沒有了。《管錐編》也沒有了。當時《宋詩選注》受到批判，錢鍾書並沒有「痛心疾首」。因為他知道自己是一個「舊知識分子」。他盡本分完成了一件工作，並不指望讚譽。讚譽會帶來批判，批判多半是廢話，廢話並不能廢掉他的成果。所以他心情很平靜，還只顧補充他的《宋詩紀事補正》呢。這部書不久就要出版，有十多本。他的讀書筆記和心得，做為《錢鍾書手稿集》，已交商務印書館掃描印行，明年年底也可出版，大約有十大本。此外，我也許還能為他整理出一些作品。但是錢鍾書在創作方面，的確沒能夠充分發揮他的才華。「髮短心長」，千古傷心事，不獨錢鍾書的創作。您的設想屬浪漫派，我的設想較現實。反正同是設想而已。我耄耋之年，沒力量為您寫序很抱歉，只好寫封信謝謝您對錢鍾書的器重，也謝謝您對我的信任。祝願您的書有許多許多讀者。

楊絳謹上

二〇〇一年十月二十八日

【推薦序】

替天才立傳，爲歷史補光——一部翔實雅致的錢鍾書傳記

楊佳嫻（國立清華大學中文系副教授）

在大學裡對大二、大三的學生講現代文學史。錢鍾書《圍城》做為一九四〇年代的代表作品之一，帶著學生至少一起讀了小說頭一章。長天老日，蟬聲喁喁，同學們難免注意力渙散，偶爾還得穿插民國作家逸事來振奮人心，通常我講的是從楊絳《我們仨》讀到的：錢家養貓，隔壁林徽因家同樣養貓，二貓打架，錢鍾書替自家貓助陣，「特備長竹竿一枝，倚在門口，不管多冷的天，聽見貓兒叫鬧，就急忙從熱被窩裡出來，拿了竹竿，趕出去幫自己的貓兒打架。」學生們多半愛貓，文學史課本人物幫貓打架，突現了「真人」感，對於錢鍾書，大家都露出刷新三觀的眼神。

上世紀八〇年代，岑寂了三十年的《圍城》重新出版，引發「錢鍾書熱」，九〇年代，《圍城》改編為電視劇，延續了這股熱潮。不只小說，錢鍾書本人也在重新熱絡起來的非共

產國家交流中派上用場，彷彿「文物出土」般，引起了中外不同世代讀者的好奇，加上學術思潮與視野變化，其學術論著因此「重光」，甚至得到了價值的重估。

即使是錢鍾書去世後，由於「民國熱」、具濃厚跨文化性質，以及妻子楊絳持續扮演為他與世界的窗口（而楊絳本身也極具寫作才華），多年來各種相關著作層出不窮；網路時代，他們的夫妻愛情、生活、寫作與求學，成為文史類農場文的最愛，就如同徐志摩林徽因被傳奇化、象徵化的往事一般，成為通俗文化傳播的一部分。

圖書館可查閱到的幾種傳記中，二十年前面世的湯晏先生著作，甚獲好評。好書絕版，最使人遺憾。二十年後重編重出為《被壓抑的天才：錢鍾書與現代中國》，不單單滿足新舊「錢迷」，也是極好的輔佐，引領尚未瞭解錢鍾書的讀者進入一代大知識分子的世界，並給予極其充分的時空脈絡、人際脈絡的補充，如同閱讀以錢鍾書為核心的民國人文史。

湯晏先生說他初次接觸錢鍾書作品，是中學時代，同學塞了一本薄薄的《寫在人生邊上》到他背囊。我初次接觸，則晚得多，已經上碩士班了，從最為人所知的《圍城》起頭，然後才讀到《寫在人生邊上》。開篇〈魔鬼夜訪錢鍾書先生〉讓我讀到笑不可抑，為裡頭的博學睿智，也為那細微處一二用字之精妙而傾倒。至今我仍愛文中主人對魔鬼的歡迎語：「承你老人家半夜暗臨，蓬蓽生黑，十分榮幸！」光臨改為暗臨，生輝改為生黑，處處配合客人氣性，果然好客。

青春時初初打動的記憶，竟成為一脈心香，蜿蜒多年，成就了這部傳記。由於擁有多次第一手接觸（親聆錢鍾書演講、和錢鍾書楊絳多次通信），加上對資料詳細考察，對其他錢傳內容一一核實，以及老派人所特具的，打磨文字，講究詞彙使用，本書讀起來風味高雅。而上述特質在湯晏先生撰寫傳記如《葉公超的兩個世界》、《青年胡適（1891-1917）》等，也相當濃厚。

《被壓抑的天才》從幼年寫起，談及家庭、求學、留學、工作、遷徙、創作與學術，特殊時期如抗戰時的西南聯大、文革時期受批鬥與下放勞動，乃至改革開放以後以其跨語際的博識與口才，引起美國漢學界的驚詫與敬仰等等，均可看出天才的發展受惠於時代，亦受限於時代。除了妻子楊絳，書中還花了不少筆墨，突出錢鍾書父親錢基博（其《現代中國文學史》為學術熱點）、持愛護態度的老師吳宓（「學衡派」大將，且以近乎癡執的愛情態度聞名）、彼此頗不合睦的另一位老師葉公超（外文系才子，國府遷臺後曾任外交部長、駐美大使），也可以略略認識近現代中國學術的一些斷面。再者，湯晏先生除了一再討論《圍城》內外，還頗為注重錢鍾書的舊詩寫作；所援引舊詩往往應對特定時空、遭遇和心境，更彰顯出近現代以來，從魯迅、胡適到錢鍾書，之間差距何止兩個世代，在新文學浪潮下，舊詩做為知識分子內面的精神容器，有效性仍維持了相當久。

還有一項，湯晏先生在《被壓抑的天才》中並不避諱「我」的浮現。換言之，他善盡蒐證與核實的功夫，盡量周全，但並不假裝傳記是完全中立客觀的產物。正文之外，幾篇附錄如〈讀英譯《管錐編》探討艾朗諾教授（Ronald Egan）翻譯這部學術著作之得失〉、〈回憶「魔鬼夜訪」過的錢鍾書先生〉中披露幾封特別具學術性的錢鍾書書信，都使人驚喜。

最後講個不大正經的事。當前年輕女學生們流行穿極短黑色運動褲，青春耀眼，被稱為「真理褲」。根據比較可信的解答，是曾經有人貼出這身裝扮到網上論壇，詢問「真理或邪教？」，大家紛紛答曰「真理」。其實，《圍城》早就昭示過這種「真理」：鮑小姐穿著清涼，展露一身熟暖的肉，錢鍾書妙語解釋，既然「真理是赤裸的」，尚存一點衣物蔽體者，可目之為「局部的真理」。鮑小姐如果穿越來到今日，身體自主，衣著由我，一定也同等自在。

春山版自序

春山出版公司策劃再版我過去在時報公司出版的《民國第一才子錢鍾書》，這是我很感謝的。他們將書名改為《被壓抑的天才：錢鍾書與現代中國》，很切題。這本書初版是在二十年前，二十年是一段很長的時間，這一段時間大陸上印了三版簡體字版，每版出版時我多多少少又增訂一些新材料，這些新材料在臺北時報版所無，但遺憾的是時報版裡有很多不可或缺的資料，大陸上的出版家視為政治上「礙語」刪削了，特別從第十一章北京一章開始刪削掉不少，因此往往前後不能接筍，斷章取義，難免使讀者不知所以，有時會整段或整篇刪掉，就失去了作者的本意，茲試舉一例如下，我在初版序言裡說：

本書前半部敘述一個天才的發展，後半部即講一個天才在一個沒有言論自由的極權統治之下，沒有發揮天才的機會，結果把一個幾百年來難得一見的天才毀了。本書即圍繞著這個主題寫下去，從引言至結語前後是一致的。因我旅居海外，天高皇帝遠，可以暢所欲言，行文時，無絲毫顧忌；我不怕得罪誰，我也不想討好誰，只是憑一個知識分子的心智真誠說出了我自己的看法。

前面這段文字在大陸簡體字版就沒有刊登出來。當時我私下想也許在十年後他們就不會計較這些「礙語」。我錯了，沒有想到二十年後依然故我。歲數大了，我現在就沒有這種遐想了。因此這麼多年來，我一直想要把大陸簡體字版裡我所增訂的新資料，以及被刪掉的繁體字版「礙語」文字都放進在一個版本裡。這次春山出版社就樂意要做這份工作，真令我喜出望外。

我在本書第二章裡會講到北宋王安石寫的一篇〈傷仲永〉講一個天才神童方仲永的故事，在書裡我也講到十九世紀英國大思想家彌爾（John Stuart Mill），現在在本書裡我又加了一個當代很特出的美國天才數學家納許（John Forbes Nash Jr.）的一生故事（見本書第二章最後一段）。納許早年有點像方仲永。但方仲永沒有納許的環境與機會，所以他（方）最後被埋沒了。納許進普林斯頓很像錢鍾書進清華、進牛津。可是納許離開普林斯頓後他的天才還有發展的機會，他不會被埋沒。錢鍾書在清華，他的老師葉公超對他說，以你的才華，「你不應當進清華，你應該去牛津」，後來錢鍾書真的去了牛津。一九三八年他從歐洲學成回國後，大家公認為他在西洋文學的領域裡是最傑出的青年學者。可惜的是中國戰亂頻仍就沒有給他發展天才的機會。納許三十一歲時一如年輕時的彌爾，不幸罹患精神病；錢鍾書沒有這種病，他雖一生有氣喘病騷擾他，並不嚴重，但他碰到戰爭。彌爾邂逅了泰勒夫人（Mrs. Taylor）以後病就好了，納許多多少少與彌爾很相似，結了婚，病癒後又再度發揮了他的天才，最後得諾貝爾獎。錢鍾書在抗日戰爭勝利後，忽值山河改，碰到大災難，苟全性命於亂世，他哪還有發展天才的機會。最壞的時候在文革時期他去做清道夫、信差，自從五七幹校回來後，他忍受了一種叫「摻沙子」（「摻沙子」即是革命群眾可以住在資產階級權威家裡）的厄運。等到文革平息後，錢鍾書老之將至，太陽下山了，晚年病魔纏身就這樣把一個三百年來難得一見的文學天才毀了。

最後我趁這個機會還談一下納許，他在普林斯頓二十二歲拿到了博士學位後，隨即應聘到波士頓ＭＩＴ（麻省理工學院）教書。在ＭＩＴ教書的時候，他與波士頓一家醫院的女護士同居，生了一個兒子，但始終沒有結婚。一九五七年他與中美洲薩爾瓦多（El Salvador）一美女艾莉西亞．賴德（Alicia Larde）結婚，她是ＭＩＴ物理系的學生（小納許四歲）。翌年（一九五八）三十歲還不到就拿到ＭＩＴ終身職教授（tenure）。三十一歲得了精神病，一九六三年離婚（因納許打人），一九七〇年和好，但沒有結婚，艾莉西亞仍悉心照顧納許，後來他病好了，一九九四年納許獲諾貝爾獎，他們還是沒有結婚，一直到二〇〇一年才再一次結婚。納許的故事是很動人的，他人很高大、英俊，有charisma。他一生很戲劇化，好萊塢對他非常有興趣，電影製片人親自到普林斯頓火車站附近很簡陋的寓所見他，對他說願付鉅款，拍他的故事，他不為所動（還是沒有談攏呢？不詳）。結果一位名西爾維雅・娜薩（Sylvia Nasar）的女記者漁翁得利。娜薩一九四七年生於德國，一九五一年四歲時隨父母移民美國，一九七〇年拿到紐約大學經濟學碩士，一九九〇年起她在《紐約時報》做經濟記者。納許於一九九四年得了諾貝爾獎後，娜薩就寫了一部納許傳記，書名《美麗境界》（*A Beautiful Mind*），一九九八年由紐約西蒙與舒斯特（Simon & Schuster）出版公司出版。這本書很暢銷，二〇〇一年好萊塢根據娜薩的書拍成電影，納許由紐西蘭電影明星羅素・克洛（Russell Crowe）主演，由珍妮佛・康納莉（Jennifer Connelly）飾其妻艾莉西亞，都很成功，明星及電影是年都得了很多獎。娜薩名利雙收，版稅收入使她成為一個小富翁。製片商賺的錢更多，片商投資成本五千八百萬美元，而獲利三億一千三百萬。納許沒有什麼錢，住的房子很簡陋，英文裡說他「lives extremely modestly」。他窮嗎？他不窮，不過人家說他不大在乎錢。他在乎的是math（數學）。娜薩的書出版及拍成電影後，除了在象牙塔裡學術界外，曉得他的人多了，他的名聲也大。一般人看了《美麗境界》這本書或看了他的電影後，他的知名度高了，大多數人都喜歡他、佩服他，或者同情他（他的病）。這一點很像錢鍾書。

錢鍾書沒有傳記拍成電影，但他有《圍城》小說。《圍城》拍成電視劇，看的人很多。小說很暢銷，一版再版。人家也都喜歡他，佩服他，同情他在暴君手下的不幸遭遇。

*A Beautiful Mind*這本書，十幾年前我在紐約街頭路攤上買的廉價舊書，我看過，很好看（電影我沒有看），我還記得當年納許要讀研究所，他很想進哈佛，沒有收他，他很是失望。最近我為了要寫這篇序言想找這本書，沒有找到。我現在參考的是普林斯頓校方出版的納許傳記資料，卻與娜薩《美麗境界》書上所說的大相逕庭。這樣看來寫一本真實傳記不易。反過來說寫納許傳記不易，寫錢鍾書傳記豈容易哉！現在這本繁體字新版書快要面世了，最後我要謝謝春山出版社盧意寧編輯出力把這本簡體字版被刪掉的「礙語」，一個字、一個字補進去了。在二十年後臺灣終於又出版了這本最完整的錢鍾書的真實傳記，希望《被壓抑的天才》永傳後世。

湯晏序於紐約，二〇二〇年七月二十七日

引言

我接觸錢鍾書的作品很早，回想我尚在臺北建國中學讀書的時候，某日放學回家，一位同學在我背囊中塞了一本書，打開一看，是錢鍾書寫的《寫在人生邊上》。這是一本薄薄的小書，我囫圇吞棗，很快把它讀完。現在想起來，在當時我未必能夠懂得欣賞作者的睿智與文采。譬如，該書第一篇〈魔鬼夜訪錢鍾書先生〉就是一篇趣味雋永、意義深長的散文，借魔鬼夜訪錢氏和作者的一段對白，針砭時弊，隱寓嘲諷。其中使我印象最深刻的一篇當推〈讀《伊索寓言》〉。也許是故事最迎合十幾歲大孩子的心理，我讀完後，還把全文抄錄在日記本裡，當時就認為作者才氣很高，文字俏皮。那是一九四九年以前的事，不久中共建立政權，國民黨退處臺灣，痛定思痛，想要找出失敗的原因（原因當然有千百種），最後得出一個結論：打敗國民黨的不僅僅是解放軍，知識分子也有份。這個結論正與十九世紀英國學者笠頓（Edward Bulwer-Lytton, 1803-1873）的名言「The pen is mightier than the sword」（筆之力甚於劍）的說法不謀而合。因為國民黨有這樣的想法，所以所有留在大陸的作家的作品在臺灣都被視為禁書，即使沈從文、錢鍾書等人毫無政治意味的著作亦不例外。從此我們在臺灣就看不到錢鍾書的作品了。

二十世紀六〇年代中期，我去美國讀書，某日在紐約華埠友方書店看到一冊香港盜印的錢著《寫在人生邊上》，如見故人，很是高興，就買了下來。後來也陸續看到錢著的其他盜印本，如《人·獸·鬼》、《圍城》及《談藝錄》等，也一本一本地買來細讀，對錢鍾書的才華佩服得五體投地。後來萬萬沒有想到，一九七九年錢鍾書隨中國社會科學院代表團來美國訪問，我在紐約拜見了這位心儀已久的江南才子——錢鍾書先生。確切的時間為一九七九年四月二十三日下午二時，地點在哥倫比亞大學懇德堂（Kent Hall）四樓會議室。在夏志清先生為他安排的座談會上，我就坐在錢先生對面。這個座談會是很精采的。錢先生講得一口流利而帶有英國口音的英語。事前沒有準備（也無從準備起），可是他口才很好，有問必答，絕無冷場，妙語如珠。正如夏先生事後對人說：「錢鍾書表演了兩小時，滿堂熱烈鼓掌。」那年錢先生遊美在東西兩岸學術界風靡一時。錢先生在〈論文人〉（收入《寫在人生邊上》）一文中說，「卡萊爾在《英雄崇拜論》裡說文人算得上英雄」，現在錢鍾書在我們心目中亦可作如是觀。

錢先生遊美返大陸後，我們經常通信，我屢獲錢先生贈書，後來幾乎成了「錢迷」。那時我就有給他寫一本傳記的念頭，可是沒跟他提起，倒是我常常對朋友說，「我要為錢鍾書立傳」，這話當初說了好幾年，一直沒有動筆。光陰荏苒，二十年過去了。二十年來變化很大，錢鍾書從一個被冷落的人而變成「印第安人」（紅人）——一個熱門人物。他的作品如《圍城》等書不僅在大陸再版，且在臺灣出版，有關錢鍾書的書充斥坊間。過去二十年我讀遍了海內外所有有關錢鍾書的著作——從胡定邦及胡志德（Theodore Huters）的博士論文到大陸出版的張文江和孔慶茂的《錢鍾書傳》，以及艾朗諾（Ronald Egan）的英譯《管錐編》。我深深覺得胡定邦和胡志德的論文太偏重於學術研究，而大陸出版的錢鍾書傳記也有些框框，有框框就有忌諱，就不能暢所欲言。胡適說得好：「傳記文學寫得好，必須能夠沒有忌諱，忌諱太多了，顧慮太多，就沒有法子寫可靠的生動的傳記了。」

錢鍾書晚年纏綿病榻，於一九九八年底在北京仙逝。故人凋零，不勝悲懷，更使我追念這位中國「當代第一博學鴻儒」。為了實踐二十年前許下的私願，我決心為錢先生寫一部「可靠的生動的傳記」。艾希邦（Didier Eribon）為傅柯（Michel Foucault）作傳時一開頭就說：「寫傅柯傳是不好寫的。」因傅柯是一思想家，且著作等身。寫錢鍾書傳也一樣不好下筆。錢鍾書出版的書照西洋標準不算多，算不上「著作等身」，但他學貫中西，博古通今，思想敏銳，尤好諷世，所以有些話雖然他說得貌似平淡無奇，但卻發人深省。即使他寫的散文隨筆，也都是雋永意縱，涉筆成趣，差不多每一則都是好文章，且有至理存焉。所以錢鍾書傳不是那麼好寫的。

寫錢鍾書傳的另一困難處是，錢先生從不談他自己。像福克納（William Faulkner）一樣，為了保護他的privacy（私人生活），關於他自己，守口如瓶。他沒有像他父親錢基博一樣有自傳留下來，也沒有像胡適一樣有《四十自述》及《口述自傳》，故除了其夫人楊絳女士寫的〈記錢鍾書與《圍城》〉外，要找錢氏早年的傳記資料很困難。

英國維多利亞時代的名相狄斯雷利（Benjamin Disraeli, 1804-1881）叫人多讀歷史，少讀傳記。他說傳記大多虛實參半——不是誇大，就是失實（過猶不及）。狄斯雷利所言，或許稍微偏頗，但可做為傳記作者（biographer）的一個警戒。所以我寫這部傳記是本著兩個原則：取材嚴謹，行文簡潔。文中所述均有根據，然既非學術論文，就不一一注明來歷，因此注解不求多，能省略者則省略之。大體上這部傳記，略他人之所詳，詳他人之所略。

雖然這部傳記不是討論錢鍾書創作或學術成就的專著，但錢鍾書是一位學者、一位作家，所以不可能在論述錢鍾書生平時不討論錢氏作品及其學術成就；這部算是學術性的傳記，英文叫intellectual biography。每當我細讀錢先生生平及其著作時常有幾個問題繫在我心頭。錢鍾書像伏爾泰（Voltaire）一樣，留下一部為人傳誦的小說（《圍城》），他是否願後世以小說家稱之？他在逆境中完成了一部卷帙浩繁的《管錐編》，但他是否以此為滿足？他的天才是否已充分發揮？如果在太平盛世或在一個創作自由的環境裡，錢鍾書將是一個什麼樣的錢鍾書？他是一個斯威夫特（Jonathan Swift）呢，還是一個伏爾泰？這些問題是我關心的，將在這部傳記裡嘗試提出答案。

【第一章】

幼年，一九一〇至一九二九

The childhood shows the man,
As morning shows the day.
——Milton

錢鍾書是江蘇無錫人。楊絳在〈記錢鍾書與《圍城》〉一文中有一段話是這樣開頭的：「《圍城》裡寫方鴻漸本鄉出名的行業是打鐵、磨豆腐，名產是泥娃娃。有人讀到這裡，不禁得意地大哼一聲說『這不是無錫嗎？』」[1] 這一段敘述會給人家一個錯誤的印象，認為無錫是一個僻隅之區，而無錫人做的工作盡是一些賤業，這就大錯而特錯了。眾所周知，在一九四九年以前，上海工商界都是無錫人霸占天下，且不說近代實業鉅子榮毅仁了。無錫人在文教界亦是人才輩出，清末民初上海鴛鴦蝴蝶派的才子也都來自江南這一帶，江南是出才子的地方。

在江南，無錫是一個富庶之區，位於大運河邊，是京滬線上的一個交通樞紐，距上海一百二十八公里，距南京一百八十三公里，南瀕太湖，東壤蘇州，北臨長江，西接常州，倚山峰巒巒的惠山，山水之勝甲於江南。加上氣候溫和，物產豐富，所以被譽為太湖明珠，馳名遐邇。

無錫山明水秀，人傑地靈，歷代出了不少大人物。先講軍政方面的領袖，次及文苑。唐代詩人李紳和宋代抗金領袖李綱，他們兩人後來都做過宰相。晉代的周處、明代的盧象昇均為一代名將。顧憲成、高攀龍是明末東林黨領袖。清末名臣薛福成也是無錫人。晉代顧愷之、元朝倪瓚、明代的王紱都是出名的大畫家。南宋大詩人尤袤、大詞人蔣捷，明清之際的地理學家徐霞客，降及近代科學家徐壽、徐建寅父子，還有在當代科學界被列為「錢氏三傑」之一的錢偉長，也都是無錫人。除了工業界麵粉大王及棉紗大王榮宗敬、榮德生昆仲外，民國以來畫家徐悲鴻、作家陳源，還有國民黨元老吳敬恆，他們也都是無錫人。無錫不但是出才子的地方，也是出領袖人才的地方。[2] 無錫除了令人驕傲的人文地理外，講到歷史，也是源遠流長。

有史籍可據，無錫的歷史可以追溯到三千年以前。殷商時，周太王古公亶父的長子泰伯因失寵於父王，乃帶著二弟南奔無錫。太王晚年認為幼子季歷之子昌，人聰明，有興王業的才幹，故欲立幼子季歷為王，再由季歷傳位其子昌。泰伯知道了，帶著二弟仲雍一起從周原（即今陝西岐山）率部分周人移居江南，改從當地風俗，隸附者有一千多家，為當地居民所擁戴，推為郡長，定都梅里（即今無錫市梅村）。為了防止中原侯王來襲，在梅里修葺城廓為吳城，稱勾吳國，開創了吳國的歷史。泰伯南奔把中原文化帶來江南。周平商，封泰伯、仲雍後代周章為吳國君，自此五百年間，吳城遂成為古吳國都邑。無錫也因此被稱為吳越文化的發祥地。

戰國末年，無錫成為楚國春申君黃歇的封地。也在此時，無錫的名稱開始出現。[3] 但是無錫正式做地名用，則在漢代。《漢書．東越列傳》中記述漢武帝時封東越之將軍為「無錫侯」。《漢書．地理志》亦把無錫縣做會稽郡所屬二十六個縣之一。[4] 後來王莽行新政改郡縣名，把無錫改為有錫，劉秀復漢室又將有錫改為無錫。西元前二〇二年（高祖五年）始置無錫縣治，後來一度封為侯國。三國時，孫吳廢無錫縣。到西晉太康二年（二八一年）又復置無錫縣。元元貞時（一二九五年）升無錫縣為州。明洪武元年（一三六八年）又降州為縣。清雍正二年（一七二四年）分無錫及金匱兩縣屬常州府。至民國肇建又合而為一，復稱無錫縣。於一九五三年改無錫為江蘇省轄市，屬蘇南區。一九八三年實行市管縣體制（即一城轄三縣）。[5]

無錫有幾個大家族如榮、唐、薛、秦、楊及錢家。錢姓在中國是一大姓，在《百家姓》裡僅在趙姓之後。無錫錢氏是一望族，乃源自五代十國。錢穆說：「江浙錢氏同以五代吳越武肅王為始祖，皆通譜。無錫錢氏在惠山有同一宗祠，然余與子泉不同支。年長則稱叔，遇高年則稱老長輩。故余稱子泉（錢基博）為叔，鍾書亦稱余為叔。」[6] 錢鍾書的父親錢基博談到他家世時，無不自豪地說：「自以始得姓於三皇，初盛於漢，衰於唐，中興於唐宋之際，下暨齊民於元明，儒於清，繼繼繩繩，卜年三千。雖家之華落不一，績之隱曜無常，而休明著作，百祖無殊；典籍大備，燦然可徵也。」[7] 錢鍾書的上世可以追溯到唐朝末年，武肅王起兵臨安，奄有吳越開始。[8] 錢鍾書的祖父錢福炯（祖耆，1849-1926），是武肅王第三十一世孫，[9] 他的前四代是錢奎、錢士鏡、錢浩若、錢維楨。福炯是錢維楨第四子，按「福、基、鍾、汝、昌」排輩下來，福炯曾娶江陰富豪孫氏女為妻，這就是楊絳在〈記錢鍾書與《圍城》〉一文中所說的「鍾書的祖母娘家是石塘灣孫家，官僚地主，一方之霸」。錢鍾漢在《無錫光復志》〈拾遺〉中也說孫家「是無錫當時最有勢力的大地主家族之一」。

錢福炯共生四子二女。長子錢基成（子蘭）、次子基治（仁卿）、老三老四錢基博（子泉）與錢基厚（孫卿）。女二錢素琴和錢月琴。基治先歿。錢基博乃是錢鍾書的父親，是一位學淹貫博的鴻文大儒。基博生於光緒十三年（一八八七年）農曆二月二日，與孟子同生日，他與弟弟基厚是雙胞胎。據鄭逸梅《藝林散葉》中說：「梁溪錢孫卿錢基博，為孿生兄弟，面貌相類，初識者幾難辨別。」[10]錢基厚對政治很有興趣，而錢基博純粹是一個學者。錢基博雖與丁文江同年出生，丁學英文出洋留學吸收新思想，回國後與胡適等人辦《獨立評論》，算是新派人物；但錢基博思想較舊，為近代古文大家，在新舊文化交替期間，他是一個很突出的人物。惜近人很少有人注意他，吾人對他所知不多，幸好他有一篇自傳留下來。

一九三五年，錢基博應江蘇省教育廳廳長周佛海之請，寫了一篇長約五千字的自傳，刊於上海《光華大學半月刊》（二卷八期），並附刊在其著《現代中國文學史》卷末。據自傳稱，他年五歲跟著比他長十四歲的長兄基成開蒙讀書，九歲能背誦四書、五經。十六歲與孿生兄弟基厚及同邑好友徐彥寬（輯有《念劬廬叢刊》）「自擬為師（許國風）門三傑」，並寫過一篇約四萬字的文章〈中國輿地大勢論〉登在梁啟超的《新民叢報》上，年僅十六。刊出後很受時人注意，深得梁啟超讚賞，自此後著述益豐。宣統元年（一九〇九年）江西提法使陶大均看到錢基博的文章，甚為欣賞，驚為龔自珍再世，遂招之入幕，那時錢氏不過二十二歲而已。

辛亥革命時同邑人顧忠琛以蘇浙聯軍總參謀，攻克南京，延治軍書。歷任職淮軍司令部，為陸軍第十六師副官、參謀，官階陸軍中校。後調江蘇都督府。他說：「戎馬倉皇，未嘗廢文史。《吳祿貞傳》，席地為草；文出，一時傳誦，咸以為傳神阿堵，如見生平也！」他又說：「生平無營求，淡嗜欲而勤於所職；暇則讀書，雖寢食不輟，怠以枕，餐以飴，講評孜孜，以摩諸生，窮年累月，不肯自暇逸。而性畏與人接，寡交遊，不赴集會，不與宴飲；有知名造訪者，亦不答謝，曰：『我無暇也！』」（不喜酬酢，錢鍾書很像乃父。）他的學問自信「集部之學，海內罕對」。而他自謂所著文章「植骨以揚馬，駛篇似遷愈」，其磅礴氣概當可思之過半矣！這篇自傳是中國傳統式的自我肯定（self-affirmed）。

錢基博先後任教於無錫師範學校、清華大學、上海聖約翰大學、光華大學、無錫國學專修學校、武昌華中大學。一九五二年起執教於華中師範大學，一九五七年病逝武漢。重要著作有《經學通志》、《韓愈志》、《版本通義》、《古籍舉要》、《中國文學史》及《現代中國文學史》等書。

三

錢鍾書生於宣統二年農曆十月二十日（一九一〇年十一月二十一日）。翌年辛亥革命，推翻清朝，照西方說法，他還不到一歲，所以日後有人戲稱他是「遜清遺老」，或說他是「三朝元老」——遜清、民國及人民共和國。在他出生後幾個星期，他的祖母孫氏病逝，享年五十九歲。少的長，長的老，老的死，生老病死，本是人類嬗遞的自然法則，祖母之逝，難免舉家哀痛，但很快地過去了。錢鍾書的出生給錢家帶來一片喜氣。因錢鍾書的伯父錢基成沒有子嗣，只有一個女兒，所以錢鍾書一生下來，照舊時習俗，祖父福炯公即命錢基博將錢鍾書出嗣給長房，由大伯基成撫養。[11]

伯父特別興奮，在錢鍾書誕生後，他連夜冒雨到鄉下找到一個壯健的農婦做鍾書的奶媽。她是一個寡婦，遺腹子生下來不久即夭折，孤苦伶仃，從此姆媽一輩子在錢家（錢鍾書稱她為姆媽）。因為姆媽有時會發呆（也許思念亡夫或傷痛夭折的兒子），故在錢家，背後大家稱她為「癡姆媽」。錢鍾書生性俏皮，愛說俏皮話或幽默話，家裡的人不能欣賞或者不領會他的幽默風趣，就會說錢鍾書「專愛胡說亂道」，說鍾書因為吃了癡姆媽的奶長大的，襲有姆媽的癡氣。這種癡氣也許在文字上就是才氣。鄭朝宗說：「錢鍾書的癡氣就是天才的表現。」[12]楊絳說無錫人所謂「癡」包括很多意義：「瘋、傻、憨、稚氣或淘氣等。」不管怎樣，照楊絳的說法，錢鍾書「不像他母親那樣沉默寡言嚴肅謹慎，也不像他父親那樣一本正經」。[13]

錢鍾書的名字。在鍾書出生的那一天，剛好友人送來一部《常州先哲叢書》，所以伯父就為他取名「仰先」，字「哲良」。中國舊時有抓週的習俗，即小孩子滿週歲要抓週。吾人讀《紅樓夢》，在第二回裡，冷子興與賈雨村一段對白講到賈寶玉抓週，由冷子興道出：「週歲時，政老爺試他將來的志向，便將世上所有的東西擺了無數叫他抓，誰知他一概不取，伸手只把些脂粉釵環抓來玩弄。那政老爺便不喜歡，說將來不過酒色之徒，因此便不甚愛惜。」錢鍾書週歲抓週時抓到的是一本書，他的祖父、伯父和父親都非常高興，所以按「鍾」字輩分排下來故名「鍾書」（這個名字對錢鍾書來說是很恰當的），「仰先」就成了小名，家裡的人叫他「阿先」，但「先兒」、「先哥」，好像是「亡兒」、「亡兄」，不吉利，所以就改「先」為「宣」，但他父親仍叫他「阿先」。「默存」是鍾書在十歲時，他的父親為他取的字，取自《易．繫辭》「默而成之，不言而信，存乎德行」。因為錢基博看他常快言快語，故取「默存」。至於「槐聚」是錢鍾書自己取的號，取自元好問的詩句：「枯槐聚蟻無多地，秋水鳴蛙自一天。」「中書君」是錢鍾書寫文章用的筆名，取自韓愈〈毛穎傳〉，昌黎以筆擬人，把筆叫「毛穎」，又稱「中書君」，後來「中書君」成為毛筆的代名詞。在幼年錢鍾書取過「項昂之」做為別號。八、九歲時他喜歡摹臨書上的插圖，畫完後即署名「項昂之」三字，項指項羽，他很佩服項羽，「昂之」則示想像中楚霸王的英武氣概。

錢鍾書四歲（據楊絳說都用虛歲）時由伯父教他識字。伯父是個秀才，伯父中了秀才回家那天，一進門就挨祖父福炯公一頓打，說是殺殺他的氣勢。福炯公有兩個哥哥均中舉，他自己卻也只是一個秀才而已，可是他始終不喜歡伯父。這是有原因的，錢鍾書祖母娘家與伯母娘家，都是富戶，彼此都瞧不起對方，如同水火。俗云「兩姑之間難為婦」，婆媳不睦也影響了父子感情。福炯公總認為伯父沒有多大出息。因為不喜歡伯父，「錢鍾書也是不得寵的孫子」。也許是同病相憐，伯父待鍾書很好，而鍾書也處處要依靠伯父。楊絳說：「伯父是慈母一般，鍾書成天跟著他」，形影不離，伯父上茶館，鍾書跟著去，伯父去聽說書，鍾書也跟著去。錢基博怕哥哥生氣，不便干涉，但又怕慣壞了孩子，只好向基成建議把錢鍾書送去上學，於是錢鍾書在六歲時上秦氏小學。他上學不到半年生了一場病，伯父很心疼，不捨得鍾書去上學，就輟學在家。七歲時，鍾書與比他小六個月的堂弟鍾韓（錢基厚的長子）同上親戚家辦的私塾附學。但附學不方便，一年後，鍾書與鍾韓兩兄弟便由伯父自己來教，他怕鍾書父親及叔父不放心，故對他們說：「你們兩兄弟都是我啟蒙的，我還教不了他們？」他們也就不反對。

可是錢基成是一位舊式名士，有名士派習氣。他每天要上茶館，因此只有下午教小孩子功課。上茶館時，錢鍾書也跟著去。他伯父花一個銅板給他買一個大酥餅吃，然後又花兩個銅板向小書鋪或書攤租一些通俗小說給他看，這樣就把錢鍾書打發了，一直看到伯父叫他回家。這些通俗小說大都是《說唐》、《濟公傳》、《七俠五義》等不登大雅之堂的書，錢基博沒有這些書，家裡藏的《西遊記》、《水滸》及《三國演義》錢鍾書都已經讀過了。[14]現在來看伯父為他租的《說唐》等通俗小說，當然不成問題，且讀來趣味盎然。錢鍾書弟弟及堂弟很多，他看完後，回家即手舞足蹈地把剛才看來小說裡的情節及人物故事向他的弟弟及堂弟復述一遍，現場表演一番。這對錢鍾書有好處，因此他看起小說來，特別仔細，此即一般所謂「教學相長」。錢鍾書是一個善於思考的孩子，他看完後或者講完後，往往會發現問題。他不解的是為什麼一條好漢只能在一本書裡稱霸，若跑到另外一本書裡就成問題了。譬如說，若關公進了《說唐》，他的青龍偃月刀只有八十斤重，怎能敵得過李元霸那一對八百斤重的錘頭子呢？但是假如李元霸進了《西遊記》裡，又怎能敵得過孫悟空那一萬三千斤的金箍棒？假如來個「關公戰秦瓊」，那勝負又當如何？這種三隅之反的思索均可窺日後錢鍾書「以解頤資解詁」的治學特色。那時錢鍾書連阿拉伯字的1、2、3都不認識，可是對各種兵器卻記得爛熟，即使二、三十年後道來仍如數家珍。[15]錢鍾書從小即能「聯想」，這是他獨特的地方。

除了平時喜歡跟伯父上茶館外，錢鍾書幼時最喜歡跟伯母回江陰娘家去。他們往往一去就住一、二個月。伯母娘家老老少少都抽鴉片煙，後來伯父也染上了煙癮。錢鍾書往往於半夜醒來也跟著伯父伯母吃宵夜，當時快樂得很。可是回到無錫的時候就不好受了，一到家，錢基博就會盤問他的功課，一問三不知，於是少不了挨打。他父親不會當著伯父面管束鍾書，但一有機會就會抓住錢鍾書教他做功課，教他數學（錢基博數學很好，曾教過薛福成孫子大代數），教不會，要打他，怕被基成知道，只好擰肉，不許鍾書哭。所以錢鍾書身上不是一塊青，就是一塊紫，晚上衣服脫了，伯父看到了，不免心疼。伯父對錢鍾書的愛護可說無微不至。他自愧沒有出息，深怕墳上的風水連累了嗣給自己的錢鍾書。錢家祖先墳地下首一排排樹木向來高大茁壯，而上首則委靡細弱，在伯父看來，上首的樹木當然代表長房，因此伯父向理髮店買了好幾斤頭髮（「髮」與發達的「發」同音，希望將來子孫發達），由一個佃戶陪伴帶著錢鍾書私下上墳，將頭髮埋在上首的樹下，目的在要上首的樹木茂盛茁壯，然後對錢鍾書說：「將來你做大總統。」那時錢鍾書只有七、八歲，還不懂事。伯父說「將來你做大總統」這句話，並不是一定真的要錢鍾書將來做大總統，而是希望錢鍾書將來有出息，不要像他一樣沒有出息。古人云「恩怨盡時方論定」，如今錢先生墓草久宿（如果有墓的話），而錢先生崇高如泰山北斗，被譽為「當代第一鴻儒」，其俗世聲名當不在大總統之下。[16]

IV

鍾書十一歲時和鍾韓同時考取東林小學（無錫縣立第二高小），那是四年制的高等小學。就在他們考上的那年秋天，他伯父去世，享年四十八歲。伯父病危時，錢鍾書還未放學，經家人把他接回來。他一路哭叫著「伯伯，伯伯」，到家時伯父已不省人事，這是錢鍾書平生第一次遭遇傷亡之痛。伯父卒後，錢鍾書雖仍與伯母住在一起，但如上學讀書則全由錢基博來管教。當時在錢鍾書看來，這不是一件好事，但總的來說，有一個嚴父來管束他、教導他是一件幸事。在東林小學裡，錢鍾書給人家的印象是雙重的。他很調皮，在學校裡是一個有名的頑童。記兩件小事可見一斑：譬如，在東林上學時，他同學、他弟弟都穿皮鞋，他穿釘鞋，且是他伯父的釘鞋，太大，鞋頭塞些紙團。有一次，下雨天上學，見路上很多小青蛙，他覺得好玩，便脫了釘鞋，把小青蛙抓起來放在鞋裡，抱著滿載小青蛙的釘鞋上學。進了教室將釘鞋放在課桌下面，蹦蹦跳跳的小青蛙都紛紛跳出來，大家為之譁然，教室秩序大亂。追根究底，發現小青蛙是自錢鍾書鞋子裡跑出來的。他被老師叫出去受罰。還有一次，上課時他玩彈弓，乘人不備，用泥丸彈人，這當然也要被處罰，可能罰得更重一些。

除了這些調皮搗蛋外，錢鍾書在功課方面（算術除外）是一個頂尖的好學生。與錢鍾書同時進東林小學的同班同學鄒文海教授回憶說：「先嚴責我讀書時，常引他（錢鍾書）為話題，總是說：『我過錢家，每回都聽到鍾書書聲朗朗，誰像你一回家就書角都不翻了！』父親的訓斥，引起我對鍾書君的反感，『什麼了不起，還不像我一樣數學糟透頂，只有國文能揭示。』記得那時候錢鍾書的小楷用墨甚淡，難得有一個字能規規矩矩地寫在方格之中，可是先生對他文章的評語，常是『眼大於箕』，或『爽若哀梨』等佳評。他常常做些小考證，例如，巨無霸腰大十圍，他認為一圍不是人臂的一抱，而只是四個手指的一合。」[17] 由鄒文海這段記述，吾人當知錢鍾書日後撰寫《談藝錄》和《管錐編》等鉅著似有線索可尋。正如彌爾頓（John Milton）所說：「The childhood shows the man / As morning shows the day.」（大意是一個人的將來可從他的童年看得出來，一如從清晨可預知當天的天氣好壞，見John Milton, *Paradise Regained IV*, 220）。江蘇鄉下有句諺語，「三歲定八十」，也是這個意思。

錢鍾書接觸林（紓）譯西洋小說也是在東林小學讀書階段開始的。他後來回憶說：「商務印書館發行的那兩小箱《林譯小說叢書》是我十一、二歲時的大發現，帶領我進了一個新天地，一個在《水滸》、《西遊記》、《聊齋志異》以外另闢的世界。我事先也看過梁啟超譯的《十五小豪傑》、周桂笙譯的偵探小說等等，都覺得沉悶乏味。接觸了林譯，我才知道西洋小說會那麼迷人。我把林譯裡哈葛德、迭更司、司各德、歐文、斯威佛特的作品反覆不厭地閱覽。假如我當時學習英文有什麼自己意識到的動機，其中之一就是有一天能夠痛痛快快地讀遍哈葛德以及旁人的探險小說。」[18] 錢鍾書說他自己因讀了林譯小說而增加了習外國語的興趣。他讀大學時選擇外文系為主修。他進清華，數學考得不好，按例不予錄取，後來校長羅家倫因為錢中英文特優，才破格准其入學，因此他到清華時，文名已滿全校。鄒文海回憶說：「我當時很感驚奇，小學時他英文極其平常，何以中學六年就能這樣出類拔萃呢？」（〈憶錢鍾書〉）鄒文海的疑問在這裡可以找到答案了。

錢鍾書在東林小學畢業後，和鍾韓一起考上蘇州桃塢中學。這個學校是美國聖公會辦的教會學校，很注重英文，他就和鍾韓同去蘇州上學。據楊絳說，錢鍾書功課都不錯，只是算術不行。在桃塢中學時他的英文已經很好了，後來因為他英文特優還做過級長。[19]一九二七年桃塢中學停辦，錢鍾書和鍾韓又同時考進也是聖公會辦的無錫輔仁中學。[20]當時正值新舊學制更迭之際，舊學制係中學四年、大學預科二年。新學制是初中三年、高中三年。鄒文海在〈憶錢鍾書〉一文中說：「高小畢業後，各進各的中學，沒有再見過面。直到我在清華三年級時，他也進清華來了。那時學制初變，我進的舊制中學，四年畢業，他讀新制，前後六年，比我遲了兩年。」輔仁中學是採用新制，這就是為什麼錢鍾書進清華比鄒文海晚了兩年。

錢鍾書在輔仁中學發憤讀書。國文由他父親嚴加管教，讀了很多古書。英文，一因自己興趣，二因讀的是教會學校，看了不少原版西書，是故他的中英文進步神速，從此奠定了良好基礎。在輔仁高中二年級時，學校舉辦了一次國、英、算三項全校比賽，錢鍾書得了國文和英文第一名。錢鍾韓得了國文、英文第二名和數學第一名。在這裡很容易教人想起《圍城》裡的方鴻漸來，鴻漸的「國文得老子指授，在中學考過第一」。

錢鍾書出類拔萃，正如錢穆說的「異於常人」，他父親管教有方，功不可沒。

錢基博是一位律己甚嚴的儒家學者，對錢鍾書影響很大。

1 見楊絳，《記錢鍾書與《圍城》》（長沙：湖南，一九八六），頁三。還有錢鍾書在《管錐編》中也說到無錫泥娃娃。他說：「近世吾鄉惠山泥人有盛名，吾鄉語稱土偶為『磨磨頭』，而自道曰『倷伲』，故江南舊諺，呼無錫人為『爛泥磨磨』……『磨磨』名無義理，當是『磨喝樂』之省文，以其為小兒玩具，遂呀呀效兒語而重疊言之……」見錢鍾書《管錐編》第四冊（北京：中華書局，一九七七），頁一四六九。

2 有興趣的讀者請參閱《無錫詞典》（上海：復旦大學，一九九〇）。

3 東漢袁康《越絕書》中即有關於春申君當年「立無錫塘，治無錫湖」的記載。

4 至於「無錫」怎樣得名，有幾種不同的說法。民間向有「無錫錫山山無錫」的俗諺。據《漢書．地理志》載，周秦年間，邑境西山多錫礦，居民競相開採，致禍亂相作。後來錫礦被採盡了，老百姓就相安無事，故取名無錫。另一種說法，秦時在錫山發現一石碑，碑曰：「有錫兵，天下爭；無錫寧，天下清。」上述兩種說法，無錫之得名均與產錫、錫礦有關。除上述兩種說法外，還有一種說法即「無錫是由『吳墟』轉音而來，因泰伯建都梅里（古稱吳墟）而得名。無錫又稱梁溪。梁溪河為溝通太湖和京杭大運河的河川」（見《無錫詞典》第三頁）。

5《無錫年鑒》（一九九四年），無錫市地方誌編輯委員會編，頁三九。並請參閱《無錫詞典》。

6 錢穆，《八十憶雙親．師友雜憶》合刊本（臺北：東大，一九八二），頁一一五。

7 錢基博，《無錫光復志》，自敘篇。

8 同前及巫奇〈錢鍾書先生三題〉一文，載《錢鍾書研究》第二輯，頁二七八至二八〇。

9 唐文治於一九二八年撰〈錢祖耆先生墓誌銘〉，載《茹經堂文集》三編卷八。

10 薛福成的兒子薛翼運為無錫「土皇帝」，薛氏左右手一位叫高汝琳，錢基厚即是高汝琳的乘龍快婿。辛亥革命後，章太炎、張謇組共和黨，基厚為共和黨無錫分部的負責人。他是地方上很有影響力的鄉紳（見《無錫文史資料》第十三輯，一九八六年三月出版）。石塘灣的孫家和蕩口華家是無錫北鄉和金鷹南鄉兩家最大的世族地主，當時人稱為「北孫南華」。孫家中最大最富的一個地主孫伯容是基厚親戚。錢鍾漢提到的孫家有名人士有孫保圻、孫肇圻、孫鳴圻、孫靖圻。錢基厚是孫鳴圻的表弟（見《無錫文史資料》第三輯，一九八八一年八月出版）。

11 錢鍾書出生時他父親二十三歲，他伯父三十七歲。

12 見鄭朝宗，〈畫龍點睛，恰到好處——讀《記錢鍾書與《圍城》》〉，原載《書林》月刊，一九八六年第十二期，後收入田惠蘭、馬光裕、陳何玉選編，《錢鍾書楊絳研究資料集》（武漢：華中師範，一九九〇），頁六五三。

13 楊絳，〈記錢鍾書與《圍城》〉，見《錢鍾書楊絳散文》（北京：中國廣播電視，一九九七），頁三八一。

14 錢鍾書在《圍城》裡講到方鴻漸時說，「小時是看《三國演義》、《水滸》及《西遊記》那些不合教育原理的兒童讀物」，就是說他自己。

15 楊絳，〈記錢鍾書與《圍城》〉，見《錢鍾書楊絳散文》，頁三八三。錢鍾書有這種舊小說根底，所以他於一九七九年春訪問美國時，在各大學座談會上，問他有關中國舊小說的問題，無論如何都考不倒他。

16 甘迺迪於一九六〇年僅四十三歲壯年當選為美國總統，就職時從波士頓老家帶了一大批哈佛教授南下，故當時有人云：「一品當朝盡哈佛，華府一片新氣象。」他主政白宮時經常邀請一些詩人或音樂家至白宮雅集小聚，相傳某次甘氏在白宮與年逾八旬的老牌詩人佛斯特（Robert Frost）禮讓首席，相持不下，最後總統說，首席非詩人莫屬，總統四年就出一個，而詩人則往往百年才出一個。經總統這一說，佛斯特當仁不讓，欣然就座。總統與詩人讓座，在華府一時傳為美談。我說這個故事旨在提醒大家，錢鍾書在中國是一位公認的百年難得一見的大才子，而當年伯父對錢鍾書所說「將來你做大總統」為之應驗也。

17 見鄒文海，〈憶錢鍾書〉，刊臺北《傳記文學》創刊號（一九六二年六月）。這是我們最早看到的錢鍾書親友回憶錢鍾書的文章。當年鄒文海撰寫此文時認為錢氏已逝。錢鍾書於一九九八年十二月病逝後，臺北《傳記文學》編者特別寫了一篇很長的編後記，刊於一九九九年三月號，卷首題目為〈本刊向文壇三位老作家致哀與致歉〉。三位老作家是指冰心、錢鍾書與蕭乾。其中關於錢鍾書一段，有掌故性，故錄於後俾供讀者參考：「首先是三十七年前（一九六二年），我們創刊的第一期，發表政大鄒文海教授〈憶錢鍾書〉一文，鄒與錢鍾書兩度同學一度同事，內容真實，文辭懇切感人。惟鄒文發表之前，編者曾數度前往交通不便的木柵鄒教授宿舍，因為本刊稿例有『除自寫回憶錄外，寫他人如健在者不在收錄之列』，鄒教授與錢有相當深厚關係，且有許多共同友人，深信他的消息來源，謂錢確已不在人世，『鐵幕』（有人稱之為『竹幕』）深鎖，編者存疑，卻無法證實。後得鄒教授同意，將『追憶』的『追』字去掉發表。書刊此類誤導讀者，當時所在多有。後來文革前海外又傳錢死訊，與上述誤傳相隔十年，足證海外讀者對錢先生的關切。錢在《圍城》日譯本中曾提到此事：『那謠言害得友好們一度為我悲傷，我就彷彿自己幹下騙局，把假死亡賺取真同情，心裡老是抱歉，因為有時候真死亡也只消假同情就盡夠了。』多次死亡誤傳，反而幫助了錢先生的長壽，不過在臺灣與海外始作俑者，本刊實難辭其咎，所以我們此時哀悼之餘還有一深深的歉意。」

18 錢鍾書，《林紓的翻譯》（北京：商務印書館，一九八一），頁二二。

19 楊絳，〈記錢鍾書與《圍城》〉，見《錢鍾書楊絳散文》，頁三八七至三八八。

20 一九二七年國民政府北伐軍占領江浙一帶，奠都南京成立新政府，教育部規定教會學校不准把《聖經》做為必修科，此外還有對其他宗教課程的限制，桃塢中學自動停辦以示抗議。輔仁中學與桃塢中學有別，因為輔仁中學沒有外國人資助，而是由無錫聖公會中國教友集資創辦的，辦得很不錯，尤以英文及理工著稱，因此畢業生考上國立大學者很多。見孔慶茂著《錢鍾書傳》（南京：江蘇文藝，一九九二），頁三一。

【第二章】

父親錢基博（1887-1957）

世有伯樂，然後有千里馬。千里馬常有，而伯樂不常有。——韓文公

鄭朝宗先生在〈但開風氣不為師〉一文中說：「錢先生有與眾不同的特點，除本身條件之外，家庭和學校教學對他無疑也有很大的影響。他的尊人子泉（基博）老先生是著名的學者和文豪。錢鍾書幼承家學，在錢老直接指導下，博讀群書，精於寫作，古文根底非常雄厚。進入學校後，他念的中學、大學及國外的高等學府全是第一流的。」[1] 錢基博對錢鍾書影響之大是無可否認的事實。在《圍城》裡方鴻漸與他父親來往幾封信都是用文言文寫的，錢鍾書露了一手，因為這幾封信辭藻富麗，這樣古奧典雅的文言文，在現代小說中實屬罕見，恐怕也只有像錢鍾書這樣國學根底深厚的作家才能寫得出來。方鴻漸國文根底很好，是他老子「私傳指授」，這是錢鍾書的夫子自道，在這裡毫無疑問方鴻漸就是錢鍾書自己了。[2]

中外歷史上很多作家和偉人受了母親的影響而成大器，如胡適，或如美國名作家福克納和厄普代克（John Updike），但受父親的影響就沒有那麼多。錢鍾書的例子令人想起十九世紀英國大思想家約翰．彌爾（John Stuart Mill, 1806-1873）來。[3] 約翰．彌爾的父親詹姆斯．彌爾（James Mill, 1773-1836）是一位思想家，是邊沁（Jeremy Bentham）功利主義的一員大將。詹姆斯．彌爾望子成龍，從幼年起即刻意教導他的大兒子約翰．彌爾，結果約翰．彌爾不負乃父期望，日後不僅是一個傑出的哲學家及經濟學家，而且是十九世紀歐洲思想界重鎮。詹姆斯．彌爾的聲名被他兒子的光芒所蓋住。

約翰．彌爾的幼年教育是很特別的，他從小即在家裡接受父親極其嚴格的教育，童年教育幾乎由他父親一手包辦。三歲即開始學希臘文，至七歲即飽讀希臘名著，八歲起開始習拉丁文，而後學邏輯、心理學、政治學、經濟學、代數、幾何學及微積分。約翰．彌爾的教育很像中國從前的舊式教育。[4]

中國舊式教育是很嚴格的，開蒙很早。蔡元培在〈我所受舊教育的回憶〉（《人間世》創刊號，一九三四年四月五日）一文中說，他六歲（以舊曆計算，若按新曆四歲餘）入家塾，讀《百家姓》、《千字文》、《神童詩》等。他讀了三部「小書」以後，就讀四書。四書讀畢，讀五經。先生不講解，等到讀五經，先生才講一點。但他說背誦是必要的，無論讀的書懂不懂，讀的遍數多了，居然背得出來。吾人讀胡適《四十自述》，始知胡適於三歲半即已識了一千多個方塊字，到上海進新式學堂以前讀完《孝經》、《小學》、《大學》、《論語》、《孟子》、《中庸》、《詩經》、《書經》、《周易》、《禮記》及《資治通鑑》等書。沈剛伯（籍隸湖北）在〈我幼時所受的教育〉（《傳記文學》創刊號，一九六二年六月）一文中說，他四歲認字，六歲起正式讀書，讀書的次序先是《朱子》、《小學集解》，再讀《孝經》，然後《論語》、《孟子》、《大學》及《中庸》等書，八歲左右即讀畢《左傳》、《國語》、《國策》、《周禮》、《禮記》，十歲讀畢《莊子》、《荀子》、《史記》等書。這種發蒙書於光緒年間，在長江流域一帶很是盛行。現在來讓我們看看比胡適年長四歲的錢基博幼年讀些什麼書。據錢基博自傳載：「五歲從長兄子蘭先生受書，九歲畢《四書》、《易經》、《尚書》、《毛詩》、《周禮》、《禮記》、《春秋》、《左氏傳》、《古文翼》，皆能背誦，十歲伯父仲眉公教為策論，課以熟讀《史記》、《儲氏唐宋八大家文選》，自十三歲讀司馬光《資治通鑑》，圈點七過。」錢鍾書幼年讀些什麼書，我們可以間接從錢基博的教育推測出來。

錢基博是一個極其保守的儒家學者，不顧時代潮流，對於二十世紀排山倒海的西學東漸新思潮視若無睹。可是時代變了，在錢鍾書出生前五年，清廷已停考鄉試、會試。科舉廢掉，一切士子都要從新式學堂出身。錢基博仍希望他的子弟也像他一樣能接受傳統的儒家教育，但要怎麼辦呢？

因此錢基博要錢鍾書在學堂放學後跟他念古文。所以錢鍾書從識字開始未脫離過正統儒家教育。他開蒙亦早，幼時讀過《毛詩》。據錢鍾書在《槐聚詩存》序文裡回憶說：「余童時從先伯父與先君讀書，經、史、『古文』而外，有《唐詩三百首》，心焉好之。」錢鍾書伯父去世後，由父親錢基博直接管教，而他父親，正如錢穆所說：「子泉提倡古文辭」，是「負盛名」的大師。[5] 據錢鍾韓（他與錢鍾書從小學至高中都在同一學校同一班級念書）回憶說，當他們兩人在東林小學讀書時，每天下午放學後，錢基博（時在無錫第三師範任教）就要他們去他辦公室自修或教讀古文，等到三師在校學生晚餐後，才帶鍾書和鍾韓兩兄弟回家。錢鍾書除學校規定的作業外，還得讀古文家名著。有時錢基博去見唐文治，兩兄弟隨往，唐問兩兄弟近讀什麼書，有何心得，鍾書便侃侃而談。[6] 錢穆在晚年亦回憶說：「時子泉已在上海聖約翰及光華大學任教，因任三師四年班課，欲待其班畢業，故仍留在學校兼課。每週返，課畢，余常至其室長談。時其子鍾書方在小學肄業，下學，亦常來室，隨父歸家。子泉時出其課卷相示，其時鍾書已聰慧異於常人矣。」[7] 據錢基博的弟子王紹曾教授說，錢鍾書在中學讀書時，其父在無錫國學專門學校教書，每星期五晚上兩節課，即跟他父親到國專隨堂聽課。[8]

錢基博管教極嚴。他不許女兒用船來品化妝，不許兒子穿西裝，認為這是父親的職責。[9] 他也常用體罰來管教子女。據楊絳說，一九二五年他父親到北京清華大學任教，寒假沒有回家。鍾書寒假回家沒有嚴父管束，更是快活。他借了大批的《小說世界》、《紅玫瑰》、《紫羅蘭》等刊物恣意閱讀。暑假他父親歸途阻塞，到天津改乘輪船，輾轉回家，假期已過了一半。他父親回家第一件事是命鍾書鍾韓各做一篇文章；鍾韓的一篇頗受誇讚，鍾書的一篇不文不白，用字庸俗，他父親氣得把他痛打一頓。[10] 關於這一段小插曲，錢鍾書隔了四、五十年後猶能憶及，他在《談藝錄》補訂重排本（頁七九）裡說：「余十六歲與從弟鍾韓自蘇州一美國教會中學返家度暑假，先君適自北京歸，命同為文課，乃得知《古文辭類纂》、《駢體文鈔》、《十八家詩鈔》等書。絕尠解會，而喬作娛賞，追思自笑，殆如牛浦郎之念唐詩。」他委婉地敘述了「先君適自北京歸，命同為文課」，得知幾種古籍，但未述挨打事。大家都認為鍾書的功課不如鍾韓，因為鍾韓樣樣都好，其實鍾書除算學外，功課也很好，拿國文來說，是很不錯的，但在他父親看來還不夠好，故遭了一頓痛打。他的父親幼時被塾師打過，據說，有一天忽然給打得豁然開通了。[11] 也許因此，在他父親看來，打的教育是有用的。

這次「痛打一頓」，雖然沒有使錢鍾書「豁然開通」，但激發了他發憤用功。不過一兩年工夫便判若兩人。一九二七年，因桃塢中學停辦，他們返回無錫故里上輔仁中學，此時一因他父親耳提面命朝夕教誨，二因自己用功，作文大有進步。常為他父親口授代書，稍後代筆寫信，到最後為他父親捉刀寫文章。要知道他不是為村婦代書，而是為一個大儒捉刀。在考上清華大學之前，他不僅不再挨打，而且是他父親得意的寵兒了。楊絳有這樣一段很生動的描寫：「一次他代父親為鄉下某大戶作了一篇墓誌銘。那天午飯後，鍾書的姆媽聽見他父親對他母親稱讚那篇文章，快活得按捺不住，立即去通風報信，當著他伯母對他說：『阿大啊，爹爹稱讚你呢！說你文章做得好！』鍾書是第一次聽到父親的稱讚，也和姆媽一樣高興。」[12]後來「商務印書館出版錢穆的一本書，上有鍾書父親的序文。據鍾書告訴我，那是他代寫的，一字沒有改動」。[13]楊絳文中所稱「錢穆的一本書」是指錢穆的《國學概論》。

錢鍾書為錢穆寫的序文寫得相當老到，文字暢達壯麗乃其餘事。錢穆寫的書大都用文言文，這本書亦不例外，故序文也是用文言文寫的，本書凡十章，從孔子先秦開始，錢鍾書開頭說：「賓四（錢穆的字）此書，屬稿三數年前，每一章就，輒以油印本相寄，要余先睹之，予病懶，不自收拾，書缺有間，惟九章清代考證學，十章最近期之學術思想以郵致最後得存，餘八章余皆亡之矣。雖然，其自出手眼，於古人貌異心同之故，用思直到聖處。則讀九、十兩章，而全書固可以三隅反者也，第十章所論，皆並世學人，有鉗我市朝之懼，未敢置喙。」所以錢鍾書只拿第九章清代考證學來做文章，借機說出了他自己的意見：「第九章竟體精審，然稱說黃（黎洲）顧（亭林）王（船山）顏（習齋）而不及毛奇齡，是敘清學之始，未為周匝也。殿以黃（元同）俞（蔭甫）孫（仲容）而不及陳澧，是述清學之終，未為具盡也。」陳澧為錢基博最佩服的一位清儒，所以錢鍾書寫此正中乃翁意，可以說抓到癢處。而後這篇一千三百字的序文就從上述幾家發揮出來。在文末說：「又此章於梁氏概論，稱引頗繁，其非經學即理學一語，亦自梁書來，然梁氏忍俊不禁，流為臆斷，李詳所駁，雖其細已甚，足徵渠書於名物之末，疏漏亦彌復可驚。」在序文末又說：「賓四論學與余合者固多，而大端違異，其勇於獻疑發難，耳後生風，鼻頭出火，直是伯才。」這篇序文不類一般序文常例，並不相互標榜，故有「不得不就此一章毛舉細故」。錢穆對此「毛舉細故」不以為忤，在其「弁言」裡謝謝錢基博賜序並加以鍼砭。[14]

這篇序文撰於一九三〇年七月，那時錢鍾書已進清華，才念完大一，照西洋的算法還不到二十歲，尚是一個童子（teenager）。他父親與錢穆都是飽讀古書的大學問家，而錢基博請他未及弱冠的兒子來捉刀，這裡有兩層意思：一、他已看出他兒子的才華，認為錢鍾書的古文會比他寫得好；二、命錢鍾書來代書，對錢鍾書來說也是一種訓練。不管出於哪一種動機，錢鍾書不負乃父託付而優為之，很快把序文寫就，錢基博一字不改交付錢穆。這種捷才不是天生的，據楊絳說，她看錢鍾書寫應酬信，從不起草，提筆就寫在八行信箋上，幾次抬頭，寫來剛好八行，一行不多，一行不少。錢鍾書對她說，那都是父親訓練出來的，他額頭上挨了不少「爆栗子」呢！[15] 換句話說，錢鍾書的八行書也是被打出來的。

錢穆這個人思想很保守，氣量很狹窄，小家子氣，據唐德剛說他（錢穆）常常與胡適作對，如果胡適講他幾句好話，他就很高興。他人很勤快，著作很多，都是用文言文寫的。一九三一年他出版了《國學概論》請同宗錢基博寫一篇序言，錢穆在他的自序裡謝謝「子泉宗老」。到了二十世紀八〇年代錢鍾書名滿天下，楊絳寫了一篇文章〈錢鍾書與《圍城》〉，大致是說錢鍾書寫文章早年就寫得很好，是一個大才子，他早年曾為他父親捉刀為錢穆的一本書寫序言，此即《國學概論》。楊絳的文章後來錢穆看到了，他當然不太高興，他本來認為錢基博會鄭重其事為他這本書寫序言的，結果沒有想到自己不寫，交給年未弱冠的兒子代筆。錢穆為人小氣得很，他對《國學概論》序言的具體反應有二：一、一九八三年是蘇州兩千五百年開城週年紀念，準備大事慶祝，錢鍾書受有關方面所託，親筆寫一信給錢穆，並說容後當有正式邀請函等云，錢穆沒有回信，置之不理。二、臺北聯經出版社出版錢穆全集，全集裡有《國學概論》但沒有錢基博的序言，在他〈自序〉裡申謝「子泉宗老」的字句也沒有了。此一儒林掌故知者不多，茲錄於此聊博一粲也。

除了《國學概論》序文及墓誌銘外，還有一篇錢基博《復堂日記續錄》序文（收入錢基博刊印徐彥寬的《念劬廬叢刊》）也是出自錢鍾書手筆。在序文裡，錢鍾書將曾國藩、翁同龢、李慈銘、王闓運、譚獻五家的日記予以綜合比較，進而探究各家治學為人異同，並乾淨俐落批評一番，評得頭頭是道。他認為曾國藩的日記連篇累牘，語簡不詳，知人論世，未克眾喻，過於簡樸；而翁同龢的才學與德性原本不如曾國藩，又慍於群小，蹙蹙靡騁，但由於久管樞要，為帝王之師，因此內廷之供奉、宮壼之禁約，以及親貴之庸，人才之濫，也能旨婉詞隱，時有反映，可補史書之缺。王闓運的日記支晦無俚，多記博塞奸進之事，不足滿足學人之望。李慈銘多文為富，其日記洋洋大觀，故實紛羅，文辭耀豔，卻不免在人品上徵逐酒色，奔走公卿，成為書中疵累。譚獻雖浙江人，卻顛倒於江蘇常州莊存與的今文經學，並信奉古文經學的六經皆史之說，推崇章學誠的《文史通義》，以為能洞究六經之原。最後錢鍾書在序文裡對徐彥寬的學問發了一番議論，明褒暗貶，又假謙真傲地說一下自己以「蹇產之思，赴筆來會，不能自休；生本南人，或尚存牖中窺日之風，丈人哂之邪？抑許之邪？」錢鍾書筆下真意氣風發。吾人無從看到錢鍾書代筆的墓碑，但由這些代父捉刀的序文，當可看得出他在弱冠時即已才華畢露，「天資神慧，文才雋偉」了。[16]

II

一九二九年錢鍾書考上清華後，錢基博父子開始通信。一般文章寫得好的人，書信也都寫得很好，如福樓拜、濟慈等文學大家。吾人當不難揣測錢鍾書的信也一定寫得很好，所以怪不得他父親將鍾書的信一頁一頁地貼在本子上，而且貼了好幾本。可是，錢鍾書對此事並不知道，一直到一九五七年錢基博病逝後，錢鍾書從北京到武漢奔喪，整理父親遺物時，才知道父親把他每一封信都貼在本子上珍藏。據楊絳女士說，信寫得非常有趣，對老師、同學都有很生動的描寫。可惜這些彌足珍貴的書信在文革時被紅衛兵一把火燒掉了，嘆，嘆。[17]

我們現在能看到錢氏父子的來往信札只有三封，因曾刊於《光華大學半月刊》上，所以得以保存下來。錢基博於《光華大學半月刊》一卷四期上發表〈韓文讀語〉、〈祭陳行救、金井羊先生〉兩文外，尚有〈諭兒鍾書書札兩通〉。在給錢鍾書的信上說：「昨日到家，得高昌運兄並汝航空快信，悉溫源寧師招汝入城，欲介紹往倫敦大學東方語文學院教中國語文。去不去又是一說。」[18] 然後他告誡鍾書，立身正大、待人忠恕比名聲大、地位高更加重要。並說：「子弟中，自以汝與鍾韓為秀出，然鍾韓厚重少文，而為深沉之思，獨汝才辯縱橫，神采飛揚，而沉潛遠不如。勿以才華超絕時賢為喜，而以學養不及古聖賢人為愧。」他又說：「緯、英兩兒中資，不能為大善，亦無力為大惡，獨汝才辯可喜；然才辯而或惡化，則尤可危！吾之所謂惡化，亦非尋常子弟之過。世所稱一般之名流偉人自吾觀之，皆惡化也，皆增進危險於中國也！汝頭角漸露，須認清路頭，故不得不為汝諄諄言之！」[19] 做父親的一片拳拳之心，躍然紙上。這封信寫於一九三二年十月三十一日。

《光華大學半月刊》同期刊出另一信，寫於一九三二年十一月十七日，錢基博在信中說：「迭閱來書及《大公報》、《新月》雜誌，知與時賢往還，文字大忙。」錢鍾書把自己發表的文章寄給父親，做父親的當然很高興，但他是一個很守舊的道學先生，看到錢鍾書說什麼「孔子是鄉紳，陶潛亦折腰」，就大皺眉頭，他認為這是對古人的大不敬。所以他說，這些話「看似名儁，其實輕薄」，也許「在兒一團高興，在我殊以為戚」。他又說：「父母之於子女，責任有盡，意思無窮……現在外間物論，謂汝文章勝我，學問過我，我固心喜！然不如人稱汝篤實過我，力行過我，我尤心慰！清識難尚，何如至德可師！淡泊明志，寧靜致遠，我望汝為諸葛公、陶淵明；不喜汝為胡適之、徐志摩。」[20] 錢基博一派道學家言，他不喜歡白話文，不喜歡新詩，不喜歡一切新的東西。他的《現代中國文學史》有一專章論胡適，對胡氏為人處世，頗多稱許，惟對其提倡白話文、新詩及新思潮頗多譏誚。錢鍾書為新派人物，且常為胡適辦的《新月》寫文章，但他有時會嘲諷胡適，就大惑不解。[21]

錢鍾書寫給他父親的信〈上家大人論駢文流變書〉刊於《光華大學半月刊》第一卷第七期。這封信寫於一九三三年春，那時他快要在清華畢業了。錢鍾書在信中說收到了他父親寫的〈韓文讀語〉、《駢文通義》及陳石遺的〈中書君詩序〉。錢鍾書對父親的書直截了當地評論了一番。他說：「《駢文通義》詞賅義宏，而論駢文流變，矜慎不苟，尤為精當，兒撰《文學史》中，有論駢儷數處，亦皆自信為前人未發，略貢所見以拾大人之闕遺。」然後毫不客氣地道出他自負的一面，他說：「即此一端便徵兒書之精湛矣！」他談到自己為他清華老師張申府主編的《大公報》世界思潮專欄上寫的論史學文章〈旁觀者〉一文，[22] 自視「中間勝義，鉤沉探賾，亦實為兒書發凡起例也。兒詩擬於《文學史》脫稿後，編次付印一百小冊，費二三十元，紙張須講究，聊以自怡，不作賣品，尤不屑與人爭名也。春假學校發旅行費六十元，兒擬回南一省大人顏色」。最後把他近作二首七言絕句錄奉父親削正，而不待父親誇獎，他已沉不住氣，自己點出來這兩首詩之佳妙：「風致之妙，不減前人。」難怪他父親在另一家書中說他「神采飛揚，而沉潛遠不如」。[23]

錢氏父子在為學方面意見不同，不止一端，而最早為大家所熟知的當推陳澧《讀書記》與朱一新《答問》之爭。錢基博認為陳澧《東塾讀書記》一書可與義烏朱一新的《無邪堂答問》配合起來讀，「先讀陳《記》以端其嚮，繼之《答問》以博其趣，庶於學問有從入之途，不為拘虛門戶之見。」錢鍾書提出異議，他說雖陳書與朱書同為兼綜漢學與宋學，若以識議宏通、文筆犀利而論，則陳書根本就比不上朱書。[24] 錢基博不太同意鍾書的看法，做了一番解釋，他說：「陳君經生，樸實說理，學以淑身。朱生烈士，慷慨陳議，志在匡國，《答問》文筆議論，遠勝陳君，信如所論。然《答問》之體，適會多途，皆朱生當日應機作教，事無常準，《詩》《書》互錯綜，經史相紛紜……不如陳君《讀書記》之部居別白。」但錢鍾書反駁說：「見朱先生《佩弦齋文》，中有與康長素論學論書諸書，皆極銳發。」又說：「朱生自詡人稱其經學，『而不知吾史學遠勝於經』，大抵朱生持宋學以正漢學，蓋陳君之所同趣，而治經學以得史意，則陳君之所未到。」對錢鍾書的詰難，做父親的不但不以為忤，反而很高興地說：「閉戶講學而有子弟能相逆難，此亦吾生一樂。」[25] 古人云「青出於藍」，現在錢鍾書的學問已超過他父親了。

王辛笛先生說：「他的父親錢基博是個大學問家，書念得很多，但觀點很舊，到了錢鍾書就不一樣了。」[26]鄒文海說：「他的老太爺基博先生寫過《中國文學史》及《現代中國文學史》，但基博先生觀點很偏，而且有很深的詞章家的習氣，我們平時喜月旦，對前輩有所不足，就是對父執亦常有苛求。」（見〈憶錢鍾書〉）古希臘數學家歐幾里得有句名言：「幾何學裡沒有王者之路」（There is no other Royal path which leads to geometry），意即幾何學沒有捷徑，也沒有尊卑長幼之別。易言之，在學問之前是人人平等，因此有人說錢鍾書曾批評他父親的學問「不夠恢宏」。[27]一九八〇年十一月十日錢鍾書訪問日本京都，在一個座談會上，有人問他怎樣評價他父親錢基博的《現代中國文學史》。錢鍾書連說：「不肖！不肖！」然後說他們父子關係在感情上是很好的。父親對自己文學上的意見，是並不常常贊同的，不過他父親有很多優點，如開明、寬容，從不干涉自己的發展，大體上他們是「和而不同」。至於《現代中國文學史》，他說：「有許多掌故，是一本很有趣味的書；雖則現代方式的文學批評成分，就似乎少了一點。」[28]從現代批評的觀點來說，錢基博的《現代中國文學史》確是一本很偏頗的書。一如鄒文海所說「有很深的詞章家的習氣」。此外，在這本四百四十二頁的《現代中國文學史》裡，只有二十頁的篇幅來敘述一九一七年文學革命以後的文學。在二十頁新文學一章裡，述胡適較多，但對周樹人與徐志摩則一筆帶過。錢基博一生著作甚豐，《現代中國文學史》是他的重要著作之一。據鍾叔河先生說，有人徵詢錢鍾書關於出版他父親著作的意見，錢先生覆信說：「先君遺著有獨絕處，然出版尚非其時，數年後必有知者，其弟子輩尊師而無識力，急求刊行，弟於此事不敢置可否。」[29]

錢鍾書不但不希望人家「急求刊行」他父親著作，也不要人家來紀念他父親誕辰百年。一九八七年錢基博晚年執教之華中師範大學，為慶祝子泉老人百年紀念發起家學討論會，錢鍾書聞訊後即力加勸阻，語氣極尖銳。他在三月二十日致彭祖年的信中說：「紀念會事，盛誼隆情，為人子者銘心浹髓，然竊以為不如息事省費。比來紀念會之風大起，請帖徵文，弟概置之不理。今年無錫為先叔父舉行紀念會，弟聲明不參預。三不朽自有德、言、功業在，初無待於招邀不三不四之閒人，談講不痛不癢之廢話，花費不明不白之冤錢也。貴鄉王壬秋光緒九年日記載〈端午〉絕句云：『靈均枉自傷心死，卻與閑人作令辰。』慨乎言之，可以移詠流行之某某百年誕辰紀念會矣。」[30] 錢鍾書的話或許稍微感情用事，或過於情緒化，但說的也是至理。且晚年錢基博在華中師大並不愉快，在五〇年代批鬥時，吃盡苦頭，文革時他的五百冊《潛廬日記》及所有的家書都被紅衛兵燒掉了。所以在錢鍾書想來，現在來開這種紀念會，有什麼意義呢？何況他本來就不喜歡酬酢，不參加沒有實質意義的紀念會。後來華中師範大學仍決定紀念會照開，並正式邀請錢鍾書參加盛會，但錢鍾書託病未參加。[31] 至此希望讀者不要誤會，這與他對父親的私人感情毫不相涉。錢鍾書對他父親的栽培養育之恩心存感念是不容懷疑的。我們看到《圍城》裡方鴻漸口口聲聲說自己的國文很好，是「老子私傳指授」，一種感念之情溢於言表。時人很熱心要為他父親刊行舊作及籌辦百年紀念，是不是算作「父以子貴」呢？或許多多少少有點關係。

III

最後簡短地來談一談錢基博在鍾書早年（formative years）及其對他心智發展（intellectual development）所起的作用來結束這一章。王安石寫過一篇〈傷仲永〉，[32] 仲永姓方，是一個天才兒童，在這篇短文裡，荊公說：「仲永生五年，未嘗識書具，忽啼求之。父異焉，借旁近與之，即書詩四句，並自為其名。其詩以養父母、收族為意，傳一鄉秀才觀之。自是指物作詩立就，其文理皆有可觀者。」荊公又說：「余聞之也久，明道中，從先人還家，於舅家見之，十二三矣。令作詩，不能稱前時之聞。又七年，還自揚州，復到舅家問焉。曰：『泯然眾人矣。』」「泯然眾人矣」意即與普通人一樣了。荊公指那個神童方仲永生在一個不是讀書人家的家庭裡，沒有讀書與做學問的機會，結果到了二十歲時，方仲永竟是「泯然眾人矣」。但錢鍾書與方仲永不一樣，錢鍾書到二十歲時，已被他父親訓練成一個小學者了。我們不難推斷，如果沒有他父親的栽培與嚴格管教，錢鍾書就不是今日的錢鍾書了。如果一路由他伯父帶大，錢鍾書很可能像他伯父一樣變成一個名士。正如鄭朝宗先生說的，家庭教育、學校教育及個性都很重要，三者缺一不可。[33] 誠哉斯言！錢鍾書的成就，由於錢基博管教有方，這是不爭的事實。在錢家十幾個子侄輩中，也只出了一個才子——錢鍾書。[34] 這好像詹姆斯·彌爾刻意栽培約翰·彌爾一樣，也只有老大約翰·彌爾成才；而約翰的幾個弟弟不過爾爾，並無所成。韓文公嘗言：「世有伯樂，然後有千里馬，千里馬常有，而伯樂不常有。」而錢鍾書何幸，伯樂就在家裡。錢鍾書的成功，是錢基博一生最大的成就。約翰·彌爾在《自傳》裡講：「很公允地說，我開始讀書，要比同時代的人早二十五年光景，我占了這個便宜。」錢鍾書自己沒有說過像約翰·彌爾這樣的話，但吾人當知他讀的書也比他同時代的人早了好幾年，至少十年或二十年，故怪不得當他進清華時，「文名已滿全校」。

除了我前面講的彌爾及方仲永外，在這裡我簡略地講一位近世美國天才數學家納許（John Forbes Nash Jr.）。他一九二八年出生在西維吉尼亞州 Bluefield 鎮一個很普通人家，中學時因得了西屋獎（Westinghouse）而上離家不遠的卡內基工學院（Carnegie Tech College），他在這所小理工學院最初念電機系後來轉化學系都不很愉快，最後轉數學系，如魚得水，凡事得心應手。他在數學系裡的課程很快就念完了，得了學士學位，還同時得了一個碩士學位。那時他只有二十歲。他想要念博士學位，他申請了好幾所美國名校，卡內基工學院數學老師的推薦信好話說盡，但其中有一位老師的推薦信只有一句話：「This man is a genius.」（他是一個天才）他的申請書寄出後，大家都搶著要他。最後在哈佛、普林斯頓兩所名校中選一個，不能決定，當時普林斯頓數學系是美國最好的一系，且給他獎學金比哈佛多，再則當時一位很有名的數學教授名阿爾伯特．塔克（Albert Tucker）寫了一封私人信給他，叫他到普林斯頓來，離家又近。納許就選擇了普林斯頓。他一到普林斯頓，就像錢鍾書進清華一樣，「名聞全校」，大家都說他將來前程萬里，誰都擋不了他了。第一年他在普林斯頓與愛因斯坦（Einstein）合作做過一個研究計畫（project）。也在第一年他只有二十一歲即修完博士課程，並且很快通過一層層的考試，博士論文只有二十八頁，一致通過，第二年二十二歲獲博士學位。大家都預測他遲早會得諾貝爾獎。果然他於一九九四年終於得獎了。他三十一歲時得了一種精神病，後來病好了。其實以他在數學及經濟理論上的貢獻他應該早就得獎，諾貝爾獎委員會諸公，就怕他在典禮儀式上會出洋相，怕他會打人或者在儀式中途跑了，或對瑞典國王不敬重，結果他領獎那天，很乖，在演講完後，施施然徐徐走下講臺，家人如釋重負，全場的人都站起來熱烈鼓掌，洋人叫 ovation。那時他六十六歲，歲月不饒人，到晚年他憔悴蒼老，不再是一個美男子。除了他不時有精神病外，他身體素健，頭腦還很清楚，他常說他在數學上還能有新的理念，在理論數學上有所貢獻。晚年他還得了很多獎，二〇一五年他去挪威領阿貝爾獎（Abel Prize）返美時，在紐約叫計程車回紐澤西州家，在公路上因車禍喪身死於非命，時納許八十六歲，其妻艾莉西亞（Alicia）八十二歲。一個天才隕落了。

1 鄭朝宗，〈但開風氣不為師〉，原載《讀書》一九八三年第一期，轉引自《錢鍾書楊絳研究資料集》（武昌：華中師範，一九九〇），頁四六。

2 錢鍾書不太喜歡人家說《圍城》是自傳性的小說。因為方鴻漸與錢鍾書性格不同，方是一個庸碌、優柔寡斷、毫無主見、極其普通的人，而錢是天才。但這裡的方鴻漸就是錢鍾書自己。

3 約翰・彌爾在《自傳》中開宗明義說：「我於一八〇六年五月二十日生於倫敦，《印度史》一書作者詹姆斯・彌爾（James Mill）的長子。」他沒有提到母親，在《自傳》中他對母親無隻言片字的介紹（吾人也很少看到錢鍾書在著作或言談中提到他母親），一般母親對子女的影響不見於彌爾《自傳》。十多年前美國麻省理工學院歷史學教授馬茲利什（Bruce Mazlish）曾著一書，名為《詹姆斯・彌爾與約翰・彌爾：十九世紀的父與子》（*James Mill and John Stuart Mill: Father and Son in the Nineteenth Century*），由紐約 Basic 出版公司出版，以心理史學方法來為此大做文章，有興趣的讀者可以找來一讀。

4 請參閱約翰・彌爾，《自傳》。約翰・彌爾一生著作甚多，《自傳》是他的名著之一。從《自傳》不僅可以窺見彌爾如何從一個小思想家變成一個大思想家，而且還可以瞭解十九世紀歐洲思想界變遷的大勢。

5 錢穆，《八十憶雙親・師友雜憶》合刊本（臺北：東大圖書公司，一九八二），頁一一五。

6 巫奇，〈錢鍾書先生三題〉，《錢鍾書研究》第三輯，頁三八一。

7 錢穆，《八十憶雙親・師友雜憶》合刊本，頁一一五。

8 錢穆，《八十憶雙親・師友雜憶》合刊本，頁二八一至二八二。

9 錢穆，《八十憶雙親・師友雜憶》合刊本，頁二八二。

10 楊絳，〈記錢鍾書與《圍城》〉，見《錢鍾書楊絳散文》（北京：中國廣播電視，一九九七），頁三八八。（錢基博在清華教書極其認真，據一九二九年級畢業生周培智在〈五十年前的清華〉一文中回憶說：「余國文在A班，教授為錢基博先生，教學異常認真。每週作業異常繁雜。」見《清華校友通訊》新第六十七期校慶專號（一九七九年四月）頁三七。

11 錢穆，《八十憶雙親・師友雜憶》合刊本，頁三八二。

12 錢穆，《八十憶雙親．師友雜憶》合刊本，頁三八八。

13 錢穆，《八十憶雙親．師友雜憶》合刊本，頁三八八。

14 錢穆的《國學概論》港臺翻印本有很多種，我手頭的一本是一九六六年五月香港國學出版社翻印的。本書徵引序文及弁言均以此本為準。

15 楊絳，〈記錢鍾書與《圍城》〉，見《錢鍾書楊絳散文》，頁三八八。

16 錢鍾書於一九三八年代他父親寫過一首詩，題為〈謝章行嚴先生書贈橫披（代家君）〉，全詩如下：「活國吾猶仰，探囊智有餘。名家堅白論（治邏輯），能事硬黃書。傳市方成虎，臨淵倘羨魚。未應閑此手，磨墨磨渠。」見《槐聚詩存》（北京：三聯，一九九四），頁二四。其實錢鍾書為他父親代筆捉刀的詩文當不止上述幾篇，其他一定還有。據許景淵先生說，錢鍾書的文章勝過乃父，因為更有文采。錢鍾書的詩更高明，錢基博的詩是「臺閣體」。這與性格有關，因錢鍾書較活潑。

17 楊絳，〈記錢鍾書與《圍城》〉，見《錢鍾書楊絳散文》，頁三八一。錢鍾書家書令人想起一本書，即印度裔作家奈波爾（V. S. Naipaul, 1932-2018）的《父與子的信》（*Between Father and Son: Family Letters*）。顧名思義，這是一本父子通信集，奈波爾父親是一新聞記者兼小說家，年輕時移民至加勒比海的當時英屬千里達（Trinidad）工作。奈波爾就在該地出生、長大。於五〇年代，他得到獎學金到英國牛津大學讀書，他們父子於此時開始通信。奈波爾離鄉背井，在英國生活很艱苦，衣食不繼，而寫作很不順手，被頻頻退稿，他的父親對他說要忍耐，並告訴他如何著手。奈波爾（十八歲開始寫作）當時寫了兩本小說，捧著豬頭找不到廟門，釘子不知碰了多少。他的父親對他說不要氣餒，要繼續努力，不要放棄寫作。奈波爾聽了父親的話孜孜不倦，終於脫穎而出，奈波爾是當代大作家，一九三二年八月十七日生於西印度群島，二〇一八年八月十一日卒於倫敦，還差六天就是他八十六歲生日。他文字漂亮，享譽國際，二〇〇一年獲諾貝爾文學獎。《父與子的信》讀來趣味盎然，對有志寫作的年輕人有激勵作用。錢鍾書與他父親的往來書信，如果不被紅衛兵燒掉，能夠出版，不僅可以嘉惠後學，而且對吾人瞭解二、三〇年代北方學界及中國文壇動態，也是很有價值的；對於研究錢鍾書的學者來說，更是彌足珍貴。可惜這些寶貴的資料都由「回祿君」拿去了。

18 轉引自巫奇，〈錢鍾書先生三題〉，《錢鍾書研究》第三輯，頁二八三。錢基博函中所述溫源寧介紹錢鍾書去倫敦大學教中國語文，想是接替老舍的職位（那時錢鍾書尚在清華讀書，他未去倫敦也許是對的，如他去英國教中國語文則是大材小用）。老舍自一九二四年秋天起在倫敦大學東方語文學院教中國語文，至一九二九年六月辭去講席，前後五年。遺缺後由林藻浦接任，見胡金銓，《老舍和他的作品》（香港：文化生活，一九七七），頁二九及頁六一。

19 轉引自巫奇，〈錢鍾書先生三題〉，《錢鍾書研究》第三輯，頁二八三。

20 轉引自巫奇，〈錢鍾書先生三題〉，《錢鍾書研究》第三輯，頁二八三。

21 錢鍾書曾譏嘲胡適（見《大公報》世界思潮欄第三九期，一九三二年三月十六日），雖然如此，胡適是一個愛才的人，總的說來胡錢關係不惡。一九五八年《宋詩選注》出版，不久即遭批判。一九五九年春天，胡適在香港的友人送了一冊給他（那時胡適在臺灣任中央研究院院長），胡適讀後，即說錢鍾書的注「的確寫得不錯」。錢鍾書於一九八八年為香港版《宋詩選注》寫一前言，曾提到胡適的話。中共過去批判胡適，可是到了一九八〇年代，中共對胡適的「歷史地位」有重新估價的傾向，錢鍾書致友人書中說：「胡公已漸得rehabilitation（恢復自己的名譽），公道自在人心。」函中胡公即指胡適。見王岷源，〈親切懷念默存學長〉，《一寸千思》，頁四九五。

看到一本《寫在錢鍾書邊上》的書，說胡適「專門請過年少氣盛的錢鍾書吃過三次飯」，見羅思編，《寫在錢鍾書邊上》（上海：文匯，一九九六），頁一四三。在同頁又講到胡適對《宋詩選注》的評語，讀了有點像天方夜譚。故今不憚其煩將胡頌平《胡適之先生晚年談話錄》中講到錢鍾書的全文抄錄如下，俾供大家參考：「一位香港的朋友託人帶來一本錢鍾書的《宋詩選注》給先生（即指胡適）。先生對胡頌平說：『錢鍾書是個年輕有天才的人，我沒有見過他。你知道他嗎？』胡頌平說：『十年前在南京，蔣慰堂（復璁）同他到教育部來，匆匆見過一面。他是錢基博的兒子，英文很好。』先生說：『英文好，中文也好。他大概是根據清人《宋詩鈔》選的。』先生約略翻了一翻，說：『黃山谷的詩只選四首，王荊公蘇東坡的略多一些。我不太愛讀黃山谷的詩。錢鍾書沒有用經濟史觀來解釋，聽說共產黨要清算他了。』過了一天，先生看了此書後又說：『他是故意選些有關社會問題的詩，不過他的注確實寫得不錯。還是可以看的。』」見《胡適之先生晚年談話錄》（臺北：聯經，一九八四），一九五九年四月二十九日星期三，頁二十至二一。

22《大公報》世界思潮欄第三九期（一九三二年三月十六日）。

23 錢鍾書在函中提到的《文學史》即計劃中的《中國文學小史》，今日我們看到的只是〈序論〉及〈序論補遺〉，是用文言文寫的。根據〈錢鍾書年表〉（見《錢鍾書楊絳研究資料集》，頁十），在一九三四年條項下，舊體詩《中書君詩》出版於是年，時二十四歲。後來錢鍾書又談到這本詩集：一九四七年十二月上海《大公報》函邀十八位學者和作家，以書面答覆下面三個問題：「（一）我的第一本書是什麼？（二）它是怎樣出版的？（三）我的下一本書是什麼？」錢鍾書的答覆如下：「（一）一部五七言舊詩集，在民國二十三年（一九三四年）印的。（二）幾個做舊詩的朋友慫恿我印的，真是大膽胡鬧。內容甚糟，僥倖沒有流傳。（三）《談藝錄》，用文言寫的，已在開明書店排印中。正計劃跟楊絳合寫喜劇一種，不知成否。」（原載一九四七年十二月十一日《大公報》，轉引自《錢鍾書楊絳研究資料集》頁八八）一九四〇年在湘西他又出了一冊舊詩集，由錢鍾書自署題為《中書君近詩》，由友人吳忠匡（錢基博弟子）負責承印，印二百冊，不作賣品（見吳忠匡〈記錢鍾書先生〉一文，收入《錢鍾書楊絳研究資料集》，頁七五）。如果有人找到這兩冊舊詩集，不妨印出來以饗錢迷。

24 錢基博，《古籍舉要》（臺北：華世，一九七五），頁一。錢基博最喜清儒陳澧的《東塾讀書記》一書，所以他自署他的書齋為「後東塾」，而兩旁有一聯云：「書非三代兩漢不讀，未為大雅；文在桐城陽湖之外，別闢一途。」可見其氣勢之一斑。他對陳澧亦步亦趨，他也有一部《後東塾讀書記》。他在《古籍舉要》序言裡一開頭就說：「長夏無事，課從子鍾漢讀番禺陳澧蘭甫《東塾讀書記》，隨有申論，隨記成冊。……陳氏以東塾名其廬，而僕課子弟讀書之室，亦在宅之東偏，遂以後東塾名吾室，而董理所記，都十七卷，署曰《後東塾讀書記》，而古籍精要者粗舉，以與陳《記》，合之則互為經緯，而分之則各成篇章。」《顧頡剛書話》裡面錄有錢基博在《後東塾讀書記》裡評康梁筆記二則，並附顧氏評語，頗有可取之點，亦可窺錢氏學問之大凡也。顧氏書云《青鶴雜誌》中載錢基博《後東塾讀書記》，其於康有為《孔子改制考》等四書評曰（一卷四期）：「康氏之言《公羊》，得之井研廖平」，而《新學偽經考》來自方苞《周官辨》十篇。錢又評梁啟超《清代學術概論》：「閱新會梁啟超任公《清代學術概論》一冊，其中自詡早年講學專以絀荀申孟為標幟。然言孔學而絀荀申孟，不始於梁，宋儒已然。」列舉六條駁斥之。顧頡剛閱後寫了按語稱：「此所評皆甚是。康氏之學實出方苞、廖平，而諱所自來，未免心地不光明。梁氏之書，本出急就，雖開清學通論之先聲，而實未能全面看問題也。可另編《史苑叢鈔》一書，容納他人文字。與《雜識》之出自己心得者並存。」見顧頡剛，《顧頡剛書話》（杭州：浙江文藝，一九九八），頁二三九至二四二。附記：陳澧為前清華大學名教授、職業外交家陳之邁之祖父。

25 以上見《古籍舉要》序言，頁三至四，此序撰於一九三〇年八月。這種父子學問上抬槓當發生於錢基博撰寫序文之前，那時錢鍾書還不到二十歲。

26 轉引自巫奇，〈錢鍾書先生三題〉，《錢鍾書研究》第三輯，頁二八五。

27 Theodore Huters（胡志德）, *Qian Zhongshu* (Boston: Twayne Publishers, 1982), p. 3. 原文是「Even more shocking to convention was Qian's averral that his own father's learning was insufficient」，在這裡「averral」是一個僻字，普通字典上沒有這個字，在原來博士論文裡胡志德是用「Qian's affirmation...」，見胡志德史丹佛大學博士論文（一九七七）頁一四八。

28 孔芳卿，〈錢鍾書京都座談記〉，香港《明報月刊》第十六卷第一期，總一八一期（一九八一年一月）。

29 鍾叔河，〈編委筆談（二）〉，《錢鍾書研究》第二輯，頁一。

30 〈錢鍾書書札書鈔（資料）〉，《錢鍾書研究》第三輯，頁三二三。

31 錢鍾書覆信：「奉讀惠函，不勝惶悚！前疊得彭祖年先生等來信，道追念先君事，為人子者感刻心骨。而七月以還疾病纏身，迄今五旬尚未痊可，痰嗽失眠，心身俱憊，以是遷延未能報命。尚乞垂體下情，許其免役。專此奉覆，諸維諒宥！此上華中師範大學。錢鍾書敬白八月三十一日。」見武漢《華中師範大學學報・紀念錢基博先生誕生百年專輯》，轉引自《錢鍾書研究》第三輯，頁三二三至三二四。

32 申丙選注，《唐宋散文選注》（臺北：正中書局，一九六九），頁一九五。

33 鄭朝宗，〈但開風氣不為師〉，轉引自《錢鍾書楊絳研究資料集》，頁四六。

34 錢鍾書的堂弟鍾韓也很優秀，但他的志趣在理工科。鍾韓生於一九一一年，比鍾書小六個月，與鍾書一起考取清華，同時又考上上海交通大學電機系，結果他上交大，一九三三年畢業。後來留學英國，歸國後曾任西南聯大電機系教授，講交流電及直流電。據聯大學生回憶說，他教書很認真，材料很多，寫得快，講得也快，下課時還一面走，一面講，對人很和氣。像錢鍾書一樣，他喜歡看小說，當時在昆明書攤上的美軍小冊子差不多被他蒐羅殆盡。（見《抗戰中的西南聯大》，香港神州圖書公司翻印本，無出版年月，亦無編撰人姓氏，頁一九九）；一九四九年後，曾任南京工學院教授及江蘇省政協主席。一九八七年錢鍾書、鍾韓及鍾泰三兄弟當選為第六屆全國政協委員，有機會聚首北京，三月二十七日下午，在三里河南沙溝錢鍾書寓所，三兄弟接受記者訪問，據錢鍾韓說：「我小學、中學都和鍾書在一起讀書。我們家是搞古代文學的，所以我們的古文都有一定基礎。可是慢慢我發現，鍾書在文學上很有天才，我比不上他。我覺得他已經選擇了文學，我再去搞沒前途。我感到人應該用其所長，我這人邏輯性強，於是我就改學了工科。」錢鍾書覺得堂弟太謙虛了，便說：「他在學校功課比我好，考清華時，他是第二名，我才五十幾名。」錢鍾韓分辯道：「我是門門功課差不多，沒有表現出哪方面天才。」鍾泰是鍾韓的小弟，中國計量科學院副院長，曾留學蘇聯。見胡國華、楊遠虎，〈錢氏三兄弟的心願〉，《瞭望週刊》海外版（一九八七年四月十三日），頁十四至十五。

【第三章】

清華才子，一九二九至一九三三

Bright college years, with pleasure rife,
The shortest, gladdest years of life.
——Nineteenth-century American college song, originating at Yale.

上面這兩句題辭（epigraph）是十九世紀在美國大學校園裡甚是流行的一首歌謠（源自耶魯大學）。這兩句大意是：

多采多姿歡樂的大學生活
是一生中最短暫、最愉快的日子。[1]

這兩句對錢鍾書來說，是很恰當的。錢鍾書於一九二九年九月進清華大學。因為他有一個「不尋常的經過」，謠傳他數學考零分，按例不得錄取，但因他的中英文特優而被破格錄取，故他到清華時「文名已滿全校」，即有清華才子之稱。

在這一章，主要討論錢鍾書在清華四年「異於常人」的大學生活：（一）清華是一所什麼樣的大學；（二）他怎樣考進去的；（三）師友心目中的錢鍾書；（四）清華藏書；（五）《清華週刊》。這幾項對錢鍾書都很重要，且影響很大，本章將一一說明之。清華是中國一所著名學府，與北京大學齊名，講起中國名大學來，首推北大、清華；一如英國牛津、劍橋，美國之哈佛、耶魯。錢鍾書自己在小說《圍城》裡也說過清華是一所有名大學。[2] 早期清華是一所很特殊的學校。清華是由美國退還庚子賠款而創辦的留美預備學校（相當於中學到大一為止，學生畢業後到美國讀書可以插入大二），直隸外交部，不屬於教育部。實際上清華是義和團運動的產物。八國聯軍入侵後，與清政府簽訂《辛丑和約》，清政府賠償俄、德、法、英、美、日、義、比、奧、荷蘭、西、葡、挪威及瑞典等十四國總額計四億五千萬兩白銀，合三億三千三百餘萬美元。俄國最多，占二八%強。美國占七%，為二千五百萬美元。到了一九〇六年未付美國的本息還有一千三百萬美元。一九〇七年美國老羅斯福（Theodore Roosevelt）總統倡議退還未付的庚子賠款，拿來做為清政府派遣中國學生赴美國各大學進修的費用，這就是美國庚款的由來。[3] 宣統元年（一九〇九年）為美國退還賠款的第一年，外務部會同學部設立游美學務處及附設肄業館，開始考選庚款留美學生放洋。從一九〇九年至一九一一年辛亥革命前夕，清廷先後考選了三批學生留美，計一百八十名。[4] 後來在清華做了十七年校長的梅貽琦即於一九〇九年考取第一批放洋。一九一〇年（即第二批）考取的有胡適與趙元任。第三批有梅光迪及王賡（陸小曼的第一任丈夫）。這三批學生也算是清華校友，清華人稱他們為「史前期校友」。

當時清廷對於這個留美預備學校也甚重視。於一九〇九年特撥出在北京西郊海淀的清華園為校址。清華園原係清道光帝賜其第五子惇親王奕誴之賜園，俗稱「小五爺園」（以別於圓明園南面之鳴鶴園，俗稱「老五爺園」，為道光弟惠親王綿愉所有）。惇親王卒後長子載濂襲爵為王。庚子義和團運動時，因義和團曾在園內設壇，事後載濂被削職，園子被沒收。外務部呈文建議利用清華園做為庚款留學生預備學校校址，中堂那桐沒有反對，遂成定案。園內原有房屋均是宮殿式，大殿曰永恩寺，校內白石條都是寺內遺物。再進門後為二宮門，懸有咸豐帝御書「清華園」三字匾額。內為工字殿，即日後遠近馳名的工字廳。清華園面積很大，凡五百三十畝，四周風景幽絕。[5] 因館設於清華園，故將游美學務處賜名為「清華學堂」，英文名字叫 Tsing Hua Imperial College。民國成立後，將游美學務處裁撤，並將清華學堂更名為清華學校，仍為留美預備學校。英文校名去掉 Imperial 一詞；校長也換了，原來的校長周自齊與副校長唐國安於一九一一年秋同赴英國，參加英王喬治五世加冕典禮。典禮完畢後，周回國，即去做山東省省長。唐國安被任命為清華學校第一任校長，周詒春為副校長。[6]不久，唐病逝，周繼任校長。在清華學校時期，即從一九一一年至一九二八年改為國立大學為止，有幾項重大改革，此即：(一)一九二四年停止招考高等科學生；(二)派遣留美學生，限五十名，公開招考，不限於清華畢業生；(三)一九二五年起開始招收大學部一年級新生，這時清華正像馮友蘭所說「大學之基礎乃立」[7]。一九二五年考進去的學生於一九二九年畢業，為第一屆畢業生，故稱第一級。一九二九年這一年對清華來說有其特殊意義：留美預備班高等科最後一級就在這一年結業放洋，國學研究所也於這一年結束。一九二九年也是錢鍾書進清華的一年。錢鍾書對清華校友來說，他是第五級，雖然這時清華已改為國立大學，但與清華學校一脈薪傳，弦歌不輟。那時校長為羅家倫。

羅家倫是清華學校改為國立清華大學後的第一任校長。一九二八年國民政府北伐初定，奠都南京，南京新政府於是年八月任命羅家倫為清華校長。[8]羅於九月到職，在九月十八日就職典禮上除宣布清華學校正式改為國立清華大學外，他說：「我既然來擔任清華大學校長，我自當以充分的勇氣和熱忱來把清華辦好。」他要「樹立一個學術獨立的基礎，在這優美的『水木清華』環境裡，我們要達成一個新學風以建設新清華！」[9]羅到清華來，很想大刀闊斧革新清華，一展平生抱負。但他沒有胡適的名望，也沒有傅斯年的辦事能力，所以他在清華只做了兩年，因學生反對他，憤而辭職。[10]

羅家倫於一九三〇年五月二十三日正式辭職，隨即南下。在羅走後，到一九三一年十月政府任命梅貽琦做校長為止，短短一年半之間，換了六位校長或代理校長。[11]校長頻頻更迭之際，也正是錢鍾書在清華讀書從大二到大三上的階段，在這清華行政當局混亂不穩定時期，錢鍾書未受絲毫影響，除專心讀書外，也是他在大學時代作品多產的一個階段。[12]

羅家倫在二年校長任內，除了鬧一些笑話外，[13]對清華是有貢獻的：（一）將清華學校改為國立清華大學，隸屬教育部；（二）兼收女生；（三）重金禮聘名教授。[14]其他如增建校舍，淘汰冗員及增購藏書。其實，羅家倫對清華的另一貢獻是破格錄取了錢鍾書，他這一開明的大膽作風是值得翹大拇指的好事。

II

毋庸置疑，羅家倫的「大膽作風」對錢鍾書的一生影響太大了，故在這裡關於破格錄取這一傳奇性的「不尋常的經過」似不得不記。我們要講錢鍾書的大學時代，必須從他的入學考試講起。當錢鍾書於一九二九年投考清華時，是第五級，或稱一九三三級。據與錢鍾書同年考進去的同學回憶，那一年全國報考的有二千多人，[15]而錄取新生計男生一百七十四名，女生十八名。備取生三十七名。[16]第一名嚴衍誠，第二名錢鍾韓，[17]錢鍾書考第五十七名，但不知錄取的女生十八名中有幾位考的分數比他高，所以他後來總是對人家說，他考了五十幾名。五十幾名名次不算低，應被錄取，但外傳錢鍾書數學考零分，按例不得錄取，因他中英文特優，獲羅校長破格錄取（見鄒文海〈憶錢鍾書〉）。這一說法，似合情合理，也很富傳奇性，但後來錢鍾書本人否認了外傳考零分之說。一九七九年（詳見後）錢鍾書隨中國社會科學院代表團訪問美國時，於四月二十三日在哥倫比亞大學座談會上，有人問他當年考清華時數學考零分，但英文特佳而破格錄取，確否？錢鍾書回答說，確有其事，然後他說：「I failed in math（我數學不及格），但國文及英文還可以，為此事，當時校長羅家倫還特地召我至校長室談話，蒙他特准而入學。我並向羅家倫彎腰鞠躬申謝。」[18] 接著錢鍾書還補說了一句：「他是一個反動者（reactionary）。」因為當時錢的動作及語氣很是滑稽，所以此語一出，引起哄堂大笑。因為錢鍾書這個人是很富幽默感的，到現在為止，我還很難說他是開玩笑呢，還是另有意義。至於羅家倫是不是一個反動者呢？我們可以從兩方面來講：儘管他早年曾是五四運動健將，是一個革新派先鋒，但常人說一個人在年輕時是過激派，過了三十歲後，就要變成一個保守派了。拿羅家倫來說，的確是一個很好的例子。羅做清華校長時已過了三十歲（三十二歲）。他在清華的作風，有革新的一面，如招收女生。但也有反動的一面，如全體學生做晨操，上軍訓。另外從意識形態來講，他實在是一個很保守的人了，且與國民黨關係至為密切。比起胡適與傅斯年這些中國自由派菁英知識分子來說，羅家倫算得上是一個反動者了。這樣說來，錢說羅家倫是一個反動者，是據實而言，並無惡意。也許有人認為對羅似有所不恭，但是我認為錢鍾書講了真話。同時我們也不認為錢鍾書講這句話，是為了討好官方，這就是真正的錢鍾書，小時的癡氣，成年後的快人快語，即其一例。

在座談會上，錢鍾書沒有說考多少分，只說不及格，那麼多少分才算及格呢？人家沒有問，他也沒有講。翌年錢鍾書應邀訪問日本，在京都座談會上，也有人問他同樣的問題——即他考清華時數學零分的問題。他答說是考得比零分稍高的十五分，「不過仍然不及格就是」。[19]當楊絳於一九八二年，應胡喬木之請，寫了一篇〈記錢鍾書與《圍城》〉，她說：「鍾書考大學，數學只考得十五分。」[20]不管零分或十五分，錢鍾書的分數都很低，但錢在錄取的一百七十四名的新生名單中列第五十七名，名次不算低。根據清華一九二九年級校友周培智先生在〈五十年前的清華〉一文中講到錄取標準時說，凡是國、英、算三門主科中「有一科目考分在八十五分以上，一定錄取……各科平均分數及格，合乎入大學標準，也能錄取」。[21]照這個標準，錢鍾書應該被錄取。一、因他能考到五十幾名則他的平均分數當然及格了。二、他的中、英文特優，國、英兩門就會考在八十五分以上，那麼錢鍾書也應當被錄取。有人說因為錢鍾書數學只考得十五分，太低，但比錢鍾書低一班的季羨林教授，他於一九三〇年考進清華外文系，他的入學考試數學分數比錢鍾書考的分數還低，不到十分，[22]但季羨林被錄取了。另據一九四〇年級清華外文系畢業的陳慈女士回憶（她是一九三六年考進清華的），她說：「在我參加清華入學考試的第一天，當數學試題發下來時，我整個人愣住了，因為翻來覆去，我也找不出幾題是我會做的。雖然數學一向是我最喜歡的功課，而多年來我的成績也都是班上頂呱呱的，但那一剎那，我完全投降了。我懷著非常失意落魄的心情勉強把其他科目考完。」她接著又說：「直到現在我不明白我怎麼樣考上清華的。聽說評審委員是先把國、英、算三科的分數拿來平均，如果及格，才繼看理化、史地等的試卷。也許如此，我才得救吧！」[23]她沒有講數學考多少分，但總之是考砸了。至於她說不明白怎樣考上清華的，其實在文中她自己已作答了，因為她的國、英、算三科平均及格了。像錢鍾書一樣，陳慈中英文很好，她是北平私立貝滿女子中學畢業的，貝滿是一所很好的教會學校（現在改為北京女十二中），她不但英文好，中文也好。她的中英文再好，當然不會比錢鍾書更好，結果她過關了，但錢還要驚動校長破格錄取，我百思不得其解，中國名史家蔣廷黻說，歷史的資料分兩種，「一種是原料（primary source），一種是次料（secondary source）。簡略說，原料是在事的人關於所在的事所寫的文書或紀錄；次料是事外的人的撰著。原料不盡可信；次料非盡不可信。比較說，原料可信的程度在次料之上。所以研究歷史者必須從原料下手。」（蔣廷黻著《近代中國外交史資料輯要》上卷自序）。在這裡錢鍾書、季羨林、陳慈講的話是原料，楊絳講的話是次料。我根據蔣廷黻的歷史紀律與原則去推斷。如果清華不能提出有力證據，則我相信錢鍾書考清華，數學考零分，這是我的結論。

零分或十五分都不重要，重要的是錢鍾書進了清華。羅家倫對錢有栽植之恩。錢鍾書對羅校長感念之情不言而喻。羅家倫當然不難看出錢鍾書這個學生不類常人，是一大才子也，不會像對一般學生來看待他。他們兩人同在清華只有一年，此即從一九二九年九月至一九三〇年五月，錢鍾書讀大一的時候。在校時他們有否往來，或甚至傾談過，我們不知道，因為羅家倫日記關於清華時期及一九三〇年代的記載獨付闕如。[24] 根據現有的資料，當他們離開清華園後，曾有書翰往返，即在一九三四年初，那時錢鍾書在上海光華大學教書，而羅家倫為南京中央大學校長。羅家倫曾有一信給錢鍾書，[25] 他寄了一首自己寫的新詩給錢鍾書，據羅家倫長女羅久芳推測，這首新詩當為傳誦一時的〈玉門出塞〉。[26] 錢鍾書收到了這首新詩後，特地回信以表謝意，並用「噴珠漱玉」和「脫兔驚鴻」來讚美羅家倫的詩和書法高超。羅氏的書法不錯，而這首詩的確寫得好。錢鍾書寫給老校長的信不長，今錄於後：

志希夫子賜鑒：

噴珠漱玉之詩，脫兔驚鴻之字，昔聞雙絕，今斯見之。吾師出其餘事，已了生等百輩讚嘆無窮，胝沫不厭，即將付之裝池，藏為瑰寶，並思作詩，以道頂禮之意，而未敢率爾命筆也。賀柬三絕，誠如夫子所云，不足掛齒。偶有少年哀樂之作，為陳石遺丈，錄入續詩語(話)者，又皆絮絮昵昵兒女之私，恐見嗤於夫子，是以藏拙而不敢以獻。惟師大匠，雅鄭莫逃，庶生小巫，濫竽知恥，輒復寫呈數首，覆瓿投廁，惟師所命。天寒欲雪，諸祈

為國為道珍衛

詩弟子　錢鍾書百拜

一月八日[27]

除了這封信外，錢鍾書又寫了一首七絕做為回贈，詩云：

快覩蘭鯨一手並，
英雄餘事以詩鳴。
著花老樹枝無醜，
食葉春蠶筆有聲。

錢鍾書寫詩像艾略特(T. S. Eliot)一樣，喜歡用典故，有時「非注莫明」，這首詩亦不例外。本詩附有自注：「吳蘭雪本少陵『翡翠蘭苕、鯨魚碧海』語，自題其集曰《蘭鯨》，意謂

酣放精微，兼而有之。歐公云『下筆春蠶食葉聲』，宛陵云『老樹著花無醜枝』，故詩云云。」另外他又抄了早兩年在清華讀書時所作的十首舊詩，一併寄給羅家倫。這些舊詩是〈園游偕鍾英同作〉、〈得石遺老人書並人日思家懷人詩〉、〈小極〉（以上作於一九三二年春）、〈秋杪雜詩〉五首（作於一九三二年秋）、〈車赴海淀道中作〉、〈重游虎丘〉及〈頌陀表丈見拙詩題一首奉答〉（以上作於一九三三年春）。他在這些詩後附言中說：「志希夫子詩伯寫賜佳章，詞翰雙絕，噴珠漱玉之詩，脫兔驚鴻之字，把玩無，忍俊不禁，因復鈔呈俚句，比於醜婦之見翁姑耳。伏維夫子有以正之。受業錢鍾書呈。」[28]這一組詩，他在清華四年級時寫就，均曾先後在《清華週刊》及《國風》上發表過。

錢鍾書的第二封信是二月二十三日，因未敘年，據羅久芳說當書於一九三四年。錢鍾書寄了他的新作〈論師友詩絕句〉八首給羅家倫，並附一短簡：

志希夫子道詧：

前上一椷，忽已經月，生還家度歲，昨日始來滬上，閑居無事，戲作論師友詩絕句八首，別紙錄奉（近作小文一首，堪為前謂中國的詩文作注腳，並奉給覆瓿之用），一笑，不足為外人道。第一首陳丈石遺，第三首吳師雨僧，亦妄以夫子列入，為添光寵。自謂詩中之董狐直筆也，惜多本事，非注莫明耳。專肅，即叩鈞綏。

受業　錢鍾書頓首

二月二十三日[29]

今錄函中有關絕句八首中三首如後：

詩中疏鑿別清渾，瘦硬通神骨可捫；

其雨及時風肆好，匹園廣大接隨園。

（舒鐵雲《乾嘉詩壇點將錄》以及時雨比袁簡齋云。）

快覩蘭鯨一手並，英雄餘事以詩鳴；

著花老樹枝無醜，食葉春蠶筆有聲。

（吳巢松本少陵語，自題集曰《蘭鯨錄》，意謂兼酣放與精微也。）

亞槧歐鉛意欲兼，童牛角馬漫成篇；

南華北史書非僻，辛苦亭林自作箋。

（亞槧歐鉛乃梁任公〈詩中八賢歌〉稱嚴幾道語。亭林事僅見《小倉山房尺牘》〈與楊蘭坡〉，它處未見。）[30]

附一小注：「志希夫子誨政，夫子見其不少假借，便知快覩一首絕非過諛，足以取信於天下也。詩徒錢鍾書上。」[31]其中第一首是論陳衍，[32]第三首是論鍾書在清華的業師吳宓，第二首即上次寄贈給羅家倫的一首。這幾首詩都加小字注疏，可知引用典故之多，也是「非注莫明」。鍾書自己說這些詩是「詩中之董狐直筆也」，希夫子「不足為外人道」。他贈羅家倫的那首詩說是「絕非過諛」而足以「取信於天下」。可是到了晚年，錢鍾書不太願意談這些詩，也不願重刊他給羅家倫的兩封信，這一組詩在錢先生晚年定稿《槐聚詩存》詩集裡則一首也未錄，大有自慚少作之意，這些詩寫得不高明嗎？非也。他的一位朋友說，默存的詩「律法精嚴，格高韻遠」。[33]他的技巧圓熟，極其出色。誠如羅久芳說：「錢先生的深厚國學基礎和詩詞書法方面的造詣，更是躍然紙上。」[34]年輕詩人能寫到這樣好的詩，極其少有。那時錢鍾書只有二十二、三歲，有如此成就，實屬難得。那他何以「自慚少作」或自諱其詩呢？也許晚年的錢鍾書認為給老校長的信及酬酢詩裡面有過多「諛辭」。其實這又有什麼關係呢？袁枚及丁文江都曾寫過這樣類似的諛美詩。[35]至於錢對老校長自稱弟子、受業也都是很合適的，何況他又是羅家倫識拔的門生。如果沒有羅家倫的破格錄取，錢鍾書就進不了清華。[36]

識拔錢鍾書入清華，羅氏認為這是他清華校長任內得意的事之一，事後證之他的慧眼沒有看錯。錢鍾書在清華念外國語文系。外文系成立於一九二六年，當時稱西洋文學系，一九二八年更名為外國語文系。錢鍾書回憶說，當他尚在清華做學生的時候，某日遇大詩人陳衍，石遺老人知道他諳西語，懂外文，但不知道他主修外國文學，等到問明白了，石遺老人很慨嘆地說：「文學又何必向外國去學呢？咱們中國文學不就很好麼？」[37]其實清華的外國語文系對錢鍾書來說是最合適的一系了，他的中英文已夠好了，他在清華當有餘力可去學（除了英文外）其他外國語文。清華外文系的課程：一年級大都是文學院共同的必修課目，到了二年級時，就漸漸進入西洋文學的專門科目。除了西洋哲學史，尚有第二年英文及外國語外，則全是西洋文學的課程，如西洋小說、文學批評、英國浪漫詩人及莎士比亞。

當時外文系裡的外國語，除英文外尚有德、法、義大利、希臘、日、俄及拉丁文，我們現在可以做這樣假定，在外文系裡除日文、俄文外，錢鍾書很可能全都選了。專修德文、法文者，必須繼續修三年。到了三、四年級則西洋文學分期研究，從古代希臘、羅馬到但丁為止，然後文藝復興到十九世紀末輪流開班，旁及英文文字學、莎翁名劇及文學批評等課程。錢鍾書英文寫得相當好，也曾發表評法文書的書評文章。[38]據夏志清先生說，錢鍾書的德文和義大利文也是相當好的，他還會拉丁文。錢鍾書在清華四年所學，對他來說，一生受用不盡，他日後著作，無不旁徵博引，經常一句話，同時引用數種不同歐洲語文寫出來，這是他從清華學來的絕招。

III

外文系教授陣容強大。錢鍾書進清華時，外文系主任為王文顯（一九二六及一九三二年王休假，由吳宓代理。一九三六年起系主任為陳福田）。一些教授是從清華學校留下來的，如王文顯、陳福田、畢蓮（A. M. Bille）、吳可讀（A. L. Pollard-Urquhart）。另一些是大學成立後新聘的，如吳宓、溫德（R. Winter）[39]、翟孟生（R. D. Jameson）、瑞恰慈（I. A. Richards）[40]，後聘有葉公超及錢稻孫等人。據與錢鍾書同年考進去的外文系同班同學甘毓津先生回憶說：「當時的教授陣容很強，我想，如果學生學得不好，只能怪自己。」[41]

外文系主任王文顯，生於一八八七年，粵人，曾留學英國。因幼時出洋，故英文很好，他的牛津英語發音清脆悅耳，韻味十足，即使在英人中亦屬少見。[42]惟對國文卻是門外漢，王是一莎士比亞專家，在清華教莎翁名劇及戲劇概論。他對學生影響較大，也培養了很多同學對戲劇的興趣，故學生畢業後，在這方面的成就較為顯著，日後成名的有萬家寶（曹禺）、李健吾及張駿祥。曹禺成名很早，他的《雷雨》及《日出》問世後，轟動一時，幾乎家喻戶曉。王文顯的學生（如曹禺等人）對推動中國劇運貢獻很大。錢鍾書多多少少也受到王文顯的影響，他一度也想寫劇本。[43] 王文顯於一九二一年還做過清華代理校長，在清華資格很老。做外文系主任多年，曾引用一位粵籍同鄉來外文系任教，王後來反被那人逼走，取而代之，此人不是別人，即是陳福田。[44]

陳福田，廣東東莞人，一八九七年生。與王文顯一樣，有較多的外國背景。他是夏威夷華僑，一口英語，中文就不太靈光，哈佛大學英語系畢業。在清華教大一英文及高年級高等英文作文。曾編過一本大學英文選，由商務印書館出版。錢鍾書與陳福田既是師生，後來在西南聯大又是同事，但關係並不很好。[45]

在清華外文系裡的教授也有中英文俱佳者，如吳宓與葉公超。吳、葉不但英文好，中文也好，且具有中國傳統文人吐屬，均屬才子型的書生，吳會寫舊體詩，葉擅書畫，且均出色當行。錢鍾書在校時與他們兩位往來較密。錢在〈談交友〉一文中說：「我有大學時代五位最敬愛的老師，都像蒲伯（Pope）所說，以哲人導師而更做朋友的。這五位老師以及其他三四位好朋友，全對我有說不盡的恩德。」（見《文學雜誌》一卷四期）這五位老師當然少不了吳宓及葉公超，其他三位當不難考出，應是張申府、馮友蘭及溫源寧（北大教授，在清華是兼任講師）[46]。

現在我們先來講吳宓，然後再來談葉公超。吳宓（1894-1978，陝西涇陽人）與陳福田一樣曾受過哈佛教育，獲哈佛英語系碩士學位，是當時哈佛名教授、新人文主義巨擘白璧德（Irving Babbitt）的門生。吳在清華開的課有「中西詩之比較」及「英國浪漫詩人」，如果用現在時髦的術語來說，應是正宗的比較文學了。他講課很嚴肅，極其認真。有時用英文講，有時也用中文講，興致來時，也會把他自己寫的舊體詩發給同學。吳雖是學貫中西的名學者，但思想很保守，很不喜歡胡適，痛恨白話文。可是他的舊體詩常常被主編《清華週刊》的學生拿來開玩笑，譯成白話詩刊出來，謔而不虐，他見了一笑置之，不以為忤。吳宓不但自己作詩，也教朋友作詩，他曾教過清華同事政治系教授蕭公權先生作詩，蕭做了給吳改，然後他會把蕭詩發給班上同學共同欣賞。[47] 吳宓為人正直，古貌古心，但對愛情卻是很羅曼蒂克。吳早年由父母之命跟他的表妹陳心一女士結婚，陳是賢妻良母的舊式婦女，而且是知書識字的一個大家閨秀。但吳傾心於一位留學美國的海倫女士，即毛彥文，並斷然與髮妻分手，獨居清華園工字廳，這就是《吳宓詩集》常提到的空軒。他有一首詩一開始兩句「吳宓苦愛ＸＸＸ，三洲人士共驚聞」，當時沒有寫出姓名來，但從押韻上來看，一看便知是毛彥文。吳宓還有一組詩，名〈空軒詩〉十二首，當時發給「中西詩之比較」課堂上的學生，據說每一首影射一位女子，校刊上刊出第一首如下：「一見亞北貌似花，順著秫秸往上爬。單獨進攻忽失利，跟蹤盯梢也挨刷。」「亞北」者，歐陽也，為外文系一女生歐陽采薇的姓。[48]

關於毛彥文事，錢鍾書有一首詩贈吳宓，叫他看開點。錢鍾書的詩：

雨僧師賜詩，獎飾溢分，以余謂師孤標高格，而傷心人別有懷抱，大類古悲劇中主角，乃云悲劇終場吾事了。感呈一首。

獨行開徑古爭強，我法憑人說短長。
有盡浮生猶自苦，無窮酸淚倩誰償。
身同孤注傷徒擲，情入中年懺莫忘。
搗麝成塵蓮作寸，饒能解脫也凄涼。[49]

錢鍾書父親錢基博曾在清華教過一年書，與吳宓是同事。一九二五年錢基博尚在清華時，曾有一首五言詩〈賦呈短章奉賀雨僧先生新歲之禧〉（收入《吳宓詩集》），詩云：

鞶鼓驚心急，屠蘇著意醇。
清華新日月，薄海舊沉淪。
所貴因時變，相期濟世屯。

寸心生趣茁，大地自回春。

吳宓回贈一首〈依韻奉和子泉先生〉，詩云：

道高文益貴，交淺味偏醇。
感子情何厚，相看世已淪。
寸心傾日月，萬劫數艱屯。
長夜終須旦，花開及早春。

他們兩人雖同以對舊文化衛道者自居，同屬反對胡適的舊派人物，但他們往來不多，故有吳宓所言「交淺味偏醇」句。一九二九年錢鍾書進清華，錢基博寫了介紹信命鍾書去看吳宓。在《吳宓日記》一九二九年九月十日星期二條載：「北大學生高昌運、張秉禮偕清華新生錢鍾書來。錢生持有叔（嗣父）介紹函，叔即錢基博君。函中對宓獎許甚至。」[50]（吳宓此處記述有誤，錢基博為錢鍾書生父，而非嗣父。）故後來於一九三四年，錢鍾書《中書君詩》詩集刊印後，吳宓曾題贈一首詩，詩中所言「交期兩世許心同」一句，即指他與錢氏父子兩代世交。又一九三〇年二月二日星期日載：「下午二至四時錢鍾書、顧敦吉來，談甚久。」[51]

從這兩條日記來看，在大一的時候，錢鍾書與吳宓往來不多。錢鍾書大一英文是分到葉公超班上。而一九三〇年九月中旬至一九三一年八月底，吳宓休假赴歐洲一年，故錢鍾書正式上吳宓的課，彼此有往來，是在錢讀大三以後。

吳宓很器重錢鍾書，他把錢鍾書與陳寅恪相提並論。吳宓很欣賞陳寅恪，曾在《吳宓詩集》裡記述：「宓於民國八年在美國哈佛大學，得識陳寅恪。當時即驚其博學而服其卓識，馳書國內諸友謂：『合中西新舊各種學問而統論之，吾必以寅恪為全國最博學之人。』今時閱十五、六載，行曆三洲，廣交當世之士，吾仍堅持此言。且喜眾之同於吾言。寅恪雖係吾友，而實吾師。即以詩一道，歷年所以啟迪予者良多。」[52] 根據比錢鍾書低班的鄭朝宗先生回憶說：「已經是將近半個世紀以前的事了。一天，吳宓教授和幾位青年學生在清華園的藤影荷聲館裡促膝談心，興趣正濃，吳先生忽然感慨地說：『自古人才難得，出類拔萃，卓爾不群的人才尤其不易得。當今文史方面的傑出人才，在老一輩中要推陳寅恪先生，在年輕一輩人中要推錢鍾書，他們是人中之龍，其餘如你我，不過爾爾！』吳先生的可敬之處就在胸懷磊落，從不以名學者自居，這回竟屈尊到把自己和二十幾歲的大學生等量齊觀，實在出人意料之外的。那時陳寅恪先生正在中年，以其博學卓識，不僅在清華一校，而且在國內外學術界早已聲名籍籍；錢鍾書已畢業離校，但也只有二十三、四歲，讀書之多，才力之雄，給全校文科師生留下了極深的印象，甚至被譽為有學生以來所僅見。」[53] 在清華的師友中恐怕吳宓待錢鍾書最厚，他私下衷心佩服錢鍾書的才華，關於錢吳往來，容後於下兩章討論之。

另一位與錢鍾書較接近的教授是葉公超。葉公超，廣東番禺人，一九〇四年生於江西九江，幼年在北方上學，曾在天津南開學校讀過。他於九歲即去英國讀書，中學在美國念的。中學畢業後，即上麻州愛默思學院（Amherst College）專攻歷史與哲學。這是一所很有名氣的小型文理學院。（一九四九年後葉公超隨國民黨至臺灣，任外交部部長將近十年，駐美大使三年。一九八一年病逝臺北。）葉公超來清華教書時只有二十五歲，也是一位年少氣盛的年輕教授。據他的學生季羨林先生回憶說，他教大一英文，課本是英國女作家珍．奧斯汀（Jane Austin）的《傲慢與偏見》（*Pride and Prejudice*）。他上課很特別，從不講解，一上課就叫坐在前排的同學依次大聲朗誦原文，到了一個段落時，他會大叫一聲「Stop」，問大家有沒有問題？如果沒有人提出問題，就這樣依次下去，一直到下課。後來同學知道他的脾氣，不願在課堂上朗誦的就坐在後排去了。如果偶然有人提出一個問題，他會大吼一聲：「查字典去！」[54]葉公超的教授方法好不好，很難說，乍看起來好像葉公超根本沒有教，誰都可以去教了，卻也不然，葉公超是有學問的，他拿學問來做後盾。季先生又說：「說到學問，公超先生是有一肚皮的。他人很聰明，英文非常好。」接著季氏又說：「我非常感激公超先生的。」[55]據另一位學生回憶說，葉先生授課「口述大意，從不逐字講解，但課文中遇有生字之稀見而重要者，則反覆闡述，如capital用為形容詞時，即一例也。於時，先生未婚，隻身住北院，某歲聖誕夕，曾偕好友錢鍾書往謁。錢兄高才博學，中英文兼優，余自知淺薄，深恐言之不當，但靜坐聆聽而已。葉師在教室時，師嚴道尊。同學無交頭接耳者，尤以女生為甚。是夕無意中談論京劇，葉師暢談老譚（鑫培）多年如何如何，並唱《打漁殺家》『昨夜晚，吃酒醉』一段，字正腔圓，功力極深。其後談及梅蘭芳赴美演唱事，其引宣傳文字，大半出自葉師手筆」。[56]

葉公超是介紹艾略特到中國來的第一人，但自稱不是信徒。[57] 現代英詩極其晦澀難解，尤以艾略特為最，艾氏喜歡用典故，他的詩非注莫解，大家都知道葉公超對艾略特下過一番工夫的。據葉公超的女弟子趙蘿蕤[58] 回憶，當她譯艾氏名詩《荒原》時，她的譯注得力於當時美籍教授溫德先生。然而很可能葉老師的體會要深得多。她說，溫德教授只是把文學典故說清楚，內容基本搞懂，而葉老師則是透徹說明了內容和技巧的要點與特點，談到了艾略特的理論和實踐在西方青年中的影響與地位，又將某些技法與中國的唐宋詩比較。像這樣一句話：「他的影響之大竟令人感覺，也許將來他的詩本身的價值還不及他的影響的價值呢。」這個判斷愈來愈被證明是非常正確的。[59] 講艾略特的詩時，葉公超引用了唐宋詩及西詩的比較，他有一段很精闢的見解，他說，未成熟的詩人摹仿，成熟的詩人剽竊，所不同的是前者設法遮蓋他所抄襲的，而後者用了人家的東西，改成更好的東西，他提出的例子如唐人云「因過竹院逢僧話，又得浮生半日閑」，蘇東坡改為「殷勤昨夜三更雨，又得浮生一日涼」；又如杜甫〈夢李白〉云「落月滿屋梁，猶疑照顏色」，黃山谷則改作「落日映江波，依稀比顏色」。於是葉氏乃指出艾略特的傑作《荒原》第三部《火訓》來說明艾詩中也有同樣的例子，如：

But at my back in a cold blast I hear
The rattle of the bones, and chuckle spread from ear to ear.

是從十七世紀玄理派詩人馬佛爾（Marvell）這句詩翻造的：

But at my back I always hear
Time's wingéd chariot hurrying near.

艾略特的改造與原句的音韻相似，但內容已不同了。[60]可是到了晚年，葉公超不太願意談艾略特了。[61]

葉公超是一個很有學養的讀書人。他的國語講得很好，沒有廣東腔。雖然他中學及大學均在國外念的，但他的中文根底很好。譬如魯迅卒後，他在天津《益世報》（一九三六年十一月一日）上發表過一篇〈關於非戰士的魯迅〉（現收入《葉公超散文集》），客觀公正，可說是一篇佳作。在《散文集》內還有幾篇如〈寫實小說的命運〉、〈牛津字典的貢獻〉及〈論新詩〉也都不錯。[62] 葉氏文筆犀利，很有見地，可以看得出他早有慧根。惜他是屬於述而不著那一類的讀書人。至於英文更是呱呱叫，因為他很早就出洋，故他的英文講寫俱佳，據胡適說，葉公超的英文是第一等英文。[63] 像葉公超這樣有「一肚皮」學問的人，他見了錢鍾書卻「在課室上當眾半開玩笑地講以錢的才華而論，錢不應當進清華，而應該去牛津」。[64] 據已故哈佛大學教授楊聯陞說，記得在學生中，葉先生「頗賞識錢鍾書（中書君）與吳世昌。兩位都有文章在《學文》刊載」。[65]

清華哲學系教授馮友蘭，當時是文學院院長，他也很佩服錢鍾書。他說：「錢鍾書不但英文好，中文也好，就連哲學也有他特殊的見地，真是個天才。」[66] 哲學系另一位教授張申府一次在《大公報》（一九三三年十月十五日）〈民族自救的一個方案〉一文中說：「照我的青年朋友錢默存先生的解釋，孔子很近乎鄉紳。我相信這種看法是對的。」然後他說：「默存名鍾書，乃是現在清華最特出的天才，簡直可以說，在全中國人中，天分學力也再沒有一個能趕得上他的，因為默存的才力學力實在是絕對地罕有。」這些教授均屬飽學之士，卻對錢鍾書的學問如此擊節稱賞，刮目以待，大有無須後人再道了的況味。

還有一位北大來清華兼課的溫源寧教授，當時為北大英語系主任，在友好制度下前來清華授課（所謂友好制度，即北大與清華有一友好規定，教授常有兼課兩校者，如在清華為專任教授，在北大則為兼任講師，反之亦然）。溫授十九世紀文學及文學批評兩科，引經據典，侃侃而談，據學生回憶，溫儀容端整，紳士風度，口操標準King's English，即相當於一口京片子。許振德說：「我班三十人中，得蒙葉溫二師賞識者，僅知友錢鍾書一人耳。」[67]

VI

錢鍾書的才華不僅受到師長的賞識，同時也受到同學的敬佩，且印象深刻。時隔半個世紀以後，他的同學甘毓津先生仍記得清清楚楚。在一九八三年的《清華校友通訊》上回憶說：「級友中最令人難忘的是錢鍾書，中西新舊文學、語文、哲學，樣樣都精，悟性之高，記憶力之強，更是少見，確是天才。」接著又說：「說來無巧不成書，在中學和大學和我同班畢業的，都有一位很傑出的人，兩人又都姓錢——錢學森和錢鍾書。我提起他們兩位，可沒有給自己『貼金』的意思，倒是覺得天下英才，全讓錢府包辦，老天爺也欠公平。」[68]（甘先生並有附記說，二錢並非一家。錢學森是浙江杭縣人。）錢鍾書另一位同班同學饒餘威先生回憶說：「同學中我們受錢鍾書的影響很大。他的中英文造詣很深，又精於哲學及心理學，終日博覽中西新著書籍，最怪的是上課不記筆記，只帶一本和課堂無關的閒書，一面聽講一面看自己的書，但考試總是第一。」[69] 據楊絳說，現在旅居美國的許振德先生係鍾書外文系同班同學，「他最初因錢鍾書奪去了班上第一名，曾想揍他一頓出氣，因為他和鍾書同學之前，經常是名列第一的。一次偶有個不能解決的問題，鍾書向他講解了，他很感激，兩人成了朋友。」[70] 寫新詩出名的（王）辛笛回憶說：「憶及三〇年代之初，在水木清華讀書時代，鍾書學長高我兩班，他與曹禺、孫毓棠、吳組緗、常鳳瑑（筆名常風）等同級。他是當年全校聞名的才子，傳說他博聞強識，語妙天下，知人論世，往往談言微中，即使有時入木三分，開罪於人，然以嘲諷問心無他，聞者也就以一笑置之。」[71] 前文中所說的曹禺，在清華時學名萬家寶，與錢鍾書同一班，他是於一九三〇年從南開大學考插班生轉學清華，屬第五級，與錢鍾書於一九三三年一起畢業的。曹禺在一九八〇年來美國訪問，於四月三日在哥倫比亞大學懇德堂四樓教授休息室演講，講完後，筆者趨前曾與他晤談片刻，問了他幾個問題，他都一一解答。詢及錢鍾書時，他說：「鍾書與我是清華外文系同班同學，我是從南開轉學去的，我們同屆畢業，他是一個大學問家，極其淵博。比起來，我寫寫劇本，只是雕蟲小技沒有什麼，他真是了不起。」[72] 另一位名校友胡喬木（在清華時比錢鍾書低一班）在清華讀書時，對老師輩最景仰陳寅恪，對同學少年則最佩服錢鍾書（見李慎之〈胡喬木請錢鍾書改詩種種〉）。

V

錢鍾書在清華出人頭地，鶴立雞群。他又好讀書，幸虧清華藏書甚富，如果在一所藏書貧乏的大學，像錢鍾書這樣過目不忘的記憶力，豈不太可惜了嗎？

錢鍾書橫掃清華圖書館。清華藏書之富，在當時各大學來說是數一數二的。清華圖書館書庫、書架上的書，經常滿滿當當的幾十萬冊，中外古今圖書無不應有盡有。學生可以到書庫裡去看書，左右逢源，輾轉相生，可免借還之勞，有人說：「此中樂趣，不可形容，恐怕只有饑鼠入太倉之樂彷彿似之。」[73]上述這一段話，可以做為錢鍾書在清華的一個寫照。如果要借出來閱讀，須再辦手續。據同學回憶，錢鍾書是在校借書最多的一位。許振德在〈水木清華四十年〉一文中說：「鍾書兄，蘇之無錫人，大一上課無久，即馳譽全校，中英文俱佳，且博覽群書，學號為八四四號，余在校四年期間，圖書館借書之多，恐無能與錢兄相比者，課外用功之勤恐亦乏其匹。」[74]許振德後來在另一篇文章中又說錢鍾書「家學淵源，經史子集，無所不讀；一目十行，過目成誦，自謂『無書不讀，百家為通』。在校時，以一週讀中文經典，一週閱歐美名著，交互行之，四年如一日。每赴圖書館借書還書，必懷抱五、六巨冊，且奔且馳。且閱畢一冊，必作札記，美哲愛迪生所謂天才乃百分之九十九之血汗及百分之一之靈感合成之語，證之錢兄而益信其不謬」。[75]據國學大師錢穆晚年回憶說：「及余去清華大學任教，鍾書亦在清華外文系為學生，而兼通中西文學，博及群書，宋以後集部殆無不過目。」[76]

錢鍾書喜歡在書上眉批及畫線。據錢鍾書外文系同班同學饒餘威在〈清華的回憶〉一文中說，錢鍾書自己喜歡讀書，也鼓勵別人讀書。但「他有一個怪癖，看書時喜歡用又黑又粗的筆畫下佳句，又在書旁加上他的評語，清華藏書中的畫線和評語大都是出自此君之手筆」。[77] 據甘毓津回憶說：「他（錢鍾書）起勁時，圖書館庫裡的書，逐排橫掃，他喜歡把書裡精采或重要的部分，在旁邊用粗鉛筆畫上分隔號，可惜我當時沒有學乖，否則只去找他畫有粗黑線的部分讀，也可以省事省力多讀很多書。」[78]

在書本上做眉批或畫線，也代表錢鍾書另一種讀書方法或者說是治學方法。胡適亦有此「癖」。胡適做中央研究院院長的時候，一日與祕書談起有人有一部清翻刻宋本的《五燈會元》要脫手，史語所同仁知道胡適喜歡在書上做批校，願意購下讓胡適在書上批注。胡適說這是他們的好意，現在史語所想收買了，便是公家的書，在公家的書上，他在精神上就不能任意來畫。[79] 讀書的方法很多，每一個人都有自己一套方法，有的人做札記，有的人做卡片，如名史家吳晗治明史採用卡片制度。錢鍾書喜歡在書上畫線做評語（錢有時也做札記，如撰《管錐編》），省卻很多事。這種方法，對記憶力好的人，很有用。胡適寫文章時常在書桌上擺很多書。因為記性好，知道什麼材料在什麼書裡（如陳寅恪），容易幫助你找材料。[80]書上畫線或做眉批，實在是幫助你去找材料的一種好方法。所以當吾人讀錢鍾書著作時，常見旁徵博引，實只是舉手之勞，希望年輕的後輩學人，不妨試試。錢鍾書在清華四年，除了吸收新知識外，他也有吐絲，他在清華發表了很多文章，頗受時人注意。

VI

清華為錢鍾書提供了一個發表文章的園地（forum）。這種園地對錢鍾書是很重要的。因為在無錫，他的才華只有他父親及在中學裡的師友知道，局限於桑梓一隅。可是到了清華，情形就不一樣了，因為清華有一個學生刊物，此即《清華週刊》。《清華週刊》是一份很有分量的大學生刊物。[81]原來只報導清華園裡的新聞，但也有副刊、專欄，也談一些政治問題，如發揚民主政治，堅持抗戰等大問題，後來篇幅愈來愈大，在抗戰前《清華週刊》已成為一份影響力很大的全國性刊物。當時《清華週刊》的總編輯為劉丙盧，學術組編輯為吳晗，文藝組為吳組緗及錢鍾書。錢除擔任編輯外還兼任英文副刊主編，他對《清華週刊》出過力，有很大貢獻，他為《清華週刊》寫了很多中英文文章及舊體詩。根據林耀椿編的書目，錢鍾書在《清華週刊》上，先後發表過八篇文章。[82]照理應不止此數。因為筆者在海外很難找到早年的《清華週刊》，所以我們不知道錢鍾書在《清華週刊》上發表文章的正確數字。在《錢鍾書散文》這本五百八十六頁的散文集內，只有兩篇文章曾在《清華週刊》上發表過。這兩篇即是〈鬼話連篇〉（頁一〇八至一一三）及〈小說瑣徵〉（頁四七二至四七五）。

〈小說瑣徵〉最初發表於《清華週刊》第三四卷第四期（一九三〇年十一月），是由三組小考證組成，與後來《新語》雜誌第四期（一九四五年十一月十七日）上的〈小說識小〉是同一性質，也都是用文言文寫的，他的方法是將小說、正史、佛典、經書、文集、詩話、戲劇相關同一故事的記載摘錄出來，相互比較，從而考證小說中某項記載的來歷。這種考證是錢鍾書最喜歡做的，也是最拿手的。這就是他日後寫《談藝錄》及《管錐編》的濫觴。

錢鍾書在〈小說瑣徵〉中，先引焦廷琥《讀書小記》卷下一則《舊唐書．楊虞卿傳》云：「京師訛言鄭注為上合金丹，須小兒心肝，密旨捕小兒無算，民間相告語，扃鎖小兒甚密。」據焦氏說法，《西遊記》裡的比丘國小子城的故事即是根據這一條來的。但錢鍾書提出異議，他認為唐人張讀《宣室志》載乾元初會稽楊叟事與《西遊記》裡第七十八回「比丘憐子遺陰神，金殿識魔談道德」及第七十九回「尋洞擒妖逢老壽，當朝正主見嬰兒」兩回才有相似之處。《西遊記》比丘國的故事，是由一隻麋鹿變成一個老翁開始，一隻白狐狸變成老翁十六歲的女兒，美如天仙，父女兩人，求見國王。王見女色，乃寵幸在宮，不分晝夜，貪歡不已，如今弄得精神疲倦，命在須臾，御醫束手無策，乃聽祕方取小兒心肝做藥引，不僅治病，且可長生，乃施令廣抓小兒。唐三藏途經比丘國，知情乃暗中救了無數小兒。國丈（即麋鹿變成的老翁）見小兒失蹤了，欲謀害唐三藏，向王進言，說唐僧器宇清淨，容顏齊整，自幼為僧，元陽未泄，比那小兒更強萬倍，乃要唐三藏的黑心治病，唐三藏深為恐懼，故由孫行者變做唐僧來頂替，孫把肚皮剖開，即骨都都地滾出一堆心來。但不見黑心，孫行者反說國丈有黑心，國丈懼而逃之夭夭。後被擒住，顯原形乃一麋鹿也。

張謂《宣室志》裡的故事，是講楊氏病重，有人建議吃生人的心可治病，但不能一時即得，某日，他的兒子宗素上山見一老和尚，很枯瘦，自稱姓袁，世居巴山，好佛道，獨恨自己沒有悟性，也沒有機會拿自己的身體去餵餓虎，宗素乃對他說家父病重，須生人心始可治，與其去餵虎，何不如救我老父。老和尚答道，可以，但先吃飽才死，吃完了，乃躍身跳到樹上對宗素說，你有何求？宗素說：「但願以你的心治我父親病。」和尚說：「我已答應過了，但先請說一說《金剛經》的奧義，如何？」《金剛經》上怎麼說？《金剛經》云：「過去心不可得，未來心不可得，檀越若要取吾心，亦不可得矣！」說完大叫一聲，就變成了一隻猴子。錢鍾書說《西遊記》裡比丘國故事即從這裡來的。在七十九回孫行者變成唐三藏後，晉見國王，把肚皮剖開，「那裡頭就骨都都地滾出一堆心來」，錢鍾書說這句話來自《金剛經》。他的結論是吳承恩的《西遊記》取材唐人小說，而不是像焦氏《讀書小記》所說來自《舊唐書．楊虞卿傳》。錢鍾書認為吳承恩寫《西遊記》時，心目中未必有〈楊虞卿傳〉。這是錢鍾書做的翻案文章，且均有根有據，雖〈小說識小〉之類小文章，因頗有學術價值，也可以寫成大文章。但也許《西遊記》裡比丘國小子城故事是兼採〈楊虞卿傳〉及《宣室志》本事，惟錢鍾書斬釘截鐵地說，他不信吳承恩受《舊唐書．楊虞卿傳》絲毫影響。

在另一個考證裡，錢鍾書說《兒女英雄傳》第三十九回「包容量一諾義賙貧，矍鑠翁九秩雙生子」記安老爺至鄧家莊祝壽一節，「於席上為曾瑟庵、公西小端、冉望華、仲笑巖講《論語》子路、曾皙、冉有、公西華侍坐言志一章，頗有老生嘆為聞所未聞，不期底下書中，有此說經解頤文字者……」錢鍾書指出安老爺的話全襲袁枚《小倉山房文集》卷二十四《論語》解四篇之一。

最後一條，錢鍾書對湯顯祖《牡丹亭》的影射做了索隱探求。這一組〈小說瑣徵〉最突出的地方，是他用歸納、演繹及排比方法來做小說考證，最顯出錢鍾書方法縝密、學問淵博的一面。這篇文章用中書君筆名發表，此文刊出後很受人家注意，那時他才讀大二上，照西曆說法他才二十歲，就能寫出這樣扛鼎文章來。

另一篇〈鬼話連篇〉原刊《清華週刊》第三八卷第六期（一九三二年十一月七日）評Jane Revere Burke的*Let Us In: A Record of Communications Believed to Have Come from William James*（白克夫人：《讓我們進來，已故威廉．詹美士與人間世通訊》），這篇書評主要講「不朽」與「不滅」的大道理。「不朽」與「不滅」大致區別有四：a.「不朽」是一種價值判斷，於是不朽是好的；b.「不滅」表示一種純粹的存在判斷；c.「不朽」指人的姓名或著作，「不滅」是指人的靈魂或精神；d.「不朽」指人間現象，「不滅」指非人間現象，即關於幽冥界怎樣，我們不知道。錢鍾書認為在歐美哲學家裡面，只有威廉．詹美士（William James，威廉．詹姆士）夠得上既不朽又不滅。這篇文章錢運用邏輯上的歸納法來寫成，同時也可以看得出他在哲學上的見解，以及他的思考和分析能力。刊出後頗受時人注意，正如馮友蘭說的，錢就連哲學也很有特殊的見地，「真是個天才」。錢鍾書在《清華週刊》上發表的文章或書評只是一個開端。清華教授除教書外，在校外均有刊物，如葉公超編《新月》及後來的《學文》，張申府編《大公報．世界思潮》，吳宓除編《大公報》文學副刊外，尚辦有《學衡》雜誌，及日後溫源寧的《天下月刊》。這些刊物均是高水準全國性報刊，影響力遠較《清華週刊》大。因為這些教授很欣賞錢鍾書的文采及淵博的知識，故大家競相向他邀稿，錢當時大學尚未畢業，即已成為炙手可熱的爭取對象，上述刊物除《學衡》（太保守）外均有他的文章。此時的錢鍾書意氣風發，正如他父親所說「與時賢往還，文字大忙」，錢鍾書「頭角漸露」矣！[83]那時錢鍾書在清華快要畢業了。

VII

外文系的教授都希望錢鍾書畢業後，留在清華讀研究所，[84]可是他拒絕了。一九七九年錢鍾書訪問美國時，臺北《聯合報》駐倫敦記者有一篇文章題為「也談費孝通和錢鍾書」，刊在一九七九年八月四日《聯合報》上，他說，錢鍾書在清華畢業時，外文系教授如陳福田、吳宓等人希望他留在清華讀研究所。可是錢鍾書說：「整個清華沒有一個教授有資格充當錢某人的導師。」我問楊絳，楊絳回答說：「生前我問過鍾書有此狂語否？他那時已進醫院，病還不重，明白告我，從未有此事。」[85]其實錢鍾書真的講過這種誑語，也沒有什麼關係。錢鍾書不是常對年輕人講：「二十歲不狂沒有志氣，三十歲猶狂是沒有頭腦。」吳宓對錢鍾書不願意留在清華並無不悅，他說學問和學位是兩回事，以錢鍾書的才華，他根本不需要學位。「當然，他還年輕，瞧不起清華現有的西洋文學教授也未嘗不可。」[86]清華教授朱自清有一次說過：「清華大學畢業生犯兩種毛病，一是率真，二是瞧不起人。」[87]那麼錢鍾書在清華還沒畢業就已瞧不起人了。吳宓人比較厚道，並不在意，可是其他教授像陳福田、葉公超可能就沒有如此包容大度的雅量，播下了日後錢鍾書在西南聯大教書時不愉快的種子。

一九三三年夏，錢鍾書快要畢業的時候，華北局勢惡化，日軍侵犯熱河，學校當局為了顧全學生的安全，提前放假，緊急疏散，第五級同學未經大考、畢業考，也沒有任何儀式即畢業了。[88]錢鍾書也從此結束了多采多姿的四年大學生活——也是他一生最愉快的一段歲月。[89]清華是名校，正如陳寅恪所說的「清華學苑多英傑」，錢鍾書在進清華之前已被他父親訓練成一個小學者了，錢來到清華正是如虎添翼。

在另一方面來講，清華能有像錢鍾書這樣的天才學生，也引以為榮。所以錢鍾書與清華正是紅花綠葉，相得益彰。如果錢鍾書在清華畢業後無所成，才是咄咄怪事。錢鍾書畢業後，即走進具有挑戰性的成人社會，他要做什麼呢？做研究工作？繼續寫作？去教書？可做之事正多，他也有很多選擇，不怕找不到工作。他要回南方，他想教書。他父親在上海光華大學任教歷有年所，故錢鍾書離開清華後即順理成章到光華大學教書去了。

1 錄自Anne Matthews, *Bright College Years: Inside the American Campus Today* (New York: Simon and Schuster, 1997)，書前扉頁。

2 見錢鍾書，《圍城》（北京：人民文學，一九八〇），頁三五。

3 林子勳，《中國留學教育史》（臺北，華岡，一九七六），頁五十至五一。

4 第一批計四十七名，第二批七十名，第三批六十三名。見林子勳，《中國留學教育史》，頁五五至七十。

5 詳見蔡孝敏，〈清華大學史略〉，《學府紀聞——國立清華大學》（臺北：南京，一九八一），頁八一。

6 唐國安，字介臣，廣東香山人（父為唐廷樞），生於咸豐十年（一八六〇），卒於一九一三年。他是一八七三年由容閎帶出去的第二批幼童出洋的留美學生，出國時年僅十三歲，英文極佳。據清華西洋史名教授及後來曾任臺灣大學歷史系主任的劉崇鋐先生回憶：「記得是一個寒冷的初春早晨，帶了墨水匣毛筆（那時似乎還沒有自來水筆），乘坐騾車，到西城學部考棚（科舉時代的考場）去參加考試。最擔心是英文程度太差，尤其是考到『英文默寫』，由唐介臣先生讀一段英文，考生跟著寫錄，唐老先生英文太好，念得非常流利，只是苦了筆者跟不上，尤其是每句末來一個Period（句點）。」見劉崇鋐，〈我對清華的回憶〉，《學府紀聞——國立清華大學》，頁二七六。周詒春，字寄梅，安徽休寧人，上海聖約翰大學畢業，留學美國，一九〇九年畢業於耶魯大學，後獲威斯康辛大學碩士學位。

7 馮友蘭，〈國立清華大學校史概略〉，《國立清華大學一覽》（北平：國立清華大學出版事務所，一九三七），頁三。

8 南京政府原來任命孫科做校長，但孫不幹。故任命羅家倫為校長。據傳當時想謀清華校長職位的人有三十餘人，見《清華大學校史稿》（北京：清華大學，一九八一），頁九四。羅家倫，浙江人，於一八九七年生於江西，一九一七年考上北大，為五四運動健將。北大畢業後曾留學歐美，但未獲任何學位。他在清華只做了兩年。離開清華後任南京中央政治學校（即政治大學前身）教務長（等於校長），校長是蔣介石。這是一所國民黨黨校。一九三二年羅被任命為中央大學校長，一直做到一九四一年。後來做過駐印度大使。一九四九年退處臺灣，曾任國史館館長多年，不甚得意。一九六九年病逝臺灣。

9 羅家倫，〈學術獨立與新清華〉，《清華大學史料選編》第二卷上冊（北京：清華大學，一九九一），頁二〇四。

10 羅家倫離開清華的原因很多，其中一個原因與羅無關，而與蔣介石、馮玉祥和閻錫山三人離合有關。一九二八年四月北伐軍到了山東，卻被在濟南的日軍阻撓。後來蔣、馮、閻聯合。北京本是閻錫山的地盤，此時閻讓蔣可以管轄北京的事務。因此蔣即任命羅家倫為清華校長。不久蔣、馮、閻分裂，而馮、閻聯合倒蔣，蔣介石在北京就沒有政治力量，羅家倫失去了靠山。閻錫山想抓清華，但找不出什麼名義派人來接替羅家倫做校長，於是鼓動學生鬧風潮，反對羅家倫，所以羅氏最後辭職南下。接替羅家倫的是喬萬選，喬是閻錫山的人，可是清華的學生也反對他，喬雖被任命，但並未就職。在鬧學潮期間，也有人請胡適當校長，那時胡適在上海，胡適拍了一個白話電報：「幹不了，謝謝。」見胡頌平編著，《胡適之先生晚年談話錄》（臺北：聯經，一九八四），頁八二。

11 羅家倫走後，喬萬選繼羅為校長，但也因學生反對，故喬未上任即辭職。政府乃任吳南軒為校長，為時甚暫，只做了兩個月即請辭。後來任梅貽琦為校長，梅氏於一九三一年十二月到職，至一九四八年十二月離開北平為止，是任校長最久的一位，前後達十七年之久（馮友蘭、翁文灝及葉企孫均做過代理校長，馮做得最久）。

12 據《紐約時報》二〇〇〇年二月八日載，美國東部常春藤盟校之一的布朗（Brown）大學校長高登·吉（E. Gordon Gee）做了兩年即跳槽到南方范德比（Vanderbilt）大學（也是做校長），學術界為之譁然，布朗師生更是憤懣不已（在美國一般大學校長通常做十年至十五年，做兩年的很少）。布朗董事會副總裁蘿拉·弗萊德（Laura Fried）女士發表聲明說：「教授是大學的靈魂，大學的聲譽在於學生的優劣。」言下大學校長並不重要，這話阿Q味很重，但證之錢鍾書在清華，也不無道理。

13 羅家倫做清華校長時，大力宣導「四化教育」，此即教育民主化、學術化、紀律化及軍事化。在這四化中，遭人批評及反對最烈的是軍事化：羅要學生受軍訓、做早操，自己著少將軍裝、履皮靴、戴軍帽，也參加集訓。後來因為學生反對殊烈，因而作罷。據云，當時有一位同學名沈有鼎（1908-1989），江蘇吳縣人，他考清華時英文及算學均考滿分一百分，但在校生活很隨便，什麼都不在乎，也從不參加做早操。學生無故缺席照規定要記小過一次，三次小過則為一次大過，三次大過就要被開除，沈有鼎不請假，也不做早操，被記了八個小過。如果再記一次小過，他就要被開除學籍，他不在乎。後來因大家反對上早操，早操也就無形取消了。沈有鼎才得倖免開除，一直到畢業。沈有鼎日後為中國著名的邏輯專家。畢業後留學德國，歸國後任教清華母校及西南聯大。但另一位學生名張岱年則事與願違。他原來北京師範大學附屬中學畢業，因成績優異，保送師大，他慕清華名而報考，也被錄取了，可是他到清華後，因受不了上晨操之苦，而此時師大入學期限尚未過，乃棄清華上師大，他走後不久，清華的早操即廢止了，可是他不知道，等到他知悉後，為時已晚，悔之莫及。見馮友蘭，《三松堂自序》（北京：三聯書店，一九八四），頁三三二至三三三。另外，羅氏初到清華，自兼歷史系主任，講授中國近代史，每週三小時，規定文法科學生一律必修，事實上只講了二週即輟講，一律給予三學分了事，羅校長辦事虎頭蛇尾又一例。見周培智（一九二九年級），〈五十年前的清華〉，《清華校友通訊》新六十七期校慶專號（一九七九年四月），頁三八。還有一個有趣的掌故，據傳羅家倫上任後曾去看望名史家陳寅恪，並贈其所編《科學與玄學》一書。陳氏立即將新校長的名字和科學、玄學嵌入一戲聯相贈：「不通家法科學玄學，語無倫次中文西文」，並附贈一額：「儒將風流」。見陳哲三，《陳寅恪先生軼事及其著作》，頁九七至九八；轉引自汪榮祖，《史家陳寅恪傳》（臺北：聯經，一九八四），頁六九至七十。

14 羅家倫做校長聘了很多名教授來清華，如聘劍橋大學英文系教授、當代批評大家瑞恰慈（I. A. Richards），從哥倫比亞大學聘來的地質學教授格拉普（Prof. A. F. Grabau），從芝加哥大學聘來的萊德教授（Prof. Wright）及從德國聘來的舒慈（Prof. Shultz）。國內方面如從南開大學挖角蔣廷黻做歷史系主任，聘請化學耆宿張子高、政治系的張奚若及工程權威盧孝侯等人。這些教授差不多均與錢鍾書一樣，於一九二九年同時來清華。關於羅家倫對清華的功過，請參閱馮友蘭，《三松堂自序》，頁三三〇至三四五；及蔣廷黻英文口述、謝鍾璉譯，《蔣廷黻回憶錄》（臺北：傳記文學，一九七九），頁一二一至一三三。馮友蘭對羅家倫在清華的得失，有著很生動的描寫。蔣廷黻對羅氏做了很客觀、公允的分析與評價。

15 吳世英，〈畢業五十年雜感〉，《清華校友通訊》新八十三期校慶專輯（一九八三年四月），頁五一。

16 《清華大學史料選編》第二卷下冊，頁八一三至八一四。據尚傳道〈第五級級史〉稱：「我級同學入校初共為二百十一人，十九、二十兩年度又增加轉學同學四十八人，其中因事休學、退學和病故的，也差不多五十餘位，到畢業的這年總數為二百零九人，其中女同學二三人。」（見《清華大學史料選編》第二卷下冊，頁八一〇）中國著名劇作家曹禺（萬家寶）即是於一九三〇年從南開大學轉學考進來的插班生（二年級），與錢鍾書於一九三三年同年畢業。

17 錢鍾韓同時也考上上海交通大學電機系。當時清華尚無工學院，只有土木工程系。所以錢鍾韓捨清華上交大。

18 因錢鍾書與羅家倫同時在清華只有一年，即從一九二九年九月至一九三〇年五月（羅一九二八至一九三〇年在清華，錢則一九二九至一九三三年），故羅召見的時間，應在錢讀大一的時候。有一些傳記把這一件事記錯了，像孔慶茂的《錢鍾書傳》即說，錢鍾書在大三、大四時羅家倫召見他，告訴他破格錄取的事（頁五三），這一記述顯然是錯誤的，錢鍾書讀大三、大四時，清華校長為梅貽琦，而此時羅家倫擔任南京中央大學校長。孔慶茂的資料來源自夏志清的〈重會錢鍾書紀實〉，見夏著，《新文學的傳統》（臺北：時報，一九七七），頁三七二至三七三；但孔慶茂未注明出處，這是孔不老實的地方。但夏志清弄錯了，孔也跟著弄錯了，很不應該。

19 孔芳卿，〈錢鍾書京都座談記〉，香港《明報月刊》第十六卷第一期，總一八一期（一九八一年一月）。

20 《錢鍾書楊絳散文》（北京：中國廣播電視，一九九七），頁三八四。

21 見《清華校友通訊》新六十七期校慶專號（一九七九年四月），頁三六。

22 見《季羨林自傳》（南京：江蘇文藝，一九九六），頁二七二。

23 見陳慈，〈一晃四十年〉，《清華校友通訊》新七十一期（一九八〇年四月），頁三八。

24 羅家倫日記除部分已被收錄在《羅家倫先生文存》第八冊外，羅家倫長女羅久芳女士又陸續發表一批她父親的日記，見臺北《近代中國》雙月刊第一三一期（一九九九年六月二十五日），在〈前言〉中說，從一九三二年到一九四二年間的日記「呈現了長期空白。以後數年斷斷續續的記載」。因為日記不全，所以我們不知道他與錢鍾書往來的情形。我們沒有見到羅氏清華時期日記，但曾讀了一九四七年及一九四八年羅氏殘存日記，因為一九四七年《圍城》出版，一九四八年《談藝錄》問世，但未見羅家倫有片言隻字提及錢鍾書及其著作。

25 羅氏函我們沒有看到，錢鍾書的兩封信收錄在《羅家倫先生文存附編——師友函札》（臺北：中國國民黨黨史會，一九九六），頁三五八至三六三。原函影印見頁六一四至六二三。

26 羅久芳，〈錢鍾書先生早年的兩封信和幾首詩〉，《聯合文學》第五卷第六期（一九八九年四月），頁一三三。這首詩於一九三四年由李維寧教授譜曲，從此廣為傳誦，膾炙人口。茲將〈玉門出塞歌〉錄於後：

左公柳拂玉門曉，
塞上春光好。
天山溶雪灌田疇，

大漠飛沙旋落照。
沙中水草堆，
好似仙人島。
過瓜田碧玉叢叢，
望馬群白浪滔滔。
想乘槎張騫，
定遠班超，
漢唐先烈經營早。
當年是匈奴右臂，
將來更是歐亞孔道。
經營趁早！
經營趁早！
莫讓碧眼兒，
射西域盤雕。

27《羅家倫先生文存附編——師友函札》，頁三五八。
28《羅家倫先生文存附編——師友函札》，頁三五九至三六〇。
29《羅家倫先生文存附編——師友函札》，頁三六一。
30《羅家倫先生文存附編——師友函札》，頁三六二。
31《羅家倫先生文存附編——師友函札》注，頁三六三。
32 陳衍（1856-1937），號石遺，福建侯官人，為清末民初大詩人。著有《石遺室詩話》、《宋詩精華錄》等書。
33 吳忠匡，〈記錢鍾書先生〉，《錢鍾書楊絳研究資料集》（武昌：華中師範，一九九〇），頁七五。

34《羅家倫先生文存附編——師友函札》，頁三五八。

35 袁枚於乾隆三年（一七三八）中式順天鄉試，第二年中二甲第五名進士，選翰林院庶吉士，得意非凡。他後來寫過一首這樣的拍馬屁詩給他的主考官鄧遜齋：

〈戊子榜發日作一詩寄戊午座主鄧遜齋先生〉

……

䲡䲡鄧夫子，兩目秋光鮮。
書我到榜上，拔我出重淵。
敢云文章力，文章有何權。
敢云時命佳，時命誰究宣。
父母愛兒子，不能道兒賢。
惟師薦弟子，暗中使升天。
豈非師恩德，還在父母前。
吾師在何處，渺渺五雲邊。

……

（見袁枚，《小倉山房詩文集》，上海：上海古籍，一九八八，卷二一，頁四九四。）

丁文江於十五歲時忽然遇到了一位恩師龍研仙，他後來幫助丁出國，丁日後功成名就，於一九三五年寫了兩首詩親至龍墓憑弔。請參閱胡適，《丁文江傳》（海南：海南，一九九三，頁五至八。胡著丁傳在臺灣出版的有好幾種版本，但均稱為《丁文江的傳記》。詩云：

十五初來拜我師，

為文試論西南夷。
半生走遍滇黔路，
暗示當年不自知。

另一首如下：

海外歸來初入湘，
長沙拜謁再登堂。
回思廿五年前事，
天柱峰前淚滿眶。

（上兩首詩，見王仰之，《丁文江年譜》，南京：江蘇教育，一九八九，頁六八。）

36 我見過有些人與北大一無淵源，口口聲聲稱胡適為胡老師。也有人與葉公超無師生關係，而自許為葉氏門生。這些人不是「高攀」即是為自己「貼金」。

37 錢鍾書，《林紓的翻譯》（北京：商務印書館，一九八一），頁四七。

38 評C. S. Chien, R. P. Henri Bernard, *Le Père Matthieu Ricci et la Société Chinoise de son temps (1552-1610)*（《利瑪竇與明代社會》），登在*Philobiblon*, No. 1 (June 1946), pp. 13-19.

39 溫德（1886-1987）是美國人，瓦伯西學院（Wabash College，在美國印第安那州）畢業，芝加哥大學碩士；曾去法國留學，攻讀法國文學。本來與吳宓同在南京東南（中央）大學執教，後由吳宓推薦與吳同來清華。結果他一輩子在清華，在清華他教「文藝復興時期文學」、「法國文學」及法文，他文學知識很廣博，善於講解難句。他與錢鍾書初是師生，後來同事也是朋友，除在文革一段時期外，他們常有往來。一九八七年客死北京，享年百歲。詳請參閱楊絳，〈紀念溫德先生〉，《錢鍾書楊絳散文》，頁四三四至四三七。

40 瑞恰慈，英國劍橋大學文學教授，新批評派大將，為二十世紀大批評家之一。其名著《實用批評》（*Practical Criticism*）膾炙人口，影響很大，是一傳世之作。他是羅家倫任校長時用重金禮聘來的，他與錢鍾書同一年進清華。他在清華教了兩年（即從一九二九年秋至一九三一年夏）。他開的課程有「文學批評」及「比較文學」等。他的「文學批評」課，一半講古典文學批評理論，一半講他自己的文學批評主張。瑞恰慈所提出的文學批評，其實即是「文字字義分析論」。在他看來，所有文學作品都是一項象徵品。而文學批評的任務，就是要把這不相關或者說是絕緣體，從作品或文字之間的隱祕關係找出來。他認為作品字義愈抽象則象徵性愈強，因而作品的文學價值也愈高。當我們讀《圍城》，不是裡面也有很多象徵的地方嗎？容於討論《圍城》一章中述之。

41 甘毓津，〈離校五十年〉，《清華校友通訊》新八十三期校慶專輯（一九八三年四月），頁四四。

42 吳世英，〈畢業五十年雜感〉，《清華校友通訊》新八十三期校慶專輯（一九八三年四月），頁五一。

43 錢鍾書，〈答編者問〉，上海《大公報》，一九四七年十二月十一日（轉引自《錢鍾書楊絳研究資料集》，頁八八）。

44 王文顯（1887-1968），廣東人，但據日人編的《支那名人錄》說他是江蘇昆山人。普通名人錄上沒有記載他。他的思想、生活習慣，甚至脾氣都很像外國人。他做外文系主任約在十年上下，最後被陳福田逼走，取而代之。一九四九年王文顯移民美國，卜居於密西根，靠女兒照顧（他有兩個女兒名王碧仙、王碧雲，碧仙學醫），卒於一九六八年，享年八十二（見蔡孝敏編，《學府紀聞——國立清華大學》，頁三二六）。

45 葉公超於一九三六年離開清華，到北大繼梁實秋為北大外文系主任。一九三七年，北大、清華、南開合併為西南聯合大學，葉公超為西南聯大外文系主任。一九四〇年葉氏從政，陳福田為系主任。

46 北方當時為學術界重鎮（尤其是文史），中國第一流的學者教授均在北京，不在北大即在清華，而且這兩校教授可以互相兼課，所以錢鍾書五位導師中有北大的溫源寧。錢那時在清華有這種聆受第一流教授教誨與薰陶的機會，何其幸也。

47 見蕭公權，《問學諫往錄》（臺北：傳記文學，一九七二），頁一〇四。

48 季羨林，《季羨林自傳》（南京：江蘇文藝，一九九六），頁六一至六二。據蕭公權說，一九三四年毛彥文與熊希齡結婚之前，毛在上海有電報給吳，要吳速赴滬有事商量，但吳因事忙未能即刻去滬，約一個月後報上刊毛與熊結婚矣，吳因意中人別有懷抱，傷心之餘，做了三十八首「懺情詩」以示意（見蕭公權，《問學諫往錄》，頁一〇五）。吳宓詩中女生名歐陽采薇，外號「四喜丸子」，江西吉水人，一九二九年以插班生考進清華外文系二年級，一九三二年畢業。後嫁清華教務長吳之椿。所謂「四喜丸子」共計四人，據楊絳說：「因為她們常在一起，並非胖子，李氏姊妹俏，歐陽讀書用功，另一人忘了，是姓尹名字都記不得了。」（二〇〇三年二月二十三日楊絳與湯晏書）

49 這首詩原刊於《國風》半月刊第六卷第三、四期合刊，一九三五年，頁六〇至六一。轉引自梁錫華，〈當時年少春衫薄——錢鍾書先生的少作〉，《聯合文學》第五卷第六期，頁一六〇。

50 吳宓，《吳宓日記》（北京：三聯書店，一九九八），第四冊（一九二八至一九二九），頁二八二。

51 同前注，第五冊（一九三〇至一九三三），頁十八。

52 吳宓，〈空軒詩話〉，《吳雨僧詩文集》（臺北：地平線，一九七一），頁四三八。

53 鄭朝宗，〈但開風氣不為師〉，原載《讀書》一九八三年第一期，轉引自《錢鍾書楊絳研究資料集》，頁四五。

54 《季羨林自傳》，頁六三。

55 《季羨林自傳》，頁六三。

56 許振德，〈水木清華四十年〉，《清華校友通訊》新四十四期（一九七三年四月），頁二六。

57 葉公超，〈深夜懷友〉，《葉公超散文集》（臺北：洪範，一九八四），頁一七三。

58 趙蘿蕤女士，一九一二年生，浙江德清人，係新月派詩人陳夢家（1911-1966）的夫人。趙女士於一九三二年自燕京大學畢業後，即考入清華外文研究所，成為葉公超的學生。一九四四年赴美進芝加哥大學攻英美文學，一九四八年獲博士學位。她的論文是The Ancestry of The Wings of the Dove。

59 趙蘿蕤，〈懷念葉公超老師〉，《聯合報》副刊，一九八九年六月十日。

60 詳見葉公超，〈再論愛（艾）略特的詩〉，原載一九三七年四月五日《北平晨報・文藝》第十三期。本文為趙蘿蕤譯、上海新詩社一九三七年初版《荒原》的序言，轉引自陳子善編《葉公超批評文集》（廣東：珠海，一九九八），頁一二五至一二六。

61 二〇〇〇年三月二日訪夏志清。據夏先生說：「一九七七年我在臺北開會見到葉公超，當我想與他談艾略特時，葉均顧左右而言他，很明顯的，他不太願意談艾略特。」

62 據葉公超的門人卞之琳說，《論新詩》是葉師「最傑出的遺著，而且應視為中國新詩史論的經典之作」。見卞之琳，〈紀念葉公超老師〉，原載《回憶葉公超》（上海：學林，一九九三）。

63 胡頌平編著，《胡適之先生晚年談話錄》，在一九六一年三月二十二日（星期三）載：「先生（胡適）今天再看給福特基金會的信稿，覺得這是小孩子寫的英文，不能用的，決定等他的體力稍為恢復時，自己來寫。因而談起『現在一般出國的學生，都是年紀太大了。學外國語，要年紀輕出去才好。像丁文江，葉公超，溫源寧，我，都是年輕出國的。丁文江寫得好，葉公超也寫得好，溫源寧也寫得不錯。現在這班出國學生，能夠寫得成文已算很好了，寫得好的實在太少。中央研究院裡，就沒有一個英文寫得好的人。』」（頁一四三）在前引同書一九六一年十一月十四日（星期二），胡適說：「葉公超的英文是第一等的英文，他說得更好，大概是年輕時出去的緣故。蔣廷黻的英文，寫得不錯，但說話時還帶有湖南口音，不如葉公超。就在外國一班大政治家中，也不見得說得過公超。他在我們一班人之中，他說得最好。」（頁二四六至二四七）

64 許淵沖，《追憶似水年華》。

65 楊聯陞，〈追懷葉師公超〉，收入秦賢次編，《葉公超其人其文其事》（臺北：傳記文學，一九九三），頁二三七。

66 孔慶茂，《錢鍾書傳》（南京：江蘇文藝，一九九二），頁三一。

67 許振德，〈水木清華四十年〉，《清華校友通訊》新四十四期（一九七三年四月），頁二六。

68 甘毓津，〈離校五十年〉，《清華校友通訊》新八十三期校慶專輯（一九八三年四月），頁四四。

69 饒餘威，〈清華的回憶〉，《清華大學第五級畢業五十週年紀念冊》（一九八四年）。轉引自《錢鍾書楊絳散文》，頁三八九。

70 見楊絳，〈記錢鍾書與《圍城》〉，轉引自《錢鍾書楊絳散文》，頁三八九。

71 王辛笛，〈《槐聚詩存》讀後〉，《文匯讀書週報》，一九九五年十月七日（王聖思代筆）。

72 訪曹禺，一九八〇年四月三日，那天曹禺在哥大演講與錢鍾書不同，與沈從文在哥大演講也不一樣。錢鍾書於一九七九年春在哥大舉行的是座談會，聽眾發問題由錢鍾書作答。沈從文的演講、講答都有。曹禺在哥大演講，只講不答，講完即走。所以那天在他演講完後，我在室外長廊恭候，做了一個很簡短的訪問，他給我的印象甚友善，是一謙謙君子。

73 趙虛吾，〈可愛的清華園〉，《學府紀聞——國立清華大學》，頁三五一。

74 許振德，〈水木清華四十年〉，《清華校友通訊》新四十四期（一九七三年四月），頁二六。

75 許振德，〈憶錢鍾書兄〉，《清華校友通訊》新三、四期合刊（一九六三年四月），頁十五。

76 錢穆，《八十憶雙親．師友雜憶》合刊本（臺北：東大，一九八二），頁一一五。

77 饒餘威，〈清華的回憶〉，《清華大學第五級畢業五十週年紀念冊》（一九八四年）。

78 甘毓津，〈離校五十年〉，《清華校友通訊》新八十三期校慶專輯（一九八三年四月），頁四四。

79 見胡頌平編著，《胡適之先生晚年談話錄》，一九六〇年五月三十日條，頁七五至七六。

80 據羅爾綱說，胡適讀書不用卡片，他看過的書，如有有用的地方，他都用紅、黃、藍三色紙條夾在書裡，到了要用時一翻即得，很是方便。見羅爾綱，《師門五年記．胡適瑣記》（香港：三聯，一九九四），頁一二〇至一二一。

81 《清華週刊》創始於一九一四年，初名《清華週報》，係一大張，兩面印，共八版。紙張格式與普通小型報紙相類。自第三期起改稱《清華週刊》，用普通紙裝訂成冊，每冊印十餘頁（詳見姚崧齡，〈清華早年學生刊物之回憶〉）。

82 林耀椿，〈錢鍾書研究書目（1913-1995）（上）〉，《中國文哲研究通訊》第七卷第一期（一九九七年三月）。根據此書目，錢鍾書在《清華週刊》上發表的作品計有下列八篇（理應不止此數）：

（一）〈無事聊短述〉，《清華週刊》第三三卷第一期，一九三〇年二月二十八日。

（二）〈小說瑣徵〉，《清華週刊》第三四卷第四期，一九三〇年十一月二十二日。
（三）Pragmatism and Potterisw，《清華週刊》第三五卷第二期，一九三一年三月七日。
（四）A Book Note，《清華週刊》第三五卷第八、九期合刊，一九三一年五月二日。
（五）〈憶陸大詩〉，《清華週刊》第三六卷第四、五期合刊，一九三一年十二月五日。
（六）A Book Note，《清華週刊》第三六卷第十一期，一九三二年一月十六日。
（七）〈得石遺老人書並人日思家懷人詩〉敬答一首（外三首），《清華週刊》第三七卷第五期，一九三二年三月二十六日。
（八）〈鬼話連篇〉，《清華週刊》第三八卷第六期，一九三二年十一月七日。

83 今將錢鍾書在清華讀書時代所寫的文章（大都是書評），臚列於後（發表在《清華週刊》上的不錄）：
（一）〈一種哲學的綱要〉，《新月》第四卷第四期，一九三二年十一月一日。
（二）〈中國新文學的源流〉，《新月》第四卷第四期，一九三二年十一月一日。
（三）〈美的生理學〉，《新月》第四卷第五期，一九三二年十二月一日。
（四）〈落日頌〉，《新月》第四卷第六期，一九三三年三月一日。
（五）〈近代散文鈔〉，《新月》第四卷第七期，一九三三年六月一日。
（六）〈為什麼人要穿衣〉，《大公報》世界思潮欄，第五期，一九三二年十月一日。
（七）〈大衛．休謨〉，同前第七期，一九三二年十月十五日。
（八）〈休謨的哲學〉，同前第十期，一九三二年十一月五日。
（九）〈約德的自傳〉，同前第十七期，一九三二年十二月二十二日。
（十）〈旁觀者〉，同前第二九期，一九三三年三月十六日。
（十一）〈英譯千家詩〉，《大公報》文學副刊，第二五四期，一九三二年二月十四日。

以上錄自《錢鍾書散文》（杭州，浙江文藝，一九九七）一書。上述這些書評以及錢鍾書畢業後寫的書評及文章一般統稱為一九三〇年代的書評，尚少見有人深入討論——目前以胡志德《錢鍾書》一書（有張晨譯本）寫得較好，他選了三篇《新月》書評即〈中國新文學的源流〉、〈落日頌〉及〈近代散文鈔〉來討論，胡氏分析條理清晰、詳盡透徹，有興趣的讀者可以找來一讀。錢鍾書學生時代寫的書評如此老到而筆鋒如此犀利，中外少見。錢鍾書同一時代的美國已故名作家瑪麗·麥卡錫（Mary McCarthy, 1912-1989）與錢有很多相似之處，她與錢鍾書同一年進大學——瓦沙女子學院（Vassar College），同一年畢業，在校時，也在校刊上撰文寫書評，鋒頭很健，她很想到校外刊物如《新共和》（*The New Republic*）投稿，但終未成事實，她後來因為《民族》（*Nation*）雜誌撰寫書評而出名，那是在她瓦沙學院畢業以後的事。詳見Carol Gelderman, *Mary McCarthy: A Life* (New York: St Martin's Press), 1988, pp. 55-56。

84 外國也有這種例子，但有時教授會鼓勵學生畢業後到他校去念研究所，如當今頗負盛名的文學批評大家布魯姆（Harold Bloom），他於康乃爾（Cornell）大學英文系畢業後（也很突出），英文系教授對他說：「你不應該留在康乃爾，因為在康乃爾我們已沒有什麼東西可以教你了。」對他說應去哈佛或耶魯。當時耶魯為美國批評重鎮，故布魯姆最後去耶魯念書，布魯姆自耶魯畢業後很快脫穎而出，成為大家。詳請參閱Adam Begley, "Colossus Among Critics: Harold Bloom," *The New York Times Magazine*, Sept. 25, 1994, pp. 32-35.

85 楊絳致湯晏函，二〇〇〇年二月二十三日。

86 見周榆瑞，〈也談費孝通與錢鍾書〉一文。

87 甘毓津，〈離校五十年〉，《清華校友通訊》新八十三期校慶專輯（一九八三年四月），頁四五。

88 吳世英，〈畢業五十年雜感〉，《清華校友通訊》新八十三期校慶專輯（一九八三年四月），頁五二。

89 第五級畢業時有幾位特出或很有趣的級友常為人津津樂道者，除才子錢鍾書外，畢業時年紀最小的夏勤鐸被譽為神童，年僅二十歲。年紀最大的「老童生」為姚溍，畢業時三十歲。昆仲同時考進清華同時畢業的有石端、石偉兩兄弟。同姓、同名、同級者有兩位張昌齡。適又同住一個宿舍，因此郵件時常弄錯，很傷腦筋。一位張昌齡南京人，念土木系，另一位蘇州人，經濟系，因此在清華的朋友就直呼土木張或經濟張（見黃中孚，〈榜上有名〉，《清華校友通訊》新八十三期，頁十七）。第五級同學像其他清華同學一樣都很優秀，畢業後大多出人頭地，真所謂「同學少年多不賤，五陵裘馬自輕肥」也。

【第四章】

青年講師，一九三三至一九三五

才情學識誰兼具，
新舊中西子兼通。
大器能成由早慧，
人謀有補賴天工。——吳雨僧〈贈錢君鍾書〉

一九三三年秋，錢鍾書應聘到光華大學教書。光華大學是上海較大的一所私立大學，原來是從聖約翰大學分出來的。緣一九二五年「五卅慘案」發生，聖約翰學生抗議，懸半旗追悼死難人士，但該校洋人校長出來干涉，因此一部分師生憤而離校，由富商支持，乃另外成立了一個新大學，要光復中華，故名光華大學。[1]很多著名學者和教授來光華教書：計有張壽鏞、朱公瑾、廖世承、朱經農、呂思勉、胡剛復和徐燕謀。胡適和徐志摩也在該校教過。在錢鍾書來到光華大學之前，他的父親錢基博已在該校擔任中國文學系主任，後來又兼文學院院長。

乍看起來，錢鍾書來光華好像靠他父親的關係，如有這樣的想法，這就大錯特錯了。雖然一九三三年經濟不景氣，是全球性的，尤其在中國找事不易，畢業即失業，但錢鍾書不一樣，他是一個天才。所以反過來說：光華大學能請到像錢鍾書那樣的才子，乃是光華的幸運。

古人云：「常格不破，大才難得。」錢鍾書進清華是破格的，他任光華外文系講師也是破格的，因為按當時常規，大學畢業生工作二年後始能擔任助教，若干年後再從助教升講師，而錢鍾書一來即是講師名義。因為錢鍾書非等閒之輩，他在清華做學生的時候，已露頭角，在全國性有名的刊物上，發表了很多擲地有聲的文章。錢在光華除教大一英文外，並講授西洋文學和文學批評。他講課很認真，講解詳盡，據光華校友回憶，說他左手拿著一本牛津小字典，右手拿著一支粉筆，旁徵博引，在課堂上侃侃而談。因為他口才好，人又很幽默，講課時妙趣橫生，加上學問淵博，故他的課極受學生歡迎。

錢鍾書在光華時，有兩個流傳很廣的小掌故，不妨在這裡記述一下。錢初到光華不久，住學校單身宿舍，與他同住一室者，也是一位年輕教師。某日正讀一冊深奧的文學批評史，錢道，余讀過此書，請試余尚能記憶否？試之。錢對答如流，十拿九穩，且屢試不誤。另一個小故事，說錢鍾書父子同在光華時期，住教員宿舍，父子兩人經常挑燈夜讀，深宵不寐，一時傳為佳話。[2] 關於這個故事，錢認為這不確，因為他與父親子泉老先生，各有各的寢室，各有各的書桌，各有各的作息時間。不管如何，上面這兩個小故事，可以做為錢鍾書記憶力強及讀書勤快最好的注腳。

錢鍾書的文采在孩提時代即已露鋒芒，在東林小學讀書時，即屢獲老師「眼大於箕」或「爽若哀梨」等佳評。錢鍾書開筆甚早，可是有系統地正式發表文章是在《清華週刊》上開始的。一開始即受人注意。後來慢慢擴展到全國性的《新月》月刊及《大公報》等有名的報刊上發表文章及書評。錢鍾書文名大噪。清華畢業後，他來到光華大學教書，除講課外，他還繼續為這些刊物撰寫詩文。從一九三三年秋至一九三五年八月赴英倫為止，在這兩年內錢鍾書發表的文章計有十二篇。[3] 在這十二篇中較為重要的有〈中國文學小史序論〉、〈與張君曉峰書〉及〈論復古〉。由這些論文可以看得出他的文學思想。〈與張君曉峰書〉是他對文言與白話文的看法。他在這封信裡一開頭即說：「承詢及文言與白話問題。若僅從標題看來，則似乎已成dead issue，無須討論。」文學革命時，胡適反對用典，錢鍾書認為用典無可厚非。他認為文言文寫好不易，白話文寫得好亦不易，有時比文言文還要難寫。有人認為不讀文言文則有對中國固有文化不能領略不能接榫或中斷之疑，他不以為然。他認為很多學究皓首窮經，也只能做到記誦而已。錢鍾書那時年紀雖輕，但對這個問題的看法，相當老辣俐落。梁錫華先生說：「這封信，應該在現代中國語言文學發展的洪流中，起水壩的作用，應該是儲匯眾水而能產生無窮電力的源頭。」[4]

II

錢鍾書寫過一篇題為〈不夠知己〉的書評，最可以看得出錢氏的博學。溫源寧為英文《中國評論週報》（*The China Critic Weekly*）以春秋筆法寫了二十多篇當代名人小傳，很像《紐約客》（*The New Yorker*）的 Profile。因文字俏皮，趣味雋永，氣壞了很多人，但也贏得令人捧腹絕倒的喝采。溫源寧挑選了十七篇，題為 *Imperfect Understanding*，於一九三五年由上海別發洋行（Kelly and Walsh, Ltd.）出版。林語堂請錢鍾書用中文寫了一篇〈不夠知己〉的書評刊在《人間世》第二九期（一九三五年六月五日）。錢鍾書把溫源寧的書名 *Imperfect Understanding* 譯成「不夠知己」，林語堂很欣賞，認為錢鍾書的譯名雅切（見錢鍾書《吳宓日記》序言）。不過這篇文章的佳妙處，不僅在譯名之「雅切」，而在可說明錢氏學問之淵博的一面。他首先指出溫源寧的書名 *Imperfect Understanding* 是從英國散文家蘭姆（Charles Lamb）的一篇小品文〈Imperfect Sympathies〉而來，但他說溫源寧的文筆不像蘭姆，而是像英國另一位散文家夏士烈德（William Hazlitt, 1778-1830）的作風，最令人驚奇的是錢鍾書斬釘截鐵地說：「本書整個兒的體裁和方法是夏士烈德《時代精神》（*The Spirit of the Age*）一書脫胎換骨的，同樣地從側面來寫人物，同樣地若嘲若諷，同樣地譏諷中不失公平。此外，在風格上還有一種極微妙的相似，好比父子兄弟間面貌的類似，看得出，說不出，看得出，指不出，在若即若離之際，表現出他們彼此的關係。」在另一段，他說：「溫先生是弄文學的，本書所寫又多半是文學家，所以在小傳而外，本書中包含好多頂犀利的文學批評；夏士烈德不是也說過麼：『余無他長，批評而已』？」然後錢鍾書接著在括弧內說：「來一個注罷：夏士烈德此語與莎士比亞《奧塞羅》（*Othello*）一劇中Iago語全同。」關於這一段，也許有人說他在掉書袋或賣弄學問，其實有了學問，如能運用得巧妙，不僅是一種藝術，且對讀者有娛樂作用（entertaining），則掉書袋又有何妨？[5]

關於〈不夠知己〉還有一個小掌故。書中有一篇吳宓的剪影小傳（Profile），英文名〈Mr. Wu Mi: A Scholar and a Gentleman〉，原載《週報》第七卷第四期（一九三四年一月二十五日）「Intimate Portraits」（親密寫真）專欄，後來由林語堂譯成中文，刊在《人間世》第二期「今人志」專欄。溫源寧的文章是採滑稽式的玩笑，用錢鍾書的話「若嘲若諷，同樣地在譏諷中不失公平」。溫源寧說吳宓的「腦袋形似一顆炸彈」，而他的「一對眼睛亮晶晶的像兩粒炙光的煤炭」。又說「世上有一種人，永遠不知所謂年少氣盛是怎麼一回事。雨僧就是其中一個。雖然已年滿四十，他看起來是在三十與百歲之間，他待人以寬，待己卻甚嚴」。他的立論「是人文主義者，雅典主義者；但是性癖上卻是徹頭徹尾底一個浪漫主義者」。吳宓「為人坦白無偽，所以此點人人都已看出，只有他自己看不見」。這篇小傳原文未署名，故此文一出，外界盛傳這篇剪影出自錢鍾書手筆，因為文筆、格調和語氣太像了。錢鍾書半為闢謠，半為解嘲，寫了首很風趣的小詩來辯白。詩云：

褚先生莫誤司遷，
大作家原在那邊。
文苑儒林公分有，
淋漓難得筆如椽。

詩裡有典故，非注莫明，故詩後錢鍾書附一個小注：「或有謂予為雨僧師作英文傳者，師知其非，聊引《盧氏雜記》王維語解嘲。」褚先生即補司馬遷《史記》抽毀篇目之褚少孫，在《史記》補文中，前稱「褚先生」。當然褚少孫的補文不如太史公，而錢鍾書自謙不敢做司馬遷。「大作家原在那邊」，引自《盧氏雜記》中王維語。相國王璵好與人作碑銘，有送潤筆者來，誤叩王維門，故王維說：「大作家在那邊。」即這個典故的來源。[6]

在一九三五年初，《人間世》上錢鍾書有一篇別具風格很有趣的小小書評叫〈馬克思傳〉。我特地指出這篇短評，旨在說明當時錢鍾書已躋身於名作家之林，故這篇文章雖短，意義卻很深長。錢一開頭即說：「書看得太少了；又趕上這個善產的時代，一九三四年大作早已上市，自己還在看一九三三年甚至一三九三年的東西。只記得幾天前看到一本《馬克思傳》（E. H. Carr, *Karl Marx: Study in Fanaticism*）頗有興味，倒確是今年出版的。妙在不是一本拍馬的書，寫他不通世故，善於得罪朋友，孩子氣十足，絕不像我們理想中的大鬍子。又分析他思想包含英法德成分為多，絕無猶太臭味，極為新穎，似乎值得介紹幾個好朋友看。」寫完後，錢鍾書發覺自己看錯了題目，並不限於一九三四年出版的書。所以又加一附記，他說：「寬題窄做，悔之無及；懶得重寫，由它去！」這篇小書評是應林語堂之請寫的，原刊於《人間世》（主編林語堂）第十九期。這一期闢有一個「一九三四年我所愛讀的書籍」專欄，林語堂特函邀名家賜稿，文長約三、四百字。撰稿者有周作人、沈從文、老舍、葉聖陶、劉大杰、丁文江、溫源寧等當代名作家。這篇文章對錢鍾書的意義是，這位才二十四歲的光華大學青年講師亦施施然與周作人、沈從文和老舍等大作家，在《人間世》同一專欄上揖讓進退。[7] 沈從文及錢鍾書成名很早。沈從文是徐志摩提拔出來的。錢鍾書是天才，他的古文是被他父親「打」出來的，在他進清華時，他的英文已經夠好了，可是葉公超說，錢鍾書的英文是由他一手教出來的。現在有人說錢鍾書及沈從文是夏志清「發現」的，這是胡說。

錢鍾書除在光華任教外，還擔任英文《中國評論週報》編輯委員。這份刊物是由錢鍾書清華校友桂中樞和陳石孚兩人創辦，後來出了大名的林語堂亦常為該刊撰稿。錢鍾書曾為該刊寫過一篇論中國詩的文章，題為「On "Old" Chinese Poetry」，刊於《週報》第六卷第五十期（一九三三年十二月十四日）。

一九三五年另一份英文刊物名 *The Tien Hsia Monthly*（《天下月刊》）在上海創刊，由溫源寧主編，林語堂亦參與編務並常有文章發表，如林譯《浮生六記》即首先在《天下月刊》刊出。[8]這兩份當時很有分量高水準的英文刊物，錢鍾書也曾積極參與編務或撰稿，在《天下月刊》創刊號（一九三五年八月）上發表了一篇〈Tragedy in Old Chinese Drama〉（中國古劇中的悲劇）。在這篇文章中，錢鍾書對中西文學做一客觀比較，他認為中國戲劇不如西方。

III

在光華大學期間，錢鍾書詩興大發，寫了很多舊體詩，其中最為人矚目的為〈論師友詩絕句〉八首，此詩做於一九三四年年初，發表前曾先寄給羅家倫。[9]錢鍾書的詩大都先後發表在《國風》半月刊上。一九三四年錢鍾書將過去的舊體詩結集出版，題名《中書君詩》，印一百冊，不作賣品（非賣品），餽贈友好。當時陳衍、吳宓均獲贈一冊。吳宓收到贈書後極為高興，並賦詩祝賀。寫〈賦贈錢君鍾書即題《中書君詩》初刊〉，詩云：

> 才情學識誰兼具，新舊中西子竟通。
> 大器能成由早慧，人謀有補賴天工。
> 源深顧趙傳家業，氣勝蘇黃振國風。
> 悲劇終場吾事了，交期兩世許心同。——《吳宓詩集》卷十三

從這首詩可看出吳宓對這位得意門生稱揚不已。後面四句，將錢鍾書與顧炎武、趙甌北、蘇東坡、黃庭堅等大家相提並論，然後說出自己傷心事，意中人別有懷抱（毛彥文與某鉅公結婚），最後一句詩點出吳與錢氏父子兩世交情。[10] 陳衍在《石遺室詩話續編》對錢鍾書誇獎不止。他說：「無錫錢子泉基博，學貫四部，著述等身。肆力古文詞……哲嗣默存（鍾書）年方弱冠，精英文，詩文尤斐然可觀，家學自有淵源也。」[11] 並自《中書君詩》摘出不少佳句，擊節稱賞，他指出：「又〈秋杪雜詩〉十四絕句，多緣情淒婉之作，警句如：『春陽歌曲秋聲賦，光景無多又一年』，『巫山豈似神山遠，青鳥殷勤枉探看』；『如此星辰如此月，與誰指點與誰看』；『判將壯悔題全集，盡許文章老更成』；『春帶愁來秋帶病，等閒白了少年頭』。」[12] 對集中〈北遊紀事詩〉中之〈太廟〉一詩：「廟寢荒涼法器傾，千章黛色發春榮。最宜老杜驚人句，變雅重為古柏行。」陳衍更為激賞，推為知音。評曰：「與余〈揚州雜詩〉『最宜中晚唐人筆，此地來題絕句詩』貌同而心不異。」[13]

《中書君詩》印量不多，流傳不廣，如果現在有人藏此一冊，恐怕要成孤本了。他當年自印詩集時曾說：「紙張須講究，聊以自怡，不作賣品，尤不屑與人爭名也。」[14] 意氣揚揚，是很得意的。書出後，得到行家賞識，套句慣用的話，可謂佳評如潮，應該是一冊很成功的詩集，可是隔了十多年後，錢鍾書對這冊詩集，卻很不滿意。[15]

錢鍾書的舊體詩是很不錯的，幾乎無一非上品。他人畢竟聰明，學一樣像一樣。胡適說做律詩難做，做得好要幾十年工夫。[16] 錢鍾書於十四、五歲時開始學做律詩，到了二十歲左右，他的舊體詩不僅做得四平八穩，且如石遺老人所說「斐然可觀」矣。陳衍對錢鍾書學詩過程影響至鉅，石遺指點他在格調上、肌理上多下工夫，多讀少作，而錢鍾書對石遺老人奉之若神明。

吳忠匡曾問過錢鍾書學詩的經過，他說：「十九歲始學為韻語，好義山、仲則風華綺麗之體，為才子詩，全恃才華為之，曾刻一小冊子。」[17] 這裡所言「小冊子」即指《中書君詩》詩集，這種華麗的才子詩，遇石遺老人叫他多讀少作，他即改弦易轍，從此他的詩更有進境。他自己說：「其後遊歐洲，涉少陵、遺山之庭，眷懷家國，所作亦往往似之。歸國以來，一變舊格，煉意煉格，尤所經意，字字有出處而不尚運典，人遂以宋詩目我。」[18] 後來於一九五〇年代編《宋詩選注》則良有以也。一九九四年錢鍾書出版《槐聚詩存》，這是他晚年定稿，惟一九三四年以前的詩均未收錄。最後一詩是為楊絳代擬的〈無題七首〉，為這本詩集壓卷之作。此詩做於一九九一年，以後均無詩見錄。[19]

〈代擬無題七首〉是很有興味的一組詩，詩前有楊絳撰寫的「緣起」，頗有錢鍾書的古雅文言文風格。楊絳在「緣起」一開頭即說：「代擬者，代余所擬也。」因楊撰寫小說，請錢幫他為小說中人物寫幾首舊體詩，錢答說：「君自為之，更能體貼入微也。」楊絳笑道：「尊著《圍城》需稚劣小詩，大筆不屑亦不能為，曾由我捉刀（這是指蘇文紈抄襲德國十五、六世紀民歌那首小詩，由楊絳代為翻譯[20]）；今我需典雅篇章，乃託辭推諉乎？」錢鍾書沒法，乃擬此七首無題詩。詩成後，楊絳看了說：「余觀其詩，韻味無窮，低徊不已。絕妙好辭，何需小說框架？」由「緣起」亦可以看得出錢楊夫婦作家、夫唱婦隨、鶼鰈情深的一面。錢鍾書晚年說過他是一個 happily married man，[21] 此言不虛也。有人說如果楊絳也會做舊體詩，則像陳寅恪和唐曉瑩一樣，夫婦唱和，當更有一番樂趣。

IV

楊絳本名季康，江蘇無錫人。一九一一年七月十七日生於北京。系出名門，書香世家。她是楊蔭杭[22]的女兒，楊蔭榆的侄女。楊蔭杭和楊蔭榆兄妹是民國初年的風雲人物，由此可知，此女來頭很大，非泛泛之輩也。

楊絳的父親楊蔭杭（1878-1945），早年參加革命，但後來趨於溫和，傾向於君主立憲。曾留學日本早稻田大學，畢業後，又赴美國，進賓夕凡尼亞大學讀法律，獲碩士學位。歸國後執律師業，為一名律師，法學專家，也做過法官及檢察長等要職。楊蔭杭在法政學校教書時，那時為宣統皇帝輔政的肅親王善耆聽到楊是一法律專家，乃敦請他到王府講解中西法律，楊友人包天笑曾以清末民初北京為背景，寫過一部小說名《留芳記》將這事寫進去了。錢鍾書說看過的。楊絳出生時，父親正在北京法政學校教書，她在八個兄弟姊妹中行四，生下來不久，父親辭了教職，即回南方去，任《申報》編輯，鼓吹革命。那時是辛亥革命前夕，臨別時肅親王還拉著她父親的手說：「祝你們成功。」這是她父親後來親口對楊絳講的。[23] 把手祝賀，只表示有禮貌，而「你們」兩字卻很有意思，明白點出東家和西席之間不同立場。楊蔭杭早年是過激派，後來趨向溫和，但都是要革清廷的命，向清廷爭權的，怎麼可以說「祝你們成功」呢？可見這位親王非癡即迂。說他昏庸，卻也不是。也許他看出清廷腐敗與虛弱，像一只爛蘋果一樣，它的覆亡，只是指日可待了。不久（一個多月以後）武昌一聲槍響，統治中國達二百六十七年之久的清廷被推翻了。

楊絳十歲時，她父親生了一場大病，危在旦夕，楊絳遐想，如有不測，一家八口何以維生，照她猜想如有親戚出來照顧，她說：「我讀幾年書，也許可以做個小學教員。不然，我大概只好去做女工，無錫多的是工廠。」[24] 幸好，吉人天相，她父親起死回生，而楊絳循當時有錢人家子女讀書的老路——由小學、中學、大學，終於在中國文壇上放異彩。不然的話，中國文壇就少了一員大將。

楊絳的三姑母楊蔭榆曾任國立北京女子師範大學校長，當時魯迅在北京女師大國文系兼任講師。一九二五年女師大學潮後楊蔭榆即辭職回蘇州，從此成為魯迅筆下最喜歡「瞄準」（即罵人，魯迅喜用軍事名詞）的三個對象之一（其他兩個即陳西瀅及章士釗，因章當時是教育總長，女師大事件後，將魯迅在教育部的僉事職免去了）。楊蔭榆生於一八八四年，曾留學日本及美國，獲美國哥倫比亞大學教育學院碩士。一九三八年一月在蘇州被日軍殺害。[25]

楊家強府無弱兵，一門風雅。楊絳的兩個姊妹也是才女。楊絳的大姊楊壽康（專攻法文）曾譯過法國布厄瑞（P. Bourget）的《死亡的意義》（上海，商務印書館，一九四〇年）。小妹楊必，上海震旦女子文理學院英文系畢業，後擔任復旦大學英國文學副教授。她是錢鍾書在震旦教書時的學生，故錢鍾書不僅是她的姊夫，且是她的老師。楊必如有英文上的問題都問錢鍾書。錢則不以姊夫的身分而是以老師的身分為她指點。楊必曾譯過《剝削世家》及《名利場》。這兩本書就是錢鍾書建議她譯的，楊必都很快譯完，譯筆自然流暢，書出後，頗得好評。在文革時被紅衛兵整得死去活來，因不堪凌辱，最後自殺身亡。[26]

楊絳姊妹都喜歡文學，進了大學不是主修英國文學，就是法國文學，但楊絳是一個例外，她在大學部念的是政治系。她也喜歡文學，怎麼去念政治系？據楊絳說，她考大學的時候清華剛收女生（按清華招收女生始於一九二八年），但不到南方來招考。她就報考了鄰近的東吳大學（即現在的蘇州大學）。考取了念了一年，大二時得分科系，楊絳成績很好，夠資格讀理科，但她不喜歡。她父親對她說，喜歡文學，則就應該去念文學，可是東吳沒有文學系。東吳辦得比較好的是法預科和政治系。楊絳想念法預科，打算將來做父親的助手。當時社會上有女律師，但甚受歧視，她的父親極力反對，故她只好去念政治系，但她對政治學毫無興趣。[27]

因楊絳不想念政治系，後來也放棄了一個出國深造的機會。楊絳中學及大學成績都很好。在讀大三的時候，母校振華中學為她申請到了美國名校衛斯理女子學院的獎學金，但須自備路費及日常零用錢，楊絳父母願意負擔這項費用，資送女兒出國。但楊絳不想增加父母的負擔，同時覺得她的教授有洋學位也不見得很有學問，也沒有什麼了不起。楊絳說，她想，如果到美國去讀政治，還得繼續修大學部的課程，寧可在本國較好的大學裡攻讀文學。楊絳告父母親她不想出國讀政治，只想考清華研究院攻讀文學。後來考上了，父母親都很高興。母親常取笑說：「阿季腳上拴著月下老人的紅絲呢，所以心心念念只想考清華。」[28] 人與人之間有時是講緣分的，如果當年楊絳出國留學，就無緣結識錢鍾書了，遑論結為連理。

V

楊絳初晤錢鍾書於清華園，那是一九三二年春天。是年上海「一．二八」之役，蘇州東吳大學停課，一部分學生到北平各大學借讀，楊絳借讀於清華大學，因而結識這位清華才子。[29] 楊絳在隔了半個世紀後回憶說：「我初識鍾書的時候，他穿一件青布大褂、一雙毛布底鞋，戴一副老式大眼鏡，一點也不『翩翩』。」[30] 當一九三三年秋，楊絳考取清華外文研究所，錢鍾書已自清華畢業，在上海光華大學教書。

也許有人認為這位清華才子竟如此簡樸，據清華校友回憶：其實清華師生都樸素得很，平時多穿藍布大褂，冬天則穿棉袍，不但學生如此，教授也如此，如陳寅恪、俞平伯和教英文的葉公超也都是經年一襲青衫或長袍。當時同學都知道葉公超不但英文好，中文也好，大家開玩笑說，等到哪一天葉老師改教國文時，他也許就改穿西裝了吧。[31]

可是楊絳初到清華覺得清華女生很洋氣，但她很快就適應了。清華本來不收女生，羅家倫來做校長始招收女生（包括插班生）約三十餘人，此後歷年均有增加，但幾年下來仍是男多女少。女生住古月堂（當時男生戲稱為「胡堂」），據一九二九級校友孫碧奇回憶，女生來了，「於是清華園內天下大亂，男生改變生活方式，閒來無事，『胡堂走走』，即往女生宿舍古月堂訪友之謂，每於夕陽西下，儷影雙雙徘徊於西園道上。而粥少僧多，互相角逐競爭劇烈，事態多端，謠琢紛紜。時我級已近畢業之期，強弩之末，力不及遠。我等老大哥們只好禮讓後期的青年才俊，鞠躬下臺。」[32]但清華男同學也是很神氣的。當時在北京學生中有一句流行的話：「北大老，師大窮，只有清華好通融。」據說這句話也是北京女生擇偶的座右銘。意思是清華同學不土，也不窮，因為清華學生均是世家子弟，自是女子擇偶的最佳對象。

錢鍾書是一大才子，在清華園內名氣很大，錢楊兩人相遇，正如中國舊小說裡所說的天造地設的一對才子佳人。現在根據清華校友的回憶，大致可以做這樣的假設，遙想當年，錢鍾書也是「胡堂走走」的常客，與楊絳「儷影雙雙徘徊於西園道上」的一對，正如《圍城》裡所說的「躲在燈光照不到的黑影裡喁喁情話」[33]。據許振德說：「先是錢楊二人花前月下，紅娘傳書（古月堂女工）。鍾書兄每將其戀愛經過逐一相告，並朗誦其情書佳作。」[34]

錢鍾書與楊絳有很多相同的地方：他們都是江南人，無錫小同鄉，他們都是出身書香門第；兩人都喜歡文學，所以他們很談得來，有話說不完，這在英文裡叫 personal chemistry，中國人叫緣。俗云「有緣千里來相會」，他們兩人有緣，所以很快做了朋友，由朋友而變成情人。

錢鍾書與楊絳談戀愛期間，他寫了很多有李義山風味的愛情詩。楊絳亦喜寫作，在清華她選過朱自清的課，寫過一篇小說〈璐璐，不用愁〉，是敘述少女戀愛故事，頗得朱自清賞識，由朱推薦，曾在《大公報》文藝副刊上發表。後來又被林徽因女士選入《大公報文藝副刊小說選》裡，題目改為〈璐璐〉，署名楊季康。這本小說選集並錄有老舍、沈從文、蕭乾、李健吾、蹇先艾、沙汀、張天翼和淩叔華等二十位名家作品，計三十篇。錢鍾書有一組詩（十四首）題為〈壬申年秋杪雜詩並序〉。一首云：

纏綿悱惻好文章，
粉戀香淒足斷腸。
答報情癡無別物，
辛酸一把淚千行。[35]

除上述一首外，這一組詩裡有兩首或與楊絳有關，因為不長，故錄於此。

良宵苦被睡相謾，
獵獵風聲測測寒。
如此星辰如此月，
與誰指點與誰看。

困人節氣奈何天，
泥煞衾函夢不圓。
苦雨潑寒宵似水，
百蟲聲裡怯孤眠。[36]

錢鍾書人聰明，又調皮，連談戀愛寫情詩也會耍一些花樣。據他的朋友說，錢與楊絳談情說愛時，送給她一首舊體詩，竟運用宋明理學家的語錄，融鑄入詩，如「除蛇深草鉤難著，禦寇頹垣守不堅」。他把自己刻骨相思比作蛇入深草，蜿蜒動盪，捉摸不定。宋明理學家是主張「存天理、滅人欲」，而錢鍾書卻把這些道貌岸然的理學家的語錄，放在他的情詩裡面。他

很自負地說：「用理學家語作情詩，自來無第二人！」（見吳忠匡〈記錢鍾書先生〉）

錢鍾書與楊絳戀愛，我們還可以從《圍城》裡找出一些蛛絲馬跡來。《圍城》女主角孫柔嘉雖然與方鴻漸一起去湘西，後來兩人結婚了，又一起從湖南回上海。但楊絳說，相識的女子中間包括她自己在內「沒有一個相貌相似」。[37]但是唐曉芙就不一樣了。楊絳說過：「唐曉芙顯然是作者偏愛的人物。」[38]這句話是不錯的。水晶在錢鍾書訪問記中，問錢鍾書為什麼唐曉芙在《圍城》裡到後來「下落不明」(fade out) 不了了之？又問在「《圍城》中每一個角色，都被你冷嘲熱諷過，唯獨唐小姐例外，偏偏又是『淡出』(fade out) 的，這兩者中間，又有什麼關係嗎？」錢鍾書反問水晶說：「難道你的意思是說，唐曉芙是我的 dream-girl（夢中情人）嗎？」（錢鍾書此話一出，引起哄堂大笑。）我想唐小姐是錢的「夢中情人」，是不錯的，因為唐曉芙就是楊絳。雖然唐曉芙沒有與方鴻漸結婚，但唐曉芙身上有楊絳的影子。唐小姐是律師的女兒，[39]楊絳的父親也是律師。唐曉芙在大學裡念的「極平常的是政治系」[40]，楊絳不是在東吳大學念的政治系嗎？方鴻漸「見了唐小姐七八次，寫給她十幾封信，唐小姐也回了五六封信。他第一次收到唐小姐的信，臨睡時把信看一遍，擱在枕邊，中夜一醒，就開電燈看信，看完關燈躺好，想想信裡的話，忍不住又開電燈看一遍。以後他寫的信漸漸變成一天天的隨感雜記，隨身帶到銀行裡，碰見一樁趣事，想起一句話，他就拿筆在紙上跟唐小姐竊竊私語。有時無話可說，他還要寫，例如：『今天到行起了許多信稿子，到這時候才透口氣，伸個懶腰，

a-a-a-ah！聽得見我打呵欠的聲音麼？茶房來請吃午飯了，再談。』」[41]這也可以看得出他在熱戀中。這也就可能是他見了楊絳七、八次，寫給她十幾封信，楊絳也回了五、六封信，在錢鍾書看來不夠勤。也許在楊絳回的五、六封信中，有一封信卻被他父親子泉老先生擅自拆閱了。楊絳的信大意是說現在吾兩人情投意合無用，須兩家父母、兄弟皆歡喜為善，老先生看了連聲叫好，「此真聰明人語」。乃直接寫了一封信給楊絳，對這位未來媳婦大大誇獎一番，並鄭重其事地把兒子託付給她。楊絳後來說：「這很像方遯翁作風。」[42]那是在錢鍾書與楊絳訂婚前後。

此後，楊鋒也把錢鍾書介紹給她父親。楊絳說：「我父親凝重有威，我們孩子都怕他。」她又說：「鍾書初見我父親有點怕，後來他對我說爸爸是『望之儼然，接之也溫』。」[43]錢鍾書學識豐富，博聞強記，楊蔭杭大為賞識。當他發現這位未來女婿也是雅好讀字典，則更樂。且兩人都喜詩文，可以說在詩文上有同好。尤其是在典故上說一些俏皮話，大家相顧而笑。有一次楊老先生問楊絳：「鍾書常那麼高興嗎？」[44]顯然楊絳父親對鍾書是很喜歡的。

一九三三年暑假，錢鍾書與楊絳訂婚。經過這次錢基博擅自拆信事件後，錢楊就很快談婚論嫁，這時楊絳考上清華不久，故先行訂婚。楊絳後來回憶說：「我們那時候，結婚之前還多一道『訂婚』禮。而默存和我的『訂婚』，說來更是滑稽。明明是我們自己認識的，明明是我把默存介紹給我爸爸，爸爸很賞識他，不就是『肯定了』嗎？可是我們還顛顛倒倒遵循『父母之命，媒妁之言』。默存由他父親帶來見我爸爸，正式求親，然後請出男女兩家都熟識的親友做男家女家的媒人，然後，（因我爸爸生病，諸事從簡）在蘇州某飯館擺酒宴請兩家的至親好友，男女分席，我茫然全不記得『婚』是怎麼『訂』的，只知道從此我是默存的『未婚妻』了。那晚，錢穆先生也在座，參與了這個訂婚禮。」[45] 訂婚後，楊絳仍要回清華上學。在訂婚宴席散後，錢基博把未來媳婦介紹給錢穆，時錢穆執教於燕京大學，與楊絳約好連袂北上。據楊絳回憶，搭車那天，錢鍾書曾親自送她到車站候錢穆至，一起把行李結票上車。[46] 錢鍾書則仍留在南方，在光華大學教書，但他有出國留學的打算。（因為他打算投考中英庚款公費留學，必須有教學兩年的資格。）

VI

一九三五年春錢鍾書報考第三屆中英庚款公費留學。一九二〇年代初期，英國政府有意退還中國應付未到期之庚款，做為兩國教育文化事業之用，總額為一千二百一十八萬六千五百四十七英鎊。[47] 後因英國議會改選而擱置。當時英政府以該款用途及其管理，有事先研究之必要，乃設立諮詢委員會，這一委員會有一報告書發表。一九三〇年中英兩國即根據這份報告，正式換文，於一九三一年設立一中英文教基金董事會管理。[48] 管理的辦法是先將基金投資於舉辦鐵道或其他生產建設事業，然後以借款所得利息辦教育事業。該董事會除補助中國興建學校外，並舉辦留英公費考試，為國家培育人才。[49] 一九三三年夏，中英庚款會正式舉辦第一屆考試，甄選留學生，錄取九人赴英深造。以後每年舉辦一次，第二屆錄取二十六人。錢鍾書參加第三屆中英庚款考試，時為一九三五年四月，報考各科目總人數為二百九十人，實到應考者為二百六十二人，錄取二十五人，計有紡織四人，航空工程二人，造船工程二人，物理二人，工業化學二人，數學二人，畜牧二人，園藝二人，地理二人，醫學二人，英國文學一人，西洋史一人，法律一人。錄取名單中全是男生，無一女性。[50] 有一位錢鍾書清華同班同學本來也想參加這次考試，但聽說錢鍾書已報名了，他就「沒有敢去報名」。[51] 這位同學不是別人，即是大名鼎鼎的劇作家曹禺。曹禺有先見之明。錢鍾書不出所料，不但金榜題名，而且得分最高，名列榜首，平均分數高達八七．九五分，為歷屆各科之冠。[52]

錢鍾書把他考取庚款留英的消息告訴了楊絳，並叫她準備結婚，連袂放洋（楊絳自費留學）。錢鍾書與楊絳凡事都有計畫，很仔細，是有果斷的人。楊絳得這消息後，即飛奔南下，她說，她不等畢業，打算結了婚一同出國，她只有一門功課需大考，和老師商量後也用論文代替，就提早一個月回家。[53] 她對離開清華回蘇州的情形有一段很生動的描寫：「我立即收拾行李動身，不及寫信通知家裡。我帶回的箱子鋪蓋都得結票，火車到蘇州略過午時，但還要等貨車卸下行李，領取後才僱車回去，到家已是三點左右。我把行李撇在門口，如飛地衝入父親屋裡。父親像在等待。他『哦！』了一聲，一掀帳子下床說：『可不是來了！』他說，午睡剛合眼，忽覺得我回家了。聽聽卻沒有聲息，以為在母親房裡，跑去一看，闃無一人，想是怕攪擾他午睡，躲到母親做活兒的房間裡去了，跑到那裡，只見我母親一人在做活。父親說：『阿季呢！』母親說：『哪來阿季？』父親說：『她不是回來了嗎？』母親說：『這會子怎會回來。』父親又回去午睡，左睡右睡睡不著。父親得意說：『真有心血來潮這回事。』我笑說，一下火車，心已經飛回家來了。父親說：『曾母齧指，曾子心痛，我現在相信了。』父親說這是第六覺，有科學根據。」[54] 楊絳到家後即忙著籌備出國並結婚。

一九三五年七月十三日（陰曆六月十三日），錢鍾書與楊絳在蘇州楊絳娘家大廳內舉行結婚典禮，[55] 懸燈結彩，熱鬧非凡，結婚儀式全採西式，以當時江蘇人的說法是文明結婚。有男儐相、女儐相。新娘披長紗，有為新娘提花籃的花女，及提拖地長紗的花童，並有樂隊奏結婚進行曲。由楊絳的父親楊蔭杭主婚，張仲仁（一鏖）證婚，新郎新娘鞠躬為禮，戴戒指，並在結婚證書上用印等等。婚禮完畢後即大擺宴席，宴請賓客。賓客中有詩人兼學者陳夢家、夫人趙蘿蕤（趙於一九三二年自燕大畢業後即考進清華外文研究所）。那天賓客中最引人注目的是楊絳的三姑母楊蔭榆，她來吃喜酒時，穿了一身白夏布的衣裙和白皮鞋。衣純白而麻織，似弔喪，所以在場賓客都覺得詫異。可是楊絳知道三姑母已多年不置新衣，七、八年前很帥的服裝已不入時了。[56] 楊絳說：「吃完喜酒，我就算是錢家的新人了。」[57] 結婚這一天下午四時，新娘楊絳由公公錢基博（送兒子來行婚禮）及錢鍾書弟妹等（他們陪新郎來）陪同下迎到無錫錢家。到了錢家後一切儀式及禮俗均是照中國傳統式的，當新郎新娘一進門即放雙響爆竹，百子爆竹，然後會親。所謂會親，即拜見族中尊長——向公公婆婆叩頭，向一盆千年芸、一盆蔥，分二盆坐二椅，代表嗣公公、婆婆叩頭。楊絳說叔叔及嬸嬸客氣，不讓新郎新娘叩頭，則以鞠躬為禮。[58]會親完後，即向家祠祖宗叩頭，楊絳說不知叩了多少頭。然後吃「團圓飯」（即是與平輩家人同坐談談說說笑笑）。

到了晚間，又擺酒席，宴請親友，席間無錫國專校長老夫子唐文治（1865-1954）父子唱《長生殿》「定情」一折助興。楊絳又說：「試想這一餐，該費多少時間，鍾書和我都折騰得病了。鍾書發燒病倒。」楊絳自己勉強支撐了兩三天也病倒了。如此複雜的婚禮，難怪一些錢學專家道聽塗說、捕風捉影，說什麼唐夫子「獻上一臺昆曲」，不是太可笑了嗎？[59]許振德在〈憶錢鍾書兄〉一文中說：「是年（一九三五年）夏，伊與楊女士舉行大典於無錫七尺場，筆者冒暑恭逢其盛，郎才女貌，名副其實。」[60]楊絳說許振德沒有參加他們的婚禮，說他「既未到蘇州，也未到無錫」。[61]結婚那天是大熱天，在《圍城》裡曾有敘述，也就是講到詩人曹元朗與蘇文紈結婚的場面。方鴻漸對趙辛楣說：「這準是曹元朗想出來的花樣。」因為結婚的日子是曹元朗挑選的，挑在星期三，而這天是一年中最熱的一天。然後辛楣笑道：「總而言之，你們這些歐洲留學生最討厭，花樣名目最多。偏偏結婚的那個星期三，天氣是秋老虎，熱得利害，我在路上就想，僥天之幸，今天不是我做新郎。禮堂裡雖然有冷氣，曹元朗穿了黑呢禮服，忙得滿頭是汗，我看他帶的白硬領圈，給汗浸得又黃又軟。我只怕他整個胖身體全化在汗裡，像洋蠟燭化成一攤油，蘇小姐也緊張難看。行婚禮的時候，新郎新娘臉上哭不出笑不出的表情，全不像在幹喜事，倒像——不，不像上斷頭臺，是了，是了，像公共場所『謹防扒手』牌子下面那些積犯的相片裡的表情。我忽然想，就是我自己結婚行禮，在萬目睽睽之下，也免不了像個被破獲的扒手。因此我恍然大悟，那種眉花眼笑的美滿結婚照相，全不是當時照的。」[62] 這是錢鍾書在小說裡，描寫曹元朗與蘇文紈在大熱天結婚時的狼狽情形，後來照楊絳說：「小說裡亂點了鴛鴦譜。結婚穿黑色禮服，白硬領圈給汗水浸得又黃又軟的那位新郎，不是別人，正是鍾書自己。因為我們結婚的黃道吉日是一年裡最熱的日子。我們的結婚照上，新人，伴娘，提花籃的女孩子，提紗的男孩子，一個個都像剛被警察拿獲的扒手。」（見〈記錢鍾書與《圍城》〉）

楊絳說，遜清末代狀元張謇曾稱她父親（楊蔭杭）為「江南才子」。可是錢鍾書曾將張謇寫給他父親的信給楊絳看，張也稱錢基博為「江南才子」。於是楊絳說：「這使我不禁懷疑：『江南才子』是否敷衍送人的；或者我特別有緣，從一個『才子』家到又一個『才子』家！」[63] 不管怎樣說，楊絳嫁了一個真正的「江南才子」。新婚即小別。據楊絳說：「鍾書婚後往南京受訓，我曾在無錫錢宅小住十天左右。」[64]

錢鍾書受訓回來，即準備動身出國。因楊絳是自費留學生，得自己親往南京教育部辦理留學證書。憑證書以楊季康小姐身分買船票。他們搭的是一艘英國貨船去英國的，於一九三五年八月十三日從上海啟程。[65]這是他們第一次出國，這次出洋是錢鍾書成為學界泰斗的起點，也是他們伉儷情深、美滿生活真正的開始。臨行時友人馮振賦詩誌賀。這首詩題為〈錢默存新婚，即偕往英京留學，賦此誌賀〉：

從此連枝與共柯，不須更賦憶秦娥。
詞源筆陣驅雙管，鬢影眉峰豔兩螺。
坐駕波濤渡瀛海，羞談牛女隔天河。
張華妍冶休輕擬，要識風雲氣自多。

1 請參閱蘇公雋，〈光華大學的誕生和變遷〉，《常熟文史資料》第四輯（一九六三年八月）。

2 黃俊東，〈才情並茂的錢鍾書〉，收入《現代中國作家剪影》臺北翻印本（無出版社名稱，亦無出版年月），頁三〇三至三〇四。錢鍾書從未念過光華附中，黃記載有誤。詳見黎活仁，〈懷念錢鍾書先生〉，《聯合副刊》，一九九九年一月七日。

3（一）〈讀《道德定律的存在問題》書後〉（《光華大學半月刊》第二卷第二期，一九三三年十月）。
（二）〈中國文學小史序論〉（《國風》半月刊第三卷第八期，一九三三年十月）。
（三）〈論俗氣〉（《大公報》文學副刊，一九三三年十一月四日）。
（四）〈作者五人〉（《大公報．世界思潮》第五六期，一九三三年十月五日）。
（五）〈闕題〉（《光華大學半月刊》第二卷第四期，一九三三年十一月二十五日）。
（六）〈中國文學小史序論補遺〉（《國風》半月刊第三卷第十一期，一九三三年十二月）。
（七）〈Su Tung-Po's Literary Background and His Prose-Poetry〉（《學文月刊》第一卷第二期，一九三四年六月一日）。
（八）〈與張君曉峰書〉（《國風》半月刊第五卷第一期，一九三四年七月）。
（九）〈論不隔〉（《學文月刊》第一卷第三期，一九三四年七月）。
（十）〈論復古〉（《大公報》文藝副刊第一一一期，一九三四年十月十七日）。
（十一）〈馬克思傳〉（《人間世》第十九期，一九三五年一月五日）。
（十二）〈不夠知己〉（《人間世》第二九期，一九三五年六月五日）。

4 梁錫華，〈當時年少春衫薄——錢鍾書先生的少作〉，《聯合文學》第五卷第六期（一九八九年四月），頁一五七。

5 關於掉書袋問題，請參閱汪少華，〈《圍城》研究綜述〉，原載《江西大學研究生學刊》一九八七年第二期。轉引自《錢鍾書楊絳研究資料集》（武昌：華中師範，一九九〇），頁二八四至二八五。

6 這個典故轉引自孔慶茂，《錢鍾書傳》（南京：江蘇文藝，一九九二），頁六七。錢鍾書喜歡用典，用典的好處，在《圍城》裡由詩人曹元朗拐彎抹角地說出來：「詩有出典，給識貨人看了，愈覺得滋味濃厚。讀著一首詩就聯想到無數詩來烘雲托月。」見錢鍾書，《圍城》（北京：人民文學，一九八〇），頁七九。

7 這裡還有一事須一說的，在〈馬克思傳〉裡錢鍾書一開頭即說：「書看得太少了。」這句話如不是謙虛則與事實不符，為眾所知，他是一個手不釋卷、博覽群書的人，怎麼可以說書看得太少了呢？

8 關於林語堂與《天下月刊》，請參閱章克標，〈林語堂在上海〉，《文匯月刊》一九八九年第十期。

9今將〈論師友詩絕句〉八首全部抄錄於下，俾供大家參考（錄自《羅家倫先生文存》附編第三六二）：

詩中疏鑿別清渾，瘦硬通神骨可捫；
其雨及時風肆好，四園廣大接隨園。
（舒鐵雲《乾嘉詩壇點將錄》以及時雨比袁簡齋云。）

快覩蘭鯨一手並，英雄餘事以詩鳴；
著花老樹枝無醜，食葉春蠶筆有聲。
（吳巢松本少陵語，自題集曰《蘭鯨錄》，意謂兼酣放與精微也。）

亞槧歐鉛意欲兼，童牛角馬漫成篇；
南華北史書非僻，辛苦亭林自作箋。
（亞槧歐鉛乃梁任公〈詩中八賢歌〉稱嚴幾道語。亭林事僅見《小倉山房尺牘》〈與楊蘭坡〉，它處未見。）

大長鑾夷屬此公，喉寬一喝破雙聾；
如何落紙揮毫際，不起雲煙起霧風。
（喉寬乃翁蘇齋詩訣，見《退庵隨筆》。如何二語，參閱《夕堂永日緒論》內編論王元美。）

孟韓交好謬同調，楚鄶風殊陋小邦；
杯水亦具千里勢，居然九曲帶沙黃。
（楚鄶語意本「呫囁學語」，袁爽秋《小漚巢日記》論張文襄詩語即竊此，《養一齋詩話》則力斥之。）

目空今古盲何妨，儉腹未宜損讀方；

四似左丘成國語，一篇秋水續蒙莊。

（君詩以病目一律為最工，結語云「欲續南華秋水篇」。）

絕類商盤題集詞，官階詩品兩卑卑；

筆花早共春花落，不到蒼松晚翠時。

（《質園詩集》自題曰「詩品官階兩不高」，末二語有本事。）

簪花楷法寫來精，無刺無非近正聲；

大好雍容館閣體，劇憐生不及承明。

10 錢鍾書早年詩收入在一九三四年上海出版的《中書君詩》及抗戰時在藍田出版的《中書君近詩》兩本詩集內。

11 陳衍，〈石遺室詩話續編〉，《青鶴》第二卷第十一期（一九三四年四月）。

12 陳衍，〈石遺室詩話續編〉，《青鶴》第二卷第十一期（一九三四年四月）。

13 陳衍，〈石遺室詩話續編〉，《青鶴》第二卷第十一期（一九三四年四月）。

14 錢鍾書，〈上家大人論駢文流變書〉，《光華大學半月刊》第一卷第七期。

15 可能他自己謙虛，據吳忠匡說，錢鍾書的舊體詩都寫得很不錯的。他早年勤學做律詩，曾下過一番工夫的。

16 見唐德剛，〈論五四後文學轉型中新詩的嘗試、流變、僵化和再出發〉，《傳記文學》第七五卷第三期（一九九九年九月），頁三十，注九六；及唐著《胡適雜憶》（臺北：傳記文學，一九八一），頁九四。

17 吳忠匡，〈記錢鍾書先生〉，原載《隨筆》一九八八年第四期。轉引自《錢鍾書楊絳研究資料集》，頁七八。

18 吳忠匡，〈記錢鍾書先生〉，原載《隨筆》一九八八年第四期。轉引自《錢鍾書楊絳研究資料集》，頁七八。

19 如以《槐聚詩存》為準，錢鍾書於一九三〇年代、抗戰及勝利前後，詩的產量較豐，一九四九年後，錢詩作甚少，有時一年只有一首。

20 錢鍾書，《圍城》，頁七七。

21 錢鍾書於一九七九年訪美，在柏克萊加州大學座談會上說：「《圍城》出版後，很多女讀者寫信來打破砂鍋，問我是不是書中的男主角，婚姻生活是否如意等等，其實我是一個 happily married man。」見水晶，〈侍錢「拋書」雜記——兩晤錢鍾書先生〉，《明報月刊》第十四卷第七期（一九七九年七月），頁四一。

22 關於楊蔭杭的生平，請參閱楊絳，〈回憶我的父親〉，見《錢鍾書楊絳散文》（北京：中國廣播電視，一九九七），頁三〇三至三五一。

23 楊絳，〈回憶我的父親〉，見《錢鍾書楊絳散文》，頁三二一。

24 楊絳，〈回憶我的父親〉，見《錢鍾書楊絳散文》，頁三一九。

25 關於楊蔭榆的生平，請參閱楊絳，〈回憶我的姑母〉，見《錢鍾書楊絳散文》，頁三五二至三六九。

26 見楊絳，〈記楊必〉，見《錢鍾書楊絳散文》，頁四七二至四八三。及乙柔，〈文壇名人的辛酸——記錢鍾書和楊必先生〉，《探索雜誌》（紐約），一九九二年十月，頁八一至八二。據楊絳說，楊必清除時去世，有自殺之嫌。據大姐姐來信，說遺體由紅衛兵交法醫解剖，鑑定楊必死於急性心衰竭（見楊絳與湯晏書，二〇〇一年二月二十三日）。

27 楊絳，〈回憶我的父親〉，見《錢鍾書楊絳散文》，頁三三二至三三三。

28 同前注，頁三三四。當楊絳於一九三三年考取清華外文研究所時，她已結識錢鍾書，故她母親用這句話來開玩笑，可是於秋天楊絳上清華時，錢鍾書已自清華畢業，在上海光華教書。

29 二〇〇〇年四月三十日楊絳致湯晏函。我很感謝楊絳先生費神為我澄清有關她初識錢先生，和後來訂婚、結婚及在牛津的一些疑問。據許振德說，楊絳借讀清華時，為了親近錢鍾書選了二門外文系的課，其中之一是溫源寧教的「十九世紀英國浪漫詩」，因太難，考試時楊絳首先交卷，溫源寧驚奇中取而閱之，乃大聲說：「此卷太劣，無法及格」，全班為之愕然。錢鍾書為溫源寧得意高足，溫源寧「後來得知錢楊兩人微妙關係，頗悔失言，然楊妹則獲安然度過難關矣」。見許振德，〈憶錢鍾書兄〉，《清華校友通訊》新三、四期合刊（一九六三年四月），頁十五。楊絳說此說不確，她借讀清華選了很多名家的課，如蔣廷黻的「清末民初外交史」，史祿國（Sergéi Mikháilovich Shirokogórov，白俄）的古史，她是政治系的，還有其他政治及經濟思想史，如果真的她要接近鍾書計，不應選那麼多重頭課。溫源寧是名教授，楊絳說他英詩講得真好，但她未上過上學期的課，且對美國文學底子不夠，所以考試時覺得題目太難，她說：「我答不出，不知為不知，乾脆交了半白卷。」（楊絳致湯晏書，二〇〇〇年十一月二十七日）且清華講師不會當場公布考生考試不及格的，溫先生是英國紳士型的「尖頭曼」，絕不會當面出一個女學生的洋相。他知道鍾書屬意於誰。溫源寧私下對錢鍾書說：「pretty girl往往無頭腦，她的考卷甚劣，不及格」，意思要鍾書清醒點，不要盲目追求一個沒有頭腦的女孩。楊絳說鍾書沒有為他在溫師面前求情加分，而溫源寧也不會隨便為一交白卷的學生加分，所以這門課還是不及格，「沒有安然度過難關矣」。當清華成績單轉到東吳時，校方大為驚奇，因為楊絳在東吳是一高材生，好在楊絳在校超額修了很多學分，故一門功課不及格並不影響她畢業，而且畢業時她還獲東吳的金鑰獎（楊絳致湯晏書，二〇〇〇年十一月二十七日）。

隔二、三年後楊絳與溫源寧對英詩考試及pretty girl事早已忘掉。錢楊一九三五年婚後到上海搭船出國放洋，楊絳說：「溫先生請我們到他家會見師母，他們倆又請我們上館子吃飯。後來又送我們上渡船，送到海輪上。」（楊絳與湯晏書，二〇〇〇年十一月二十七日）

30 楊絳，〈記錢鍾書與《圍城》〉，見《錢鍾書楊絳散文》，頁三七六。

31 《清華校友通訊》新六十七期校慶專號（一九七九年四月），頁五五及六一。

32 《清華校友通訊》新六十七期校慶專號（一九七九年四月），頁二八。

33 錢鍾書，《圍城》，頁十四。

34 見許振德，〈水木清華四十年〉，《清華校友通訊》新四十四期（一九七三年四月），頁三二。

35 這裡幾首錢鍾書情詩，刊於《國風》半月刊第三卷第十一期（一九三三年十二月），頁五六。轉引自《聯合文學》第五卷第六期，頁一五八至一五九。

還有下面一首詩也在這個時期寫的，詩云：

依娘小妹劇關心，
髫辮多情一往深。
別後經時無隻字，
居然惜墨抵兼金。

上述這首詩有人認為是寫給楊絳的情詩，後來楊絳指出「依娘小妹」指他小妹錢鍾霞（1916-1985），嬌女不肯上學，依家居，梳兩小辮，鍾霞比鍾書小六歲，適子泉門人石聲淮，鍾霞卒於一九八五年。楊絳說：「這首詩與我無關。」（楊絳與湯晏書，二〇〇一年二月二十三日）

36《聯合文學》第五卷第六期，頁一五九。
37 楊絳，〈記錢鍾書與《圍城》〉，見《錢鍾書楊絳散文》，頁三七九。
38 楊絳，〈記錢鍾書與《圍城》〉，見《錢鍾書楊絳散文》，頁三七七。
39 錢鍾書，《圍城》，頁一〇九。
40 錢鍾書，《圍城》，頁五二。
41 錢鍾書，《圍城》，頁八五。
42 楊絳，〈記錢鍾書與《圍城》〉，見《錢鍾書楊絳散文》，頁三七七。楊絳閱簡體字本初版後指出，這段話常被稱引，但錢鍾書沒有「兄」，她也沒有「兄」。她和錢鍾書通信，或用英文，或用白話，從不用文言。據她的回憶，鍾書來信是訕笑某友——他狎玩之友，她回信大意說：「無友不如已者。」（我的朋友個個比我強），老夫子看了覺得「實獲我心」，所以鄭重給她寫信。她想老夫子拆信決不止一次，所以事後混忘了。
43 楊絳，〈回憶我的父親〉，見《錢鍾書楊絳散文》，頁三二六。
44 楊絳，〈記錢鍾書與《圍城》〉，見《錢鍾書楊絳散文》，頁三九二。
45 楊絳，〈車過古戰場——追憶與錢穆先生同行赴京〉，見《錢鍾書楊絳散文》，頁四八四至四八五。
46 楊絳，〈車過古戰場——追憶與錢穆先生同行赴京〉，見《錢鍾書楊絳散文》，頁四八五。

47 林子勳，《中國留學教育史》（臺北：華岡，一九七六），頁四六一。

48 關於中英庚款管理請參閱胡適，〈英庚款的管理〉，原載《獨立評論》第九號（一九三二年七月十七日）。後來收入《胡適選集（雜文）》（臺北：文星，一九六六），頁三七至四三。

49 王煥琛編著，《留學教育——中國留學教育史料》第四冊（臺北：國立編譯館，一九八〇），頁一九一三。

50 王煥琛編著，《留學教育——中國留學教育史料》第四冊，頁一九二九。

51 錢鍾書與夏志清書，一九八〇年七月十二日。

52 王煥琛編著，《留學教育——中國留學教育史料》第四冊，頁一九三三。錢鍾書在填報的履歷表上填：年齡二十五歲，學歷清華大學外語系文學士，報考科目為英國文學，現職為光華大學英文講師，保證人為朱公瑾。這裡我必須要談一下他的現職，據說參加中英庚款考試必須具備大學教學二年以上的資歷（見其佩，〈青年的錢鍾書〉，原載《新民晚報》一九八八年十月五日，轉引自羅思編，《寫在錢鍾書邊上》，頁八四至八五），我後來核查那年考取庚款名單的資歷一覽表，除了一位任公職外，其他均在各大學任教職。這也許是錢鍾書在大學畢業後，不願留在清華讀研究所的一個重要原因。

53 楊絳，〈回憶我的姑母〉，見《錢鍾書楊絳散文》，頁三三六。楊絳文中所說的論文代替考試是指溫德（Robert Winter）教的「André Gide」的課，不是畢業論文（楊絳與湯晏函，二〇〇〇年四月三十日），她不等畢業就回家去了。

54 楊絳，〈回憶我的姑母〉，見《錢鍾書楊絳散文》，頁三三六至三三七。

55 有一本傳記說，一九三五年夏，錢楊在無錫七尺場舉行婚禮，顯然是錯誤的。

56 楊絳與湯晏書，二〇〇〇年九月十二日。

57 楊絳與湯晏書，二〇〇〇年九月十二日。

58 楊絳與湯晏書，二〇〇〇年九月十二日。

59 楊絳與湯晏書，二〇〇〇年九月十二日。

60 許振德，〈憶錢鍾書兄〉，《清華校友通訊》新三、四期合刊（一九六三年四月），頁十五。

61 楊絳與湯晏書，二〇〇〇年十月九日。

62 錢鍾書，《圍城》，頁一四三至一四四。

63 據《清華校友通訊》報導，錢鍾書一九三三級（清華第二年招收女生）同學畢業後，在清華鴛鴦譜上成雙的有十六對之多（配偶並不限於同屆畢業的）。錢鍾書（一九三三級）與楊季康（一九三五級，其實楊絳是屬於研究所的）即是其中的一對。另一對為大家所熟知的即袁震（一九三三級）與吳晗（吳春晗，一九三四級）。見《清華校友通訊》新八十三期（一九八三年四月），頁十七。

64 楊絳與湯晏書，二〇〇〇年四月三十日。

65 可是楊絳還沒有出國，即已思親。啟程那天（八月十三日），楊絳與錢鍾書從無錫出發，經過蘇州，火車停在月臺上，楊絳說，突然間，她淚如雨下，不能自止，也許又如她父親說的第六覺（即第六感）罷！楊絳後來又說：「感覺到父母在想我，而我不能跳下火車，跑回家去再見他們一面。有個迷信的說法，那是預兆，因為我從此沒能再見母親。」她母親病歿時，她尚在國外（請參閱楊絳，〈回憶我的父親〉）。楊絳雖是二十世紀時代新女性，但她還有點信第六感（楊絳與夏志清書，一九九九年五月三十一日）。

【第五章】

牛津，一九三五至一九三七

牛津靜極美，
塵世一樂園。
山輝水明秀，
天青雲霞軒。——吳雨僧〈牛津雜詩〉

綠水疏林影靜涵，
秋容秀野似江南。——錢默存〈牛津公園感秋〉

錢鍾書於一九三五年八月十三日，偕新娘楊絳搭一艘英國船離開上海，經南洋、錫蘭，過紅海、蘇伊士、地中海抵英國，到倫敦已是八月底。他們坐的是二等艙。[1] 照規定，中英庚款公費留學生不准攜眷出國，因此錢鍾書與楊絳雖然是結了婚的，但楊絳是自費留學，憑教育部發的留學證書辦簽證，買船票，以楊季康小姐（Miss Yang）身分出國，所以他們在船上不同艙，可是同船的人都知道他們是新婚夫婦。[2] 他們到達倫敦後，當時管理留學生監督李四光先生（李夫人許璘是楊絳大姊楊壽康的好朋友）[3] 請他們吃飯，席間主人對楊絳開玩笑說：「現在我們應該稱你為Mrs. Ch'ien（錢夫人）了。」（「Ch'ien」是「錢」字按Wade-Giles系統的拼法）大家都笑起來了。

錢鍾書抵英後，照事先安排進牛津大學。當時規定中英庚款留學生必須讀B. Litt. 學位。[4] 錢經指派上牛津艾克斯特學院（Exeter College）讀書。當錢鍾書尚在清華肄業時，教英文的葉公超，在課堂上當眾半開玩笑地對錢鍾書說：「你不該來清華，而應該去牛津。」果然現在他進牛津了。在正式講錢鍾書留學生活之前，先約略介紹一下牛津大學，這樣可使讀者有一個清楚的基本概念。牛津大學是英國最古老的一所大學，創始於十二世紀（講到牛津歷史，會使哈佛及耶魯就像baby-faced freshmen），也是一所最著名的大學。牛津、劍橋舉世聞名。劍橋出身的大詩人德萊頓（John Dryden）嘗言牛津即今之雅典也，其聲譽之隆，思之過半矣！[5] 牛津、劍橋學生多來自英國貴族學校，因為有名，大家都想進去，所以選擇學生的標準極其嚴格。英國的中學大致分兩種。一種是公立學校，英國人叫State School。這種學校的學生程度較差。另一種為私立學校，英人稱Private或Independent School，其中歷史悠久有名的則稱為Public School。這裡所謂Public不是公立的意思，而是指對外公開，學費奇昂，但說得很漂亮，只要天資夠，成績好而又能付得起學費均受歡迎（其實沒有這樣簡單）。為了避免混淆起見，稱這種學校為貴族學校。其中以伊頓（Eton）和哈羅（Harrow）名氣最大。而這些貴族學校的學生畢業後，大都進牛津或劍橋。[6]

中國中學是六年。英國中學是七年，最後一年相當於大學一年級。英國大學修業年限因與所修科系不同而異，通常是三年，但化學及古典學（Classics）則需四年，可是建築或醫科就要六年到七年始能畢業。英國大學有四十多所，其中以牛津、劍橋最有名。

牛津、劍橋齊名，英人稱為牛橋（Oxbridge），因錢鍾書進的是牛津，故本章以牛津為主。牛津大學聞名於世，有幾個原因：第一，歷史最悠久；第二，在牛津設帳授徒的教授或導師（tutor）均是鴻儒碩彥；第三，制度獨特，自由研究風氣特盛（相傳亨利・詹姆斯一次訪牛津後，對牛津學術自由風氣仰慕不已）。[7] 另一個最大原因，牛津人才輩出。英國名人錄幾乎全是牛津劍橋的天下，牛津畢業生做過首相的多達二十餘人。牛津造就的首相之多，不但在英國無任何一所大學能望其項背，即使在世界上，也沒有一所大學能匹敵。錢鍾書於一九三五年抵倫敦時，英國首相為鮑德溫（Stanley Baldwin, 1867-1947）。兩年後，鮑氏告老退休，由財政大臣張伯倫（Neville Chamberlain, 1869-1940）繼任。故錢鍾書離英時首相是張伯倫，為什麼不憚其煩地提到這兩位首相，因為鮑德溫及張伯倫均是牛津出身。而牛津出身擔任內閣閣員的更是不計其數。大體而言，英國歷史上的首相、大臣、外交家泰半是牛津畢業生。劍橋造就的科學家較多。牛津的基督堂學院（Christ Church）內有一大餐廳，壁上懸掛歷代名人（包括詩人、文豪）畫像，都是過去牛津的學生，上述這些因素，助成了牛津的聲譽，除了英國人外，外國學生亦無不以進牛津為榮。牛津有很少一部分名額保留給當時各自治領和印度以及海外殖民地的當地菁英，美國各大學的羅德獎學金（Rhodes Scholarship）[8]及考取中英庚款的留學生當是屬於這一Program。錢鍾書念的是艾克斯特學院，在牛津三十多個學院裡論歷史悠久，它是第五位，創辦於西元一三一四年。[9]

牛津大學所在地是牛津。牛津是一個很美麗的小城。位於倫敦西北六十英里，約一小時半車程，橫跨泰晤士河上游，四周一片平原，偶有丘陵，人口不到十萬，附近風景幽絕。牛津是一甚幽靜的大學城。正如吳宓詩中所說：「牛津靜極美，塵世一樂園。」亦如錢鍾書自己說的「綠水疏林影靜涵，秋容秀野似江南」[10]。

從結構體制上來講，牛津大學是一個由三十五個獨立學院組成的大學（錢鍾書在牛津時只有二十四個學院）。各學院各自獨立，與中國大學分設文、理、法、商、工、農學院則迥異。牛津每一個學院均有獨立的教育行政，獨立的經費，各有不同的教授與學生，甚至取費標準亦各不相同，但遴選學生之嚴格則一。各學院不頒發學位，頒發學位是由大學來執掌。圖書館、實驗室和教室等器材設備均由大學提供。但是對學生訓導及教育方針，均由各學院自行負責，大學校長由各學院院長輪流擔任。校長地位極其崇高。

牛津乃是導師制度（Tutorial System）的發源地。每一學生在入學後，由校方指定導師一人。導師在牛津極其重要，諸如課程安排、資料彙集、讀書報告、論文撰寫甚至作息時間，都要與導師商量。導師與學生關係至為密切。有時上課反而覺得不甚重要。學生可根據自己興趣，到任何一個學院聽講，他入某學院只是名義上的。學生也可以長時間不到校上課，但必須和導師經常接觸，通常至少一週見一次面。錢鍾書在牛津時的導師是布瑞特—史密斯（H. F. B. Brett-Smith）。他的全名很長，是Herbert Francis Brett Brett-Smith，在牛津的職位是Reader。錢鍾書與布瑞特—史密斯相處得很好，他每週兩次必須到導師處談話或上課，一師一生，僅此兩人而已。導師的課怠慢不得，也不能馬虎。此外，錢鍾書還得到大學上課，上課的地點或在大廳，或在大教室，這些課比較自由，不需考試。另外一種課程是屬於艾克斯特學院的，有時在教室上課，有時就在大飯廳上課。錢鍾書在牛津第一年的課程都是預備性質，有的課不必考試，有些課必須經過嚴格考試，及格才能提論文題目，第二年就是專寫論文。論文提出後，口試通過，即授予學位。錢鍾書即經過這樣的過程而獲得B. Litt. 學位。

錢鍾書在牛津有一門課不及格。這對一位過目不忘的大才子，有點意想不到。千萬不要誤認錢鍾書在牛津吊兒郎當，他是很認真的。惟最令他討厭的一門課是Paleography（古文字學）。這門課本身非常枯燥乏味，主要作業是從古代的書寫方法來辨認作者手稿，從手稿來鑑定作者書寫的年代。在印刷術沒有發明以前，全靠這種方法來鑑定。對歐洲學者來說，這是訓練治學的初步，且至為重要。這種鑑定無實用價值，英人天性保守，墨守成規，所以錢鍾書必須修這門課。這門課實際情形不詳，反正他考試砸鍋了，後來補考才過關。

在美國念博士學位、寫博士論文，正如錢鍾書所說的，是一項「新興企業」(a growth industry)，做這種工作的人是博士候選人(Ph.D. candidate)，多如過江之鯽，他們的長處是幹勁十足，凡事都要打破沙鍋紋(問)到底。Theodore Huters(胡志德)在史丹佛大學以錢鍾書為題材寫博士論文，裡頭就說到錢鍾書在牛津時有一門功課不及格，後來補考，就是指這門Paleography而言。胡志德怎麼知道的呢?原來他從錢鍾書過去在牛津的同學唐納德·斯圖亞特(Donald Stuart)處打聽來的。[11] 錢鍾書在牛津考試不及格，《圍城》英譯本「導言」(美國印第安那大學出版社，頁xiv)裡也提到這事，一九七九年錢鍾書訪美時，在芝加哥旅次，印大出版社派人將「導言」面交錢鍾書過目，當他讀到這一段又驚又笑，想不到調查得如此精密。楊絳說：「胡志德一九八二年出版的《錢鍾書》一書裡把這件事卻刪去了。」[12] 可能楊絳記錯了，事實上胡志德沒有刪掉(見原書頁五，博士論文頁一五〇)，張晨譯的《錢鍾書》中文本，也照譯不誤(見頁七)。

有些傳記說錢鍾書因看了太多偵探小說(或現代小說)，以致有一門課考試不及格，這種說法顯然顛倒因果了。錢鍾書看偵探小說是因為功課壓力很大，整天為功課忙碌，正經書看得太多了頭昏腦脹，因此閱讀小說以自娛，好自我輕鬆，使頭腦鬆弛一下，就是楊絳說的錢鍾書每天讀一本偵探小說來「休養腦筋」。猶憶我本人在美讀書時就有這種經驗，在功課重壓之下每日看體育版球賽消息來「休養腦筋」。筆者有一位朋友平時喜歡看武俠小說，在博士考試前夕，就大看金庸小說。如果我們說他因為看了武俠小說而博士考試沒有通過，豈不是貽笑方家的外行話？[13]

這門「古文字學」後來補考及格了，錢鍾書乃著手準備撰寫論文，於是他提出論文題目及綱領（proposal）。論文必須是前人沒有研究過的題材，因此材料全靠自己去發掘，逼著你去看更多更多的書，努力去做一些新發現，這也是訓練一個學者最基本的方法，而牛津這種訓練是很嚴格的。錢鍾書能有機會接受這種嚴格訓練，這是錢鍾書的幸運。錢鍾書的論文本來想以「中國對英國文學的影響」為題材，但未獲導師許可。[14] 當時在一九三〇年代的大英帝國，強弩之末，惟國勢尚盛，殖民地遍布世界，日不沒落，英人仍不可一世。錢鍾書這個論文題目，在我們看來多好，但是他的導師仍背有文化優越感的大包袱，怎能指導一個「支那蠻」（Chinaman）做這種「尾巴搖狗」的論文呢？不是不能也，是不為也。導師不准，錢鍾書沒有辦法，只好改做〈十七世紀及十八世紀英國文學裡的中國〉（China in the English Literature of the Seventeenth and Eighteenth Centuries）。後來這篇論文分二次發表在英文版《圖書季刊》（*Quarterly Bulletin of Chinese Bibliography*）。[15] 這個題目很大，但錢鍾書寬題窄做。這篇論文是不好做的，好在牛津大學的 Bodleian Library 藏書之富，在英國是首屈一指。[16] 錢鍾書有幸寢饋其間。

Bodleian Library 是牛津總圖書館。錢鍾書給它一個很典雅的中文譯名叫「飽蠹樓」。飽蠹樓當時藏書五百萬冊，手稿六萬卷。[17] 按照英國出版法的規定，出版公司每有新書出版，必須寄一冊給飽蠹樓。有容乃大，所以飽蠹樓藏書之富，實為其他大學圖書館望塵莫及。[18]

錢鍾書楊絳夫婦在牛津時，居停瑙倫園（Norham Gardens）十六號。但飽蠹樓是他們在牛津的第二個家，他們大部分時間都在這個圖書館裡消磨。楊絳沒有在牛津註冊為正式生，因牛津學費奇昂，加上導師費實不勝負擔，如念別的大學，學費較廉，但兩人不能在一起，且生活費用也高。考慮結果，楊絳乃申請在牛津及艾克斯特學院兩處旁聽。因此楊絳在牛津讀書就沒有像錢鍾書那麼大的壓力，功課也沒有那麼重。錢鍾書與楊絳同在飽蠹樓看書，楊絳自由自在，可有很多時間讀一些自己喜歡而在別的地方讀不到的書，這一點很使錢鍾書羨慕。錢鍾書常說，他如有像她那樣自由，有那麼多時間，則他可以讀更多書。惟有楊絳在旁，錢鍾書在飽蠹樓正如古人所說，有紅袖添香伴讀的福氣。但飽蠹樓有兩項措施，對錢鍾書殊為不便。一是飽蠹樓有一個很特殊的規定，所有的書概不外借，只能在館內閱讀。錢鍾書沒有辦法，只好也帶筆記本，邊讀邊記。為眾所知，在清華讀書時，錢鍾書從不記筆記，他沒有記筆記的習慣，楊絳說錢鍾書讀書記筆記是從牛津開始的。[19] 讀書記筆記是中國讀書人的優良傳統。梁啟超在《清代學術概論》一書中說：「當時好學之士，每人必置一札記冊子，每讀書有心得則記焉。」[20]清儒顧炎武的《日知錄》即是由平時札記日積月累而成書的。任公說札記也有精粗不同，每條價值也有差別，有的是屬原料性質，有的已成精製品者，可是「原料與粗製品，皆是為後人精製所取資，此其所以可貴也。要之當時學者喜用札記，實一種困知勉行工夫，其所以能綿密深入而有創獲者，頗恃此；而今亡矣」。[21]任公很注重札記之重要，故很沉痛地說「今亡矣」。錢鍾書自牛津養成了讀書記札記的習慣，很明顯地在亂世，利用札記來寫成了《談藝錄》。一九四九年後，則利用札記完成了他的鉅著《管錐編》。飽蠹樓還有一個規定，即他們認為十九世紀的文學書籍算不上經典，故錢鍾書必須到別的圖書館去找。所以他們常到市立圖書館去借書，或者乾脆到書店去看書。在牛津有一家叫 Blackwell 的書店是他們常去光顧的（在英美大書店，顧客不買書，可以在書店內任意看書，無人喝止）。總之錢鍾書與楊絳在牛津兩年除了讀書而外，別無旁騖。楊絳雖沒有讀學位，但也看了不少書，與一般所謂歐美留學生像方鴻漸那樣虛晃幾招，不可同日而語。

楊絳在其《我們仨》講到讀書時，她提到趙蘿蕤。她說趙與她同是清華外文系研究所的優秀生（比她高一班）。楊絳提到趙蘿蕤是應該的，值得提的，她是一個好學生，足可楷模四方。如果有人要我舉出幾位近百年來在學術界傑出的女性，我會毫不遲疑地提出兩位，一是陳衡哲，一是趙蘿蕤。陳衡哲是中國第一位在名大學執教的女教授，趙蘿蕤是留學美國的留學生中第一位獲得名大學英國文學博士學位的女博士。趙蘿蕤丈夫陳夢家於抗戰末期由費正清推薦到芝加哥大學教授中國古文字學（一九四四年），趙蘿蕤隨夫赴美。到了美國，看到美國讀書環境那麼好，不讀書太可惜了。芝加哥大學是一名校，那時她主修的芝大英語系在美國是第一流的，大師如林，圖書館藏書如此豐富，她一想機會難得，於是決定繼續讀書。她去見了當時的系主任兼文學院院長維爾特（Napier Wilt, 1896-1975），維爾特教授問她有什麼計畫沒有。如果直接念博士，三年就可以了，不然就要四年。四年後即一九四八年，她以〈The Ancestry of The Wings of the Dove〉（《鴿翼》源流考）為題獲得芝加哥大學英語系博士學位。《鴿翼》是亨利．詹姆斯（Henry James）晚年的一部長篇小說。趙蘿蕤的論文不長，計一百三十一頁，但這部論文在英美算是先驅之作。我寫這一段並不是希望楊絳也在歐洲念一個博士回來，我認為如果楊能念一個碩士回來，不是也很好嗎？結果她到了牛津、巴黎，一共三年，如入寶山空手而回，我為她可惜。

II

在牛津時，有一個大富翁名叫H. N.斯伯丁[22]，他幾次對錢鍾書說要在牛津設一講座（Chair）授中國哲學。他有一個弟弟名K. J. 斯伯丁[23]，是牛津青銅鼻學院（Brasenose College）的資深研究員（Senior Fellow）。他研究老莊哲學，也有著作問世。H. N. 斯伯丁不止一次向錢鍾書遊說，叫他放棄庚款公費與他弟弟合作撰書，但為錢鍾書斷然拒絕。[24]錢雖然沒有與他們合作，但一直維持著很好的友誼。後來錢鍾書離英赴法，與斯伯丁（Spalding）昆仲仍時有書函往還，雖然他們兄弟倆還時時說希望錢鍾書返牛津，但始終未成事實。胡志德在他的《錢鍾書》一書裡說，於一九三七年錢畢業後，牛津聘他為Reader，但為他謝絕了。[25]此說不確，據楊絳說，牛津「並沒有聘請錢鍾書為Reader之說」。[26]

錢鍾書給人的印象，他在牛津並不愉快，他會數種歐洲語言，對英國學生來說，也許是一件很平常的事。但他們對錢鍾書淵博的中國舊學造詣，茫然無知。像斯伯丁兄弟對中國哲學的興趣是有的，但所知恐亦只是皮毛。譬如要做像錢鍾書這樣的論文題目，則非一般歐洲學生所能得心應手。質言之，他的才華未受到應有的重視。多少年後，錢鍾書認為區區一個B. Litt. 耽誤了他許多寶貴時間，惟他認為從Tutor處獲益良多。[27]牛津的B. Litt. 是一個很清貴的學位，並不區區。這個學位非B. A. 或B. S. 可比，在美國獲碩士學位而到牛津讀B. Litt. 者大有人在。這個學位相當於美國的M. Phil. (Master of Philosophy)。像錢鍾書這樣的天才讀這個學位還遭遇到意想不到的困難。據說這種學位當時還極少頒給一個以中文為母語的學生。[28]錢鍾書花了兩年時間獲此B. Litt. 是值得慶幸的，這是一個big achievement。

他並沒有浪費時間。錢鍾書浪費了很多寶貴時間卻不在三〇年代的歐洲，也不在戰時後方，也不在珍珠港事變後或勝利後的上海，而是在一九四九年後的北京，遑論他在五七幹校做信差了。

培根（Francis Bacon）說過：「合理安排時間，就等於節省時間。」錢鍾書是一個惜寸陰如金的人，他很會利用時間，在牛津這樣忙碌，他還能忙裡偷閒寫了幾篇呱呱叫的好文章。根據現有資料，有兩篇文章都是為朱光潛的《文學雜誌》寫的。一篇〈談交友〉寫於一九三七年一月三十日，刊於《文學雜誌》創刊號（一九三七年五月）。這篇文章與日後在昆明寫的〈冷屋隨筆〉（這組文章後來收入《寫在人生邊上》）稍有不同，沒有那麼調皮，但旁徵博引則一。在錢氏所有的散文中好像唯有這一篇談到他內心的想法，用現代術語來說算是感性的文章。如：「我有大學時代五位最敬愛的老師，都像蒲伯所說，以哲人導師而更做朋友的；這五位老師以及其他三四位好朋友，全對我有說不盡的恩德；不過，我跟他們的友誼，並非由於說不盡的好處，倒是說不出的要好。」我特別喜愛最後一段，茲抄錄如下，供大家欣賞：「本來我的朋友就不多，這三年來，更少接近的機會，只靠著不痛快的通信。到歐洲後，也有一二個常過往的外國少年，這又算得什麼朋友？分手了，回到中國，彼此間隔著『慣於離間的大海』（estranging seas），就極容易的忘懷了。這個種族的門檻，是跨不過的。在國外的友誼，在國外的戀愛，你想帶回家去麼？也許是路程太遠了，不方便攜帶這許多行李；

也許是海關太嚴了，付不起那許多進出口稅。英國的冬天，到一二月間才來，去年落不盡的樹葉，又簌簌地隨風打著小書室的窗子。想一百年前的穆爾（Thomas Moore）定也在同樣蕭瑟的氣候裡，感覺到『故友如冬葉，蕭蕭四落稀』的淒涼（When I remember all the friends so link'd together，I've seen around me fall like leaves in wintry weather）。對於秋冬肅殺的氣息，感覺頂敏銳的中國詩人自盧照鄰、高蟾直到沈欽圻、陳嘉淑，早有一般用意的名句。金冬心的『故人笑比庭中樹，一日秋風一日疏』，更覺染深了冬夜的孤寂。然而何必替古人們傷感呢！我的朋友個個好著，過兩天是星期一，從中國經西伯利亞來的信，又該到牛津了，包你帶來朋友的消息。」[29]

另一篇是〈中國固有的文學批評的一個特點〉（《文學雜誌》第一卷第四期），這篇文章起因是一九三六年十一月底，美國紐約大學現代文學教授貝克里斯（John E. Bakeless）到牛津訪錢鍾書，[30]談起要撰一文學批評史，以補充尚伯里（George Saintsbury）著作中所遺漏的中國及俄國部分。[31]關於中國部分他想與錢鍾書合作，為錢所婉拒了，但因此而促使他寫成這篇文章。錢鍾書在文章一開頭就說「題目這樣累贅」，為的是他要撇開中國文學批評裡近來吸收的西洋成分。所謂中國文學批評的特點，在他看來，有下列條件：（一）植根於中國文人意識裡及其著作裡，各宗派的批評多多少少利用過的；（二）在西洋文學批評裡找不到相似的「匹偶」，因此算得上中國文學批評裡一個特點；（三）也並非因中國語文構造特殊的結果，因而在西洋文學批評裡也有一些浮光掠影的影子，證明一些批評家也能看到這一點；（四）從西洋批評家的偶悟，我們可以明白，這種特點雖是中國特有，但在應用上能具有普遍性和世界性，我們的看法未始不可推廣到西洋文藝。錢鍾書歸納的特點就是把文章通盤地人化或生命化（animism）。接著他從這些觀點去申論。他認為西洋談藝者稍有人化的趨向，只是沒有推演精密，發達完備。錢鍾書寫完這篇文章後並附後記，敘述撰寫這篇文章的起因與動機，並謝謝二位幫他忙的親友（為了謹慎起見，關於所引西文例證他請在牛津的朋友K. J. 斯伯丁審定一遍。中文典籍則請他三弟鍾英郵寄並核對原文，以免記憶錯漏）。

如果研究中國文藝批評及比較文學，這篇文章當不容忽視。朱光潛在「編後記」中說：「錢鍾書先生拿中國文學批評和西方文學批評相比較，指出它的特色在『人化』，繁徵博引，頭頭是道。」朱光潛認為儒家論詩，以「溫柔敦厚」為理想，〈樂記〉論聲音，舉和柔、直廉、粗厲、發散、嘽緩、噍殺六種差別，《易．繫辭》稱「精義入神」，都是最早的「人化」批評。朱光潛又說：「漢以後道家思想盛行，『氣』、『神』等觀念遂成為文藝理論中的重要臺柱。魏晉人論詩文，很少沒有受道家思想影響的。應用『人化』觀念者不僅有文學批評家，論書畫者尤為顯著。同時『人化』之外，『物化』或『托物』也是中國文藝批評的一個特色……司空圖《詩品》是『人化』與『物化』雜糅，最足以代表『中國固有文學批評』的一部傑作。看過錢先生的論文以後，我們想到如果用他的看法去看中國的文藝思想，可說的話還很多，希望他將來對於這問題能寫一部專書。」朱光潛是一個有學問的人，他本人也是一位著名批評家，他的編後記是有鼓舞性與激勵性的。他肯定了錢鍾書的看法，希望他將來寫成一部專書，很可惜的是，朱氏期盼中的大書，始終未成事實。而與洋人合作撰書的計畫，則為錢鍾書婉拒了。

也許有人要問，為什麼錢鍾書先後拒絕了K. J. 斯伯丁及貝克里斯合作寫書的計畫？可能因為下面兩個問題：即基本問題及技術問題而使錢鍾書裹足不前。（一）先談基本問題，貝克里斯對中國文學是一門外漢，而K. J. 斯伯丁雖研究老莊哲學，也許在鍾書看來，還不夠完備。他們找錢合作，當然想借重於錢的舊學，至於如何合作不詳。他們可能看不懂中文，如貝克里斯。至於K. J. 斯伯丁的中文程度如何我們不知道，從他已出版的著作看來，也不會太高明。這樣的合作，豈不等於做一個研究助理（Research Assistant），或研究副手（Research Associate），錢當然不幹。（二）現在來談技術問題。在英美合作撰書的例子很多，如費正清與賴世和（Edwin Reischauer）合撰的《東亞史》及茅國權與珍妮・凱利（Jeanne Kelly）合譯錢鍾書的《圍城》均採分工合作方式。錢鍾書考慮的是如何分工？如何合作？誰負責統籌全書？因他自己在牛津選擇論文題目時遇到的經驗只許「狗搖尾巴」，不許「尾巴搖狗」，而錢鍾書豈是「搖尾」之才。因此與其將來弄得不歡而散，不如採取「不合作主義」。錢之「不合作主義」是正確的。因為錢自己的英文已經夠好了，要寫書何不自己來，何必借助於洋人？他想他還年輕，來日方長，沒有想到國家多難，戰亂頻仍，這部構想中的 Magnum Opus（傑作）卻胎死腹中。

III

據楊絳說，錢鍾書在牛津時應溫源寧之囑為《天下》還寫過一篇有關吳宓的英文稿，也許錢的文辭譏誚過甚，這篇文章未曾刊出，因未曾公開發表，故看過這篇原稿的沒有幾個人。[32] 錢鍾書寫了些什麼，已無從查考，故我們就不便去談它。不過從上述幾篇文章看來，錢鍾書雖身在海外，但仍與國內師友有聯繫。同時他在國外也結識了一些新朋友。

錢鍾書與楊絳在牛津時，中國同學有俞大絪、俞大縝。俞大絪在牛津比錢鍾書高一、二級。[33] 還有楊憲益（日後為譯林名家）[34]，比錢鍾書低二級，大家稱他為小楊，後來他與一位出身劍橋的英國小姐 Gladys Taylor（中文名戴乃迭）結婚。歸國後，楊氏夫婦倆從事翻譯工作，合譯《楚辭》、《紅樓夢》、《儒林外史》等古典名著，名重士林。除了這些中國同學外，史學家向達（1900-1966）也在牛津。向達是北平圖書館與大英博物館交換館員赴英的。他在飽蠹樓整理中國典籍，抄敦煌卷子。有這些朋友在一起就很熱鬧，可解鄉旅之愁，可是錢鍾書最高興的是在英國與他兩個弟弟他鄉重逢。

當錢鍾書於一九三五年八月抵倫敦時，他的二弟鍾緯已在英國曼徹斯特（Manchester）紡織工廠見習。與他從小一起上學的堂弟鍾韓，這時也在倫敦大學帝國工學院讀書。三兄弟在倫敦聚首，歡愉之情，可以想見。錢鍾書有一首詩誌其事，這首詩很短，故錄於此：

〈倫敦晤文武二弟〉

見我自鄉至，欣如汝返鄉。
看頻疑夢寐，語雜問家常。
既及尊親輩，不遺婢僕行。
青春堪結伴，歸計未須忙。[35]

那時錢鍾書新婚，初履英倫。可是兩年後，也是夏秋之交，錢離英赴法時，他不僅已拿了牛津學位，而且已做了父親（女兒錢瑗一九三七年五月十九日生於牛津），在人生道途上，很快完成了幾件大事，可謂一氣呵成。

IV

錢鍾書在英國整整兩年，在這兩年內他目睹了英國歷史上幾件重大事件。最突出的當推在一九三六年，一年內英國有三位君王——此即喬治五世、愛德華八世及喬治六世，這在英國歷史上是極其罕見的事。英國自十一世紀諾曼（Norman）入侵後成立君主國家，一千年來一年內有三位君王者，只有三次。第一次發生在一〇六六年，此即愛德華懺悔者（Edward the Confessor）、哈樂德二世（Harold II）及威廉一世（William I）。第二次發生在一四八三年，這年內三位君王分別為愛德華四世（Edward IV）、愛德華五世（Edward V）——他接位時只有十二歲，因年幼，故由其叔父理查（Richard）撫養，預定在這一年六月二十二日加冕，但在加冕前猝逝，議會一致要求其叔理查接位，是為英史上理查三世（Richard III）。莎士比亞曾撰有歷史劇《理查三世》一卷（*The Life and Death of Richard the Third*）。第三次在英史上一年內有三位君王者，發生在一九三六年，錢鍾書已到英國半年多了。一九三六年一月二十日英王喬治五世（George V）逝世，即由長子威爾斯王子（Prince of Wales）繼承王位，為愛德華八世（Edward VIII）。但因他戀上了一位離過婚的美國女子辛普森夫人（Mrs. Wallis Warfield Simpson），由於內閣反對這樁婚姻，因為會引起英國憲法（不成文法）上的危機，在江山與美人之間，愛德華八世毅然選擇了後者，故他未及加冕即於同年十二月十日遜位。只做了三百二十五天英王的愛德華八世隨即離開英國，定居巴黎，封為溫莎公爵（Duke of Windsor），不久即與辛普森夫人結婚。在遜位的同一天，王位由他的弟弟艾伯特（Albert）繼位，即日後的喬治六世（George VI），現在英國女王伊莉莎白二世的父親。愛德華八世遜位，結婚，這位不愛江山愛美人的風流王子事件，報章蜚騰，轟動世界。在這裡，錢鍾書大可以用梭羅（Thoreau）在《鱈魚岬》（*Cape Cod*）一書中每講到歷史上重大事件（如美國獨立戰爭等大事），老漁翁紐康（John Newcombe）常講的一句得意的話：「余躬逢其盛。」（I was there.）一九三六年愛德華八世接位及遜位，以及喬治六世登基，至二〇〇六年剛好七十週年，英國郵政局發行一枚小全張以紀念此一盛事，郵票上印有喬治五世、愛德華八世及喬治六世外，還加上在位女王伊莉莎白二世。還有一件事可記者，即一九三七年五月底，當時的財政大臣張伯倫繼鮑德溫為英國首相。張氏上臺姑息養奸，坐視希特勒崛起，對鄰邦或蠶食或鯨吞，擾亂歐洲和平，最後導致第二次世界大戰，張伯倫難辭其咎。錢鍾書在牛津看到英國歷史的締造（History in the making），或者可以說他是一個more direct witness to history。

1 楊絳致湯晏函，二〇〇〇年四月三十日。這個啟程日期是楊絳告訴我的。很驚奇的是過了六十五年後她尚能記得。

2 因規定庚款公費留學生不准攜帶眷屬，因怕費用多，太寒傖，有損國體，故楊絳自費出國。可是還是有人偷偷攜眷出國的。

3 李四光（1889-1971），湖北黃岡人。為中國早期留英學生，一九一二年進英國伯明罕大學，讀地質學，一九一九年獲碩士學位。一九四九年後曾任中國科學院副院長。

4 已故哈佛大學中國近代史教授費正清（John Fairbank, 1907-1991）於一九二九年自哈佛畢業後獲羅德獎學金（Rhodes Scholarships），去牛津貝利奧學院（Balliol College）進修，也是要他先念B. Litt. 學位。這是很清貴的學位，都是大學畢業後去念的。所以有人譯作碩士或副博士，其實相當於M. Phil.（Master of philosophy）。

5 見Richard Ellmann, *Oscar Wilde* (New York: Knopf, 1988), p. 37.

6 一九六〇年代，工黨執政，首相威爾遜（Harold Wilson）通過立法途徑，規定牛津和劍橋必須接受若干公立（State）中學的優秀畢業生。目前牛津和劍橋兩校的學生，有若干出身自公立中學的當歸諸工黨政府的德政，但這還是小部分的，牛津和劍橋的學生仍以貴族學校的畢業生居多。詳請參閱楊孔鑫〈從英國的俱樂部談起〉，收入《兩城憶往》（臺北：三民書局，一九九五），頁一三九至一五四。在美國也有這種貴族學校，均在東部，如在新罕布夏州（New Hampshire）的菲利普艾克斯特（Phillips Exeter），在麻州的安多佛（Andover），紐約市的聯合（Collegiate）及聖三一（Trinity）。這些貴族中學學生畢業後，大都進哈佛、耶魯或其他常春藤盟校。也差不多自一九六〇年代起，這些名大學受外界壓力，也開始收一些公立學校的畢業生。

7 見Richard Ellmann, *Oscar Wilde*, p. 37.

8 羅德獎學金（Rhodes Scholarships）是由英人塞西爾．羅德（Cecil Rhodes, 1853-1902）捐贈。他早年在南非開發金礦及鑽石而成巨富。此外，在非洲南部他擁有幅員廣袤的土地，包括日後的北羅德西亞（Northern Rhodesia，亦即現在的尚比亞）和南羅德西亞（Southern Rhodesia，即現在的辛巴威）。羅德於一九〇二年卒後，將他私有的南北羅德西亞土地捐給英國海外殖民部，並捐一大筆錢在牛津大學設置一 Rhodes

Scholarships，每年給英國海外殖民地即現在的國協（Commonwealth）或稱自治領、德國及美國品學兼優的學生共計約一百七十名。其中給美國大學畢業生每年大約三十二名，除學業成績優異外，且具備體育特長或領導才能。前面講過的費正清及美國前總統柯林頓（Bill Clinton），名作家厄普代克和前普林斯頓大學籃球隊選手、後為紐澤西州參議員的布萊德利（Bill Bradley）亦都先後獲此獎學金赴牛津讀書。除費正清在牛津先後獲B. Litt.及Ph.D.外，餘均未獲任何學位。塞西爾・羅德是一個有種族偏見的人（racist），過去羅德獎學金只頒給白人，近年來也漸漸有少數非白人獲此項獎學金。

9 牛津大學裡歷史最悠久的學院為University College，創辦於一二四九年；其次是Balliol（一二六三）；Merton（一二六四）；St.Edmund Hall（一二六九）；Exeter（一三一四）。

10 見〈牛津公園感秋〉，《槐聚詩存》（北京：三聯，一九九四），頁八。

11 錢鍾書在〈美國學者對於中國文學的研究簡況〉（收入《錢鍾書散文》）中說到胡志德；他說：「有個Theodore Huters正寫一本分析我的文藝創作的大書，特從加拿大到斯坦福來會我，要『核實』我的身世中幾個懸案（例如我是一九一〇年還是一九一一年生的），我知道那些『神話』都是他辛辛苦苦到香港和臺灣訪問我舊日清華大學師友得來的。他說蒐集到我在清華校刊上的投稿，清華畢業照相等等——一切我記不起或者願意旁人忘記的東西，我回答說『我佩服你的努力，但我一點不感謝。』」（頁五五六）其中「我記不起或者願意旁人忘記的東西」即指他在牛津考Paleography不及格，及與陳福田、葉公超等人不睦而言。

錢鍾書所說的胡志德的書即是由美國波士頓Twayne出版公司於一九八二年出版的*Qian Zhongshu*（《錢鍾書》）一書。這本書是根據他在史丹佛大學的博士論文改寫而成。胡志德撰寫論文時很有雄心（ambition），論文計三百六十三頁，遠較一般博士論文為長，他想將來成本大書，但出版時也許有困難，故將論文第一章中國文學與文化背景及第二章周作人、魯迅及茅盾都刪掉。Twayne出版公司（波士頓）在美國出版界及學術界名氣不大，出版的書很少受人注意。Twayne有一世界作家叢書（Twayne's world authors series），所出的書大約均在二百頁左右（胡志德的書計一百七十七頁）。書名均以作家的姓名為書名。中國作家收入該叢書的計有柳宗元、楊萬里、李漁、周作人、曹禺等十餘位作家。錢鍾書對胡志德的書似不甚滿意，胡用西洋新方法結構主義研究錢鍾書的作品。錢說胡不能看文言文。

12 楊絳，〈記錢鍾書與《圍城》〉，《錢鍾書楊絳散文》（北京：中國廣播電視，一九九七），頁三九〇。

13 據心理學家說，一個人每天的工作效率最高只有三、四小時，過此則事倍功半，故有時應看看閒書來「休養腦筋」。

14 楊絳致湯晏函，二〇〇〇年四月三十日。

15 Ch'ien Chung-shu, "China in the English Literature of the Seventeenth Century," *Quarterly Bulletin of Chinese Bibliography* 1:4 (December 1940), pp. 351-384. Ch'ien Chung-shu, "China in the English Literature of the Eighteenth Century I," *Quarterly Bulletin of Chinese Bibliography* II 1-2 (June 1941), pp. 7-48. Ch'ien Chung-shu, "China in the English Literature of the Eighteenth Century II," *Quarterly Bulletin of Chinese Bibliography* II 3-4 (December 1941), pp. 113-152.

16 Bodleian Library 曾毀於十六世紀，後由托馬斯・博德利（Sir Thomas Bodley, 1564-1613），英國學者兼外交家於一五九八年捐了一大筆錢重建。牛津除博德利圖書館外，尚有專門性的圖書館無數。牛津圖書館對外開放，美國鄉郊的大學城裡的圖書館亦然，如在綺色佳（Ithaca）的康乃爾大學圖書館即對外開放，綺色佳居民可以使用。

17 據《紐約時報》二〇一二年六月三日（Section Travel, Page 9）報導，藏書已增至九百萬冊。

18 美國也有類似這樣的規定，按照美國出版法，出版商每出一本書，必須寄一冊給美國國會圖書館，所以國會圖書館為美國最大的一個圖書館。

19 楊絳致湯晏函，二〇〇〇年四月三十日。

20 梁啟超《清代學術概論》（臺北：商務，一九六六），頁六二。

21 梁啟超《清代學術概論》，頁六四。

22 H. N. 斯伯丁（1877-1953），全名 Henry Norman Spalding，牛津新學院（New College）畢業。牛津畢業後，在海軍部做過事。他本人酷愛東方藝術與宗教哲學。他尤好英詩，曾出版過詩集數種。*From Youth to Age*、*A*

*Poem of Praise*及*In Praise of Life*也是詩集。他於一九三九年出版*Civilization in East and West*一書，算是他的代表作。

23 K. J.斯伯丁（1879-1962），全名是Kenneth Jay Spalding，錢鍾書在〈中國固有的文學批評的一個特點〉一文中提到過他，原載《文學雜誌》第一卷第四期（一九三七年八月），後來收入《錢鍾書散文》（杭州：浙江文藝，一九九七），頁三八八至四〇八。他也是牛津畢業生。他曾上牛津貝利奧學院（Balliol College），畢業後在倫敦皇后學院（Queen's College）教法文、古典文學及哲學。最後回牛津在青銅鼻學院（Brasenose College）任研究員（Fellow）。他著有*Three Chinese Thinkers*、*Essays on the Evolution of Religion*等書。

24 楊絳致湯晏函，二〇〇〇年四月三十日。

25 見胡志德《錢鍾書》中文本第七頁、英文本第五頁，均說一九三七年牛津欲聘他為Reader，但未講出處。可是胡的博士論文講的年分是一九四八年牛津欲聘錢為Reader他拒絕了。資料來源是鄒文海，〈憶錢鍾書〉，《傳記文學》創刊號（一九六二年六月）。

26 楊絳致湯晏函，二〇〇〇年四月三十日。

27 楊絳致湯晏函，二〇〇〇年四月三十日。

28 胡志德《錢鍾書》中文本第七頁、英文本第五頁。

29 《錢鍾書散文》，頁七三至七四。

30 貝克里斯（John Edwin Bakeless），一八九四年生於美國賓夕法尼亞州，卒年不詳。早年就讀於麻州西北部的威廉斯學院（是一所很好的文理學院），大學畢業後進哈佛大學研究所念英國文學，曾獲博士學位。貝克里斯自一九二七年起即在紐約大學教文學，著有*The Tragical History of Christopher Marlowe*，一九四二年分別由牛津及哈佛大學出版社出版。他與中國一無淵源，如果要說有的話，只有他得過華北哈佛校友會獎章。

31 George Saintsbury（1845-1933），全名是George Edward Bateman Sainsbury，出身牛津，為當代英國批評家，於治文學史尤勤。對德萊頓（John Dryden）、司各特（Walter Scott）、阿諾德（Matthew Arnold）和薩克雷（William M. Thackeray）尤有獨到的研究。其著作有*The Peace of the Augustans*（1916）、*A History of the French Novel*（1917-

1919）、*Notes on a Cellar-Book*（1920）和 *Scrapbooks*（1922-1924）。

32 楊絳，〈吳宓先生與錢鍾書〉，《當代月刊》第一三六期（一九九八年十二月），頁七八至八二。

33 俞大絪（1904-1966），女，浙江山陰人。一九三一年畢業於滬江大學，一九三三年赴英進牛津，一九三六年獲碩士學位。歸國後，曾任教於南京中央大學。一九四九年後任北大西語系教授。

34 楊憲益，一九一四年生，安徽泗縣人。除英譯《老殘遊記》，並與英籍夫人戴乃迭合譯中國古典小說外，曾合譯魯迅《中國小說史略》及《魯迅選集》等多種。夫婦倆均為中國著名翻譯家。戴乃迭一九九九年十一月病逝於北京，享年八十歲。戴卒後十年，楊憲益亦逝。

35 阿文是鍾韓的小名，阿武是鍾緯的小名，詩見《槐聚詩存》，頁七。

【第六章】

巴黎，一九三七至一九三八

巴黎侵晨到，
煙雨層城匿。
秀麗兼諧和，
斑黝被古色。——吳雨僧〈歐遊雜詩〉

一般人都認為錢鍾書於一九三七年夏在牛津獲得學位後即返國，因小說《圍城》裡方鴻漸即是如此。但沒有想到錢於一九七九年遊美時，道出他離開牛津後曾去法國留學，不免使人驚奇。這可叫人想起史蒂文蓀（Robert Louis Stevenson）所說的一句名言：「小說是件藝術品，不必和實際生活一模一樣。」[1] 錢鍾書在法國前後一年，即是從一九三七年夏至一九三八年九月中旬從法國南部馬賽登船返國為止。本章所記即是他被人忽略的一年留法生活，為了方便起見共分三部分來敘述，此即（一）他讀書的巴黎大學；（二）在法國他結識了一些旅歐的中國朋友；(三) 利用課餘之暇，他整理了一本早年筆記。

一九三七年夏秋之交，錢鍾書夫婦帶嬰兒圓女告別英國到巴黎去了。這是很早計劃好的，楊絳個人興趣是法文及法國文學，故她照預定計畫，於錢鍾書在牛津獲得B. Litt.學位後即赴法國，進巴黎大學進修。巴黎大學也是歐洲著名學府之一，創始於十一世紀，比牛津還古老，除了義大利波隆那（Bologna）大學外，巴黎大學要算歐洲最古老的一所大學了。按史籍所載，巴黎大學由索邦（Robert de Sorbon, 1201-1274）創建於一二五七年，所以後人亦稱巴黎大學為Sorbonne。事實上巴黎大學的歷史還可以往上遠溯至十一世紀。在十一世紀末年，在巴黎的塞納河（La Seine）中有一小島名西堤島（Île de la Cité），也有人譯作城島[2]，就在這個島上，有一所名為聖母院的天主教學校，校址即在後來一一六三年興建的聖母院（Notre Dame de Paris）大教堂北端，院內有一生徒名艾伯納（Pierre Abélard, 1079-1142）與名叫愛洛伊絲（Héloïse）的學生相戀，後來祕密結婚並生了一子。愛洛伊絲是聖母院中的教士富爾貝（Fulhert）的侄女，富爾貝得悉後，怒不可息，乃僱了浪人將其毆打成傷，並予宮刑閹割，然後把他趕出寺院。艾伯納經此毒刑，乃像中國的司馬遷或孫子一樣，發憤讀書，潛心著述（他的基本思想很開明，譬如他認為宗教信仰應受理智批判方見真理），並在塞納河之南岸[3]，即今日一般人稱之為左岸，設帳授徒，從者甚眾，不久，他的言行風靡全國，被目為一代宗師。艾伯納當年在左岸講學的地方，即是今日巴黎大學的所在地，所以也有人視艾伯納為巴黎大學的創始人。[4]

古時巴黎大學，規矩極嚴，學生清晨三、四時起床，除日課外，還有繁瑣的宗教課程，日常生活一律用拉丁文交談。如果學生攻讀學位者要求更苛，論文口試時，往往有一、二十位教授輪番發問，應試者從清晨六時開始至入晚始畢，其間不得休息，不得飲食，這種規定幾乎到了不合理的程度。現在這種古怪的制度當然早已廢除了，[5]但如果讀學位則要求（requirements）仍多，從選課到撰寫論文仍曠日持久。因為如果成績不夠好、不及格則沒有學分，沒有足夠學分就拿不到學位，不能畢業，所以很多中國學生到了歐洲，在大學裡註冊選幾門課，像《圍城》裡的方鴻漸一樣，混了幾年就以留學生身分回國了，是故有人譏嘲留學為鍍金。當時留歐學生，除少數外大多是不讀書，只是鍍金或參與某種政治活動。趙元任夫人楊步偉回憶說：「那時德國的留學生們大多數玩的亂得不得了，他們說只有孟真和寅恪兩個人是『寧國府大門前的一對石獅子』。」（見趙元任、楊步偉〈憶寅恪〉）文中孟真是傅斯年、寅恪是陳寅恪；當時留德的學生是如此，其他地方的留學生也差不多如此。關於中國留學生在巴黎的生活，左舜生的回憶，可以給我們一個清晰的梗概，他說：「我在拉丁區一家旅館只住了十來天，跑遍了若干有名的書店，同時也在色納河（塞納河）畔的一群舊書攤上，低徊留連了好幾遭，便挾著一箱子的新舊圖書，溜到巴黎的鄉下去住起來了。除每星期到城裡上幾次課，甚少出門。」（見左舜生著《萬竹樓隨筆》）為什麼很多留學生都住在鄉下？因為鄉下房租及日常費用低廉。

錢鍾書本來打算在巴黎大學讀學位的，後來放棄了這個念頭，為什麼呢？可能有兩個原因；一是因為念學位有些課程枯燥乏味，但礙於規定不得不修，且讀學位壓力很大，因為有了在牛津的經驗，也許他念怕了，所以此番來法國，他想放鬆一下，讀一些喜歡讀的書，選一些喜歡聽的課，不再想念學位了。另一個原因是戰爭的因素，在亞洲，中日戰爭已經打起來了。在歐洲，此時德國稱霸，與英法對峙，劍拔弩張，戰爭隨時會發生。雖然錢鍾書還有兩年公費可拿，但戰爭一旦爆發，經濟來源斷絕，一家三口流落異邦可就不堪設想了。因有這些考慮，所以他在巴黎大學只是註冊選課。不管是哪一種理由，錢鍾書沒有讀學位，以他的聰明才智而失去了接受一種嚴格法文教育的機會，是一件很可惜的事。

對於留學生在國外求學與求學位的態度，大家常有不同的意見。就拿傅斯年與陳寅恪來說，傅在歐洲遊學七年，未得任何學位，在胡適看來是一大失敗。[6] 關於陳寅恪，陳在清華的舊友蕭公權曾說：「寅恪在歐美大學研讀多年，只求學問不受學位。」但是汪榮祖在《史家陳寅恪傳》中卻持不同的看法，他說蕭氏「此話誠然，而且有學位的人非盡有學問。但一完善的學位制度實為一嚴格的學術訓練。寅恪不求學位，因而失去接受較為嚴格的現代西洋史學訓練之機會」。學位制度不僅是一種學術訓練，且亦考驗一個學生的能耐。此外，讀學位一定要用留學國語文撰寫論文，這也是很好的一種外文訓練。陳寅恪雖然留學日本、歐美多年，學了一、二十種外文，實為治學有力工具，但汪榮祖說：「亦不免多歧路亡羊。寅恪所知外語雖多，但自謂除本國文字外，餘皆不能動筆作文。至於能理解至何程度，恐亦有限。」[7]對於外文，錢鍾書沒有陳寅恪蜻蜓點水的毛病，但他在巴黎放棄了接受嚴格的法文學術訓練的機會是令人惋惜的。

在牛津時錢鍾書功課較重，相較之下，楊絳較為清閒，但在巴黎大學兩人剛好相反。因此後來朋友間傳說錢鍾書在巴黎時還幫楊絳做家務，諸如帶小孩，為女兒包尿片、餵牛奶等瑣事。但據楊絳說，這是誤傳，錢鍾書從未為女兒包過尿片，他也根本不會。她又說：「我不像他用功，他自己讀法國文學，自 François Villon 順序而下至十九世紀中葉，又同時研讀意、德文學，都是原文，從頭至尾細讀，我看他進步甚快，自愧『生小孩完全忘了』（套用《圍城》中語）。」[8]雖然他們多了一位千金，但比較起來，他們在巴黎生活遠較在牛津輕鬆，除了照顧小孩子外，他們還有餘暇上咖啡館喝咖啡，或到塞納河畔逛舊書攤。此外，交了一些朋友，在巴黎中國人圈子裡也還有一些熱鬧的社交生活，總之，他們在巴黎是很愉快的。

II

他們在巴黎結識了很多旅歐的中國人，為大家所熟知的如吳玉章、王辛笛、呂叔湘、徐訏、盛澄華及劉佛年，還有蔡元培的公子蔡柏齡，這時也在巴黎，對中國留學生來說，這時巴黎大有「八方風雨會中州」的現象。後來向達也從倫敦來到巴黎，在巴黎國家圖書館抄敦煌殘卷，又與錢鍾書夫婦重聚。還有錢鍾書無錫小同鄉許思園也時相過從。《圍城》的褚慎明即影射他。據夏志清說，許思園把汪精衛的舊體詩譯成英文，[9]汪才送他出國。（見夏志清〈重會錢鍾書紀實〉）《圍城》裡說「有位愛才的闊官僚花一萬金送他出洋」[10]即指許思園。在法國一年為錢鍾書在小說裡提供的寫作素材，遠比在牛津的多。牛津人物故事在《圍城》裡似少見，只有在小說第六章裡講到一點牛津劍橋的導師制度。但在法國的比較多，除許思園外還有其他人。

小說裡的褚慎明和許思園本人並不完全相同，比實際的誇張了許多。據楊絳說，有一次她與許同乘火車從巴黎郊外進城，在火車上他掏出一張紙，上面有少女擇偶的條件：如相貌、年齡、學問、品行和家世等共計十七、八項，他要楊絳一一批分數。還問楊絳初晤錢鍾書的印象，是不是年少翩翩？如果楊絳回答的話不合他的意，他就不高興，一路無話，像一個小孩子一樣，直到楊絳稱讚他的西裝很挺，他才高興。[11]許思園和錢鍾書都是江南人，也是一個才子。在小說裡的褚慎明是一個複合體，與許思園並不完全一樣。小說究竟是小說，譬如在《圍城》第三章裡，趙辛楣在飯館裡請客，在座有蘇文紈、方鴻漸、董斜川及褚慎明。蘇小姐喝葡萄汁，趙、董量大善飲，他們頻頻向方鴻漸勸酒。褚慎明因有神經衰弱症，喝新鮮牛奶。據楊絳說，褚慎明喝的牛奶是有來歷的，但不是在飯館裡，而是在巴黎咖啡館裡喝的（其實這杯牛奶還是另外一個人喝的，後面我們還會講到）。

巴黎的露天咖啡館是世界有名的，在咖啡館占一個小桌子，叫一杯咖啡或飲料，可以坐上一、兩個小時看看路旁過往行人，形形色色，實在是一個很好的休閒場所，法國人很懂得這種生活情調。為了找尋靈感，詩人、畫家尤好為咖啡館裡的座上客，哲學家沙特（Jean-Paul Sartre）生前經常光顧的一家咖啡館名 Les Deux Magots，在拉丁區，遠近馳名。在拉丁區的咖啡館，生意清淡時，如果顧客有雅興可與堂倌聊天也是一件樂事。他們會告訴你馬內（Édouard Manet）家裡多富有，也會告訴你梵谷（Vincent van Gogh）命多苦，或者說卡繆（Albert Camus）來時坐哪一張桌子。這些堂倌本人不是未成名的畫家，即是在掙扎中的作家，與他們聊天，談一些藝壇或文壇掌故，一如在美國酒吧間與酒保（bartender）談棒球明星一樣道來如數家珍。

巴黎咖啡館另有一種風情。古人說食色性也，巴黎則以食、色馳名於世，咖啡館既然為法國人日常生活的一部分，因此在巴黎咖啡館偶然亦有風塵女郎出沒，眉目傳情，兜攬生意，有興趣的話，可以招呼她們來陪坐，所費僅止於所飲的酒資而已。倘有醉翁之意，可以議價，如果「生意」沒有談攏，絕不會有任何糾紛或不愉快場面。[12]這種咖啡館的萬種風情，老巴黎或在巴黎稍久的留學生知之甚稔。錢鍾書在《圍城》中以他在巴黎所見，生花妙筆，移花接木，做為小說的素材。譬如，前面講的喝牛奶的故事，楊絳說不是褚慎明喝的，而是另外一個人喝的。[13]那人也是錢鍾書夫婦在巴黎時認識的，那時他尚未結婚，有一次他說，喜歡「天仙美」的女子，不喜「妖精美」。但他的一個朋友剛好相反，卻喜歡「妖精美」的女子。有一次他對一個牽狗過街的風塵女子很有興趣，本想找她來聊聊天的，結果沒有，不知何故。後來楊絳說，有一晚，他們一群人同坐咖啡館，看見那個牽狗的女郎進另一家咖啡館去了。「天仙美」的愛慕者對「妖精美」的愛慕者自告奮勇地說：「我給你去把她找來。」他去了好久不見回來，鍾書說：「別給蜘蛛精網在盤絲洞裡了，我去救他吧。」鍾書跑到那家咖啡館，只見「天仙美」的愛慕者獨坐一桌，正在喝一杯很燙的牛奶，四周都是風塵女郎，在竊竊笑他。楊絳說，鍾書「救」了他回來。從此大家都笑他，說在這種場面，至少也該喝杯啤酒，不該喝牛奶的。楊絳最後說：「準是那杯牛奶作崇，使鍾書把褚慎明拉到飯館去喝奶；那大堆的藥品準也是即景生情，由那杯牛奶發生出來的。」[14]

錢鍾書在《圍城》第一章開頭寫駛往中國的法國郵輪，因為天熱，早晨八點多甲板上擠滿了人，有法國人、德國流亡出來的猶太人、印度人、安南人，還有中國人。他特別提到那幾個派往安南或中國租界當員警的法國人，正圍繞著那個年輕善撒嬌的猶太女人在調情，以及那些中國人大都是在德國、法國或比利時讀書的歐洲留學生，他們在船上除了吃飯睡覺以外，都在打麻將。楊絳說，這些大都與他們從馬賽搭的阿多士二號（Athos II）郵輪上看到的情形很相像。[15] 因為錢鍾書聽到中國留學生在船上偷情，因此在小說裡就有鮑小姐賣弄風情，引誘方鴻漸的故事。鮑魚之肆是臭的，有腥味的，所以那位小姐姓鮑。[16]

在法國郵輪上，錢鍾書結識了一位青年外交官名冒景璠（清末名士冒廣生之子），字效魯，號叔子，北京俄文專修館畢業，曾在莫斯科中國駐俄大使館任事。錢與冒在船上相遇，一見如故，幾乎是相見恨晚了，船還未駛出地中海，泊埃及亞歷山大港，兩人就像老朋友一樣，吟詩一來一往開始唱和起來。[17]《圍城》裡詩人董斜川即影射他。

III

錢鍾書在巴黎一年，除了寫幾首舊體詩外，沒有什麼作品留下來，如果有的話，則是他將一九三二年陰曆除夕與石遺老人（陳衍）談話紀錄整理出來，題為《石語》一書。[18] 這是一本薄薄的很有趣味的小書，但意義不比尋常，因其乃為別開生面的一種訪問記或近似口述歷史（oral history）。[19]

陳衍為當時望重的大詩人，他不喜歡陳三立的詩，他認為散原的詩看不懂，念不出。他對同輩如嚴復、林琴南、王闓運、章太炎、梁啟超等大名人都有批評，說他們在學問上難免有空疏之譏，所以為學必須有根底，否則道聽塗說、東塗西抹要露馬腳的。他說嚴復為「海軍學生，用夏變夷，修文偃武，半路出家」[20]。說林琴南為一代宗匠，譏笑他在京師大學堂授課時尚有僻字不解者，說章太炎、黃季剛皆矜心好詆，說黃晦聞才薄如紙。[21]

錢鍾書聽了石遺老人的談話後，有時也會提出自己的意見。在這方面，最可以看出他的淵博：如陳衍評王壬秋說王人品極低，儀表亦惡，問錢鍾書知否？鍾書答道：「想是矮子。」陳又問何以知之？錢答憶王卒時，上海報上刊有滑稽輓詩云：「學富文中子，形同武大郎」，以此揣而得之。陳獨推王《湘軍志》可觀，餘詩文詞章無可取。錢鍾書說：「湘綺晚年作品，純乎打油體。早年《夜雪集》中七言絕句，已不免英雄欺人矣。」石遺老人很推崇陳寶琛的文采和書法，但錢鍾書對陳寶琛書法一道獨持異議，他認為陳字「終似放腳娘姨，不甚自在」。陳石遺推許他的門人黃秋岳所撰的〈七十壽屏〉，但錢鍾書卻直說黃氏〈壽屏〉結構全仿彭甘亭〈錢可廬壽序〉。錢鍾書說這話難免有點殺風景。雖然他很感念石遺老人的賞識，但他不護短，不苟同，這種不詭不隨的「大將」風範，老人心甚喜之。而錢鍾書只是才二十出頭的小夥子！

陳石遺不僅批評時賢，也批評科舉制度。他說：「科舉之學，不知銷卻多少人才精力。

今人謂學校起而舊學衰，直是胡說。」以他是舊式文人能說這樣的話，真是難得。他又說：「老輩須中進士，方能專力經史學問，即令早達，亦已擲十數年光陰於無用。學校中英算格致，既較八股為有益，書本師友均視昔日為易得，故眼中英髦，駸駸突過老輩。當年如《學海堂》、《詁經精舍》等文集，今日學校高才所作，有過無不及。」[22] 他最後幾句話，好像就是針對錢鍾書講的。老人還道出他對婚姻的看法，他說：「結婚須用新法，舊法不知造成幾許怨偶。」可見他是一個很開明的老人。他講了一個掌故。他說蘇戡（鄭孝胥）堂堂一表人才，[23] 可是他的妻子（是一淮軍將領的女兒）其貌不揚，又禿髮跛足，侏身麻面，性又悍妒無匹。鄭孝胥後來討了一個小老婆，陳想一見，其妻在屏風後面大吼道：「我家無此混帳東西。」晚清國事日非，鄭中宵即起，託詞鍛煉身體，以備萬一起用上陣，實就妾宿也。石遺老人對鄭氏評曰：「蘇戡大言欺世，家之不齊，安能救國乎！」還有他說出近代審美觀念，他說：「女子身材不可太嬌小，太嬌小者，中年發胖，侏肥不玲瓏矣。」像這樣一位道貌岸然的老夫子，說出這樣可愛而風趣的話，如果說是口述歷史，則在別的地方就聽不到像這樣輕鬆的話，他一點也不假道學。

《石語》是錢鍾書於一九三七年底及一九三八年初在巴黎追記整理完成的，書前有一篇短序，一九三八年二月八日做於巴黎客寓。此時錢鍾書準備於暑假後要回國了。

IV

這時候的歐洲局勢，已非二、三年前的歐洲局勢。德國已經成了歐洲最強的國家。一九三八年三月，德國用武力併吞了奧國之後得寸進尺，靡有止境，捷克蘇臺區問題接踵而至，局勢日益惡化，大有山雨欲來風滿樓，大戰一觸即發之勢。錢鍾書靠中英庚款來歐，雖有四年公費，按理他們夫婦在歐洲還可以讀一年書，但萬一戰事一起，則問題多了，遇到戰爭就回不去了。[24] 故錢鍾書乃於一九三八年八月急於買舟返國。錢從此結束了留學階段，也結束了他的學生生涯。

綜觀錢鍾書巴黎之遊，如入寶山，但他沒有空手而回。據夏志清說，錢鍾書的法文很好，中國人習法文，讀普通法文書不難，但講得好則不易，而錢的法文「咬音之準，味道之足，實在令我驚異」（見〈重會錢鍾書紀實〉）。他的法文造詣當得力於在法國一年的留學生活。第二，他在法國認識了一批中國知識分子，日後成為他小說裡不可或缺的素材。最後他整理完成了《石語》一書。總結來說，他在法國一年時間雖短，但也收穫頗豐。

1 吳魯芹，〈詹姆斯與斯蒂文森〉，《明報月刊》一九八五年五月號，頁六六。錢鍾書的例子，實也可供紅學家參考，特別對力主曹雪芹與《紅樓夢》故事亦步亦趨自傳說的專家，如周汝昌等人是一個善意的警告。

2 西堤島（Île de la Cité）是巴黎的核心，也是最早的巴黎，今日巴黎即是從這個島上向四周發展出來的，島上的居民為Parisil，巴黎的名稱即由此而來。

3 巴黎的塞納河貫穿東西，將巴黎市區分成南北兩岸。法國人稱北岸為右岸，稱南岸為左岸，今日右岸是巴黎最繁華的地區，也是政治及經濟中心。如法國總統府愛麗舍宮、金融交易所，最高級的時裝店、香水店、歌劇院在這一區；此外，舉世聞名的凱旋門、協和廣場、香榭麗舍大道、羅浮宮等名勝也均在這一區，這地區為巴黎的心臟地帶。左岸是巴黎人文藝術中心，作家、畫家、詩人均麇居於此。巴黎大學也就在這一區，左岸亦稱為拉丁區，因為從前在這個地區內，只講拉丁語，因而得名。

4 Hilaire Belloc, *Paris* (London: Methuen & Co., 1900), pp. 189-191.

5 Theodore Zeldin, *The French* (New York: Vintage Books, 1983), pp. 380-391.

6 見王汎森，〈傅斯年對胡適文史觀點的影響〉，收入李又寧主編，《胡適與他的朋友》第五集（紐約：天外，一九九九），頁一三七。

7 見汪榮祖，《史家陳寅恪傳》（臺北：聯經，一九八四），頁二五六至二五七。

8 楊絳與湯晏書，二〇〇一年二月二十三日。

9 Seyuan Shu, tr., *Poems of Wang Ching-wei* (London: Allen and Unwin, 1938).

10 錢鍾書，《圍城》（北京：人民文學，一九八〇），頁八八。

11 楊絳，《記錢鍾書與《圍城》》（長沙：湖南，一九八六），頁九至十。

12 巴黎雖然以食色馳名於世，但一般來說巴黎的女子不是世界上最漂亮的，可是她們懂得如何打扮自己，懂得男子心理，所以她們總認為自己比其他任何城市的女子要柔媚，容易討男子喜歡。即使是風塵女子，也認為她們自己比其他城市的阻街女郎要高出一籌，所以她們不作踐自己，自貶身價，永遠給人家留一個好印象。

13 楊絳，《記錢鍾書與《圍城》》，頁十。

14 楊絳，《記錢鍾書與《圍城》》，頁十一。

15 楊絳，《記錢鍾書與《圍城》》，頁七。

16 楊絳，《記錢鍾書與《圍城》》，頁八。

17 錢冒唱和詩，見錢鍾書《槐聚詩存》（北京：三聯，一九九四），頁二二，及冒的詩集《叔子詩稿》。

18 錢鍾書在《石語》序言中說：「猶憶二十一年陰曆除夕，丈招予度歲，談燕甚歡。退記所言，多是與黃曾樾《談藝錄》相發。因發篋陳稿，重為理董。知人論世，或可取裁；偶有愚見，隨文附注。至丈獎飾之語，亦略仍其舊，一以著當時酬答之實，二以見老輩愛才之心，本不妄自菲薄，亦何至借重聲價，題曰《石語》，天遺一老，文出雙關。」（此書於一九九六年由北京中國社會科學出版社出版）

19 口述歷史是第二次世界大戰後的新玩意兒。但在中國古已有之。據唐德剛先生說，口述歷史是中國歷史學裡老傳統，最早的口述歷史是司馬遷的《刺客列傳》，見《胡適雜憶》（臺北：傳記文學，一九八一），頁二〇三至二〇四。陳衍對清末民初的學界名人，有著很深刻的認識，故常一語中的，知人論世，躍然紙上。

20 錢鍾書，《石語》（北京：中國社會科學，一九九六），頁三一至三二。

21 錢鍾書，《石語》，頁三四至三五。

22 錢鍾書，《石語》，頁四一。

23 鄭孝胥（1860-1938），字太夷，一字蘇戡，福建閩侯人，光緒解元，工詩文，善書法，筆力剛挺，有清剛之氣。歷任安徽按察使、湖南布政使、偽滿洲國「國務總理」。

24 據楊絳說，他們的公費可請求延長一年，但是他們「因戰事逼在眉睫，及時回國。再遲一步，即使上得了輪船也無法上岸了」，他們的朋友即是如此（楊絳與湯晏書，二〇〇一年三月二十二日）。

【第七章】西南聯大，一九三八至一九三九

盧溝變後始南遷，
三校聯肩共八年。
飲水曲肱成學業，
蓋茅築室作經筵。——王力〈懷西南聯大〉

一九三八年九月錢鍾書偕楊絳及一歲多的女兒錢瑗搭法國郵船阿多士二號（Athos II）離開馬賽返國，應聘清華大學外文系教授。[1]但此時中國局勢與他三年前出國時迥異。抗日戰爭進入第二年，華北及江南大部分均已淪陷，蘇州及無錫亦被日軍占領。[2]清華大學於一九三八年春遷至昆明。故錢鍾書於十月抵香港時，即在香港下船，然後從香港直接赴昆明，

而楊絳帶稚女乘原船赴上海。[3]

當錢鍾書抵昆明時，清華已併入西南聯大。西南聯大是由北大、清華和南開三校聯合組成的一所大學。一九三七年盧溝橋事變，北平淪陷後，三校遷湖南長沙，成立臨時大學。[4]一九三七年底，戰火逼近長沙，臨時大學決定西遷昆明。[5]一九三八年二月臨大第一學期（一九三七年度）結束後，因戰時交通不便，臨大師生乃決定徒步西行，經一千三百里，終於一九三八年四月底抵達昆明，很像中共紅軍二萬五千里長征，為中國教育史上史無前例的空前壯舉。[6]到了昆明後，一九三七年度第二學期開學，五月一日正式上課。學校正式名稱改為國立西南聯合大學，簡稱西南聯大或聯大。因為當時昆明校舍不敷分配，尚待鳩工興建，故文法學院設在昆明南部的蒙自。錢鍾書於一九三八年秋天抵聯大時，文法學院已自蒙自遷回昆明。

大學名稱雖改西南聯大，在體制上大率仍因襲長沙臨時大學。三校在長沙時沒有校長，但由三個校長組成的常務委員會來負責學校行政，到了昆明後，這個制度仍繼續下去。當時南開校長張伯苓不常在昆明，實際上只有兩個校長在校，北大校長蔣夢麟負責對外，清華校長梅貽琦負責對內，甚和諧，合作無間。三校在一起，有聯合的部分，但也有不聯合的部分。現在先講不聯合部分，然後再講聯合部分。當時除聯大總部外，三校各有自己的辦事處，另外三校各自設立一些機構則與聯大無關。譬如，清華還有研究院，北大還有文科研究所分別招收研究生，他們雖然也在聯大聽課，但不算聯大學生，也與聯大無關。三校聯合部分是大學部的學生和聯大教職員，但這些教職員如是原來來自平津三校，則他們有兩重身分，除接受聯大聘書與委任外，還有原校另外加發聘書或委任，故有雙重身分。如果他們是在昆明聘請的則只有聯大的身分，假如三校中有一校，覺得這個人很好，那就另外給他一份聘書，表示將來勝利後重返平津時得回校服務。錢鍾書應聘聯大任教，清華也發聘書，就是屬於這一類。[7]

錢鍾書應聘聯大是教授級，馮友蘭說：「這是破例的事。」錢鍾書進清華讀書時是破格的。自清華畢業後，他到光華大學任英文系講師也是破格的。現在錢鍾書從歐洲回來，聯大聘他任外文系教授也是破格的。據楊絳說：「一九三八年，清華大學聘他（鍾書）為教授。據那時文學院院長馮友蘭先生來函說，這是破例的事，因為按清華舊例，初回國教書只當講師，由講師升副教授，然後升為教授。」[8] 其實這個破例，並不離譜，因為出國前，錢鍾書已在光華大學任講師兩年，現在他從國外回來獲有牛津學位，並不像某些留學生（如方鴻漸）出國留學只是虛晃幾招。而且他的學問不在一般教授之下，如果凡事照規矩來，則有很多事就辦不通。為聘請錢鍾書，馮友蘭在梅貽琦面前力陳「不拘一格降人才」，他於一九三八年七月二十五日給梅校長的信說：「錢鍾書來一航空信，言可到清華，但其於九月半方能離法，又須先到上海，故要求准其於年底來校。經與公超、福田商酌，擬請其於十一月底來或下學年第二學期來。弟前囑其開在國外學歷，此航空信說已有一信來，但尚未接到。弟意或可即將聘書寄去，因現別處約錢者有外交部、中山文化館之《天下月刊》及上海西童公學，我方須將待遇條件先確定與說。弟意名義可與教授，月薪三百，不知近聘王竹溪、華羅庚條件如何，錢之待遇不減於此二人方好。」[9] 馮友蘭的請示，只是例行公事，梅校長大致「准如所請」。錢鍾書對清華所給予的條件相當滿意，照馮友蘭所說，清華給錢鍾書到校日期，很有彈性，後來不知為什麼他改變了原計畫，沒有回上海，就從香港下船直接轉赴昆明。當時從海道到昆明去，先從香港坐輪船到越南海防，然後乘滇越鐵路火車向北經紅河平原進入雲貴高原。到昆明全程約四、五天可達（從香港至海防約四天，從海防至昆明約一天）。錢鍾書這段路程怎樣走法，有沒有人結伴，不詳。《圍城》無記述（《圍城》所記是從上海到湘西一段陸路），亦無舊體詩蛛絲馬跡可尋。

錢鍾書於一九三八年十月下旬抵昆明，西南聯大還未開學。一九三八年度第一學期原定於十月初開學，但實際上課很晚。根據聯大教授浦薛鳳回憶，一因戰亂，二因校舍難覓，故聯大學期始末無定期。一九三八年度第一學期於十二月一日始開學，十二月十三日正式上課。[10] 據李聲庭在〈我在聯大七年和查老師〉一文中說：「我是民國二十七年（一九三八年）十二月十五日到達聯大的，這時開學不久，上課的地點是昆華農校（昆明）。」[11] 那時聯大外文系主任為葉公超，[12] 文學院院長為馮友蘭。[13] 葉、馮都是錢鍾書過去在清華的業師。聯大外文系教授除葉公超外，尚有陳福田、吳宓、溫德及吳可讀，均是錢昔日師長。昆明雖是一個陌生的地方，但他在聯大不乏知音。那時照西方的演算法，錢鍾書甫及二十八歲，一個風華正茂、最年輕的教授。為了看起來老相一點，他蓄一小髭。昆明鄰近蒙自，盛產藤杖，聯大師生人手一杖成為一時風尚，錢鍾書亦不例外，有時也手拿藤杖而行，很有英國紳士風度。他雖年輕，但在學問上、學歷上駸駸乎駕淩舊日師長之上。他在外文系開三門課：(一)大一英文（六個學分），(二)文藝復興時期的文學（四個學分），(三)現代小說（二個學分），[14]都很叫座。大一英文是聯大一年級學生（不分院系）共同必修課。其目的除訓練學生閱讀聽講能力外，並能寫出通順的讀書報告或實驗報告。聯大教授都認為過去清華的英語教學很成功。戰前清華大一英文分作文及課本二組。前者訓練學生寫作，每週作文一篇。後者培養學生對西洋社會、文化及歷史背景的認識，因此這一組（課本組）均由學識豐富的資深教授來擔任。清華的教學方法，成效卓著。同時他們也都認為三校中以清華的學生英文最好，因此聯大的大一英文教學，就採用了過去清華的辦法。聯大大一英文課本每週三小時；作文每週一小時，要求學生每週寫英文作文一篇，當堂做完，下次發還。大一英文分小組教學，每組二十人左右。一九三八至一九三九年度大一英文共分十六組，老師十七人。作文課由教授、講師，有時也由助教來擔任，但課本組則一律由資深教授擔任。錢鍾書教課本組，與他一起教這門課的還有葉公超、吳宓、陳福田等教授，這門課全用英語講授。

錢鍾書一來即教這門課，因為他學問淵博，他來講這門課實在是理想的人選。據聯大學生回憶說：「講大一英文時，他（錢鍾書）低頭看書比看學生的時候多，雙手常常支撐在講桌上，左腿直立，右腿稍彎，兩腳交叉，右腳尖頂著地。他講課和葉公超先生也不同，葉先生說中文比說英文多，問得多，講得少，從不表揚，時常批評。記得同班同學楊振寧（一九五七年獲諾貝爾物理獎）問他：為什麼有時過去分詞前用be不表示被動，卻表示完成？他不但不回答，反質問楊振寧：為什麼Gone are the days不用have？結果學生都不敢問了。錢先生卻只說英文，不說中文；只講書，不提問題；雖不表揚，也不批評，但是臉上時常露出微笑。記得當時昆明的電影院正放映莎士比亞的名劇《羅密歐與茱麗葉》，他就微笑地說：『有多人看了這部電影，男的想做羅密歐，女的想做茱麗葉。』」[15]錢鍾書口才很好，人很風趣，許淵沖說，上課時「錢先生卻談笑風生，妙語如珠，大有『語不驚人死不休』之概。記得他解釋scepticism（懷疑主義）時用簡單明瞭的英語說：『Everything is a question mark; nothing is a full stop（一切都是問號，沒有什麼句點）。』正是言簡意賅，一語破的」。[16]毋庸置疑，他的課很受學生歡迎。

除大一英文外，錢鍾書還教「文藝復興時期的文學」（Renaissance Literature）和「現代小說」（Contemporary Novel）。這兩門課是高年級的選修課，據王佐良回憶，第一天上這兩門高班英文課時，葉公超親至教室介紹錢鍾書，說錢是他的學生，得意之狀，喜形於色。錢鍾書的另一位學生許國璋回憶說：「錢師講課，從不滿足於講史實，析名作。凡具體之事，概括帶過，而致力於理出思想脈絡，所講文學史，實是思想史。師講課，必寫出講稿，但堂上絕不翻閱。既語句灑脫，敷陳自如，又禁邪制放，無取冗長。學生聽到會神處，往往停筆默記，蓋一次講課，即是一篇好文章，一次美的感受。」[17]除許國璋外，上過這兩門課的學生，還有楊周翰、王佐良、李賦寧、查良錚（穆旦）等同學。名師出高徒，上述這幾位同學，日後均是學有成就的專家學者。[18]

為《王佐良文集》作序時，李賦寧回憶說：「上大四時，錢鍾書先生剛從歐洲回國，教我們兩門課：文藝復興時期歐洲文學和當代歐洲小說。錢先生旁徵博引，貫通古今，氣勢磅礴，振聾發聵。他特別重視思想史，這可能對佐良以後的研究也指明了方向。但錢先生同時也重視藝術性。他讓學生模仿拉伯雷（Rabelais）的語言特點。」[19]吳宓當年借閱了李賦寧所記這兩門課的筆記，對錢鍾書授課很是佩服。因為吳宓的日記都很簡要，茲錄如下：「上午讀寧（即李賦寧）所記錢鍾書 Contemporary Novel 講義……下午，在舍續讀錢君 Contemporary Novel 講義。」（一九三九年九月二十八日，星期四）翌日又記：「上午讀寧所記錢鍾書 Contemporary Novel 講義，完。甚佩。」（九月二十九日，星期五）第三天即九月三十日星期六條載：「八至十點讀寧所記錢鍾書之 Renaissance Literature 講義，亦佳。」隔了幾天吳宓在日記中又記：「讀寧所記錢鍾書 Renaissance Literature 講義完，並甚佩服。而惜錢君今年之改就師範學院教職也。」（十月四日，星期三）日記中所述「師範學院」即指在湘西的師範學院。吳宓花了四天工夫將錢鍾書在聯大「文藝復興時期的文學」和「現代小說」授課筆記全部看完，並加評語「甚佩服」。讀了《吳宓日記》則許國璋所言錢鍾書講課之精采，當非過譽，不知道錢鍾書當年在聯大講稿有否保留下來（或者像吳宓所說的講義或即使李賦寧所記的講課筆記也好）？如果他也像已故俄裔美籍文學評論家兼小說家納博科夫（Vladimir Nabokov）一樣有講稿遺留下來，整理出版，嘉惠後學豈淺鮮哉！[20] 且也可為錢鍾書在西南聯大留下一點雪泥鴻爪。

西南聯大是一個值得留戀的地方。如果說清華是義和團運動的產物，那麼西南聯大是抗日戰爭的產物。因北大、清華、南開三校是中國著名大學，故這次大遷徙引起世人矚目，稱之為中國文化的大遷移，而聯大遷到昆明後，三校做到同不妨異，異不害同，互相交輝，相得益彰。能做到這一點，清華校長梅貽琦功不可沒。南開校長張伯苓在重慶的日子多，很少在昆明。他就把校務委託蔣夢麟（北大校長），而蔣對梅貽琦說：「聯大校務還是請月涵先生多負責。」[21] 有人批評蔣夢麟不管事，蔣夢麟說：「在聯大我不管就是管。」[22] 西南聯大實際負責人是梅貽琦，梅為人清廉，方正不阿，作風民主。他們三位在教育界，都是聲望極其崇高的人物，各有其千秋不朽的事業，胸懷磊落，他們在昆明聯大，正如古人云：「共輿而馳，同舟而濟。」這種和衷共濟的精神在不知不覺中蔚成聯大校風。梅貽琦說得好：「北大、清華、南開三校原有之精神，已潛移默化在聯大之中。」[23]三校「原有之精神」即北大學術自由、相容並包，清華是中國工程師的搖籃，有求實的科學精神，南開以活潑創新著稱於世。西南聯大兼三校之長，而人才薈萃，教授名流雲集景從。五四時代北大校長蔡元培說：「大學者，囊括大辭典，網羅眾家之學府也。」（見《北京大學月刊》發刊詞）梅貽琦回應蔡校長的話乃說：「所謂大學者，非謂有大廈之謂也，有大師之謂。」[24]聯大的校舍正如王佐良在《一個中國詩人》中說：「聯大的屋頂是低的。」換句話說聯大是沒有大樓的，可是聯大有的是大師。如果一所大學，大樓與大師不能兼得，究竟何者重要？答案當然是大師。而聯大大師雲集，各院系的教授看起來就像一名人錄。[25]

聯大在後方很快成為高中學生最嚮往的一所最高學府。下面一段是一個學生的回憶，或可看出當時聯大在一般學子心目中的地位：「一九三八年，當我還在四川的時候，昆明朋友一再寫信給我，說來聯大吧。這裡有許多天才，這是一個人文薈萃的地方，說在農校樓上的教室裡從窗裡看出去，你可以看到西山滇池，可以看到從西山峭壁那邊，飄過來的陰雲，到你面前卻化為一陣爽朗的雨；說在日落黃昏的時候，你可在芳草如茵的草地上蹓躂，或者圍著百年一開花的龍舌蘭，坐在用貝殼鋪成的地上，而那些白生生的貝殼螺殼都是從昆明湖明淨的水裡撿來的。那時文法學院遷在蒙自，工學院也在拓東路了，而理學院還是在農校。農校時代的典雅綺麗流傳海外，刊在美國的地理雜誌裡，還因此為這國內的最高學府招來一些海外的嚮往。可惜的是，我既未曾趕上衡山湘水的時代，又未能在農校度過一些白晝與黃昏。」[26]上述這段回憶，把襤褸的聯大校園描繪成美麗得像仙境一樣。[27]

錢鍾書在昆明一年就生活在這樣富有詩意的「仙境」裡。〈片斷的回憶〉又說：「這地有許多天才，這是一個人文薈萃的地方」，事後證之，此話不虛，如有一位中文系同學自書一聯懸於寢室，聯云「剛日讀經，柔日讀史」，「無酒學佛，有酒學仙」，多麼瀟灑。[28]不知道後來這位中文系同學成就如何？聯大出了不少人才，最著名的是物理系出了一個楊振寧。他於一九五七年與李政道同獲諾貝爾物理獎。外文系也出了很多人，如盧飛白，其他更是不勝枚舉。楊振寧的大名用不著在這裡做介紹，但曉得盧飛白的人就不多，似有介紹的必要。盧飛白，筆名李經，浙江臨海人，一九二〇年生，小學是在臨海他父親辦的小學上學。中學則畢業於著名的杭州中學。抗戰時期就讀於西南聯大外文系，四年級時去從軍，做了一年翻譯。勝利後返清華園繼續完成學業，一九四七年畢業。畢業後留校，教了一年大一英文。旅美經濟學家兼紅學家趙岡先生在清華讀書時，大一英文即是盧飛白教的。盧氏於一九四八年考取庚子賠款留美。盧飛白中英文造詣極深。他的好友唐德剛先生說：「他底中英文造詣與〔夏〕志清相埒。」且他又是一個詩人，他來美後進芝加哥大學，花在西洋文學上的工夫達十六年以上。一九五〇年獲英國文學碩士學位，後因體弱多病，一直到一九六四年始完成博士學位。他的博士論文是寫艾略特的，後來於一九六六年由芝加哥大學出版社出版，書名*T. S. Eliot: The Dialectical Structure of His Theory of Poetry*（《艾略特：其詩論中的辯證結構》），全書一百七十頁，一百三十頁為正文，外加參考資料，旁徵博引，顯見盧氏功力。此書文筆流暢，內容豐富，有很多獨特的見解，被譽為論艾略特的佳著之一。美國研究艾略特的專著論文真是汗牛充棟，要有創見，談何容易，但如果只是一本泛泛之作，哪裡還輪得到一個中國人來插嘴，占一席之地。

II

錢鍾書在昆明居住大西門文化巷十一號，鄰居有顧憲良、周珏良、楊武之等人。那時昆明自聯大遷來後，開始繁榮起來；市內學校林立，報刊雜誌也多起來。聯大教授在昆明出版的《中央日報》上編兩個副刊，一是《文林》，另一是《史語》。此外，尚有《民主月刊》、《今日評論》、《當代評論》、《自由論壇》及《生活月刊》等刊物。這時昆明群賢畢至，正如當時《雲南日報》所說「一時南天古城，蔚為文化陣地」，昆明變成一個文化城了。[29]就拿報紙來說，[30]除當地官辦的《雲南日報》及國民黨辦的《中央日報》外，也有外省人（或稱下江人）來辦的一份《朝報》。這份報由於印刷不夠好，每日到近午始能出版，所以有人譏之為「潮報」。可是這份《朝報》內容很充實。錢鍾書也有散文發表在這份報上。據鈕先銘回憶（見〈記錢鍾書夫婦〉）說，錢鍾書借用陸放翁的「小樓昨夜聽春雨，深巷明朝賣杏花」詩句寫過一篇〈小樓記〉。但遍查錢鍾書著作書目，亦未見刊列這篇〈小樓記〉，如果這篇不是錢氏佚稿，就是鈕先銘記錯了。

聯大在文化巷的宿舍很小，小到什麼程度，錢鍾書說「屋小如舟」[31]。他為這間斗室取了一個齋名叫「冷屋」。他到了昆明不久就手癢，開始寫文章，寫了很多篇嬉笑怒罵，令人擊節稱賞的好文章，總題為「冷屋隨筆」。先後發表了四篇。〈論文人〉、〈釋文盲〉、〈一個偏見〉與〈說笑〉，後來收入在一九四一年上海出版的《寫在人生邊上》。第一篇〈論文人〉（冷屋隨筆之一）首先發表在昆明《今日評論》第一卷第三期（一九三九年一月十五日），可是在《寫在人生邊上》裡這篇是最後一篇。錢鍾書在〈論文人〉裡對文人做了極冷峭尖刻的嘲諷。他先對文人下了一個定義，他所謂「文人」者只限於詩歌、散文、小說、戲曲之類的文藝作者，其他寫文章的人不算。「一為文人，便無足觀」，文人是無用的人。這篇文章旨在譏諷一些文人不喜歡文學，卻偏來談文學；或者不懂文學的人偏來談文學。因此他說：「文學必須毀滅，而文人卻不妨獎勵——獎勵他們不要做文人。樸伯出口成章（Lisp in numbers），白居易生識之無，此類不可救藥的先天文人畢竟是少數。」在他看來「至於一般文人，老實說，對於文學並不愛好，並無擅長。他們弄文學，彷彿舊小說裡的良家女子做娼妓，據說是出於不甚得已，無可奈何」。錢鍾書說歌德腳踏實地，因未到過前線，所以未寫戰歌而遭人唾罵；可是現代的文人比歌德能幹多了，什麼都能做，但是如果有好的機會，他們會掉頭就走，立刻拋棄文藝，別幹營生。接著他說：「在白郎寧的理想世界裡，麵包師會做詩，殺豬屠戶能繪畫；在我們的理想世界裡，文藝無人過問，詩人改而烤麵包，畫家變而殺豬——假如有比屠戶和麵包師更名利雙收的有用職業；當然愈加配合脾胃。」上面所錄一段「理想世界」讀後發人深思，也叫人聯想。這是我多年來最喜讀的一節。可是我發現手頭一本中國大陸出版的《寫在人生邊上》（北京：中國社會科學，一九九一）卻把這一段刪掉了。為什麼要刪掉呢？[32] 誰刪的呢？頗耐人尋味。一九三九年錢鍾書寫這篇文章，是在國民黨統治下的昆明，他只是譏諷文人，沒有想到三十年後，「小說家」去做信差，「劇作家」去打掃廁所，他與楊絳都有身歷其境的經驗。

錢鍾書說過「文學是倒楣的事業」，文人以外的人瞧不起文人，而文人自己呢？文人相輕，自古已然，於今尤烈。錢鍾書最後又重複地說了一遍：「我們應當毀滅文學而獎勵文人——獎勵他們不做文人，不搞文學。」當年錢鍾書撰寫此文時，也許只是寫著玩的，沒有想到有人真的認真起來，一九四九年後中共的文藝政策就是朝這個方向走的——要毀滅文學；而且嚴格執行，充分發揮，一點也不含糊。對錢鍾書來說，笑呢，哭呢，還是哭笑不得？這是不是一個諷刺？

〈釋文盲〉是錢鍾書的「冷屋隨筆」第二篇文章，發表於《今日評論》一卷六期（一九三九年二月五日）。這篇文章也是譏嘲文人的，與〈論文人〉是姊妹篇。錢鍾書引用德國哲學家哈特曼（Nicolai Hartmann）[33]的話來為文盲下個定義，他說，如果一個人不知好壞，不辨善惡，彷彿色盲不分青紅皂白，害的是一種叫價值盲的病，所以他說對文藝作品無欣賞能力者，叫「文盲」。他認為把文學當作職業的人，文盲的程度更加厲害，很多文學研究者對文學是沒有欣賞和鑑別能力的。他說：「看文學書而不懂鑑賞，恰等於帝皇時代，看守後宮，成日價在女人堆裡廝混的偏偏是太監，雖有機會，卻無能力！」換句話說，弄文學一定要懂得鑑賞。

一九三九年四月二日出版的《今日評論》（一卷十四期）刊出錢鍾書的〈冷屋隨筆之三〉，即〈一個偏見〉。筆者很欣賞錢鍾書散文的開頭。當代散文名家吳魯芹曾說過，文章作法，貴乎起筆，如起筆凡俗，則往下去也就無甚足觀了。準乎此，則錢鍾書寫此文，憑起筆就不同凡響。本文開宗明義第一句話是：「偏見可以說是思想的放假。」據許淵沖說：「聯大同學讀了，無不拍手稱妙。」[34]這篇在錢鍾書散文中最消沉的散文，全篇是講靜與鬧。他說：「人類是不拘日夜，不問寒暑發出聲音的動物。」他接著說：「禽囀於春，蛩啼於秋，蚊作雷於夏，夜則蟲醒而鳥睡，風雨並不天天有，犬不吠，不下蛋雞不報。惟有人用語言，用動作，用機械，隨時隨地做出聲音。」他用他自己喜歡的宋人唐子西〈醉眠〉詩的名句「山靜如太古」[35]，說這是不可能的，因為山上有和尚，山下來香客，半山有飯館，決不容許此山清靜。

人的聲音勝過一切。大自然萬千喉舌，抵不上兩個人說話的喧譁。他認為，「我們常把鴉鳴雀噪來比人聲喧譁，還是對人類存三分回護的曲筆。常將一群女人的說笑聲比於鶯啼燕語，那簡直是對於禽類的侮辱了。」這一段最為挖苦女人的唧唧喳喳講話聲了。如果女權運動的大將們看到了，會提抗議的。他說世間沒有靜，「寂靜並非是聲音全無。聲響全無是死，不是靜。」最後他在結論裡說，但願所有思想家是聾子，「因為耳朵不聾，必聞聲音，聲音熱鬧，頭腦便不能保持冷靜，思想不會公平，只能把偏見來代替。」

〈說笑〉是錢鍾書在昆明寫的「冷屋隨筆」最後一篇。他一開頭即說：「自從幽默文學提倡以來，賣笑變成了文人的職業。幽默當然用笑來發洩，但是笑未必就表示幽默。」本文起筆仍不失他冷峭尖刻的一貫特色，這是抨擊幽默文學。他說一般人有時並非因幽默而笑，是以笑來掩飾他們沒有幽默，因此他說：「笑的本意，逐漸消失；本來是幽默富有的流露，慢慢地變成了幽默貧乏的遮蓋；於是你看見傻子的呆笑，瞎子的趁淘笑——還有風行一時的幽默文學。」（似在諷嘲林語堂）他又說，提倡幽默做為口號，這不是幽默，而是板著臉勸人笑。幽默提倡之後，並不產生幽默家，只添了無數弄筆墨的小花臉。像其他幾篇隨筆一樣，錢鍾書開頭時，以很輕鬆的筆調，娓娓道來，到後來文章快要結束時，他會很嚴肅起來，而且很有力量，頗有力舉千鈞之勢，本文亦不例外。最後他說：「大凡假充一椿事物，總有兩個動機。或出於尊敬，例如俗子（新版改為俗物）尊敬藝術，則收集古董，附庸風雅。或出於利用，例如混蛋有所企圖，則利用宗教道德，假充正人君子。幽默之被假借，想來不出這兩個緣故。」所以有些批評家不太喜歡錢鍾書這樣尖刻，如司馬長風說：「錢鍾書和梁實秋同以幽默小品馳名，而錢鍾書口沒遮攔，往往傷人。」[36] 水晶認為錢鍾書「這一種笑人不笑己的『射他耳』(satire，諷刺)，實在毫無幽默可言，令人難以接受。此所以錢鍾書自詡萬能，唯獨寫不出一本《流言》式的散文集來，因為他有一種雀兒揀高枝飛，鳥瞰眾生相的高級勢利作風，是碰都不能碰一下自己的毫毛的」。[37] 可是夏志清門下一位女弟子認為錢鍾書的散文比他的小說好。[38] 袁良駿在一篇論錢鍾書的散文〈錢鍾書簡論〉，收集在《錢鍾書先生百年誕辰紀念文集》裡說，幾年前在「『張愛玲熱』的炒作中一位作者大筆一揮，這樣寫道：梁實秋的《雅舍小品》失之空泛，有些委婉過度；錢鍾書的《寫在人生邊上》文中無我，枯燥有餘，情感不足；王了一的《龍蟲並雕齋瑣語》失之古雅力度不夠。因此比較而論平心而言，張愛玲的散文高出這幾家之上。」[39] 袁良駿有評，他最後說：「這種亂捧張而貶梁、錢、王諸家之論，無知而輕薄，實在不足為訓！」[40]

錢鍾書這些「冷屋隨筆」發表後，大後方的知識分子很欣賞。據許淵沖說：「錢先生在當時當地的報刊上發表的文章，流傳很廣，影響很大。」[41] 後來昆明《中央日報》副刊上發表了署名默存的〈魔鬼夜訪錢鍾書先生〉一文，文中有：「你若要知道一個人的自己，你須看他為別人做的傳；你若要知道別人，你倒該看他為自己做的傳。自傳就是別傳。」上述這幾句話日後廣為傳誦。許淵沖說：「我問吳宓先生，才知道默存是錢先生的號。吳先生對〈魔鬼夜訪錢鍾書先生〉也很讚賞，說彷彿是讀伏爾泰和浮士德的對話。」[42]

III

錢鍾書在昆明時雖然像杜工部說的「世亂遭飄蕩」，但那時的聯大可以說是「黃金時代」，因為物價還沒有波動，拿錢鍾書來說，月薪三百元，待遇很好，日本飛機還沒有來轟炸，故生活尚稱安定。根據聯大師生回憶，一九三八至一九四〇年是聯大在昆明最好的一段日子。聞一多在〈八年的回憶與感想〉中說：「抗戰對中國社會的影響，那時還不甚顯著，人們對蔣委員長的崇拜與信任，幾乎是沒有限度的……那時全國上下都在抗日的緊張情緒中，窮鄉僻壤的老百姓也都知道要打日本。教授的生活在那時因為物價還沒有顯著的變，並沒有大變動……一般說來先生和同學那時注重學術的研究和學習，並不像現在（指一九四六年）整天談政治，談時事。」[43] 後來聯大變了，自一九四一年起日軍開始轟炸昆明，聯大師生常跑警報，物價也開始上漲了，生活日益艱苦，國民政府也開始腐化，聯大師生關心國事，常常開會、演講、示威遊行。所以現在我們可以這樣假定，錢鍾書在聯大的時候，雖在戰時，但生活並不太壞，還可偏安一時。昆明雖地處邊陲，不像北平或上海那樣的大城市，市區幅員廣袤，朋友散居各地。所以像昆明這樣的城市也有好處，大家都住得近，在學校鄰近，可以安步當車，多走動。我們讀《吳宓日記》，知聯大同儕常有聚會，酬酢頻繁，錢鍾書在聯大時與吳宓往來較多。[44]

錢鍾書初履昆明，吳宓有一條日記載：「十點顧憲良來。十一點同入城訪錢鍾書。十二點錢君宴於萬勝樓。」（一九三八年十二月五日）又一條：「四點陪岱訪林同濟夫婦於青雲街六十七寓宅。旋同岱、濟至青雲街一六九宅，訪沈從文，適邀友茶敘，客有蕭乾、馮至、錢鍾書、顧憲良、傅雷等。眾肆談至七點始散。」（一九三九年三月三十日，星期四）像這種雅集小聚，錢鍾書是頂喜歡的，他才辯縱橫，神采飛揚，在這種場合正如魚得水。由下面一條吳宓日記或可以看出錢鍾書在聚會上心直口快的一面。吳遂於一九三九年七月二日記：「晨起倦甚，亦未早餐。以與張敬、徐芳有約，在其家中午飯。不得已九點勉強步入城中。先訪錢鍾書於文化巷十一號寓所，談次，乃知敬、芳改約宓及滕固等，於今日正午，宴於金碧。宓病體實不能支，且不獲與敬詳切獨談，殊為悵惘。乃對鍾書略述心一（陳懿字心一，吳宓前妻）方面宓之冤苦，不意明晚滕君宴席中，鍾書竟以此對眾述說，以為笑柄！」[45]吳宓脾氣很好，對錢鍾書的「心直口快」予以優容，並沒有很生氣，很快也就過去了。錢鍾書常拿吳老師來開玩笑，吳宓包容大度，都能原諒他。有一點必須指出，錢鍾書常在小說中影射友人，譬如在短篇小說〈貓〉裡，袁友春暗指林語堂，曹世昌指沈從文；[46]雖頗多「射他耳」，但錢鍾書從未在小說中影射吳宓。

因為沈從文不是「正途出身」，西南聯大很多同仁也都瞧不起他。在教授中最看不起沈從文的當推劉文典，劉本來在英國學生物學的，但由於鄉賢陳獨秀的鼓勵，轉而用力於中國文學。陳雖興文學革命，倡白話文，但劉除了《紅樓夢》外，很不喜歡白話文，不僅如此，還看不起所有用白話文寫作的作家，人家問他對巴金印象如何，他反過來問，巴金是誰？從來沒有聽過這個人。在白話文作家中，他最瞧不起的是沈從文。沈當時在聯大師範學院國文系任教，劉說沈是一個騙子，他是從後門進聯大的。劉聽到沈從文晉升為副教授或教授時，暴跳如雷，怒不可息，他說：「陳寅恪是一個貨真價實的教授，他是值四百元薪水一個月，我值四十元一個月，朱自清只值四元，沈從文四毛錢我都不給，如果他是副教授，那我呢？」[47] 劉文典本人是一才子，有中國傳統文人狂狷的特有性格，很自大，但他是有學問的，他對《莊子》、《淮南子》、《紅樓夢》最有研究，有其獨到的見解，在這方面，他是大家公認的權威。他於一九四四年曾在聯大做四次公開演講，講題即是《紅樓夢》。海報貼出來後，演講那天有三百多人來聽講，講堂容納不下，只好移至露天廣場上演講。在聯大教授中他與吳宓是兩個公認的《紅樓夢》專家。除了《紅樓夢》外，他也是《莊子》專家，他說世界上只有三個半人能看得懂《莊子》全文。一個當然是他自己，一個是莊子本人，還有一個是一中國學者，半個是一日本學者。其狂狷如此。在抗戰時期大後方流傳甚廣的是劉文典與沈從文跑警報的故事，似不得不記。在聯大，某日日機來空襲，聯大師生循例到鄉下去躲警報，在大家爭先恐後之際，沈從文從劉文典身旁擦肩而過，劉文典有點不太耐煩，乃對同行的學生說：「沈從文是替誰跑警報這樣匆忙，我劉某人是替莊子跑警報，他替誰跑？」這個故事是聯大教授看不起沈從文具體的例子。吳魯芹在〈記珞珈三傑〉一文中也有講到沈從文跑警報的故事。[48] 吳魯芹那時在四川樂山武漢大學讀書，據他說這個故事在當時大後方流傳甚廣。

錢鍾書在西南聯大朋友很多，常有文酒之會，並不孤寂，他有時難免想家，如寄給楊絳的〈昆明舍館作〉舊詩可知。那時（一九三八至一九三九）物價還沒有飛漲，日本敵機還沒有來轟炸，一般來說，他在昆明生活是安穩愉快的。可是他在聯大只教了一年，一九三九年暑假錢鍾書從昆明回上海探親，看他樣子過了暑假是要再回聯大，因為他的書籍及衣衫均留在昆明，可是他返滬後，他再也沒有重返聯大。什麼原因，是很複雜的，不是三言兩語能說得清的。楊絳寄給我的兩封信，一封是錢鍾書寫給校長梅貽琦的，一封是寄給校長室的祕書沈履，大意說，梅校長的電報敦聘他重回聯大，錢鍾書回信說他沒有收到這二個電報，另外楊絳也補充了一些，說到子泉老人，說他一個人在藍田，客居他鄉，年老力衰，思子心切，叫鍾書去藍田。楊絳還說了一些其他理由，我不是很信服。所以我在時報初版的《民國第一才子錢鍾書》一書序言裡說：「我還是找不出錢鍾書為什麼離開西南聯大而去藍田的真正原因」（頁十八）。可是現在有新的材料出來，比如《吳宓日記》陸續出版，助益不少。他在一九四〇年三月八日日記上記：「聞超（指葉公超）與F. T.（陳福田）對錢鍾書等不滿，殊無公平愛才之意。不覺慨然。」過了三天吳宓又記：「F. T.擬聘張駿祥，而殊不喜錢鍾書。」（《吳宓日記》三月十一日）看了這兩則日記，我們就明白了，西南聯大外文系裡有小politics（內部不和）也。外文系裡的巨頭如葉公超及陳福田不喜歡錢鍾書，不發聘書，錢鍾書於一九三九年夏，為什麼最後離開聯大而去藍田，他是被解聘了的。這是他沒有想到，不然怎麼會把他的書籍及衣衫都留在昆明。那時系主任是葉公超，葉於一九四〇年六月離開聯大赴香港轉往新加坡，十月二十三日正式辭職參加政府工作。陳福田接任系主任。據吳宓十一月六日記，是晚陳福田請客，商談系務，席間提議聘請錢鍾書重回聯大任教，「忌之者明示反對，但卒通過」（《吳宓日記》一九四〇年十一月六日）。這所以於一九四一年珍珠港事變前夕，陳福田親赴上海趨謁崇階請錢鍾書重回聯大。在這種情形之下，以錢鍾書的個性，他怎麼會回去呢。不久珍珠港事變爆發了。他回聯大與否，現在看起來即使錢鍾書及時收到梅貽琦的電報他也不會回去的，我們何必再去斤斤計較談這一些呢，且與珍珠港事變也不相干的。一九四五年抗戰勝利後，錢鍾書還是沒有回清華。為什麼呢？因為陳福田還在。等到陳離開清華返回他的僑居地夏威夷，直到四年後適值山河改，錢鍾書經吳晗（當時是文學院院長）再三邀請，他終於在一九四九年八月二十四日才離開上海舉家北上重回清華園。這已是他離開聯大十年以後的事了。如果我們現在再來講他「毅然入湘」，或為何沒有重返聯大，沒有多大意義，冷飯豈可再炒，所以我現在在這新版裡加了一點新材料，把其餘不必要的材料就刪削掉。

1 從法國回來，在船上的情形，錢鍾書都寫在《圍城》第一章裡，惟船名換成白拉日隆子爵號。

2 楊絳母親已於一年前（一九三七年）因病去世。蘇州舊宅已被日寇洗劫一空。楊父與錢鍾書父親及叔父家人均避居上海租界。

3 錢鍾書本來計劃先回上海省親，然後隻身再去內地。據楊絳說：「鍾書九、十月間回國，在香港上岸，轉昆明到清華任教。那時清華已併入西南聯大。」（見〈記錢鍾書與《圍城》〉）可是吳忠匡在〈記錢鍾書先生〉一文中說，一九三八年秋，吳陪錢基博赴湘西。先候渡輪赴溫州，然後由浙贛鐵路往湖南安化縣藍田鎮新成立的國立師範學院任教。啟程那天，錢鍾書兄弟送他父親上船。我讀了這段記載，頓生疑竇，錢鍾書怎麼這個時候能在上海呢？本文採楊絳的說法。

4 臨時大學在長沙租韭菜園聖經學校、涵德女校做校舍；文學院設在南嶽聖經學校。全校共有學生一千四百五十二人。其中清華學生最多，計六百三十一人，北大三百四十二人，南開一百四十七人。一九三七年十月二十五日臨大開學，十一月一日正式上課。見《清華大學校史稿》（北京：中華書局，一九八一），頁二九〇。

5 決定西遷昆明有幾個重大的因素：（一）昆明為雲南首府，省會所在地；（二）因有滇越鐵路，可以與海外相通，無論採購圖書儀器或與國外文化界聯繫均方便；（三）雲南為邊陲之地，將來戰事如何演變，不會到大後方（沒有想到一九四一年後，日機常轟炸昆明）；（四）氣候溫和，四季如春。

6 當時臨大師生分兩批出發。一批步行至昆明。另一批年老教授，病體不健的學生及女生則由粵漢路先到廣州，經香港轉赴昆明。茲錄兩位當年參加步行的聯大校友回憶，雖不夠詳盡，但可略知一二。據雲鎮（一九三九級）在〈津湘滇，求學記〉一文中說，南京失守後「學校即計劃遷滇，並奉命改為西南聯合大學，由長沙到昆明是分兩批走的，一批為旅行團全程步行，由常德經貴州直抵昆明，其中有幾位師長都參加同行，如黃子堅先生、曾昭掄先生等，因湘西有土匪，所以學校特別請了一位黃師岳將軍為領隊……」見《清華校友通訊》新六十七期校慶專號（一九七九年四月），頁七六。還有一位校友馮鍾豫（一九三九級）在〈四十年來〉一文中說：「我們這批學生經過二個多月步行，一路平安，校方負責人是黃子堅先生，領隊則由政府派黃師岳將軍。那時湘黔接界處，尚有綠林豪傑占據，對行旅威脅很大。有十來天每天由地方派人陪一位同學持了黃將軍名片先行出發，和他們的哨卡碰頭，大家隨後行進。另須有人預備茶水、住宿、飯食；經過城鎮鄉村協助，自不待言。好多年後，逐漸瞭解世務，更體會到那時將一批『秀才』遷到昆明，實非容易。」（同上書，頁六四）

7 關於西南聯大建制，馮友蘭在他的回憶錄裡講得很簡潔、明白，頗可參考。請參閱馮友蘭，《三松堂自序》（北京：三聯書店，一九八四），頁三四六至三五九。

8 楊絳，〈記錢鍾書與《圍城》〉，《錢鍾書楊絳散文》（北京：中國廣播電視，一九九七），頁三七二。錢鍾書用他自身的經驗，在《圍城》裡來作弄方鴻漸。三閭大學校長高松年對鴻漸說，以他的學歷只能當專任講師，今破格聘為副教授。看起來，方不像委屈，似是窩囊得很。見《圍城》（北京：人民文學，一九八〇），頁二〇一。

9 謝泳，〈錢鍾書與西南聯大〉，原載《太原日報》，一九九六年九月二日。從這封信看來，馮友蘭辦事很仔細周到，且處處為錢鍾書著想。信中所提到的王竹溪及華羅庚二人均為名重士林的青年科學家。王竹溪（1911-1983），湖北公安人，與錢鍾書於一九二九年同年考進清華（他念物理系），入學考試考第五名。一九三三年自清華物理系畢業後留學英國，一九三八年獲劍橋大學物理學博士學位，隨即返國，任教西南聯大（楊振寧是他的學生）。一九四九年後曾任北大副校長。華羅庚（1910-1985），江蘇金壇人，他沒有受過高等教育，是一個自修成功的天才數學家。一九二四年初中畢業後即輟學，然後全靠自己努力，最後成為傑出的數學家。一九三〇年應聘清華，初任助理，後任助教。一九三六至一九三八年華氏以訪問學者身分赴英國劍橋大學。一九三八年歸國，任西南聯大數學教授。

10《學府紀聞——國立西南聯合大學》（臺北：南京，一九八〇），頁一四二。

11《學府紀聞——國立西南聯合大學》，頁一七五。

12葉公超原為北大外文系主任，西南聯大成立後任聯大外文系主任。一九四〇年葉氏離開聯大，先在國際宣傳處任職，一九四六年進外交部工作，由參事、司長、次長而部長。任外交部長將近十年及駐美大使三年，可謂官運亨通……葉公超凡事眼明手快，英文又好，實為不可多得的外交長才，他在臺灣政壇上名氣很大，可是到了晚年出了紕漏，被罷官。據現代史專家林博文先生說：「葉公超做完外長後，出任駐美大使，在蒙古加入聯合國問題上，與臺北最高當局衝突，涉嫌以言語侮辱蔣介石（葉罵蔣：『他懂什麼外交，連問題都搞不清楚！』），經沈昌煥告御狀，且有錄音存證，終於倉皇被召回，在臺軟禁十餘年，特務日夜跟蹤，理由是怕他『投共』。葉死後，蔣經國又指使總統府祕書長馬紀壯藉口他（小蔣）曾交葉一份『重要信件』，必須覓回送還『總統府』，而在葉氏寓所大肆搜尋，甚至開啟葉氏以友人名義存在華託公司的保險箱，結果徒勞無獲。其實蔣經國要找的並不是什麼『重要信件』，而是要搜查葉公超有沒有留下回憶錄或日記！」林博文感慨地說：「『謀國之忠』的外交大臣，下場之淒涼，竟至於此！」見林博文，《歷史的暗流》（臺北：元尊文化，一九九九），頁二四三至二四四。葉公超在清華時的學生季羨林先生說，葉公超有一肚皮學問，可是他述而不著，到了晚年卻無片字留下來，殊為可惜。葉氏晚年居臺北，不甚得意，寄情書畫，對年輕時的「行業」——英詩，他都不想談了。據夏志清先生說，他於一九七七年返臺參加中文教學會議，晤葉公超，後來晚宴於臺北圓山飯店，又適與葉氏鄰座，席間很想與他談談艾略特，可是他想談的是書畫、女侍的髮髻以及教人怎樣冷卻香檳酒。一位曾在講臺上甚受學生歡迎的教師及叱吒風雲的外交家竟消沉如此，他去大使職後，本在臺大教英詩（請參閱湯晏，〈記葉公超在臺大講英詩〉，《聯合報》聯合副刊，一九八二年六月十八日）。據說當局也不讓他教。顯然他的才華被浪費了。嗚呼哀哉的中國讀書人。一九九三年八月十一日香港《大公報》「文學」欄裡刊有葉公超在清華的弟子王辛笛先生寫的一篇〈葉公超先生二三事〉，說到葉公超不應去從政，因為他不是做官的材料。他說：「在舊日師友之間，我們常常認為公超先生在抗戰期間由西南聯大棄教從政，深致惋惜，既為他一肚皮學問可惜，也都認為他哪裡是個舊社會中做官的材料，卻就此斷送了他十三年教學苜蓿生涯，這是一個時代的錯誤。」後來葉氏另一位門人季羨林教授（比錢鍾書低一班）卻持異議，他說「我覺得，公超先生確是一個做官的材料」。詳見《季羨林自傳》（南京：江蘇文藝，一九九六），頁六四。雖然葉氏晚年被罷官，筆者還是贊同季羨林先生的話，葉公超確是一個做官的好材料，但他沒有官場媚上欺下的惡習，他的缺點就是脾氣太大。他晚年在《病中瑣憶》中說：「回憶一生，竟覺自己是悲劇的主角，一輩子脾氣大，吃的也就是這個虧。」（一九八一年十一月二日《聯合報》聯合副刊）

13 西南聯大成立時，文學院院長為胡適，但此時胡適尚在國外，故由馮友蘭暫代，一九三八年九月胡適出任駐美大使，馮友蘭真除。

14 後兩門課是外文系高班選修課。此時聯大外文系的課程與戰前三校比起來，稍有不同：必修課減少了，選修課增加，在選修課裡，文學史方面的課也減少，文學課程增多。

15 許淵沖，《錢鍾書先生及譯詩》，《錢鍾書研究》第二輯，頁二七八。

16 許淵沖，《錢鍾書先生及譯詩》，《錢鍾書研究》第二輯，頁二七九。

17 許淵沖，《錢鍾書先生及譯詩》，《錢鍾書研究》第二輯，頁二七五。

18 （一）王佐良（1915-1995），浙江上虞人，一九三九年於西南聯大（清華）畢業後留校任助教，一九四六年考取中英庚款公費生留英，一九四七年獲牛津茂登學院文學士。一九四九年返國分配到北京外語學校任教。王佐良著有《英國詩史》、《英國浪漫主義詩歌史》、《英詩意境》。在牛津論文〈The Literary Reputation of John Webster〉（約翰·韋伯斯特的文學聲譽）於一九七五年由奧地利薩爾茨堡（Salzburg）大學英語中心出版成書，這是一本既嚴謹又生動的學術著作。（二）李賦寧，一九一七年生，陝西蒲城人，一九三九年畢業於聯大（清華）外文系；一九四一年研究生院畢業後任聯大外文系教員，後曾赴美國留學，進耶魯大學深造，獲碩士學位。歸國後，曾任教於清華及北大西語系。(三) 許國璋，一九一五年生，浙江海寧人，一九三六年考進清華外文系，一九三九年畢業(西南聯大)。一九四七年赴英，先後就讀於倫敦大學及牛津大學，一九四九年返國，任教於外語學院。(四) 楊周翰 (1915-1989)，江蘇蘇州人，一九三二年考進北大英文系。一九三五年休學赴瑞典美術史家喜龍仁 (Osvald Sirén) 教授處撰寫《中國繪畫史》(英文)。一九三八年返國繼續在西南聯大完成學業，上過錢鍾書的課。一九四六年赴英進修，進牛津大學，一九五〇年返國，先後在清華及北大教書。(五) 查良錚 (1918-1977)，出生在天津，西南聯大外文系畢業，後來赴美留學，進芝加哥大學攻讀英美文學，獲碩士學位。一九五三年返國，任教於南開大學。查良錚是詩人，他以筆名穆旦發表新詩。他的新詩集出版的有《旗》、《探險隊》及《穆日詩集》。他的同班同學王佐良用英文寫過篇介紹穆旦的文章，題為〈A Chinese Poet〉(一個中國詩人)，原載倫敦 *Life and Letters* 雜誌(一九四六年六月號)，中文譯文刊於《穆日詩集》附錄。王佐良說：「這一群毫不有名的詩人，他們的創作出現在很快就夭折的雜誌上，有二三個人出了他們第一個集子，但是那些印在薄薄土紙上的小書就無法走遠……這些聯大的青年詩人並沒有白讀了艾略特及奧登 (Auden)。也許西方會吃驚地感到它對於文化東方的無知，以及這些無知的可恥，當我們告訴它，如何地帶著怎樣的狂熱，以怎樣夢寐的眼睛，有人還在遙遠的中國讀著這兩位詩人。」抗戰勝利後，像他的業師錢鍾書一樣，他自己掏腰包出版了一冊不算太薄的《穆旦詩集》(一九四七年五月自印本)。這本詩集是他一生精心傑作。他的詩受西洋詩的影響多，受中國詩的影響少。關於英詩，他曾譯有《雪萊抒情詩選》、《唐璜》及《拜倫詩選》。《拜倫詩選》是查氏一生心血的結晶。據他的夫人周與良女士在《詩選》後記中說，他將英譯拜倫詩定稿後，鎖在一只小皮箱內，曾對他小女兒說：「你最小，希望你好好保存這些譯稿。也可能要等到你老了，這些書才有出版的機會。」沒有想到在查氏卒後三、四年，他的夫人說：「他花心血最多，也是感到最滿意的兩種英詩譯稿都問世了。」《唐璜》出版於一九八〇年(人民文學)，《拜倫詩選》於一九八二年由上海文藝出版社出版。

19 李賦寧〈序〉，《王佐良文集》(北京：外語教學與研究，一九九七)，頁三。

20 納博科夫的二本遺著，一本是一九八〇年出版的 *Lectures on Literature* (New York: Harcourt Brace Jovanovich,

Inc.），另一本是一九八一年秋天出版的 *Lectures on Russian Literature* (New York: Harcourt Brace Jovanovich, Inc.），都是由維吉尼亞大學文學教授鮑爾斯（Fredson Bowers）根據納博科夫當年在康乃爾大學及衛斯理女子學院（Wellesley College）的講義稿整理出版，書出，佳評如潮，學者咸稱其精。如果錢鍾書當年在西南聯大的講義稿能夠找到出版，一定也會像納氏講稿一樣受讀者歡迎。

21 符開甲，〈西南聯大的教學和科研〉，《昆明文史資料選輯》第七輯（一九八五），頁三二。月涵是梅貽琦的號。

22 符開甲，〈西南聯大的教學和科研〉，《昆明文史資料選輯》第七輯（一九八五），頁三二。

23 沈剛如，〈獻身大學教育之梅貽琦先生——記西南聯大始末及其成就〉，《昆明文史資料選輯》第七輯（一九八五），頁十八。

24 符開甲，〈西南聯大的教學和科研〉，《昆明文史資料選輯》第七輯（一九八五），頁二七。

25 當年在聯大的教授，文學院：聞一多，劉文典，馮友蘭，朱自清，羅常培，湯用彤，鄭天挺，雷海宗，沈有鼎，吳晗，葉公超，陳福田，吳宓，錢鍾書，馮至，賀麟，聞家駟，陳夢家，卞之琳。理工學院：楊石先，楊武之，周培源，曾昭掄，吳有訓，施嘉煬，葉企孫，王竹溪，華羅庚，吳大猷，李繼侗，劉仙洲。法商學院：陳岱孫，潘光旦，錢端升，周炳琳，燕樹棠，浦薛鳳，張奚若。師範學院：汪懋祖，余冠英，蕭滌非，沈從文，李廣田等人。以上這份名單，是根據符開甲先生一文所列，見符開甲，〈西南聯大的教學和科研〉，《昆明文史資料選輯》第七輯（一九八五），頁二六至二七。

26 光遠，〈片段的回憶〉，《抗戰中的西南聯合大學》，頁六五。

27 盧飛白在芝加哥大學完成博士學位後，即在紐約州長島大學所屬的 C. W. Post College 教英國文學。一九六八年秋在威斯康辛大學教了一年，開的課程計有「Readings in Twentieth Century Literature」和「Bilateral Literary Relations: Oriental and Western Literature」(Seminar)。第二個學期即一九六九年春天，在比較文學系教了一門「Seminar in Twentieth Century Poetics of T. S. Eliot」，這門課同時也算作英文系的課。這些課對他來說具有挑戰性，且他也喜歡。他在威斯康辛大學有舊雨，也有新知。朋友如新詩舊詩都寫得呱呱叫的周策縱教授在威斯康辛東亞系任教以外，他在清華的學生趙岡此時也在威大（經濟系）教書。照理講他應該留在威斯康辛。

威大名氣也大，且有意延攬他。但他在威大只教了一年又回到Post College，這可能與他家在紐約不無關係（盧飛白於一九五一年與傅在紹女士結婚。生了兩位千金，夫人是個圖案設計家，在紐約工作）。在美國，盧飛白曾經用李經為筆名發表了不少新詩及一些文學批評，這些詩文散見於臺北的《自由中國》、《文學雜誌》及紐約出版的《海外論壇》月刊。盧飛白像一般文人一樣，好嗜菸酒，他抽菸是一支接一支不斷地抽，美國人的說法，他是一個heavy smoker，因而罹癌症，於一九七二年去世，年僅五十二歲。盧氏卒後，他的弟子王潤華教授將其詩文輯成一集，題為《盧飛白詩文集》，擬於一九七三年出版。唐德剛先生說，盧飛白「就把最有天才的一生，奉獻給艾略特，而死個最淒涼之死」。西南聯大學生，眾多默默耕耘，不求聞達，皓首窮經，不顧生死，有「朝聞道，夕死可矣」的求知精神，盧飛白是一個，錢鍾書的學生穆旦又是一個，謹記之聊為紀念。

《盧飛白詩文集》原來準備於一九七三年出版。據周策縱教授說，王潤華把書稿從新加坡郵寄臺北出版社途中失落了，故《詩文集》始終沒有出版；現在僅存的只有周策縱教授的序文〈一個中國知識分子的風骨——《盧飛白詩文集》代序〉，刊於臺北《傳記文學》第二二卷第四期（一九七三年四月）。

28 見姚秀彥，〈永遠懷念西南聯大〉，《學府紀聞——國立西南聯合大學》（臺北：南京，一九八一），頁三〇六。

29 熊朝雋，〈西南聯合大學與雲南文化教育〉，《昆明文史資料選輯》第十九輯（一九九二），頁一八九。

30 據沈從文回憶，昆明的報紙「一般水準都相當高，在大後方足與重慶報紙相頡頏」。還有昆明報紙（不管公私）的社論，多由幾所學校較有名望的專家執筆，沈從文說：「這就是我們能與重慶第一流報紙比肩的原因。」見沈從文，〈怎樣辦一份好報紙——從昆明的報紙談起〉，《上海文化》第八期（一九四六年九月），頁二二。

31 錢鍾書，〈昆明舍館作〉第二首：「屋小簷深晝不明，板床支凳兀難平。蕭然四壁埃塵繡，百遍思君繞室行。」《槐聚詩存》（北京：三聯，一九九四），頁二六至二七。

32 除了「在白郎寧的理想世界裡……」一節被刪掉外，還有被刪掉的如「柏拉圖空抱了一部建國方略（Republic）……」及陳石遺的詩。此乃據香港百靈出版社翻印本（無出版年月）來校勘，這種翻印本錢鍾書稱作盜印本。其實這種「盜印本」對錢著流傳海外厥功至偉。現在看來，還有保存的價值，也許在錢學裡算作「宋版書」了。

33 哈特曼（Nicolai Hartmann, 1882-1950），德國哲學家。他認為哲學的任務是把人類的問題說出來。錢鍾書在〈釋文盲〉第一段裡說引用了哲學家哈特曼的話，「來做小品隨筆的開篇當然有點大才小用，好比用高射炮來打蚊子。不過小題目若不大做，有誰來理會呢？」「用高射炮來打蚊子」是錢鍾書的一句名言。

34 許淵沖，〈錢鍾書先生及譯詩〉，《錢鍾書研究》第二輯，頁二七九。

35 錢鍾書，《宋詩選注》（北京：人民文學，一九七九），頁一〇九。惟《宋詩選注》上是「山靜似太古」。

36 司馬長風，《中國新文學史》下冊（香港：昭明，一九七八）。

37 水晶，《張愛玲小說藝術》（臺北：大地，一九七四），頁三八至三九。

38 Diane E. Perushek, "The Satire of Chien Chung-shu," (M. A. Thesis: Columbia University, 1973), p. 64.

39 轉引自《流言》（北京：中國文聯，一九九三）出版說明。

40 見袁良駿，〈錢鍾書簡論〉，《錢鍾書先生百年誕辰紀念文集》（香港：牛津大學，二〇一〇），頁二五。

41 許淵沖，〈錢鍾書先生及譯詩〉，《錢鍾書研究》第二輯，頁二七九。

42 許淵沖，〈錢鍾書先生及譯詩〉，《錢鍾書研究》第二輯，頁二七九。

43 見《抗戰中的西南聯合大學》，頁四至六。

44 在吳宓日記中未見記述有關「冷屋隨筆」的評語，深以為奇。

45 見《吳宓日記》第七冊，頁二二一。

46 關於錢鍾書與沈從文，金介甫（Jeffrey C. Kinkley）在*The Odyssey of Shen Congwen*（《沈從文傳》）中曾有述及，茲錄如下：「Both Shen and Qian Zhongshu taught at Southwestern Union University during the Sino-Japanese War and knew each other, but they were not close. In a Peking interview, Qian stated, persuasively, that Shen had an inferiority complex. In his essay 'Mao', Qian satirized Shen.」見Jeffrey C. Kinkley, *The Odyssey of Shen Congwen* (Calif.: Stanford University Press, 1978), p. 319.「He (Shen) also formed friendships with men professionally learned in philosophy, such as Zhu Guangqian and Jin Yuelin, so long as they were not intellectually intimidating (like Qian

Zhongshu)」ibid., p. 85. 金介甫說「Mao」(〈貓〉)是essay(散文或隨筆),其實應該是short story(短篇小說)。

47 詳請參閱John Israel, *Lianda: A Chinese University in War and Revolution* (Calif.: Stanford University Press, 1998), p. 144.

48 吳魯芹,《餘年集》(臺北:洪範,一九八二),頁六八。

【第八章】

藍田，一九三九至一九四一

憶昔湖湘遊，彈指忽三紀。
當時藍田鎮，人比聚星里。
觥觥錢夫子，教誨究終始。
諸生皆怗然，冥心契文史。——吳忠匡，〈懷默存〉

這首五言詩是吳忠匡寫於一九七五年寄給錢鍾書的。詩裡有典故，「彈指忽三紀」，一紀十二年，三紀是三十六年。因為錢鍾書於一九三九年夏離開昆明西南聯大，是年秋到湘西藍田國師，他寫這首五言詩時是一九七五年，剛好三十六年。第二行「人比聚星里」，是典故，用在這裡很妥帖、恰當。這個典故來源：據南朝宋檀道鸞《續晉陽秋》說，陳仲弓子侄造訪荀淑父子，陳、荀兩家是東漢的賢良名士，史稱這個聚會是五百里賢人聚。可比之於天上的德星聚合。後人稱之為「聚星」。是故吳忠匡說錢氏父子及或其他學人在這裡，「當時藍田鎮，人比聚星里」，用這個典故在這裡就非常之好。下面接著講「觥觥錢夫子」是指當時在藍田的兩個錢夫子，他們稱錢基博為老夫子，稱錢鍾書為小夫子。吳忠匡與錢基博有師生關係，他是老夫子過去的學生，現在也在藍田國師教國文。他們三人住在國師教職員宿舍就在隔壁鄰近（一個住在隔壁、一個在對門）。老夫子每天記日記，日記本放在書桌上是攤開的，吳忠匡看到了他會告訴小夫子，今天老夫子記了什麼。吳與小夫子關係也很好，一九四一年錢鍾書要離開藍田，把他在藍田寫成的一九四八年出版的初版《談藝錄》一書原稿過錄本送給吳忠匡做為紀念。吳忠匡晚年工作在東北，因天寒多病，但與在湖北的老夫子及在北京的小夫子一直有聯繫。他晚年（一九八八年）寫過一篇〈記錢鍾書先生〉，是一篇很精采的文章，詳瞻細密，為吾人提供了很多關於錢鍾書在藍田有趣而寶貴的材料。筆者寫錢鍾書在藍田這一章，很多資料即取材自吳先生這篇文章。

錢鍾書於一九三九年夏離開了昆明西南聯大回到上海後，他決定到湖南安化縣藍田鎮的國立師範學院。他於是年十月初即準備動身。當時師院（或稱國師）在上海已聘了數位教員，他們都先後來找錢鍾書接洽結伴一起到湖南去。這一段路程是很辛苦的，他都一一寫入小說《圍城》第五章。錢鍾書千辛萬苦到了藍田，小鎮的生活刻板單調。但對他的寫作來說，在小鎮二年收穫無比豐碩。

在小說裡同行的有五人，實際上與他一起走的也是四、五位。現在我們知道的有鄒文海與徐燕謀等人，鄒徐兩人都有文字留下來，徐氏有長詩〈紀湘行〉，鄒文海有〈憶錢鍾書〉一文，他們二人的文字就像錢鍾書的《圍城》一樣，有助吾人瞭解他們赴湘西這段路途的情形。鄒文海也是無錫人，與錢鍾書是小學同學，後來在清華又是同學，他這次是赴辰溪湖南大學任教，剛好與錢鍾書等結伴同行。一九六二年海外謠傳錢鍾書去世，鄒文海寫了一篇文情並茂的紀念文——〈憶錢鍾書〉，刊於臺北《傳記文學》創刊號（一九六二年六月）。這是我們看到最早的一篇有關錢鍾書親友回憶（紀念）他的文章。日後很多為錢氏立傳的傳記家（包括胡定邦及胡志德的博士論文）有關錢氏早年一鱗半爪都取材自這篇文章。這篇文章不長，但有關錢鍾書的傳記材料卻十分豐富。一九三九年秋赴湘西一段，鄒氏有著很扼要的敘述，他說：「抗戰初期，交通工具不敷分配，沿途旅客擁擠非凡，無法按時間到達目的地的，我們十月就從上海訂船票赴寧波。繼而日人封鎖海口，不能通航，一直到十一月初才得到船公司通知，定期出發。到達寧波後，大家鬆口氣，方感真正脫離了敵人的魔掌。從寧波到溪口，一節乘汽油船，一節乘黃包車，足足走了一天，此後則全部坐乘長途汽車，每站都得停留三天五天，不是買不到票，就是等待行李到達，沒有一站是順利通過的。開始我還利用等車的時間就近尋險探幽，以後因步步為營，心境愈來愈惡劣，真是懶得動彈了。」(〈憶錢鍾書〉)這些情節錢鍾書都寫進小說《圍城》裡了，寫得更詳細，但畢竟是小說，有時難免誇張。楊絳在〈記錢鍾書與《圍城》〉中說她喜歡方鴻漸一行五人由上海到三閭大學路上的一段，她說：「我沒和鍾書同到湖南去，可是他同行五人，我全認識，沒一人和小說裡的五人相似，連一絲影兒都沒有。」楊絳的話沒有錯。在這五人中，筆者除見過傳主錢鍾書外，也見過鄒文海。在這五人裡，就沒有鄒文海的影子。他與小說裡趙辛楣唯一共同的地方，即是他們二人在大學裡都念的政治系，均出洋留過學，其他就找不出相同的地方。鄒文海與錢鍾書一樣，中等身材，但儀容有缺陷——歪嘴。據說他自清華畢業後，赴英留學，不知是在去歐洲的路上還是在歸程中，船快到亞丁，因艙房太熱到甲板上透透風，因熱風一吹把嘴吹歪了，以後再也沒有糾正過來。《圍城》裡沒有一個人是歪嘴的。[1] 除了鄒文海外，同行的還有徐燕謀（1901-1986），他是江蘇昆山人，與錢鍾書在蘇州桃塢中學同學（班次較高），中學畢業後，進光華大學為錢基博的學生。他有一首長達一千八百七十個字的長詩〈紀湘行〉留下來。據鄭朝宗先生說，徐燕謀寫此詩是步杜工部〈北征〉，在今人所作古體詩中，當以此詩為翹楚（見《續懷舊》）。徐燕謀的詩可以當史詩來讀。〈紀湘行〉開頭就很感動人：

乙卯十月吉，戎裝我將發。
床前拜衰親，未語詞已窒。

中閨別吾婦，叮嚀到鞋襪。
稚子喧戶外，行李爭提挈。

鄒文海說從寧波到溪口，一節乘汽油船，一節坐黃包車，足足走了一天，徐燕謀詩云：「短短溪口道，狼狽不可說。」〈紀湘行〉中也有提到在奉化遊雪竇山，詩云：「雪竇山色佳，雨後淨如潑。」楊絳說錢鍾書到湖南去，一路上都有詩寄給她。錢鍾書遊了雪竇山後寫了四首五古紀遊詩〈遊雪竇山〉寄給楊絳。全詩後來均收錄在《槐聚詩存》裡。[2]今錄如下：

茲山未識名，目挑心頗許。
入戶送眉青，猶溼昨宵雨。
雲南地即山，踐踏等塵土。
江南好山水，殘剩不吾與。
自我海外歸，此石堪共語。
便恐人持去，火急命遊侶。
天教看山來，強顏聊自詡。

楊絳說她很喜歡下面二首，即第二及第三首。

天風吹海水，屹立作山勢。
浪頭飛碎白，積雪凝幾世。
我嘗觀乎山，起伏有水致。
蜿蜒若沒骨，皺其波濤意。
乃知水與山，思各出其位。
譬如豪傑人，異量美能備。
固哉魯中叟，只解別仁智。

這一首詩錢鍾書以雪竇山天然景色，以水喻山，此詩氣勢浩渺，寓山水之樂。但下面一首就不太一樣，似有一種內心憂憤、不平之鳴。

山容太古靜，而中藏瀑布。
不舍晝夜流，得雨勢更怒。
辛酸亦有淚，貯胸敢傾吐。

略似此山然，外勿改其度。
相契默無言，遠役喜一晤。
微恨多游蹤，藏焉未為固。
衷曲莫浪陳，悠悠彼行路。

上面這首詩是第三首。也是楊絳喜歡的一首。在小說裡錢鍾書只提到遊雪竇山，未及山水風景。據楊絳說：「遊山的自是遊山的人，方鴻漸、李梅亭等正忙著和王美玉打交道呢。足見可揑造的事豐富得很，實事盡可抛開，而且實事也擠不進這個揑造的世界。」（見楊絳，〈記錢鍾書與《圍城》〉）下面是第四首：

田水頗勝師，寺梅若可妻。
新月似小女，一彎向人低。
平生寡師法，開逕自出蹊。
擘我妻女去，酷哉此別離。
老饑方驅後，津梁忽已疲。
行邁殊未歇，且拚骨與皮。

下山如相送，青青勢向西。

這是〈遊雪竇山〉詩最後一首。錢鍾書隻身西行，道途阻險，思念妻女淒清之情躍然紙上，與另一首〈寧都再夢圓女〉一樣感人肺腑。下面一首即是〈再夢圓女〉詩：

汝豈解吾覓，夢中能再過。
猶禁出庭戶，誰導越山河。
汝祖盼吾切，如吾念汝多。
方疑背母至，驚醒失相訶。

據鄒文海說，開始時利用候車時間就近去「尋險探幽」，可是到了後來，心境不好就懶得動了。他說：「鍾書君卻依舊怡然自得，手不釋卷。我走近去查究他看的是什麼書，方知他翻的是英文字典。『咦！一本索然寡味的字典，竟可捧在手中一月』，他看到我驚奇之色，正式告訴我說：『字典是旅途中的良伴，上次去英國時，輪船上惟約翰生博士的字典自隨，深得讀字典的樂趣，現在已養成習慣。』我說我最厭字典，看書時寧肯望文生義的胡猜，不願廢時失業地查字典。他說我不求甚解的態度不能用之於精讀，而且旅途中不能做有系統的研究，唯有隨翻隨玩，遇到生冷的字，固然可以多記幾個字的用法。更可喜者，前人所著字典，常常記載舊時口語，表現舊時的習俗，趣味之深，有不足為外人道者。我那時才知道錢鍾書君博聞強志，積學之深。」[3]

讀字典確是候車消磨零碎時間的最好辦法。一般來說西洋人較遵守秩序，無論候車買票或購戲票，或在郵局裡買郵票，他們都有排隊的習慣，這種習慣上自公卿宰相，下至販夫走卒，都一體遵守，[4]都耐心等候，井然有序，沒有爭先恐後，更不會投機取巧，中途插入。這種精神正如魯迅所說的「費厄潑賴」（Fair play）是也。據心理學家說，一個人一生消耗在排隊等候的時間總加起來，大約等於四年或五年光景。但是如果你能好好利用這段等候排隊的時間，譬如看書，則就不至於把這寶貴的四、五年光陰虛擲了。這四、五年是分內的時間，但如你善加利用，就好像額外收穫。這樣看來，錢鍾書是懂得此種奧妙的。他到湘西去，就像朱熹所說的「一寸光陰不可輕」，他很會利用時間，沒有把這段候車的零碎時間虛擲了。

錢鍾書在路上走了三十四天始達藍田國師，就相當於《圍城》裡的方鴻漸、趙辛楣及孫柔嘉等一行到達三閭大學一樣，終於到達目的地了。從地圖上看，從上海到藍田，相當於長沙到昆明，大約一千三百里。當年臨時大學師生從長沙徒步走到昆明走了兩個月。而錢鍾書等一行，因等行李、候車，又因長途汽車很陳舊，正如徐燕謀詩中所說：「車行歷崎嶇，疾徐漫無節」，或者呢，就是「上坡蝸緣牆，下坡鹿驚笞，時或折其軸，時或脫其轄」，而乘客呢，則是「衣襟汙嘔吐，行李紛撞摔」，錢鍾書就在這樣狼狽不堪的情形下，終於十一月下旬抵達藍田，旅途備極艱辛。到了藍田後，錢鍾書寫信給朋友時說：「十月中旬去滬入湘，道路阻艱，行李繁重，萬苦千辛，非言可盡，行卅四日方抵師院，皮骨僅存，心神交瘁，因之臥病，遂闕音書。」[5] 路途辛苦情形，當可思之過半矣。

II

藍田位於湖南西部，舊屬安化縣（今屬漣源市），湘黔鐵路線上一個小鎮。抗戰開始，教育部為了加強戰時教育，所以在後方增設六所師範學院。西南聯大的師範學院是在這個時候成立的。藍田國師也就是其中新成立的六所師院之一。國師就設在這個小鎮上。國師校長為廖世承（1891-1970），字茂如，江蘇嘉定（今屬上海市）人，留學美國。曾任教於光華大學，為錢基博的朋友。廖世承於一九三八年七月奉命籌備國師，他是籌備委員會的主任委員。到了十月，教育部正式任命廖世承為國師校長。所以他請錢氏父子來藍田國師幫忙。錢基博於一九三八年秋經由浙贛鐵路抵藍田，擔任國文系主任。[6] 一年後聘請錢鍾書來國師擔任英語系主任。

有些錢學家認為，錢鍾書捨西南聯大而就藍田國師是看上了英語系主任的頭銜，這一說法不正確。就錢鍾書的個性來說，他不會喜歡行政工作，更不會喜歡這種頭銜。他想做的是讀書或研究工作。而做行政工作會占據他讀書時間。因為這樣真正想做學問的人，就不想當系主任，很多美國各大學系主任，沒有人做，於是由各教授輪流來擔任。如果我們以中國「官本位」（張明亮先生語）的立場來看待錢鍾書，也許就不太恰當，證之錢鍾書一生，除了在藍田國師做過英語系主任外，他就沒有幹過實際行政工作。到了晚年，錢鍾書擔任過中國社會科學院的副院長，這顯然是掛名的。也有人說國師英語系主任這個職務，他在西南聯大是絕不能得到的。其實也不盡然，今抄錄二則吳宓日記如下，俾供大家參考。第一則遠在一九三七年七七事變前，清華即有意想請錢鍾書來當外國語文系主任：「民國二十六年（一九三七）六月二十八日，星期一，十二點文學院長馮友蘭來。言外國語文系易主任之事，以宓欲潛心著作，故未徵求及宓求宓諒解。又言，擬將來聘錢鍾書為外國語文系主任云云。宓竊思王退陳升，對宓個人當無大害。惟錢之來，則不啻為胡適派，即新月新文學派，在清華，占取外國語文系。結果宓必遭排斥。此則可痛可憂之甚者。」此時錢鍾書尚在歐洲。吳日記中載「王退陳升」，是指原來系主任王文顯不幹，由陳福田來接任。事實上，王文顯是被陳福田逼走的。還有一則日記（一九四〇年九月十二日星期四）：「晨，覆錢鍾書函。告以薦為浙大外文系主任，宓則往為教授。二至四訪馮友蘭文學院長於小東城腳十六號寓宅。細陳欲往浙大等情。馮謂清華外文系應聘錢鍾書歸而主持。今F. T.（即陳福田）為主任，非經『革命』實無整頓辦法。浙大陣容整齊，故宓宜往。一年後回清華任職，毫無問題云云。」[7]馮友蘭說這話時是在一九四〇年九月，錢已在湘西藍田，馮想請他（錢）回來「整頓」外文系。照馮的口氣，似對錢很有信心：一、相信錢會重返聯大；二、馮認為錢鍾書有能力會把外文系整頓好。吳宓想要離開聯大而轉到在貴州的浙江大學，因為那時梅光迪在浙大，吳、梅是好朋友，他們都反對白話文，反對胡適。去與不去，他猶疑不定，他很想問葉公超，葉那時離開昆明去南洋。後來吳沒有去浙大，不知何故？

這裡順便談一談胡志德訪問葉公超的談話，胡書（《錢鍾書》）說，當時葉是外文系主任，他說：「談起過說不記得錢會在那裡教書。」。[8]這裡葉公超也許沒有說清楚，也許胡志德誤解了葉說「不記得錢會在那裡教書」是指在一九三九年以後。一九三九年九月中旬，錢鍾書致書葉公超辭聯大教授。根據《吳宓日記》（一九三九年九月二十一日），葉公超約吳宓至其寓所告吳「錢鍾書辭職別就」。雖然錢鍾書已辭聯大，但梅校長對錢大才難捨，仍想挽回他返聯大。而在此時葉公超自己也請假離開西南聯大，據清華校史稿，葉於八月十五日離開昆明（這個日期恐有誤，葉應是一九四〇年六月十八日離開昆明的。據《吳宓日記》，吳於一九四〇年九月二十五日收到葉妻袁永熹自貴州來信，悉葉公超已離香港去南洋新加坡），系主任一職由柳無忌暫代。一九四〇年十月二十三日葉正式辭職，系主任由陳福田接任。

葉在國際宣傳處的工作崗位大都在國外，他當然就不知道國內情形及錢鍾書是否又在聯大教書了。

另一件事，有人說（如胡志德及其他人說）錢鍾書離開聯大，由於葉公超忌才而排擠他，通常不會有這種情形。正如父親不會妒忌兒子的成就，如錢基博不會忌妒錢鍾書的才具，也如詹姆斯・彌爾不會妒忌他兒子約翰・彌爾一樣。同樣的道理，師長不會妒忌弟子的學問，且葉公超本人中英文俱佳，口才很好，筆者於一九六二年春季在臺大時旁聽過葉氏在外文系講的「現代英美詩選」一課，他講得很出色，也很受學生歡迎。但從《吳宓日記》來看，則錢與葉、陳兩位巨頭不睦則是不爭的事實，恐另有其他原因。因為錢鍾書很驕傲，又吳宓與陳福田亦不甚和諧。

廖世承為什麼選定藍田為校址，主要的理由是在藍田可以找到現成的房子。國師就是借用李園做為校舍。李園是李燮和將軍的舊宅，屋宇眾多，府第幅員廣袤，林木蔥蘢，景色幽絕。李將軍本是清末革命黨人，後為贊助袁世凱改變國體的籌安會六君子之一。[9]

錢鍾書到藍田時，國師才成立第二年，一切草創，篳路藍縷。[10] 一年前錢鍾書到昆明時，西南聯大也是草創，但國師不能與聯大相比，學生素質、教授陣容較之聯大差之遠甚。除錢基博父子（初期籌備委員有潘公展及朱經農）外，有名的教授就很少，教授中後來較為人所熟稔的有寫過《中國近百年政治史》一書作者李劍農，及勝利後因辦《觀察》雜誌名噪一時的儲安平，餘皆名不見經傳的無名小卒。錢鍾書也不會像在昆明一樣有那麼多知音及文酒之會，所以他對友人說：「此地生活尚好，只是冗閑。」在小鎮上「冗閑」是預料中事。錢鍾書在《圍城》裡透過趙辛楣的口氣說到三閭大學時說：「這兒悶得很，沒有玩兒的地方。」范小姐也說：「可不是麼？我也覺得很少談得來的人，耽在這兒真悶！」[11]在小地方「冗閑」、「悶」，像范小姐說的又乏知音，在藍田生活確是很單調而刻板。在《圍城》裡，汪處厚太太有一副麻將牌，雖然高校長不喜歡教員打牌，三閭大學同仁常常偷偷打打小牌。但錢鍾書不打牌，據友人說，錢鍾書除了教學任務外，整天埋頭讀書，足不出戶，一般上午讀西書，下午練字，臨寫草書，晚上則在油燈下看書。通常午後或晚餐後一段時間，他會去居鄰屋的子泉老先生處談天。其他時間則都是用來讀中國四部古籍或是伏案寫作。[12]除了讀書寫作外，錢鍾書也偶然會與三五友好燈下談天。據吳忠匡回憶說：「在藍田時期，除了和極少數極熟悉的同仁有往還交際而外，鍾書並無外事困擾，手頭的時間是充裕的，晚飯以後，三五友好，往往聚攏到一處，聽鍾書縱談上下古今，他才思敏捷，富有靈感，又具有非凡的記憶力和尖銳的幽默感。每到這一時刻，鍾書總是顯得容顏煥發，光采照人，口若懸河，滔滔不絕。當他評論某一古今人物時，不但談論他的正面，也往往涉及他們的種種荒唐事，譬如袁子才、龔定庵、魏默深、曾滌生、李越縵、王壬秋等都能通過他們的遺聞軼事，表露得比他們的本來面目更為真實，更加真人相。『如老吏斷獄，證據出入無方。』聽錢鍾書清談，這在當時當地是一種最大的享受，我們盡情地吞噬和分享他豐富的知識。我們都好像在聽音樂，他的聲音有一種色澤感。契訶夫說得對：『書是音符，談話才是歌。』」[13]

吳忠匡說，他與錢鍾書在一起，苦志讀書，常在嚴冬夜，天寒，在室內用木炭盆生火取暖，至夜半用廢紙裹生雞蛋用水浸溼投入炭火，至蛋煨熟了取出人各一枚，充作宵夜，其樂融融，這是一幅寒士讀書圖苦中作樂的另一面，正如放翁所言「夜來一笑寒燈下，始是金丹換骨時」。吳先生又說：「一九七七年，鍾書君寄給我他答王辛笛君七絕中一首：『雪壓吳淞憶舉杯，卅年存歿兩堪哀；何時榾柮爐邊坐，共撥寒灰話劫灰。』使我也回憶起當年夜讀時的情景。」[14]

在小鎮上冗閑，但對喜歡讀書的錢鍾書來說，未嘗不是一件好事，至少沒有什麼外務來打岔，則可以專心一志讀書或寫作。藍田雖地處僻隅，學校又初創，可是出乎意料之外的是國師藏書甚富。因為創辦時，分別接收了一部分來自山東大學及安徽大學的圖書。此外，又用鉅款典借自長沙運來湖南南軒圖書館全部藏書，國師像麻雀一樣，雀雖小，五臟俱全，所以國師圖書館也有一個像樣的格局，諸如《四部叢刊》、《四部備要》、《四庫珍本》、《叢書集成》、《圖書集成》，以及明清名家諸集刻本，也都備了。因此錢鍾書雖在小鎮上，他要看書，就有書可看，要寫書他也有參考書可供披閱。後來一部為士林所重的《談藝錄》即在藍田時開始寫的。故《談藝錄》有一序云：「《談藝錄》一卷，雖賞析之作，而實憂患之書也。始屬稿湘西，甫就其半。養痾返滬，行篋以隨。」據吳忠匡先生說，錢鍾書寫《談藝錄》用的是小鎮上所能買到的極為粗糙的直行本毛邊紙。他每晚寫一章，二、三天以後又修補，夾縫中，天地上，填寫補綴得密密麻麻。他每完成一章，就交給吳閱讀，陶潛、李長吉、梅聖俞、楊萬里、陳簡齋、蔣士銓等章節是最先寫成的，吳忠匡說：「我都有過錄本，一九四一年，在他臨離去藍田前，奮力清了一遍稿，謄錄了一本後，就在原稿本上，大筆一揮『付忠匡藏之』五個大字，把它贈遺給了我。」[15]

除了《談藝錄》外，錢鍾書在藍田寫了很多舊體詩，還有他從上海赴湘西道上沿途均有詩作，故後來到了藍田編了一冊詩稿交給吳忠匡。吳先生在小鎮上找到僅有的一家印刷所，用摺子本印行了二百份，不作賣品。他自署《中書君近詩》。這是自一九三四年自印一冊《中書君詩》以來第二本自印詩集。因印得少，復幾經戰亂，能保存下來的不多了，如果現在有人藏此一冊，則同第一本《中書君詩》詩集一樣，均屬「孤本」了。

此外，錢鍾書在藍田寫了《寫在人生邊上》一書裡另外五篇文章，此即〈窗〉、〈論快樂〉、〈吃飯〉、〈讀《伊索寓言》〉及〈談教訓〉。其餘五篇是錢鍾書在昆明所寫並曾發表過的（《錢鍾書楊絳研究資料集》第二七頁載：「《寫在人生邊上》散文集，收一九三九年二月以前寫的十篇散文。」這一說法可能有誤）。

錢鍾書從上海到藍田的旅途經驗及藍田小鎮生活均彌足珍貴，依這些經驗錢日後寫成了一部在中國現代文學史上不可忽視的鉅著——《圍城》。據鄭朝宗先生在〈懷舊〉一文中說：「一九八〇年《圍城》重印出書，徐〔燕謀〕先生來信告訴我：『鍾書君《圍城》一書雖成於滬，而構思部局實在湘西窮山中四十年前坐地爐旁，聽君話書中故事，猶歷歷在目。』」信末附一絕句：

灰裡陰何撥未成，
君來叩戶說《圍城》。
十年劫火詩書盡，
故事偏傳海外名。

徐燕謀是同錢鍾書一起從上海到藍田，於一九四一年又與錢鍾書結伴從藍田回上海。他們同在湘西二年，朝夕相處。這首小詩道出《圍城》來龍去脈：最後一句「故事偏傳海外名」，是指那時外國學人正在紛紛迻譯《圍城》。

III

錢鍾書的友人說他不通人情世故，除了書本外不宜做其他工作，真的如此嗎？值得商榷。據吳忠匡先生對錢鍾書在藍田日常生活中細枝末節，有著不為吾人所知的「驚人」發現。他說：「至於在為人處世方面，他（錢鍾書）卻是極其單純，像水晶球似的遠近自然，外內如一。這可是人們所萬難想像的。在他身上既充溢著敏銳的智力和活活潑潑的想像力，他的思考風格又是獨一無二而且十分驚人。然而，在書本以外的日常生活領域，卻表現出缺乏一般的常識，極其天真。常常在非常簡單的日常生活小事之中，鬧出一些超乎常情的笑話。人們嘲笑他的書生氣。譬如，他每次上街，走著走著就迷失了方向，找不回自己的宿舍了。他也不會買東西，買了貴東西，還以為便宜。可他從不甘心承認自己的書生氣，他常辯說自己最通曉世上的人情和世故，說自己從書本中早已經省識了人生和社會上的形形色色。事實上也許真是這樣，他在小說《圍城》中對人物和生活的惟妙惟肖的刻畫，不是最好的例證嗎？不管他自己怎麼說，我還是認定鍾書本質上是一個純粹又純粹的學者型人物，除去他在那個令人眼花繚亂的書本的廣闊天地中上天入地，自由翺翔外，他似乎不適宜於其他的工作。」[16] 吳忠匡先生說錢鍾書「本質上是一個純粹又純粹的學者型人物」，確是如此。至於說「他似乎不適宜於其他的工作」，則不敢苟同。[17] 是的，錢鍾書是個學者，但他可以做的事很多。拿錢鍾書兩個前輩來做為立論根據。一個是胡適，胡適也是「一個純粹又純粹的學者型人物」，看起來除了做學問外，不能做其他工作的人。他本人常說連一張書桌都沒有辦法整理好，可是在抗日戰爭時期，國家多難，徵召他出任駐美大使，做得有聲有色，因為他口才好，英文又好，故他常常走出雙橡園（大使官邸），旅行全美，發表演說，宣揚中國抗日戰爭的意義，厥功至偉。勝利後做北大校長，一九五八年起任中央研究院院長，他都做得很好，很成功。第二個例子是錢鍾書的業師葉公超，他是一個才子，他也是一個不太會照顧自己的書生。葉氏中英文俱佳，辯才無礙，一九四〇年他離開西南聯大後去國際宣傳處工作。後來進外交部。國民黨遷臺後，在風雨飄搖中，做了十年外交部長，做得四平八穩，而後做了三年駐美大使，均相當成功。常人云弱國無外交，辦弱國外交戛戛乎其難哉！而在一九四九年後辦國民政府外交，更是難上加難。葉氏雖非科班出身，但他實為中國近代外交史上少有的幾個傑出外交家之一。由於胡適與葉公超二氏在書本以外的成就，令人想起培根的話來，他說：「判斷和處理事務的時候，最能發揮由讀書而獲得的能力。那些實在經驗的人，也許能夠一一實行或判斷某些事物的細枝末節；但對於事業的一般指導，籌劃與處理能做得最好的還是真正有學問的人。」[18] 由胡、葉兩人的經歷來看，培根的話不無道理。錢鍾書口才很好，學問淵博，中英文之佳駸駸乎不在上述兩位前輩之下。我在臺北時聽過胡適演講，在臺大時上過葉公超的課，在紐約見過錢鍾書，參加過他的座談會，對這三位前賢印象彌佳，他們的丰采，對人的說服力，各有千秋；迷人的地方，有時卻無分軒輊。因此常有一個聯想，錢鍾書除了書本外，不但可以做其他事，如果讓他去擔當重任，他也會像胡適與葉公超一樣做得很好。他不喜歡政治，如果他也去從政的話，他決不會像梁任公那樣善變，也不會有斯威夫特那樣的下場。錢鍾書到底不是書呆子，也不是學究，像他這樣的才子，如果生在美國的話，退一萬步來說，他可以替電視上說單口相聲（monologue）的諧星任撰稿人[19]，替廣告公司寫廣告詞或幫政客寫演講稿，都是一流人選。每當讀到水晶寫的〈侍錢「拋書」雜記——兩晤錢鍾書先生〉（《明報月刊》第一六三期）一文，就想到下面一段對白，水晶問錢鍾書：「像《圍城》中每一個角色，都被你冷嘲熱諷過，唯獨唐小姐例外，偏偏她又是『淡出』（fade out）的，這兩者中間，又有什麼關係嗎？」錢忙不迭地說：『難道你的意思是說，唐曉芙是我的 dream girl（夢中情人）嗎？』」大家聽了即哄堂大笑。這時白之（Cyril Birch）教授把錢先生介紹給一位建築系的教授，寒暄過後，錢鍾書指著水晶向這一位教授說：「你瞧，他在這裡向我『逼供』呢！」大家頓時又大笑起來。拿上述水晶的「逼供」與錢鍾書的「答辯」來看，如果與人家打官司，錢鍾書實在是一個最好的辯護律師。[20]

至於人情世故，拿一九七九年錢鍾書隨中國社會科學院代表團訪美兩件小事為例證，他確是像他自己所說「最通曉世上的人情和世故」的。當他於四月二十三日下午在訪問紐約哥倫比亞大學後，本來由夏志清先生出面請他吃晚飯，並與紐約華人文藝界朋友見面，可能有兩桌，是羅漢請觀音，眾人分攤，夏先生把這個意思請校方轉達代表團。隔日華盛頓招待代表團的洋人打電話給夏志清，稱當晚錢鍾書自己做東，在他住的旅館裡請夏志清夫婦吃晚飯（見夏志清，〈重會錢鍾書紀實〉）。想是錢鍾書感念夏志清在《中國現代小說史》裡為他立一專章，對《圍城》做一客觀而公允的評價。是日午餐由哥大招待，午餐後錢特地去夏志清寓所並拜訪夏夫人王洞女士，表示人到禮到。第二個例子，來美時，錢鍾書等一行也去訪問耶魯大學，余英時（時尚在耶魯任教）負責接待。余英時說：「默存先生依然嚴守著前一時代中國詩禮傳家的風範，十分講究禮數。他回北京不久便用他那一遒美的行書寫來一封客氣的謝函。」（見余英時，〈我所認識的錢鍾書先生〉）收到錢鍾書謝函的，決不只有余英時一個人。

IV

最後談一談錢鍾書與藍田。在《槐聚詩存》裡有一首詩題為〈筆硯〉，詩云：

昔遊睡起理殘夢，春事陰成表晚花。

憂患偏均安得外，歡娛分減已為奢。
賓筵落落冰投炭，講肆悠悠飯煮沙。
筆硯猶堪驅使在，姑容塗抹答年華。[21]

從這首詩可以看出，他在藍田，生活情態，內心苦悶；教書也不太起勁，想來無可教之材。他費了九牛二虎之力，萬苦千辛來到藍田，但是到底地方太小，太悶，他愍不住，故他在國師只教了兩年，於一九四一年夏回上海，即不準備再返藍田。子泉老先生於前二年思子心切，故叫他兒子也到藍田去，翌年（一九四〇年）小女鍾霞也來湘西奉侍老父。錢鍾書初來時，本來講好「明年父子結伴返滬」，但後來錢基博看到了兒子，女兒也來了，他本人也不想回上海去了。故於一九四一年六月，錢鍾書就與徐燕謀結伴回上海，徐在其《徐燕謀詩草》中有述及：「夏日苦熱，憶一九四一年冒盛暑與鍾書自湘西返滬。」錢基博於一九四一年七月二十六日致書郭晉稀稱：「書兒已偕燕謀先返滬。」一年前即一九四〇年夏錢鍾書返滬探親，因道路不通，半途折返。但這一次返滬成功了。[22] 錢鍾書在藍田時，西南聯大要他回去，他已答應。故當他離開藍田前即已辭了國師教職。[23] 所以他尚在藍田時曾寫過一首〈又將入滇愴念若渠〉詩：

城郭重尋恐亦非，眼中人物慭天遺。
學仙未是歸丁令，思舊先教痛子期。
沉魄浮魂應此戀，墜心危涕許誰知。
分看攀折離報了，閱水成川別有悲。

（君〈去滇〉詩云：「回首昆明湖水畔，繁花高柳尚留人。」）[24]

V

可是當錢鍾書返滬後，即匆匆忙忙地在震旦女子文理學院及光華大學分別謀到了個教職。時錢寓法租界拉斐德路（今復興中路）。於十月前後聯大外文系主任陳福田來上海造訪，正式聘請錢鍾書，並盼錢早日重返聯大。楊絳說：「鍾書對陳甚客氣，但沒有多話。」[25]不久日本偷襲珍珠港（十二月七日），太平洋戰爭爆發，日本人占租界地，上海從此淪入日本人的魔掌，錢鍾書出不來了，當然無法去昆明。錢鍾書在藍田時間雖短，嚴格說來不到二年，但對錢鍾書一生卻極其重要。比較起來，在藍田算是他多產時期，他在藍田著手寫《談藝錄》，出了一冊《中書君近詩》，並撰寫了半部《寫在人生邊上》。最重要的是他在藍田構思、孕育了小說《圍城》。他不是心甘情願地去藍田，在路上又吃盡了苦頭，受盡折磨，心情亦極其惡劣，但事後證之，吃了這些苦頭是值得的。從文學的角度來說，錢鍾書在湘西窮山中收穫無比的豐富，所以說錢鍾書雖是陰錯陽差到了藍田，乃是塞翁失馬，安知非福。吾人也許可以這樣說，錢鍾書撰寫《談藝錄》及《寫在人生邊上》只是遲早問題，但我們可以肯定地說，如果沒有藍田之行，則錢鍾書絕對不會有《圍城》，如果說沒有《圍城》這部鉅著，那麼中國文學史就要寒傖得多了。故藍田雖小，但對錢鍾書及對中國現代文學的意義卻無比的重大。

1 鄒文海（1908-1970），江蘇無錫人，一九三一年清華大學政治系畢業。口才很好，講課很出色。在大陸時歷任湖南、廈門、暨南大學教授。在臺灣他先在中興大學法商學院前身行政專科學校任教，後來南京政治大學在臺復校，他就到木柵政大去了。而後出任政大法學院院長。在臺灣一度是政壇紅人，後來任財政部部長及行政院副院長的徐立德是他的門人。鄒氏著有《各國政府與政治》、《自由與權力》、《代議政治》、《比較憲法》；譯有《西洋外交史》等書。鄒卒後，門人朱堅章、荊知仁、芮和蒸、華力進等人協助鄒文海的女兒淑班搜尋遺稿，佐以學生上課筆記，於一九七二年整理出版了《西洋政治思想史稿》一書。

2 錢鍾書，《槐聚詩存》（北京：三聯，一九九四），頁三七至三九。

3 鄒文海，〈憶錢鍾書〉，《傳記文學》創刊號（一九六二年六月），頁二三。至於鄒文海文中所說：「錢鍾書上次去英國時，輪船上惟以約翰生博士的字典自隨。」後來據楊絳說，去英國時，鍾書在船上看的不是約翰生博士字典，而是普通字典，約翰生字典不是那麼易得的（楊絳致湯晏書，二〇〇〇年七月十九日）。

4 英國保守黨領袖麥克米倫（Harold MacMillan）於一九五七年繼艾登（Anthony Eden）出任英國首相。於一九六三年麥氏告老退休，不久我們在報上看到曾經權傾一時的英國老首相麥克米倫，在倫敦街頭巴士站上排隊候車的鏡頭。還有一個例子，即是一九九九年耶誕節前夕，在電視上看到美國總統柯林頓為女兒購買聖誕禮物排隊付錢，雖貴為一國元首，在百貨店裡購物也照樣要排隊。

5 引自楊絳，〈錢鍾書離開西南聯大的實情〉，可參閱《楊絳文集》第三卷（北京：人民文學，二〇〇四），頁二八。

6 請參閱吳忠匡，〈記錢鍾書先生〉，《隨筆》一九八八年第四期。據楊絳說，錢鍾書於九、十月間在香港上岸轉赴昆明，可是吳忠匡在〈記錢鍾書先生〉一文中說，一九三八年秋在上海伴他業師錢基博搭輪船至溫州，然後由浙贛鐵路轉赴湘西，吳忠匡說臨行時錢鍾書兄弟兩人同至碼頭為子泉老先生送行。筆者曾提出疑問，怎麼錢鍾書這個時候會在上海呢？這不是與楊絳所說衝突嗎？故我特地去函向楊絳請教。頃接楊女士二〇〇〇年八月三十日來函稱：「七月三十日來信收到，吳忠匡之說與我所記並不衝突：一九三八年九、十月間鍾書直接由香港上岸轉入內地，我到了上海，先到錢家住一兩天，那時我公公在上海，鍾書到校（聯大）報到，安頓了行李，曾請假回上海一次，大約五六天左右……鍾書親送他父親上船，當是在這段短暫期間內。」

7 見《吳宓日記》第七冊，頁二二八。

8 見胡志德著，張晨等譯，《錢鍾書》（北京：中國廣播電視，一九九〇），頁八。原文「Ye Gongchao, for instance, who was head of the department at the time, related that he had no memory of Qian's having taught there」，見Theodore Huters（胡志德），*Qian Zhongshu* (Boston: Twayne Publishers, 1982), p. 6. 相關敘述見胡氏博士論文pp. 151, 190。

9 李燮和（1874-1927），字柱中，湖南安化人，曾在長沙求實書院求學，原係光復會會員，後在日本加入同盟會，歸國後，在長江、南洋一帶奔走革命。曾任職於宋教仁所辦的《民主報》，時陳其美（亦是同盟會會員，上海會黨頭目）計劃發動起義，攻打江南製造局失敗，陳本人被該局衛隊拿獲。李燮和聞訊後即率一批革命黨人攻占上海縣署。隨又率眾圍攻製造局，雖不得逞，但逾牆而入，將陳其美救出來。當革命黨人攻占縣署時，大家推舉李燮和為上海都督。是晚，上海會黨多人，邀集革命黨人在一家戲院開會，有一伶人攜槍登臺大聲疾呼：「現在上海光復，都督一席非陳英士（其美號）先生擔任不可，請大家舉手推戴。有反對者，請嘗吾彈！」說完將手槍放在桌上一拍，大家鴉雀無聲，只好一齊舉手，陳其美遂得上海都督銜。李燮和見勢不妙，只好退讓。後來李至吳淞設立軍政府，陳忌妒之，遣人謀殺未成，擊殺李衛兵。李一看苗頭不對，乃取消軍政府。後來陸軍總長黃興任命李燮和為長江水師司令，未幾即辭職赴北京。李到了北京後與投機政客楊度往來甚密，最後成為楊度為首所發起的籌安會六君子之一。所謂六君子即是楊度、孫毓筠、嚴復、劉師培、胡瑛、李燮和，這六人中，孫、胡、李是以革命元勳的資格被借重的，劉師培是以國學大師的資格被借重的，嚴復是以學貫中西的資格被借重的。籌安會中心人物是楊度。楊與袁世凱互相勾結是各有其目的的，袁想做皇帝，楊想做內閣總理，所以一拍即合，但結果徒託夢想。李的押寶也落空了。關於上海革命請參閱余煥東，〈李燮和滬寧革命經過〉，《湖南文史資料選輯》修訂合編本第二集，紀念辛亥革命五十週年專輯（二），一九六一年十二月，頁五一至五四。關於籌安會請參閱李劍農《中國近百年政治史》下冊，第十一章，第二節「帝制運動的公開演進」。

10 當年錢鍾書教書的藍田國師，現在已升格為湖南師範大學，他們似乎沒有忘卻錢鍾書當年披荊斬棘、慘澹經營的辛勞。錢鍾書於一九九八年十二月十九日病逝後，錢鍾書治喪委員會收到湖南師大三通電唁。茲錄如下：

（一）錢鍾書先生治喪委員會：

驚悉我國國學大師錢鍾書先生不幸逝世，我們甚為哀痛。錢先生是我校（前身為國立師範學院）創建者之一，為學校的發展做出了重要的貢獻。我們全校師生沉痛哀悼錢先生，並向楊絳先生致以親切問候。（湖南師範大學）

（二）錢鍾書先生治喪委員會：

驚悉先生仙逝，師生深感悲痛。先生是我系第一位主任，他創建和發展英語系的不朽功績，我們將永遠銘記。在此悲哀之際，謹向楊先生致以親切問候。（湖南師範大學外國語學院）

（三）錢默存千古

學貫中西，傳道藍田國師，寫就圍城諷世俗；

名聞中外，培養萬千英才，共揮熱淚弔良師。

（湖南師大英語系學生劉家道、張楊熙、鄭培坤、周令本、徐英仲、石瑜敬輓）。

11 錢鍾書，《圍城》（北京：人民文學，一九八〇），頁二四五。

12 吳忠匡，〈記錢鍾書先生〉，《隨筆》一九八八年第四期。

13 吳忠匡，〈記錢鍾書先生〉，《隨筆》一九八八年第四期。

14 吳忠匡，〈記錢鍾書先生〉，《隨筆》一九八八年第四期。

15 吳忠匡，〈記錢鍾書先生〉，《隨筆》一九八八年第四期。《談藝錄》於一九四八年六月由上海開明書店出版。

16 吳忠匡，〈記錢鍾書先生〉，《隨筆》一九八八年第四期。在那個時代像錢鍾書這樣的世家子弟，飯來張口，衣來伸手，用不著自己操心。結婚後，都由楊絳照顧。楊絳說鍾書在內地「因自己腳型小，買男鞋時，卻買了女鞋，要買男圍巾，卻買了女用的方巾 scarf etc.」（楊絳與湯晏書，二〇〇〇年十月九日）。

17 筆者無斗膽與吳先生唱反調，對錢先生的瞭解也沒有吳先生對他的瞭解來得深刻，筆者只是把對錢先生的看法說出來，同時希望將來有機會向吳先生面請教益。筆者寫錢鍾書在藍田一章，很多資料取材自吳先生的〈記錢鍾書先生〉一文，筆者很感謝吳先生為吾人提供了很多有關錢鍾書在藍田的材料。

18 〈談讀書〉，《培根論文集》第五十章第一段。

19 錢鍾書的《寫在人生邊上》可以說是 monologue 的範本。整本書即是單口相聲。

20 在柏克萊加州大學座談會上，錢鍾書與水晶的對話，令筆者想起一九六〇年約翰．甘迺迪（John Kennedy）的記者招待會來。甘氏於當選總統後，任命一批新的內閣官員，其中有他的弟弟羅伯特．甘迺迪（Robert Kennedy）為司法部長（Attorney General，也有人譯為總檢察長），當時報界即有人批評說他弟弟羅伯特不夠資格。因為做這個部長的資格必須是受過法律訓練及做過律師。任命他弟弟做部長算不算 nepotism（任用私親）呢？在當時是可以的，但自一九六七年美國國會通過新的法令後就不可以了。現在的美國總統川普（Trump）的女婿無行政經驗，也不能幹，在白宮做事，雖然不支薪，但還是在合法與不合法之間，輿論界對此口誅筆伐，無所不用其極，川普還是我行我素。我想再過幾年美國一定會有新的法令出來限制這種弊端。因為羅伯特．甘迺迪是一個極其能幹的人，在他哥哥競選總統時，他是競選總監（Campaign Manager）。按常例總統當選後，競選總監是要給他一個內閣部長職位的。可是他沒有做過律師。羅伯特自哈佛畢業後，進維吉尼亞大學法學院讀法律，但畢業後，他沒有去執律師業，易言之，他沒有當過律師。輿論界說他不夠資格即指這一點而言。當他哥哥任命他做部長時，那天在記者招待會上，有一個並不很友善的記者，在招待會上質問甘迺迪總統（其時尚是總統當選人），為什麼你任命你的弟弟羅伯特．甘迺迪做司法部長？甘迺迪總統向以機智、詼諧著稱，他回答說：「等到羅伯特不做部長時，他就有資格當律師了。」（做了司法部長後，再去做律師就不必參加律師考試。）此語一出，眾人哄堂大笑，把個很難回答的問題在笑聲中過關了。這不是與錢鍾書回答水晶的問題有異曲同工之妙？

21 錢鍾書，《槐聚詩存》，頁四六。

22 錢鍾書離開湖南就沒有像去時有那麼多文字留下來。除徐燕謀在其《詩草》中提到一些，及錢鍾書在其《槐聚詩存》中（頁六八）有一首〈示燕謀〉詩外，我們對這段旅途情形，所知不多。今將錢鍾書〈示燕謀〉詩抄錄如下，俾供大家參考（這首詩做於一九四二年）。

去年六月去湖南，與子肩輿越萬山。
地似麻披攢石皺，路如香篆向天彎。

祇看日近家何遠，豈料居難出更艱。
差喜捉籠囚一處，伴鳴破盡作詩慳。

23 楊絳致湯晏書，二〇〇〇年八月十二日。

24 滕固（1901-1941），字若渠，是錢鍾書在昆明時的好友，也是知音，常有唱和。錢離開昆明時他曾為錢餞別，錢有詩賦答（見《槐聚詩存》，頁三三）。滕固卒於一九四一年五月，年僅四十一歲，錢鍾書著有〈哀若渠〉詩四首，以紀念亡友（見《槐聚詩存》，頁六十至六一）。

25 楊絳致湯晏書，二〇〇〇年八月十二日。

【第九章】

上海，一九四一至一九四五

錢鍾書於一九四一年七月回到上海，[1]他乃分別在上海光華大學及震旦女子文理學院找到教職。[2]光華是他過去教過的大學。但這時的光華與戰前的光華大不一樣。自從八一三淞滬戰後，光華損失慘重，是年十一月初，大西路大學部暨附屬中學均被日軍焚毀，只得在租界另覓校舍復課。學校經費甚是拮据，教授員工待遇菲薄，教授往往需多處兼課才能維持生活，所以錢鍾書又在震旦女子文理學院兼課。[3]十月前後，聯大外文系主任陳福田來上海正式聘請錢鍾書。但陳福田走後不久，發生珍珠港事變，太平洋戰爭爆發。

陳福田抵上海後，正式登門拜訪錢鍾書，聘錢重返聯大，據楊絳說錢鍾書對陳甚客氣，自己親自出來端茶敬客。此次造訪像西洋人所說，純是business talk（談「生意經」，即談公事），沒有吃飯。[4]為什麼聯大遲遲不發聘書，而陳福田一俟錢鍾書「安頓」下來後才到上海，頗堪玩味。今參閱《吳宓日記》或可有蛛絲馬跡可尋。茲錄《吳宓日記》中有關錢鍾書的日記數則如下，俾供大家參考。「梅（校長）邀至其宅（西倉坡）中坐，進茶與咖啡。宓倦甚思寢。聞超（葉公超）與F. T.（陳福田）進言於梅，對錢鍾書等不滿，殊無公平愛才之意。不覺慨然。」（一九四〇年三月八日）隔了幾天《吳宓日記》又載：「F. T.擬聘張駿祥，而殊不喜錢鍾書。皆妾婦之道也，為之感傷。」（一九四〇年三月十一日）翌日吳宓又記：「寅恪教宓『不可強合，合反不如離』。謂錢鍾書也。」（一九四〇年三月十二日）陳寅恪這句話可圈可點，也可以適用於婚姻上。一九四〇年三月二十七日載：「宓終憾人之度量不廣，各存學校之町畦，不重人才也！」這一則似有感學校對錢鍾書聘請事而發。又吳宓於一九四〇年九月十四日一則記：「十一至十二訪馮友蘭，議聘錢鍾書回清華事。決今年不舉動。」一九四〇年十一月六日，是晚陳福田請客，商談系務，是日吳宓有這樣一條記載：「席間議請鍾書回校任教，忌之者明示反對，但卒通過。」這些事都是學校裡的小politics，到處都有。錢鍾書知之甚稔。至於西南聯大有人反對他，錢鍾書知道不知道呢？楊絳說「鍾書知道」。[5]清華外文系前任主任王文顯是陳福田逼走的，今又聽說馮友蘭屬意錢鍾書同來整頓外文系（見《吳宓日記》一九四〇年九月十二日），因此陳福田對錢鍾書重返聯大難免有所戒心。陳福田此行來上海，他已正式聘請錢鍾書，可以向學校有個交代了。

陳福田什麼時候離開上海返昆明不詳。但閱《吳宓日記》一九四一年十月三十日及十一月十九日均有記載陳福田在聯大的活動，依此推測陳福田最遲當於十月下旬已返昆明。惟未見《吳宓日記》記載陳氏語及錢鍾書。

一九四一年夏，錢鍾書回到上海後，國際局勢變化很大，美國與日本的關係日趨惡化。自從一九四〇年九月二十七日德、義、日三國訂立同盟條約後，對於日本最大的後果，便是日本隨時有對英美聯合艦隊作戰的可能。日本海軍很瞭然自己的力量不足以對抗英美，故日本政府設法與美國磋商以緩和兩國間緊張局勢。但美日談判時斷時續，時弛時張，並不很順利。一九四一年七月二十六日，美國凍結了日本在美資產，不久英國與荷蘭亦採取同樣的措施，這個措施的結果，即是石油禁運。沒有石油來源，日本海軍大為恐慌。這時日本有兩個辦法，一是對美國開戰，一是妥協，對美國讓步——退出中國與越南。衡諸當時情勢，要日本退出中國及越南勢所不能，故日本只有一條路可走——與美國作戰。而美國當時早已識破日本有些部門的密碼，故對日本政府的動向也有所瞭解。十二月上旬，太平洋有一種不堪忍受的寂靜，美國與英國知道日本決心背水一戰，可是他們不知道日本將向何處進攻。十二月七日（亞洲時間是八日），日本轟炸美軍在夏威夷珍珠港的海軍基地，美日戰爭於焉爆發。

同一天（八日）淩晨，駐滬日本海軍向美國停泊在黃浦江中的軍艦「偉克」（USS Wake）

號及英國軍艦「彼德烈爾」（HMS Petrel）號發出最後通牒，勒令於兩小時內投降。「偉克」號很快掛出了白旗，可是英艦「彼德烈爾」號則被日本飛機炸沉。破曉時分，日本陸軍在濛濛細雨中，從蘇州河沿岸各橋頭開進公共租界（The International Settlement）[6]，但沒有占領法租界（Concession Française）[7]。因為此時維琪（Vichy）政府已向德國投降，法國海外勢力早已為德國所擒取，當時希特勒正席捲歐洲，不可一世，日本對德國利益不敢輕舉妄動，任意侵犯。故當日軍侵入公共租界時，不少上海市民爭先恐後湧入法租界，以為那裡較為安全，但很快發現法租界與公共租界並無二致。公董局與工部局一樣對日軍惟命是從。苟安三、四年的上海「孤島」局面也就結束了。[8] 一九四三年一月九日，南京汪精衛偽政權以收回租界及洋人在華治外法權為由，將上海公共租界及法租界交給偽上海市政府管轄，從此上海市民在日寇鐵蹄蹂躪之下過活，為開埠以來上海史上最黑暗最艱苦的時期。從一九四一年至一九四五年八月十四日抗戰勝利為止，錢鍾書在上海做了四年亡國賤夫。

珍珠港事變後，日寇控制上海日益嚴密，各橋頭、街口更是崗哨林立，戒備森嚴，行人過橋，必須向日兵脫帽鞠躬。楊絳本人即有過這種經驗。據楊絳回憶，在珍珠港事變後，日軍占據了租界，但還未接管小學，她為了每月三斗米的收入，在一所小學代課，可是距離很遠，學校在公共租界，她家在法租界。她去上課必須乘車至法租界的邊緣，然後徒步穿過不屬於租界的一段路，再改搭公共租界的有軌電車，車過黃浦江上的大橋時，只許空車過橋，所有乘客都得下車步行過橋，橋上有日本兵站崗，每一個乘客都得向他鞠躬。楊絳說：「我不願行這個禮，低著頭就過去了。」[9]後來過橋的辦法改變了，載有乘客的電車停在橋下，由日本兵上車檢查，然後過橋，免得一車人下車又上車。不過日本兵上車後，乘客都得站起來。有一次楊絳站起來較其他同車的人晚了些，這也許和她不願向日本兵鞠躬同一道理，但被日本兵發覺了，日本兵走到她面前，見她低著頭，乃用食指在她頷下向上猛一抬，她就怒了，大叫一聲：「豈有此理！」楊絳說：「我自己知道闖禍了。假如日本人動手打我，我能還手嗎？我看見日本兵對我怒目而視。我想，我和他如目光相觸，就成了挑戰。我怎能和他挑戰呢。但事已至此，也不可示弱。我就怒目瞪著前面的車窗。我們這樣相持不知多久，一秒鐘比一分鐘還長。那日本人終於轉過身，我聽他蹬著笨重的軍靴一步步出去，瞥見他幾次回頭看我，我保持原姿態一動都不動。他一步步走出車廂，一級級走下車，電車又緩緩開動。同車廂乘客好似冰凍的人一個個融化過來，鬧哄哄地紛紛議論。」楊絳又說：「我旁邊的同事嚇呆了。她喘了口氣說：『啊唷！啊唷！儂嚇煞吾來！儂那能格！儂發癡啦？』我半晌沒有開口。」[10]

為了搜捕抗日義士，日軍在上海頒發市民證和防疫證。一九四二年五月一日起，日軍規定沒有市民證不得通過警戒線（或稱封鎖線）。在上海有大小圈之分；大的一圈包括四郊在內，小的一圈包括舊公共租界及舊法租界。據鄭振鐸回憶說：「我沒有進出過那大小兩封鎖線。聽說，進出口的地方，都有敵兵在站崗，經過的人一定要對他脫帽行禮。無故地被扣留，不許通過，無故地被毆辱，被掌頰，拳打，腳踢，被槍柄擊，甚至被刺刀殺死的事，時時發生。有一次，一個大雪天，一個歸家的旅人，偷偷地越過籬笆。當夜不曾被發覺。第二天，巡邏的敵兵經過，跟循著雪地上的足跡，到了他家，把這人捉住，不問情由地當場斬首，懸在竹籬笆上示眾。」[11] 米販子被槍殺的故事更多，鄭振鐸說：「一個車夫告訴我，他經過封鎖線時，眼見一個十三四歲的童子，負著一小袋米，被敵兵把米袋奪下，很隨便的把刺刀戳進這童子的肚上，慘叫不絕，沒有一個人敢回頭看一眼。後來半死的童子被拋進附近的一條小河裡去了。」[12] 上海市民在日軍刺刀下過活，誰的生命都沒有保障。[13] 至於檢查市民證，時有所聞，已司空見慣。鄭振鐸自己有身歷其境的經驗，他說：「有一天，我到三馬路的一家古書鋪去。已可望見鋪門了，突然的叫笛亂吹，一隊敵人的憲兵和警察署的漢奸們，把住了路的兩頭，不許街上的任何一個人走動。古書鋪的人向我抬手，我想衝進過街去，但被命令站住了。漢奸們令街上的人排成了兩排，男的一邊，女的一邊，各把市民證執在手上。敵兵荷槍站在那裡監視著。漢奸們把一個個的人檢查，盤問著。挾著包袱或什麼的，都一一地被檢查過。發現了幾個沒有帶市民證的，把他們另外提到一邊去，開始嚴厲地盤詰。『市民證忘記了帶出來。』拍，拍，拍的一連串地挨了嘴巴，或用腳來亂踢一頓。」[14]

抗戰末期，日軍在戰場上節節失利，敵偽對上海市民的控制更嚴。同時實行燈火管制，上海成了步步荊棘的恐怖世界，生活日益困苦，市民一切自由被剝奪殆盡，日本憲兵隊成為主宰者，無辜市民成為俎上肉，只好聽其任意宰割，無論在住宅、旅舍、火車、輪船或街道上，敵偽對市民可任意搜查、侮辱、逮捕甚至殺害，據楊絳說，當時在上海朋友間常談到某人某人被捕了。稍微懂得門路的人就教他們，一旦遭到這類事，可以找某某人營救；受訊時第一不要牽累旁人，回答問題要爽快，不可以吞吞吐吐。否則容易招致敵人猜疑。謊話不能說，能不說的話就不要說。[15]錢鍾書家曾被日本憲兵「光顧」，幸好沒有出事，他們錢家包括錢鍾書的母親、弟弟及叔叔一家均住在法租界拉斐德路六〇九號，因是住沿街房子，據楊絳回憶說，他們常在午夜裡聽到軍靴的腳步聲。「我們驚恐悄悄地說『捉人』說不定哪一天會輪到自己。」[16]果然有一天日本憲兵來了。楊絳說，那是一九四五年四月某日上午九、十點鐘，錢鍾書已到校上課，楊絳與她八歲的女兒錢瑗在家，聽得有人敲門，楊絳去開門，一看是兩個「日本人」——其實一個是日本人，一個是高麗人（即韓國人）。他們是來搜查的，楊絳見了他們，第一件事將一包《談藝錄》的稿子藏起來。還有一件事即叫人去通知錢鍾書暫時不要回家。日兵走時沒有帶人走。第二天楊絳還得到日本憲兵司令部去應詢。日本人對她很客氣，沒有扣押她，很快就回家，後來知道是找錯了人。事後朋友間談起楊絳被傳這件事，都說她運氣好。據說有一女演員未經審問，就挨了兩個耳光。劇作家李健吾還受過酷刑，他說最受不了的是「灌水」：先請他吃奶油蛋糕，吃飽後用自來水開足龍頭向他嘴裡灌水，一直灌到七竅流水，昏厥過去。楊絳還認為詢問她的日本人也許是一個心慈手軟的好人，其實向李健吾灌水的人就是這個「好人」。[17]

錢鍾書在敵偽時期的上海寫了很多舊體詩，下面幾首如〈故國〉（一九四三年）、〈中秋夜月〉（一九四四年）及一九四五年的〈乙酉元旦〉最可看出他在日人治下的心情，這三首詩很短，但意義卻很深長，茲錄如下：

〈故國〉

故國同誰話劫灰，偷生坯戶待驚雷。
壯圖虛語黃龍擣，惡讖真看白雁來。
骨盡踏街隨地痛，淚傾漲海接天哀。
傷時例託傷春慣，懷抱明年倘好開。

〈中秋夜月〉

贏得兒童盡笑歡，盈盈露洗掛雲端。
一生幾見當頭滿，四野哀嗷徹骨寒。

樓宇難歸風孰借，山河普照影差完。
舊時碧海青天月，觸緒新來未忍看。

〈乙酉元旦〉

倍還春色渺無憑，亂裡偏驚易歲勤。
一世老添非我獨，百端憂集有誰分。
焦芽心境參摩詰，枯樹生機感仲文。
豪氣聊留供自暖，吳簫燕築斷知聞。

（以上三首詩均錄入錢鍾書的《槐聚詩存》裡）

據鄭朝宗回憶說：「鍾書君年未四十，體羸善病，抗戰末期，困處滬濱，心情奇劣。每次我去看他，總要聯想到杜甫的〈佳人〉。他為人崖岸有骨氣，雖曾負笈西方，身上卻不沾染半點洋進士的臭味，洋文讀得滾瓜爛熟，血管裡流的全是中國學者血液。」（見〈憶錢鍾書〉）當時敵偽時期，在日軍及漢奸利誘威脅之下，有一些人失足落溷了，此即錢鍾書在贈鄭朝宗一首五言古詩中所說的「亂世夙難處，儒冠更坎坷，秕糠六籍人，身不禁揚簸」句。此時錢鍾書在上海生活甚是清苦，他名氣又大，上海環境又很複雜，當時打他主意找他「落水」的不是沒有，但都被他嚴詞拒絕了（見〈懷舊〉）。《談藝錄》序是一篇自明本志的文章，其中有兩句「時日曷喪，清河可俟」可以說明一切。鄭朝宗說：「在他們（錢鍾書與楊絳）夫婦身上我看出了中國知識分子『富貴不能淫，貧賤不能移，威武不能屈』的頑強精神。」（見〈懷舊〉）

II

錢鍾書夫婦在上海境遇雖劣，但仍不忘寫作，大有王勃在〈滕王閣序〉中所言「窮且益堅，不墜青雲之志」。在敵偽時期，物價騰貴，生活艱苦實屬意料中事。錢鍾書家傭人也用不起，日常炊米洗衣均由楊絳一人來擔當。楊絳除教書料理家務外，還能找出時間來撰寫劇本，她的第一部四幕喜劇《稱心如意》就在此時寫成的。一九四三年在上海公演，由李健吾擔任主角，盛極一時。[18] 錢鍾書則除繼續修訂《談藝錄》外，於抗戰末期，即著手寫長篇《圍城》。錢於一九四四年〈生日〉小詩有云：

行藏祇辨倚欄干，勳業年來鏡懶看。
書癖鑽窗蜂未出，詩情繞樹鵲難安。

老侵氣覺風雲短，才退評蒙月旦寬。
輸與子山工自處，長能面熱卻心寒。
（原詩小注：《風月堂詩話》載李清照句：「詩情如夜鵲，三匝未能安。」庾信〈擬詠懷〉：「其面雖可熱，其心常自寒。」）[19]

據楊絳說，詩中兩句「書癖鑽窗蜂未出，詩情繞樹鵲難安」，就是指當時著書兼顧不及的心情。[20]

在上海，錢鍾書出了一冊散文集《寫在人生邊上》。這本書裡的文章都是在內地寫的，由楊絳挑選、編定。斯集問世則在珍珠港事變前後，像初版的《培根論文集》一樣只有十篇。[21]其中五篇（包括序言）是他以前在西南聯大教書時寫的。其餘五篇〈窗〉、〈論快樂〉、〈吃飯〉、〈讀《伊索寓言》〉及〈談教訓〉是在湘西藍田寫的，且未曾發表過。錢鍾書的散文受西方影響很大，故在介紹他的散文之前，約略地談一下西方文人的散文傳統。西洋學者常說要瞭解培根，最好讀他的 Essays（論文或譯作散文、隨筆），其實我們也可以這樣說，要瞭解錢鍾書也應該從他的散文著手。[22]西方散文家大都學識淵博（也許懷特〔E. B. White〕是個例外），錢鍾書學富五車，襲有西洋散文家的遺緒，惟他與愛默森（Emerson）不同，與培根也不完全一樣。愛默森的散文說教的多，讀來枯燥無味。培根的散文都是論說體，他的文字簡練精賅，他讀書多，歷史掌故道來如數家珍，讀來趣味盎然。他的這些論文是為當時英國世家子弟寫的，希望他們讀了他的論文後，更能通達人情世故。培根人品操守都不好，是一貪官。但在他的論文集裡看不出來。至少他沒有像馬基維利（Niccolo Machiavelli, 1469-1527）那樣寫出《君王論》（*The Prince*）這樣只求目的不擇手段的書來。錢鍾書與培根也有很有趣的相似之處。培根嚴肅及重要的著作都是用拉丁文寫的，而他的論文集算是「遊戲文章」，是用英文寫的。錢鍾書寫《談藝錄》和《管錐編》都是用典雅的文言文寫的，但是用白話文來寫散文及小說：初讀錢鍾書的散文，覺得散漫，但細讀之下，還是有軌跡可尋，像培根論文一樣，讀得愈多，愈覺得其結構嚴密而有活力。錢鍾書的散文起首很特別，有時很有趣味，他把最重要的話放在最後，所以結論很有力，有時也很風趣，如〈吃飯〉的結尾。嚴格說來，錢鍾書的散文體裁有點像培根，行文尖刻則接近斯威夫特，斯威夫特也很有學問但不掉書袋。錢鍾書機智與「射他耳」（satire）像斯威夫特，他們二人微妙的戲謔及精密的諷刺在別處是找不到的。[23] 錢鍾書像斯威夫特一樣，無論寫什麼總有他自己的文采，總是有他自己獨特的風格，因此吾人就很難說出錢鍾書的散文受哪一家的影響最大。[24] 一個優秀作家寫的文字應該有自己的風格。中國近代作家能做得到像斯威夫特那樣的只有兩位，一是魯迅，另一是錢鍾書。

《寫在人生邊上》是錢鍾書唯一的一本散文集，這是一本薄薄的小書，但風格特異，析理入微透骨，處處閃爍著作者睿智。司馬長風說這是一部不可忽略的名著。他又說錢氏散文「文字活潑生動，當代無匹」[25]。本書有一篇序言，這篇序言雖短（只有三百字上下），但無可諱言是一傑作，從未見過這樣簡短的序言而這樣周密，與本書書名及照顧全書內容（除第一篇〈魔鬼夜訪錢鍾書先生〉外）則甚是貼切，可謂天衣無縫。錢氏比喻人生是一部大書，他說作者有一大半只能算是書評家，看到有什麼意見，則可以在書邊的空白上寫幾個字，或者畫一個問號，就像中國書上的眉批或外國書上的 Marginalia。最後他說：「假使人生是一部大書，那末，下面的幾篇散文只能算是寫在人生邊上的。這本書真大！一時不易看完，就是寫過的邊上也留下好多空白。」[26]在這裡，錢鍾書把書名點出來了，這種畫龍點睛大手筆，中外少見。在序言中所說有關人生的部分則在〈窗〉及〈吃飯〉兩篇中最為顯著。有一些在日常生活中所習見的細枝末節，往往被吾人所忽略，但一經錢鍾書點出來，反而覺得新鮮可愛。譬如在〈窗〉一文裡，錢鍾書常常在一些小關節上來說明門與窗使用上的區別。他說窗能使陽光、微風透進來，而門是造了讓人進出的。但最令人擊節稱賞的，他說窗子有時也可以用作進出口用，譬如小偷以及小說裡私約的情人，就喜歡爬窗子進來。他說：「門許我們追求，表示欲望，窗子許我們占領，表示享受。」[27]「有了這個分別，不但是屋裡人的看法，有時也適用於屋外的來人。」他又說：「一個外來者，打門請進，有所要求，有所詢問，他至多是個客人，一切要等主人來決定。反過來說，一個鑽窗子進來的人，不管是偷東西還是偷情，早已決心來替你做個暫時的主人，顧不到你的歡迎和拒絕了。」[28]錢鍾書進一步引用十九世紀法國詩人繆塞（Alfred de Musset, 1810-1857）的話來說明門窗與丈夫和情人的關係：物質上的丈夫（materiel époux）是父親開了門進來的，但是理想的愛人（ideal）總是從窗子進來的。換句話說，從前門進來的，只是形式上的女婿，但是如果從後窗進來的，才是少女把靈魂與肉體完全交託的真正情人。[29]

錢鍾書在〈吃飯〉中大談古代音樂和烹調，一碗好菜彷彿一支樂曲。他說音樂的道理可通於烹飪，孔子就明白這個道理，所以在《論語》裡記載他在齊聞韶樂[30]，「三月不知肉味」。此外錢鍾書說，吃飯有社交的功用，譬如聯絡感情，談生意經，那就是「請吃飯」了。然後他發了一大堆議論，他說：「把飯給自己有飯吃的人吃，那是請飯；自己有飯可吃而去吃人家的飯，那是賞面子。交際的微妙不外乎此。反過來說，給飯與沒飯吃的人吃，那是施食；自己無飯可吃而去吃人家的飯，賞面子就一變為丟臉。這便是慈善救濟，算不上交際了。」[31]錢鍾書的文章不論起首或結尾，都很出色的，這篇文章亦不例外。文末他叫人應多多請客吃飯，以增進朋友的感情。然後他說：「至於本人呢，願意在諸公領導之下，努力奉行豬八戒對南山大王手下小妖說的話：『不要拉扯，待我一家家吃將來。』」[32]

在〈讀《伊索寓言》〉裡，錢鍾書對這本名垂千古的名著做了一番新的詮釋，然後下了一個很驚人的結論：《伊索寓言》是不適宜給小孩子讀的。他又重新解說寓言裡的道德觀及改寫了幾則寓言的結尾。例如，牛跟蛙的故事：母蛙鼓足了氣，問小蛙道，牛有這樣大嗎？小蛙說不要再漲了，當心肚子爆裂！不可避免的肚子當然爆裂。錢鍾書說母蛙真笨，她不應跟牛比偉大，她應該跟牛比嬌小的。所以說每一種缺陷都有補償，吝嗇說是經濟，愚蠢說是誠實，卑鄙說是策略，無才說是德。錢鍾書的結論說：「因此世界上沒有自認為一無可愛的女人，沒有自認為百不如人的男子。這樣，彼此各得其所，當然會相安無事。」[33] 蝙蝠的故事：蝙蝠碰見鳥就充作鳥，碰見獸就充作獸。鍾書說人比蝙蝠就聰明多了：他會把蝙蝠的方法反過來使用：在鳥類裡要充作獸，表示腳踏實地，在獸類裡要充作鳥，表示思想高超。向武人賣弄風雅，向文人裝出英雄氣概。在上流社會裡他是又窮又硬的平民，到了平民中間，他卻是個屈尊下顧的文化分子了。[34] 螞蟻和促織的故事：一到冬天螞蟻出來曬米粒，促織卻餓得半死，向螞蟻借糧，螞蟻對促織說：「在夏天唱歌作樂的是你，到現在挨餓，活該！」錢鍾書說這個故事還有下文：據柏拉圖說，促織進化，變成詩人。那麼坐視詩人挨餓不肯借錢的人，前身無疑是螞蟻。促織死了本身就做了螞蟻的糧食。同樣生前養不活自己的大作家，死後就有一批親友靠他過活——開追悼會寫紀念文章——及寫研究論文的批評家和學者。[35] 驢子跟狼的故事：驢子見狼要吃他，乃對狼說腳上有刺，應先拔去，免得舌頭被刺，狼信以為真乃專心尋刺，被驢一腳踢去逃走了。因此狼嘆氣說：「天派我做送命的屠夫的，何苦做治病的醫生呢！」錢鍾書下評語說：「這當然幼稚得可笑，他不知道醫生也是屠夫的一種。」[36]其實這個故事還沒有完，在〈談教訓〉中，錢鍾書又來諷刺醫生，他說：「世界上有這許多掛牌的醫生，仁心仁術，人類何以還有疾病。不過醫生雖然治病，同時也希望人害病：配了苦藥水，好討辣價錢；救人的命正是救他自己的命，非有病人吃藥，他不能吃飯。」[37]《寫在人生邊上》是筆者接觸錢鍾書的作品最早的一本書，也許故事迎合十來歲大孩子的興味，〈讀《伊索寓言》〉是筆者少年時代最喜歡讀的一篇，最使筆者折服的是錢鍾書對《伊索寓言》所下的評語。

III

《寫在人生邊上》的出版，也許是錢鍾書在敵偽時期的上海，在精神上最大的慰藉。雖然世局維艱，錢鍾書潛心著述，以遣漫漫長夜。錢的《談藝錄》及小說和楊絳的劇本均於此時撰寫。錢在《談藝錄》序言中說：「麓藏閣置，以待貞元。」他們對勝利是有信心的。楊絳有一憶舊文，最足以反映這一時期的生活與心境，茲錄如下，做為本章的結束。她說：「抗戰末期，勝利前夕，錢鍾書和我在宋淇家初次會見傅雷和朱梅馥夫婦。我們和傅雷家住得很近，晚飯後經常到他家去夜談。那時候知識分子在淪陷的上海，真不知『長夜漫漫何時旦』。但我們還年輕，有的是希望和信心，只待熬過黎明前的黑暗，就想看到雲開日出。我們和其他朋友聚在傅雷家樸素優雅的客廳裡各抒己見，也好比開開窗子，通通空氣，破一破日常生活裡的沉悶苦惱。」[38]

1 敵偽時期的上海大致可以分二個階段：（一）即抗戰初期，從一九三七年八月十三日日軍攻打上海開始至同年十一月十一日國民黨軍西撤，日軍占領南市、閘北、虹口、浦東及楊樹浦等地為止。（二）「孤島」時期，即從一九三七年十一月十二日起至一九四一年珍珠港事變為止，在這一時期上海四周已淪陷，但還有租界為日寇所管轄不到的特殊地區。（三）淪陷時期，從一九四一年十一月八日，日本偷襲珍珠港占據租界起，到一九四五年八月十五日日本投降為止。在這一時期，整個上海完全淪陷在日寇魔掌中。錢鍾書於一九四一年夏回到上海，那時他的家住在法租界辣斐德路六〇九號，這時屬於「孤島」時期。

2 錢鍾書在上海，暨南大學外文系主任陳麟瑞（1905-1969，柳亞子女婿，柳無忌妹妹柳無非的丈夫）擬聘請錢到暨大任教。他想先辭了孫大雨（孫大雨是錢的朋友），然後由錢鍾書遞補孫大雨的缺，當鍾書得悉後，他寧願失業，堅決不肯接受暨大聘書，故後來他又在光華及震旦找到教職。

3 珍珠港事變後，日軍占據租界，光華大學校長張壽鏞為避免向日偽登記，乃解散光華大學。光華解散後，在震旦教課所得成為錢鍾書的唯一收入，不夠用，他就去做家庭教師，靠額外束脩來貼補家用，錢鍾書在震旦教書一直教到一九四五年底為止，前後計四年半。震旦是一所教會大學，上海震旦大學有男震旦與女震旦之分。男震旦在開辦之初，只收男生，一九三七年下半年法科一年級有一個法籍女學生來隨堂聽課，第二年即正式招收女生。見劉麥生，〈我所知道的上海震旦大學〉，《文史資料選輯》第一輯（一九七九），頁八九。至於女震旦，即震旦女子文理學院，其與震旦大學名義上雖是一個系統，實則不然，諸如行政、經費各自獨立，互不相關。男震旦是法國天主教教會辦的，女震旦是美國天主教教會辦的。前者讀法文，男女兼收；後者讀英文，只收女生。教學方法也不同，男震旦是採用法國方式。女震旦採用美國方式，其組織大致仿效南京金陵女大（即金陵女子文理學院）。為了避免另行立案，兩校合組一個董事會，大權均在男震旦手中，女震旦只是做客，什麼也不能過問。當時震旦女子文理學院院長是Mother Thornton（錢鍾書的女兒錢瑗譯作「方凳媽媽」），她是英國修女，為人謙和，與錢鍾書、楊絳相處甚得。她雖是修女，但並不泥古守舊，做人很開明，譬如說，修女是不許可看小說的，但她照看不誤。錢鍾書偶亦喜看看偵探小說，看完後與方凳媽媽互相交換來看。方凳媽媽在震旦也教一二門課（訪〔電話〕楊絳，二〇〇〇年十月二十一日）。錢鍾書在震旦教書時，楊絳的小妹楊必正在震旦女子文理學院肄業，上過錢鍾書的課，故楊必與錢鍾書不僅是親戚且有師生之誼（關於楊必請參閱第四章）。

4 二〇〇〇年十月二十一日電話訪問楊絳。

5 二〇〇〇年十一月二十一日電話訪問楊絳。

6 公共租界是由英租界與美租界合併而成。英租界由鴉片戰爭《南京條約》而來，而真正獲得上海市區土地而成租界則自《虎門條約》。美租界緣起是因美國人見英國人得了好處，也想分一杯羹，乃向清廷索地劃分為美租界，因而訂了《望廈條約》。租界起源本來是安頓外國人不與中國人雜居，才有租界地設立。因為中國政府管不到，因此有人稱租界為「國中之國」。但到後來租界內的居民絕大多數為華人。英租界與美租界於一八六三年合併，而公共租界這個名稱是從一八九九年（光緒二十五年）才開始叫起來的。公共租界的面積三萬三千畝。人口以一九三二年調查為準，華人九十七萬，洋人三萬。管理公共租界的機構稱工部局。

7 法國在上海有租界較晚。因當時上海道臺吳健彰對英美待遇較好，惟對法國人要求租界地就是不買帳，到了後來上海道換了旗人麟桂始答應給法國人一塊租界地，時於一八四九年頃。初在黃浦灘得一荒地面積二畝多，後來一直擴充，到了一九三二年法租界面積約一萬五千畝，華人四十六萬，洋人一萬六千人。管理法租界的機構稱公董局。

8 珍珠港事變後，希特勒基於種族主義的立場，為了避免白種人在黃種人面前過分出醜，故力促日本對上海公共租界「維持現狀」而使上海成為一個「國際都市」。法租界當時由維琪政府管轄，一九四〇年法蘭西戰役後成立的維琪政府是德國的傀儡政權。而日軍占據租界後，又豈能「維持現狀」？

9 楊絳，〈闖禍的邊緣〉，《錢鍾書楊絳散文》（北京：中國廣播電視，一九九七），頁五五七。

10 楊絳，〈闖禍的邊緣〉，《錢鍾書楊絳散文》，頁五五八。

11 鄭振鐸，〈「封鎖線」內外〉，收入《蟄居散記》（福州：福建人民，一九八二），頁三九至四十。

12 鄭振鐸，〈「封鎖線」內外〉，收入《蟄居散記》，頁四十。

13 鄭振鐸筆下的日軍在上海暴行，比起其他淪陷區來，那簡直是小巫見大巫了。在八年抗戰中，中華民族生命財產的損失真是擢髮難數，罄竹難書。可是後來日本投降了又怎樣呢，卻沒有賠償，在這裡，我們應先從甲午戰爭說起。「七七事變」不是一件偶發事件，是日本蓄意侵略中國逐步計劃早有成算的必然結果。「七七事變」是「九一八」的延伸，而「九一八」又是甲午之戰的延伸。甲午之戰中國受創鉅深。《馬關條約》除了割地賠款外，常為人所忽略的即約中規定日人在華各通商口岸得自由從事工藝製造，並將機器進口，只交所訂進口稅；日本在華製造貨物，一切課稅均照日本輸入貨物，享受一切優例豁免。這項條款是中國國民經濟上最大的致命傷。西方帝國主義屢挫清廷，迫訂城下之盟，但均未提出如此刻薄狠毒的條款。馬關訂約後，西方各國皆援引最惠國待遇，亦共同享此優惠，從此，中國工業之萌芽全被東西方帝國主義摧殘殆盡。《馬關條約》是中國與各國訂約以來，受害最深、損失最大的一個條約。兩國交戰，戰敗國對戰勝國所提條件，很少有討價還價的餘地，所以戰敗國割地賠款視為國際常例。馬關和議，日本所提條件再苛，中國只得俯首承受，因為中國戰敗，但反觀八年抗戰勝利後的《中日和約》又如何？戰後菲律賓、緬甸等國均向日本索取贏得賠償。唯獨中國，受創最深，為時最久，生命財產損失最鉅，然而戰後所簽訂的兩種《中日和約》，對賠款一項，隻字不提，對日本八年血債一筆勾銷。「七七」抗戰，事關民族存亡，千秋萬世之事，而中日和約如此草率，不知怎能對得起三千五百多萬為國捐軀的英勇將士及死難同胞。治史者至此，無不掩卷嘆息。看當年日人伊藤、陸奧諸君謀國之忠，與中國戰後風流人物「大而化之」作風相較，相差何止千里？質言之，抗戰勝利後，蔣介石與毛澤東分別與日本簽訂這種不索賠款的和約，是說不過去的，實在有負國人，對不起國家。

14 鄭振鐸，〈「封鎖線」內外〉，收入《蟄居散記》，頁四一至四二。

15 楊絳，〈客氣的日本人〉，《錢鍾書楊絳散文》，頁四四二。

16 楊絳，〈客氣的日本人〉，《錢鍾書楊絳散文》，頁四四二。

17 楊絳，〈客氣的日本人〉，《錢鍾書楊絳散文》，頁四四八。

18 楊絳的劇本《稱心如意》於一九四四年出版（世界書局），《弄真成假》於一九四五年出版（世界書局），後來又寫了《風絮》（上海出版公司，一九四七年）。

19 錢鍾書，《槐聚詩存》（北京：三聯，一九九四），頁八六至八七。

20 楊絳，〈記錢鍾書與《圍城》〉，《錢鍾書楊絳散文》，頁三七四。

21 《培根論文集》於一五九七年出版時只有十篇，後來慢慢擴充增加至五十八篇。錢鍾書是否也像培根一樣，這類散文會繼續寫下去，我們不知道，因為一九四九年後，他似乎就封筆了。

22 很遺憾的，吾人有興趣於錢學者，大率談他的小說、《談藝錄》或者《管錐編》，卻往往忽略了錢鍾書的散文。

23 對斯威夫特有興趣的讀者。下列三本書可以找來一讀，對瞭解斯威夫特的 satire 很有幫助。（一）Edward W. Rosenheim, Jr., *Swift and the Satirist's Art* (Chicago: University of Chicago Press, 1963. (二) John M. Bullitt, *Jonathan Swift and the Anatomy of Satire* (Cambridge: Harvard University Press, 1961). (三) Herbert Davis, *Jonathan Swift: Essays on His Satire and Other Studies* (New York: Oxford University Press, 1964).

24 除文體外，錢鍾書撰文喜歡引經據典，從柏拉圖至來伯尼支（Leibniz，亦譯為萊布尼茲），從孔子到唐子西，因此我們就很難說出他的思想受哪個人的影響了。

25 司馬長風，〈錢鍾書的《寫在人生邊上》〉，香港《觀察家》一九七八年八月號，頁四八。

26 錢鍾書，《寫在人生邊上》（北京：中國社會科學，一九九一），頁二。

27 錢鍾書，《寫在人生邊上》，頁十四。

28 錢鍾書，《寫在人生邊上》，頁十四至十五。

29 錢鍾書，《寫在人生邊上》，頁十五。
30 韶是虞舜時代樂曲，詳見《漢書．禮樂志》。
31 錢鍾書，《寫在人生邊上》，頁三九。
32 錢鍾書，《寫在人生邊上》，頁四十。
33 錢鍾書，《寫在人生邊上》，頁四七。
34 錢鍾書，《寫在人生邊上》，頁四三。
35 錢鍾書，《寫在人生邊上》，頁四四。
36 錢鍾書，《寫在人生邊上》，頁四八。
37 錢鍾書，《寫在人生邊上》，頁五一。
38 楊絳，〈《傳譯傳記五種》代序〉，《錢鍾書楊絳散文》，頁五六八。

【第十章】

上海：勝利後，一九四五至一九四九

楊絳在抗戰末期說過：「那時候知識分子在淪陷的上海，真不知『長夜漫漫何時旦』。但我們還年輕，有的是希望和信心，只待熬過黎明前的黑暗，就想看到雲開日出。」[1] 這幾句話實在也可以反映出一般淪陷區的知識分子的心情——企盼勝利來臨。

勝利終於來臨。從珍珠港事變起至一九四二年夏季為止，日本在太平洋接二連三地獲得一連串不甚費力的勝利。但一九四三年初，日本海軍在南太平洋中的所羅門群島（Solomon Islands）瓜達爾卡納爾（Guadalcanal）戰役失敗後，在太平洋上的制海權漸漸落入美國人手中。一九四四年七月，美軍占領西太平洋馬里亞納群島（Marianas Islands）的塞班島（Saipan）後，美國空軍可以從塞班島起飛轟炸臺灣、琉球等地。同時也開始轟炸日本各大城市。一九四五年初，美國軍隊在菲律賓呂宋島起飛旋即攻打硫磺島及沖繩島，直叩日本門戶。此時美國軍力強莫與京，日本敗亡指日可待。但日本主戰派誓死一兵一卒打到底，不肯甘休。一九四五年五月，德國投降，給日本很大的刺激。主和派氣勢頓盛。此時，日本政府請蘇聯出面調停美日戰爭，惟蘇聯對調停不太熱心。日本求和心切，而蘇聯的延宕，更使日本焦灼迫不及待，一九四五年七月二十一日，日本政府甚至訓令其駐蘇大使佐藤前往華沙迎晤從波茨坦會議返蘇途中的蘇聯外長莫洛托夫面談。七月二十六日盟國發表波茨坦勸降文告。美國為了早日結束戰爭，乃於八月六日在日本廣島投下了歷史上第一顆原子彈。日本毫無反應，美國復於八月九日在長崎上空投下了第二顆原子彈，日本終於在八月十五日宣布無條件投降。八年抗戰於焉結束，終於看到如楊絳所說的「雲開日出」勝利到來。

抗戰勝利，舉國歡騰，但這種興高采烈的氣氛為時不久。抗戰勝利後的中國，政局一片糜爛，接收人員五子登科。此時世界各國（如歐洲），百廢待舉，重建家園。但中國卻背道而馳，在連年兵燹之後，復進行大規模的內戰。因為戰爭，復因國民黨政府腐敗，物價騰貴，通貨膨脹，[2]老百姓生活甚是艱苦，錢鍾書亦不例外。戰後，錢鍾書沒有回清華，仍留在上海，像一般知識分子一樣，找了很多兼差，以維生計。從抗戰勝利後到一九四九年八月北上清華為止，錢鍾書在上海同時有三份工作：除在中央圖書館任編纂外；也任職於英國文化委員會（British Council），他還在虹口暨南大學教書。本章為了敘述方便起見，依次先講這三份工作，然後講他的三本書。錢鍾書於抗戰勝利後一連出了三本重要著作：此即《人・獸・鬼》（一九四六年）、《圍城》（一九四七年）及《談藝錄》（一九四八年）；本文對三本書只做概略性介紹，不做文學批評。[3]

抗戰勝利後不久，錢鍾書應聘為南京國立中央圖書館英文總纂的職務，並負責編輯該館的英文刊物《書林季刊》（*Philobiblon*）[4]。鄭振鐸是中文總纂。館長是蔣復璁。一九四九年後，中央圖書館遷臺北，蔣復璁隨國民黨去臺灣，錢鍾書留在大陸。錢鍾書編的《書林季刊》創刊號於一九四六年六月問世，至一九四八年九月（第二卷第三期）停刊，前後共出七期。他在《書林季刊》上用英文寫了很多篇書評，頗有分量。在創刊號上，他發表了英文書評，評R. P. Henri Bernard 的法文書 *Le père Matthieu Ricci et la société chinoise de son temps (1552-1610)*（《利瑪竇與明代社會》）。在第二期上，評英人Kenneth Scott Latourette, *The Chinese: Their History and Culture*（《中國文化史》）。在第二期，他評Clara M. Candlin Young, *The Rapier of Lu, Patriot Poet of China*。在這些書評裡，他把洋人挖苦一番，譏笑他們對漢學認識的淺薄。錢鍾書的書評頗受學術界重視。

II

因編《書林季刊》的關係，錢鍾書於一九四八年三月，以中央圖書館工作人員的身分，隨教育部主辦的文化訪問團到臺灣一趟。三月十八日抵達基隆，教育廳長許恪士親至碼頭登輪迎接。誰是領隊不詳。訪問團中尚有中央圖書館館長蔣復璁，上海博物館館長徐森玉（鴻寶），中央博物館向達、王振鐸，故宮博物院莊尚嚴，學者屈萬里、李玄伯，畫家王季遷、俞子才等二十二人。同時教育部在臺北辦了一個文物展覽會。參加展出的有陶瓷、銅器、銀器及一些善本書籍，計六百餘件。這個展覽會於三月二十四日在臺北市區新公園（今二二八和平公園）裡的省立博物館（今國立臺灣博物館）內舉行，由教育部次長田培林主持開幕，為了配合這個展覽會，另外還有七場專題演講，地點在徐州街臺灣大學法學院。茲錄講題及主講人如下：

第一場，三月三十日上午，主講人向達，講題：「敦煌佛教藝術」；

第二場，同日下午，李玄伯，「中國古代社會與近代初民社會」；

第三場，三月三十一日上午，王振鐸，「指南針發明史」；

第四場，同日下午，莊尚嚴，「中國繪畫概說」；

第五場，四月一日上午，錢鍾書，「中國詩與中國畫」；
第六場，同日下午，屈萬里，「中國刻本書前的圖書」；
第七場，四月二日上午，蔣復璁，「中國書與中國圖書館」。[5]

這七場演講，主講的學者均一時之選，講題與展出書畫文物相關，但這七場演講，聽講的人不多，有人說地點太偏了一點，但從市中心博物館或省立圖書館徒步二十分鐘也可以走得到。且那時腳踏車盛行，巴士也都很方便。問題是到底這些演講曲高和寡，不像歌星或電影明星來得有號召力。據報導說，四月一日錢鍾書那一場演講盛況空前，恐是誇張，也許較以前幾場的人多一點而已，且臺大法學院沒有一個能容納一百人以上的禮堂或教室。而他的講題又不是像「梁山伯祝英台」之類題目，不可能吸引很多人的，何來空前盛況？但據《自立晚報》說：「九時後，聽眾漸多，女師、商職學生占了三分之一，是三日來最多者。」[6] 由這條消息看來，怕聽眾太少，冷清清的場面不好交代，故主辦單位只好拉公差，叫隔一條街（濟南路）的臺北商業學校（今臺北商業大學）的學生，及只隔二、三條街在公園路的臺北女子師範學校（今臺北市立大學）的學生來捧場。這些演講再好，叫十幾歲的中學生來聽，恐怕他們也聽不懂，只好跟著人家笑或者拍手而已。

錢鍾書生性幽默，他的演講開場白很受人歡迎。十時，錢鍾書步上講臺，由臺大法學院劉院長致介紹詞後，錢鍾書即說今天有機會到這所最高學府來演講很是高興，隨即用幽默的口氣說：「劉院長的介紹使我很惶恐，尤其是劉院長剛才說我是『優秀學者』實在不敢當，像開出一張支票，恐怕不能兌現，因我這銀行裡沒有現款。」這一說引得大家哄堂大笑。後來又說「好在今天是April fool（愚人節），讓我這個愚人站在這裡受審」。然後他一本正經地講他的正題：「中國詩與中國畫」。因為錢鍾書口才好，把詩畫抽象的觀念，用深入淺出的方法講出來，譬如說詩畫的關係，他說：「詩就是能講話的畫，畫就是不講話的詩。」他強調不但中國人有這樣的觀念，西洋人（如古希臘及羅馬）也有這樣的看法。引經據典，他把他以前寫的〈中國詩與中國畫〉論文通俗化了。但說得明白暢曉，真能做到像白居易所說的使老嫗能解。他的論點是詩與畫本是一件東西，只是用兩種技巧、兩種不同工具表現出來的東西。對中國畫與中國詩並不足以代表中國畫的畫中有詩、詩中有畫的特點，他說得很詳細，旁敲側擊，頭頭是道。[7] 最後錢鍾書說：「詩要有畫的功能，畫要有詩的功能。今天是愚人節，就算我騙了大家來空跑一趟。」[8] 演講在掌聲中結束。《自立晚報》未把劉院長的名字寫出來。劉院長的名字如果錢鍾書看到了一定非常高興，因為他的名字與《圍城》裡主人翁方鴻漸同名，全名叫劉鴻漸[9]，字鼎三，他是戰後臺大法學院第二任院長，他只做了一學年（一九四七至一九四八），繼任者為薩孟武。

錢鍾書這次遊臺，在臺北遇到舊友喬大壯。真是他鄉遇故知，其樂可以想見，時喬任臺大中文系主任，但他並不愉快。一九四八年暑假後臺大未再續聘他，即返大陸。未幾便自沉於蘇州平門梅村橋下，享年五十七歲。在《槐聚詩存》裡錢鍾書有一詩〈贈喬大壯先生〉，詩云：

一樓波外許摳衣，適野寧關吾道非。
春水方生宜欲去，青天難上苦思歸。
耽吟應惜拈髭斷，得酒何求食肉飛。
著處行窩且安隱，傳經心事本相違。
（原詩小注：先生思歸蜀，美髯善飲。）[10]

旅臺時，錢鍾書寓臺北近郊草山賓館。草山（陽明山）是一個好地方，風景幽絕，蔣介石於一九四九年退處臺灣後，即居於此，並將草山更名為陽明山。錢鍾書對草山印象彌佳，有詩為證。

〈草山賓館作〉

空明丈室面修廊，睡起憑欄送夕陽。

花氣侵身風入帳，松聲通夢海掀床。
放慵漸樂青山靜，無事方貪白日長。
佳處留菸天倘許，打鐘掃地亦清涼。
（原詩附小注，《樊南乙集・序》：「方願打鐘掃地，為清涼山行者。」）[11]

一九八〇年代錢鍾書致友人書中曾說過「臺灣為舊遊之地，嘗寓草山一月」[12]。不知道他在臺期間曾否去其他地方觀光，如日月潭及阿里山等地遊覽？

錢鍾書除在中央圖書館工作外，他同時擔任英國文化委員會（British Council in China）文化叢書編輯委員。當時英國文化委員會在上海的負責人是 Geoffrey Hedley（任期一九四四至一九五〇）。他還有一個中文名字叫賀德禮。

除了上述二項工作外，錢鍾書又在國立暨南大學外文系兼課。（錢鍾書與暨南大學有緣，他於一九四一年自藍田回到上海後，有意到暨南大學任教，但後來知道暨南聘他時，須先辭掉孫大雨，才有空缺聘他，錢鍾書得悉內情後，他就寧願失業也不肯就暨南教職。故後來錢鍾書去光華及震旦教書。）那時暨南大學在租界上課。珍珠港事變後，日軍占據租界，對暨南大學諸多干擾。暨南乃遷往福建建陽。抗戰勝利後，暨南大學自福建遷回上海。原來真茹校舍毀於炮火，故暫借在虹口東體育會路及寶山路兩所日人遺留下來的學校做為臨時校舍。理學院及商學院設在東體育會路（原來日本女子學校）稱第一院，又法學院設在寶山路（原來日本第八國民小學）稱第二院。二院相距甚近，只有一箭之遙。[13]錢鍾書即在寶山路第二院上課。當時校長為李壽雍，教務長為錢學家所熟悉的〈憶錢鍾書〉一文作者鄒文海，文學院院長為劉大杰，外文系主任為孫貴定[14]。錢鍾書在暨南教到一九四九年六月，前後三年。

不出所料，錢鍾書在暨南教得不錯，像在其他地方一樣，很受學生歡迎。他在外文系開兩門課：一門是「歐美名著選讀」，每週三小時，一門是「文學批評」，每週二小時。據他的學生林子清先生回憶：第一次上「名著選讀」（第一篇是《伊利亞德》）時，文學院院長劉大杰親自陪錢鍾書到教室，向同學介紹說：「我給你們請到了這樣一位先生，你們真幸運。」[15]劉大杰的話是真話，不是一般泛泛的應酬話。錢鍾書給學生的印象是深刻的。隔了四十多年後，學生對錢鍾書上課的神情，記憶猶新。據林子清說：「錢先生身穿一套紫紅色西裝，戴了眼鏡，表情頗嚴肅。待他開口講課時，清脆流利的英語立刻把我們吸引住了。至今事隔四十多年，我還能記憶他讀『阿伽門儂』這個名字的音調。錢先生把《伊利亞德》裡的英雄人物講活了。」[16]林子清又說錢先生講「文學批評」這門課也是很精采的：「在我的記憶中，他講這門課是沒有講稿的。他嘴裡滔滔不絕地講，手拿粉筆在黑板上寫幾個字，有時寫幾行字。他口講手寫，在學生面前擺滿了山珍海味。但是由於外國語言的障礙，有些美味學生沒法品嘗，他便用英語進行解釋。例如有一次把維克多．雨果的詩句用法文寫在黑板上然後用英文解釋。我沒有聽清楚，不能筆記，他便在課後給我在空白的地方補上。」[17]講到文學和音樂的關係時，錢鍾書有一次在課堂上引用蒲伯和丁尼生的詩句，然後用蘇東坡的「塔上一鈴獨自語，明日顛風當斷渡」。「顛」和「當斷渡」，朗誦起來很像鈴聲「叮叮噹噹」聲，他用這個例子來說明「象聲」，但也有比較文學的味兒。據學生回憶，錢先生在暨南執教三年，從來沒有遲到過。[18]除認真教課外，他也很樂意幫學生忙。一九四九年後，暨南停辦，錢鍾書即北上清華。

III

上述所記是錢鍾書抗戰勝利後在上海三份工作活動的大概，下面介紹他抗戰勝利後出版的三本書。錢鍾書於抗戰時撰寫的著作，均於抗戰勝利後一一面世。一九四六年六月，他的短篇小說集《人．獸．鬼》出版，由上海開明書店發行，列為「開明文學新刊」之一。在《人．獸．鬼》裡收了四個短篇，此即〈上帝的夢〉、〈貓〉、〈靈感〉和〈紀念〉。〈上帝的夢〉是仿創世記聖經故事，但錢鍾書把故事改寫了——不是上帝創造世界，而是在進化中創造上帝。夏志清說〈上帝的夢〉只是一篇有法朗士（Anatole France）風格的輕浮寓言。[19]有人不同意這個說法，說〈上帝的夢〉是一篇意義深長的小說。[20]但也有人說這篇不能算是小說。[21]不管怎麼說，〈上帝的夢〉不是一篇引人入勝好看的作品。

《人‧獸‧鬼》中第二個短篇是〈貓〉，這是在這本集子中最長的一篇，占了將近一半的篇幅（在全書一百五十六頁中占了六十八頁——筆者用的是上海開明版香港翻印本）。〈貓〉是一篇譏嘲知識分子的小說，影射了當時（一九三〇年代）在北平一批大學教授、文藝作家，很多人說這篇小說是錢鍾書寫《圍城》的前奏。儘管錢鍾書在〈貓〉的開端花了很多篇幅講一些與小說男女主角不太相關的事，但也可以看出他的博學，又因文字很美，乍看起來讀〈貓〉不像是看小說，很像讀錢著《寫在人生邊上》散文的味道，有很多地方看出來，作者在掉書袋。至於小說本身，可謂平淡無奇，起因是男主角李建侯，是一個留學生，他心血來潮想寫遊記，因此僱了一個十八、九歲的大學生名叫齊頤谷來幫他寫遊記。李建侯這個人很像〈紀念〉裡的徐才叔，稟性隨和，一個很好說話的人，在太太面前，更是一個馴良的丈夫。他的妻子愛默是一個風華絕代的美女。人家常說像「李太太那樣漂亮的人，怎麼會嫁給建侯，有建侯的錢和家世而比建侯能幹的人，並非絕對沒有。他們不知道，天並沒配錯他們倆。做李太太這一類的女人的丈夫，是第三百六十一行終身事業，專門職務，比做大夫還要忙，比做車夫還要累」。[22]而且李太太又是在「美國人辦的時髦女學畢業，本來是毛得撩人、刺人的毛丫頭，經過『二毛子』的訓練，她不但不服從丈夫，並且丈夫一個人來侍候她還嫌不夠」。[23] 到後來慢慢占用了建侯僱來的頤谷。起初只是愛默請頤谷幫她寫寫請客的帖子或者代寫幾封信，到後來愈做愈多了，大有鵲巢鳩占的況味，建侯的遊記也寫不成了。夫婦也因此事吵架。建侯有外遇，結識一個十七、八歲相貌平平的女孩，搭車南下，在車站上碰到了友人陳俠君。陳將此事告訴了愛默。她的錯愕是可以想像得到的，因此她想報復，於是她轉向頤谷，惟頤谷太年輕，無法應對，愛默的失望可想而知，最後把頤谷趕走。建侯為了一個很平庸的女子而拆散家庭值得嗎？他很後悔。

像建侯夫婦這樣的故事很多。但〈貓〉所以與其他小說不同的地方及能引人注目而有興趣，主要是作者在〈貓〉裡影射了很多當時知名人士。錢鍾書在序中說：「書裡的人物情事都是憑空臆造的。」雖然作者有如此聲明，但正如夏志清在他的《中國現代小說史》中說，即使最漫不經心的讀者，也會去猜測書中那些角色的真正身分。[24] 吳宓讀了刊載在《文藝復興》上的〈貓〉後在日記上記載：「其中袁友春似暗指林語堂，曹世昌指沈從文。餘未悉。」（見《吳宓日記》一九四六年八月五日星期一條）還有趙玉山指趙元任。男女主角則影射梁思成、林徽因夫婦。[25] 現在幾乎大家都知道了，陸伯麟影射周作人，傅聚卿指朱光潛，馬用中指羅隆基，這些人都可以呼之欲出，惟妙惟肖，但科學家鄭須溪及畫家陳俠君不知是誰？

上述這幾位在書中被影射的人物，當然逃不過錢鍾書的生花妙筆來譏嘲或挖苦一番。而這種文字上的功夫，也真虧只有錢鍾書這樣的才子才能寫得出來，試舉幾個例子如下：

「舉動斯文的曹世昌，講話細聲細氣嫵媚可愛，隔壁聽來，頗足使人誤會而心醉。但是當了面聽一個男人那樣軟膩膩的講話，好多人不耐煩，恨不得把他像無線電收音機似的撥一下，放大他的聲音。這位溫文的書生偏愛在作品裡給讀者以野蠻的印象，彷彿自己兼有原人的天真和超人的利害。他過去的生涯布滿了神祕性。假如他說話可信，那末他什麼事都幹過。他在本鄉落草做過土匪，後來又吃糧當兵，到上海做流氓小弟兄，也曾登臺唱戲，在大飯店裡充侍者，還有其他富於浪漫性的流浪經驗，講來都能使過慣家庭和學校生活的青年搖頭歎氣說：『真看不出他！』」[26] 儘管錢鍾書在序文裡告誡讀者不要白費心機去找尋書中人物的原身，但讀者看到〈貓〉裡上述的描寫，大家心裡有數，所以吳宓一看就看得出來曹世昌是影射沈從文了。關於沈從文說話之細軟，我們還可以從他的學生回憶得到佐證。許芥昱是沈從文在聯大時的學生，據許芥昱回憶說：「第二日，我上沈從文的短篇小說寫作課，這位三十八歲的名作家，身材瘦小，戴一副金邊眼鏡，說話清細。即使我們坐在第一排，也得必須側身向前盡力聽他講的話。」[27] 此外，錢鍾書對曹世昌還有如下的描寫：「他現在名滿天下，總忘不掉小時候沒好好進過學校，還覺得那些『正途出身』者不甚瞧得起自己。」[28] 沈從文在西南聯大時，很多教授看不起他，但錢鍾書則說沈從文有自卑感。[29]（錢鍾書在〈貓〉中譏嘲周作人、林語堂無可厚非，但沈從文不一樣，他是一個苦學成功的作家，他這種踔厲自奮苦學的精神就很了不起，足可楷模四方，應對他筆下留情，而西南聯大同仁，更不應該瞧不起他。）

講到袁友春影射林語堂時，錢鍾書說「斜靠在沙發上，翹著腳抽煙斗的是袁友春。他自小給外國傳教士帶了出洋。跟著這些寒窘迂腐的洋人，傳染上洋氣裡最土氣的教會和青年會氣」。[30]然後又說：「此人的煙斗是有名的，文章裡時常提起它，說自己的靈感全靠抽煙，好比李太白的詩篇都從酒裡來。有人說他抽的怕不是板煙，而是鴉片，所以看到他的文章，就像鴉片癮來的直打呵欠，又像服麻醉劑似的，只想瞌睡，又說他的作品不該在書店裡賣，應當在藥房裡做為安眠藥品發售，比『羅明那兒』（Luminal）、『渥太兒』（Ortal）都有效而沒有危險性。這些話都是忌妒他的人說的，你作不得準。」[31]

錢鍾書講到陸伯麟（指周作人）時，他說除了向日葵以外，天下怕沒有像陸伯麟那樣親日的人或東西。陸伯麟在茶會說過，日本人來意不善，英美人的存心何嘗不想利用中國，他倒寧願傾向日本，至少還是同種。錢鍾書借陳俠君的口把他譏嘲了一下說：「這地道是『日本通』的話。平時的日本通，到戰時發生，好些該把名稱倒過來，變成『通日本』，——伯老，得罪得罪！冒犯了你，我們湖南人講話粗魯，不知忌諱慣的。」後面這幾句話是因為陸伯麟氣得臉色翻白，撚鬍子的手都抖著。[32]最後錢鍾書用陸伯麟的口講了一個和尚廟裡的臭蟲故事，很滑稽可笑，似不可不記。陸伯麟笑說：「我想起一樁笑話。十幾年前，我家還在南邊。有個春天，我陪內人到普陀山去燒香，就住在寺院的客房裡。我看床鋪的樣子，不甚放心，便問和尚有沒有臭蟲。和尚擔保我沒有臭蟲，『就是有一兩個，佛門的臭蟲受了菩薩感應，不吃葷血；萬一真咬了人，阿彌陀佛，先生別弄死它，在菩薩清靜道場殺生有罪孽的。』好傢伙！那天我咬得一晚不能睡。後來纔知道真有人照和尚的話去做，有同去燒香的婆媳兩人，那婆捉到了臭蟲，便擱在她媳婦的牀上，算是放生積德，媳婦嚷出來，傳為笑話。須溪講環境能感化性格，我想起和尚廟的吃素臭蟲來了。」大家都哈哈大笑。[33]

講到趙玉山（趙元任），錢鍾書說他是什麼機關的主任，僱了許多大學畢業生，在編輯一種研究報告，其中一種是「印刷術發明以來中國所刊書中誤字統計」，就是趙玉山出的題目，據說這個題目是一輩子也做不完的。他常雄赳赳地說，「發現一個誤字價值並不亞於哥倫布的發現新大陸」，哥倫布是否也認為發現新大陸不亞於發現誤字，聽的人無法去問，只好點頭和趙玉山同意。並說此人沉默寡言，沒有多少趣味。但他為李太太犧牲一頭頭髮，所以有資格做李家的慣客。[34]至於犧牲一頭頭髮，〈貓〉裡這樣敘述：「那天玉山纔理過髮，她（趙太太）硬說他油頭粉面要去獻媚李太太，使性子咬了橡皮糖吐在玉山頭上。結果玉山唯有剃光頭髮，偏是深秋天氣，沒有藉口，他只好說頭髮長了要多消耗頭皮上的血液，減少思想效率。」不知此故事確否？有人報導趙元任與錢鍾書和曹禺有師生關係，其實沒有。錢鍾書說：「我們在清華時，趙元任早離開了。」[35]當錢鍾書於一九七九年遊美時，五月九日到了柏克萊加州大學，在密不通風的日程裡，他特地抽出時間來上山登門拜望趙元任夫婦

（然後趕回來參加加大校長鮑克博士的歡迎酒會）。[36]時趙元任年已八十有七。就像當年（一九〇三年）梁任公遊新大陸時，到了紐約後，特地去康乃狄克州哈特福（Hartford）趨謁崇階拜訪容閎一樣。梁啟超與錢鍾書算是傳統中國讀書人的典型，十分講究禮數。

〈貓〉裡的對話是很精采的，也有掉書袋之嫌，譬如講到女主人寵物黑貓時說：「傾國傾城、天字第一號外國美人是埃及女皇克來巴達（Cleopatre）；埃及的古風是，女人愈像貓愈算得美。陸伯老不是也講過麼？明朝的宮闈裡，皇后妃嬪全愛養貓。」[37]錢鍾書借用陳俠君的口道：「建侯若生在十六世紀的法國，他這身段的曲線美，不知該使多少女人傾倒羡慕，甘心不拿薪水當他的女書記呢！那時候的漂亮男女，都得把肚子凸出——法國話好像叫Panserons——鼓得愈高愈好，跟現代女人的束緊前面腹部而聳起後面臀部，正是相反。建侯算得古之美少年。」[38]這不僅挖苦建侯，同時也是作者賣弄學問的地方，諸如此類在〈貓〉中所在多有。

在〈貓〉之後是〈靈感〉，也是一篇諷刺文人的小說。〈靈感〉是講一個多產作家的故事，因為這位作家參加提名角逐諾貝爾文學獎落空後，突然生病，那天晚上病榻前圍著不少崇拜者。除了記者拿起小本來速寫「病榻素描」外，有些人還緊握著一方準備拭眼淚的手巾，因為大家都知道今天是來送終的。這位作家看見病榻前立著那麼多人，與平時理想中臨死時的情景符合。那時這位作家奄奄一息，最後在死亡邊緣掙扎中說出：「我的作品，將來不要編全集，因為……」[39]這位作家死後，因為他著作太多、太重而摔落入「中國地府公司」。主持這個「地府公司」的是一個留有大鬍子的判官，而後情節是一連串的對白。最後是他卷帙浩繁的著作裡人物，一齊上來向這位作家嚷著「還我命來」。這是錢鍾書匠心經營的諷刺幻想小說。而這個作家大家都認為是指魯迅。也有人說還有別的作家的影子。[40]

〈紀念〉是《人．獸．鬼》裡最後一篇，大家公認為錢鍾書最好的一個短篇。〈紀念〉是講一個少婦紅杏出牆的故事，時間不長，也不快樂，天下事就有這麼巧，雖不心甘情願與情人僅有的一次私通，就有了孩子。女主角曼倩直到大學畢業，還沒有男朋友，「這時候憑空來個徐才叔」，可謂天賜良機。才叔是她父親老朋友的兒子，因為時局關係從南方一個大學到曼倩學校借讀，並且在開學以前及在週末或假日也住在曼倩家，因此混得很熟，日久生情，不顧父母反對就結婚了。婚後跟著才叔到內地，在一個小城公家機關做事。才叔是一個非常普通的人，不算頂聰明，家裡又窮，結婚兩年多，曼倩跟著才叔吃苦，沒有怨過，這樣的妻子，不能說對不住丈夫的女人，應該說丈夫對不住她。在訂婚以前，「曼倩的母親就說才叔騙了她的寶貝女兒，怪她自己的丈夫引狼入室。曼倩的女伴們也說曼倩聰明一世，何以碰到終身大事，反而這樣糊塗。」[41]曼倩是一個善良女子，有時難免愛慕虛榮。當才叔白天去上班，她獨守空閨，有點寂寞。後來有一空軍支隊進駐小城後，[42]小城開始熱鬧起來，曼倩的世界也起了變化。新來的空軍裡一位飛行員名叫周天健是才叔的表弟，天健是另一類型的人，像一切飛行員一樣，天健身材高壯，聰明活潑，英俊瀟灑，玩世不恭。曼倩見了天健後，很快墮入情網，就這樣一時「糊塗」，她變成了對不住丈夫。幾星期後，天健在空戰中喪生。[43]那時曼倩已懷了他的孩子。因為才叔不知道他們間的戀情，乃建議如生的是男孩就取名叫天健來紀念這位為國捐軀的表弟。曼倩說：「我可不願意。你看見追悼會上的『航空母艦』麼？儼然涕泗交下，打扮得活像天健的寡婦！天健做人，你是知道的。他們倆關係一定不淺，誰知道她不——不為天健留下個種子？讓她生兒子去紀念天健罷。我不願意。並且，我告訴你，我不會愛生出來的孩子，我沒有要過他。」[44]錢鍾書把曼倩的小心眼、自私、寡情的本性和盤托出。才叔表現出一副老好人的本色，照例沒有話說，故事就這樣結束了。這個故事本來很平淡，但因錢鍾書觀察入微，情節安排巧妙，加上他卓越的心理分析，文字又美，所以這篇小說很受讀者歡迎。張明亮說〈紀念〉不僅是集子裡壓軸之作，在現代短篇小說中，也是難得的傑作。[45]他又說：「〈紀念〉終於擺脫了《儒林外史》而成為《圍城》那樣精緻而成熟的作品。」[46]

IV

《圍城》是錢鍾書最成功的文學創作，於一九四七年六月，由上海晨光出版公司出版，列入「晨光文學叢書」，這是錢鍾書留下來的唯一的一本長篇小說，分九章計二十五萬字。

《圍城》的故事開始是留歐學生方鴻漸一九三七年乘法國郵船白拉日隆子爵號（Vicomte de Bragelonne）自歐返國，他留學費用川資是由他去世的未婚妻的父親負擔，因方鴻漸在歐洲念過幾所大學，但沒有拿到學位，無法向父老交代，於是花錢向紐約一所函授學校購得一張假博士文憑回國。返國後在銀行做過一段時間的事後，抗戰軍興，即到內地三閭大學當教授，當友人趙辛楣介紹方鴻漸給三閭大學校長高松年時說方是洋博士，但方自己不敢填報，故貶為副教授。無巧不成書，也在同一學校，歷史系系主任韓學愈也是這所紐約函授學校克萊頓大學買來的假博士，又娶了一位白俄女人。但他膽子大，說他太太是美國人，他在美國《史學雜誌》及《星期六文學評論》上花錢登過分類廣告，於是他理直氣壯地說在這兩份有分量的雜誌上發表過文章，所以做了系主任。他見了方鴻漸還說克萊頓大學是個「很認真嚴格的學校，雖然知道的人很少——普通學生不容易進」。[47]但方鴻漸膽子小，太老實，最後被攆出了學校。小說當然少不了戀愛故事，《圍城》也不例外。方鴻漸與三閭大學同事孫柔嘉結婚前，也曾有過三個女朋友，均無結果。方與孫柔嘉在香港草草結婚，婚後回上海，但夫妻不睦，幾個月後孫柔嘉出走，方鴻漸準備又回內地（重慶），這是小說的大概。至於《圍城》命名的由來，錢鍾書也曾有說明。在書中鴻漸與一些朋友談論羅素離婚，先是說蘇格拉底的太太是潑婦，把髒水澆在丈夫頭上，亞里斯多德的情婦把他當馬騎。羅素離了幾次婚，然後錢鍾書乃借褚慎明的口道：「關於Bertie結婚離婚的事，我也跟他談過。他引一句英國古語，說結婚彷彿金漆的鳥籠，籠子外面的鳥想住進去，籠內的鳥想飛出來，所以結而離，離而結，沒有了局。」蘇小姐道：「法國也有這麼一句話。不過，不說是鳥籠，說是被圍困的城堡（Forteresse Assiégée），城外的人想衝進去，城裡的人想逃出來。鴻漸是不是？」[48]這裡錢鍾書用的是象徵主義，其實何獨婚姻，同時也可以說明抗戰時期在上海一般文人的心態以及人生一切。後來鴻漸說：「我還記得那一次褚慎明還是蘇小姐講的什麼『圍城』。我近來對人生萬事，都有這個感想。譬如我當初很希望到三閭大學去，所以接了聘書，近來愈想愈乏味，這時候自恨沒有勇氣原船退回上海。」[49]可是後來方鴻漸又感覺到很矛盾，「他去年懊悔到內地，他現在懊悔聽了柔嘉的話回上海。」[50]錢鍾書這幾句話說穿了一切，道出了人生的矛盾——彷徨與苦悶。

眾所周知，《圍城》是講知識分子的小說，用象徵的地方很多，惟與政治無關，但耶魯大學歷史系教授史景遷（Jonathan Spence）在《紐約書評雜誌》（*The New York Review of Books*, April 17, 1980）上提出了一個問題，即在《圍城》第一章一開始方鴻漸搭法國郵船返國的船名問題，方鴻漸乘的郵船船名是Le Vicomte de Bragelonne（白拉日隆子爵號），史景遷認為錢鍾書用這船名具有特別意義，很顯然地採自大仲馬的一部小說的副標題*Dix ans plus tard ou le Vicomte de Bragelonne*（白拉日隆子爵，十年後）而來。「十年後」是以哪一年起算的呢？

小說中時間是民國二十六年（即一九三七年），史景遷肯定以一九二七年為起算。一九二七年是中國現代史上一個很重要的年分，那一年國共分裂，蔣介石北伐實行清黨。史景遷認為錢鍾書刻意安排，旨在反映一九二七年中國國內的政治悲劇。錢鍾書是否有這樣的想法？但從錢氏的作品中來看，似無此傾向。一九三七年是抗戰的開始，且《圍城》內容與一九二七年無涉，但與抗戰有關。史景遷復指出當吾人讀大仲馬《十年後》小說時會看到子爵勞爾（Raoul）一生完全被乃父及其他三劍客鋒芒所蓋住。勞爾是一個勇而無謀的年輕人，無法與他們抗衡。在《圍城》中方鴻漸不正也是如此。照史景遷的說法，方鴻漸這個角色錢鍾書是受大仲馬影響。史景遷的結論是如果沒有西方文化知識的讀者是無法領會《圍城》裡的諷刺文，同時無法分辨是博學還是在賣弄。何獨西洋文化，其實讀者對中國文化不甚了了的，也一樣不能欣賞這部小說。史景遷認為在錢鍾書看來，在中國，西方文化必須整個地吸收與融會。以上幾點有待商榷，他的看法是耶？非耶？留待他日給專門研究錢鍾書的專家去推敲吧。

《圍城》刊布後甚受讀者歡迎。錢鍾書名噪一時。當錢鍾書的《圍城》尚在《文藝復興》雜誌上連載時，吳宓曾讀了，他在一九四六年八月三日日記中記載：「夜讀《文藝復興》雜誌四、五、六期（一卷）中錢鍾書撰小說《圍城》至夜半，始寢。其五期五七三頁以下，宴席中，哲學家褚慎明，似暗指許思玄。舊詩人董斜川，則指冒廣生之次子冒景璠，鍾書歐遊同舊，且曾唱和甚密者也。其餘線索未悉。宓讀之且多感，作者博學而長諷刺耳。」後來一九四七年《圍城》出了單行本後，錢鍾書曾贈送一冊給吳宓（《吳宓日記》一九四七年十月十三日）。吳宓看了單行本《圍城》之後，在日記上記載：「宓細讀錢鍾書作《圍城》小說，殊佩。自恨此生無一真實成就。《新舊因緣》既未動筆，論才力，亦謝錢君，焉得如《圍城》之成績也者？」（《吳宓日記》一九四七年十月十九日）夏志清說：「我真正對錢鍾書佩服得五體投地，是在讀《小說識小》及《圍城》之後。一九四七年秋，我要從上海去一趟南京，把護照上簽證來美留學這步手續辦妥。剛出版的晨光本《圍城》已看開頭了，正好在京滬道上一路看下去，讓我忘掉車廂裡擁擠雜亂的情形。」[51] 林海（鄭朝宗）在《觀察》週刊上撰文將錢鍾書的《圍城》與十八世紀英國小說家亨利·菲爾丁（Henry Fielding）的《湯姆·瓊斯》（*Tom Jones*）相提並論。[52] 趙景深在一篇記述錢鍾書與楊絳的速寫中講到《圍城》時說：「他的《圍城》卻已經成為我們家中的favourite了。我的兒子、內侄妻女、內嫂以及我自己爭奪般的搶著看，消磨了一個炎熱的長夏。」[53] 上述諸家評語可以用膾炙人口或洛陽紙貴來形容，《圍城》的出版，其受人歡迎程度，當可思之過半矣。「圍城」的意義，除了法國成語外，「圍城」還有被困的意思，如珍珠港事變後的上海，但錢鍾書沒有在書中說出來，照這個意思去推演，日本錢學家中島長文說《圍城》是指近代中國被傳統中國包圍了。[54] 以此類推下去，於是有人也說《圍城》代表中國文化被西洋文化包圍住了。[55] 林海說：「《圍城》象徵著方鴻漸的人生觀，實際也代表著作者自己的。」[56] 批評家瑞恰慈（I. A. Richards）一派認為文學作品字義愈抽象，其象徵性愈強，則文學價值更高。這樣說來錢鍾書寫《圍城》是有理論架構的。英國當代思想史家以撒・柏林（Isaiah Berlin, 1909-1997，他比錢鍾書早一年生，早一年卒，也是牛津出身），於一九五一年出版了一冊不到一百頁的小書（計八十六頁）。這是他一生寫得最好也是最有名的一本書：《刺蝟與狐狸》（*The Hedgehog and the Fox*）[57]，書名取自古希臘詩人阿奇洛克思（Archilochus）的話「狐狸多知，而刺蝟有一大知」（The fox knows many things but the hedgehog knows one big thing）。柏林說：「原文隱晦難解，其正確詮釋，學者言人人殊，推諸字的涵義，可能只是說『狐狸機巧百出，不敵刺蝟一計防禦』。」（柏林原書附有希臘文）詩人的話錢鍾書譯為「狐狸多才多藝，刺蝟只會一件看家本領」[58]。柏林在他這本書裡，將西方思想家和作家分做兩類：刺蝟型與狐狸型。前者有一個中心思想，即有一套思想體系，大的理論架構，如柏拉圖和馬克思。後者（即是狐狸型）無所不知，無所不包，觀察入微但思想散漫，以亞里斯多德、伏爾泰為代表。柏林認為但丁、巴斯卡、黑格爾、杜斯妥也夫斯基、尼采、易卜生、普魯斯特是刺蝟（屬於刺蝟型）。而莎士比亞、歌德、普希金、巴爾扎克、喬伊斯和屠格涅夫則是狐狸（屬於狐狸型）。具體一點來說，「狐狸型」優點是文字美且精煉，觀察入微。而「刺蝟型」的優點是有體系，結構完整。柏林說托爾斯泰是天生的狐狸，卻一心要做刺蝟（Tolstoy was by nature a fox, but believed in being a hedgehog）。因此他兼取兩者的優點，使他的小說《戰爭與和平》成為永垂不朽的舉世名著。

哈佛大學教授李歐梵說，中國古今作家兼具刺蝟與狐狸優點的只有一個——曹雪芹。他又說魯迅是狐狸，茅盾是刺蝟。[59]我們可以說胡適是狐狸，陳獨秀是刺蝟，我們也可以說錢鍾書是狐狸，是天生的一個大狐狸（arch-fox），像托爾斯泰一樣，他一心想做刺蝟。《圍城》出版後，行家一致叫好，暢銷不墜，在烽火戰亂中，二年內就很快出了三版，最足以反映出這部小說受讀者歡迎的程度，但錢鍾書認為不夠好，在一九八〇年《圍城》人民文學版重印前記中說：「我寫完《圍城》，就對它不很滿意。」也許他覺得《圍城》裡刺蝟不夠，狐氣太多。接著他又說：「出版了我現在更不滿意的一本文學批評以後，我抽空又寫長篇小說，命名《百合心》，也脫胎於法國成語（le Coeur d'artichaut），中心人物是一個女角。大約已寫成了兩萬字。一九四九年夏天，全家從上海遷居北京，手忙腳亂中，我把一疊看來像亂紙的草稿扔到不知哪裡去了。興致大掃，一直沒有再鼓起來，倒也從此省心省事。」這部殘稿不是遺失即毀掉，反正已沒有了。雖然不是全璧，但散佚了總覺得可惜。[60]這部小說涵義是人的心像百合花鱗莖一樣，一瓣一瓣剝掉，到後來一無所有，也是悲觀人生的象徵性。我想當更屬於刺蝟型有大理論架構並兼具狐狸型的小說。錢鍾書在〈重印前記〉中特別強調：「假如《百合心》寫得成，它會比《圍城》好一點。」可是一九七九年錢鍾書訪美時，他私下對夏志清說《百合心》「可比《圍城》寫得更精采」[61]。我們當然相信他的話，《圍城》比《人・獸・

鬼》好，除了要兼取狐狸與刺蝟兩者的優點外，諸如人生閱歷、寫作技巧，我們對錢有信心，且有太多理由相信他所說《百合心》「可比《圍城》寫得更精采」。現在所可惜的是，一部可能直追《紅樓夢》的曠世鉅作，在一九四九年後被封殺了。誠為中國文學史上無可彌補的損失，嘆，嘆，嘆。

V

錢鍾書在中共占領大陸前一年，終於出版了他匠心經營多年的《談藝錄》。這是他在抗戰時期撰寫的最後一部著作。《談藝錄》初稿成於湘西窮山中，誠如他在序言中說：「《談藝錄》一卷，雖賞析之作，而實憂患之書也。」而後繼續不斷地增訂修改，最後在抗戰勝利後定稿，一九四八年六月由上海開明書店出版（三百七十七頁，一九八四年再版時增訂至六百二十二頁，又增加了一倍）。錢鍾書以前出版的書均屬創作——不是詩（舊體詩）即是散文或小說。但《談藝錄》不一樣，它是一部討論舊體詩的書，用文言文寫成。《談藝錄》不是一般談藝之書，而是一部學術著作，如果國文根底不夠好，又分不清楚四聲及平仄，不太熟諳舊體詩者，則讀此書不易。本書雖談論舊體詩，但不是什麼詩都談，他只從唐宋開始，所以他一開始即說詩分唐宋，照鄭朝宗先生的解釋，錢鍾書的意思似乎並不籠統地認為唐詩比宋詩好。[62]因為「唐詩、宋詩，亦非僅朝代之別，乃體格性分之殊。天下有兩種人，斯分兩種詩。……唐詩多以丰神情韻擅長，宋詩多以筋骨思理見勝」[63]。再則，唐詩未必出自唐人之手，而宋詩未必為宋人所做。事實上唐朝的杜甫、韓愈、白居易、孟郊等大詩人，實是唐人開宋調的人，而宋朝的姜夔和張文潛則宋人有唐音者。同樣的說法正如楊萬里所說「詩江西也，非人皆江西也」，同一道理。《談藝錄》與《管錐編》雖同是用讀書筆記體裁寫出來的，但是《談藝錄》專談舊體詩，故其範圍也較《管錐編》狹窄，內容也比較艱深。《談藝錄》既以唐宋為主，唐代詩人中談得較多的有韓愈、孟郊、李賀及李商隱等幾位大詩人。然後宋、元、明、清下來，錢鍾書評論的幾家有梅堯臣、歐陽修、王安石、元好問、王士禎、袁枚、趙翼、蔣士銓及龔自珍等幾位大家。[64]《談藝錄》裡有很多真知灼見，姑舉一例加以說明。錢鍾書評蘇曼殊的一段，饒有趣味，蘇和尚對中西文學只是皮相，由他來談比較文學，哪有不出紕漏。茲錄《談藝錄》上的評語如下，可見錢鍾書功力一斑：「蘇曼殊數以拜倫比太白仙才，雪萊比長吉鬼才。不知英詩鬼才，別有所屬，惟貝多士(T. H. Beddoes)可以當之。至於拜倫之入世踐實，而謂之曰『仙』，雪萊之淩虛蹈空，而謂之曰『鬼』，亦見此僧於文字海中飄零，未嘗得筏登岸也。」[65]寫這種評語，如不是飽讀中外詩集，熟稔古今文學是寫不出來的。而《談藝錄》裡像這樣卓見的評語，所在多有，不勝枚舉。錢鍾書的業師吳宓讀了《談藝錄》後有如下的評語：「讀錢鍾書《談藝錄》，極佩其論斷識解，不止其博學與詳徵也。」

（《吳宓日記》一九五二年一月二十日）

老一輩的讀書人對《談藝錄》及錢鍾書奉若神明，夏志清說：「我佩服錢鍾書，出於真心，實在覺得他的中西學問，無人可及。」[66]年紀稍輕的學者對錢鍾書的學問就沒有這種體會，像臺大教授顏元叔認為《談藝錄》只是「一部現代人的舊式書，一部詩話而已」[67]。顏教授可能是隨便說說而已，可能說錯了。《談藝錄》與舊式詩話不太一樣，因為它裡面有西洋的東西。所以夏志清看了氣不過，就寫了一篇很長很長的文章（〈勸學篇〉）叫顏元叔不妨有暇多讀此書，可能會改變他的看法。夏志清認為《談藝錄》是「中國詩話裡集大成的一部鉅著，也是一部廣採西洋批評來詮注中國詩學的創新之作」[68]。（即如錢在序文中嘗言：「頗採二西之書，以供三隅之反」是也）筆者認為，《談藝錄》是一部空前絕後的詩話。因為從前的詩話沒有西洋的東西，以後的學者要寫詩話，可能有西洋的東西，但不可能用文言文寫了。

VI

《談藝錄》在解放前夕，開明書店即籌備再版，等到一九四九年七月出版時，上海已解放（五月二十七日上海解放）。三個月後新中國成立。在中共新政權下，不僅此書不見於市面，錢氏其他著作在書店裡也銷聲匿跡，錢鍾書的名字也不見於中共編的文學史裡。《談藝錄》直至一九八四年始在大陸上出版增訂本（《圍城》再版於一九八〇年）。如果一切以馬列主義為準繩，則錢鍾書在中共治下所得待遇，一點不感意外。一九四九年春，國民黨倉皇辭廟，人心惶惶，京滬一帶知識分子也都紛紛往外跑，也許有人要問，為什麼錢鍾書於一九四九年不往國外跑呢？一時找不到滿意的答案。當然不是因為國外待遇問題（錢從不因待遇高低而決定去就），當然也不是因為鄭振鐸叫他暫不出國、等待解放就留下來的。[69] 也許我們可以這樣解釋，中國亂得太久了，錢鍾書像當時一般知識分子一樣，喁喁望治心切。國民黨代表著一個日落西山的政權，而當時中共有一股朝氣，給人一線曙光——明日中國的希望。這就是為什麼當年抗戰勝利後，全國最優秀的北大清華學生，都奔向延安，並不全是因為意識形態信仰共產主義，而是想像中的中共，代表著一種希望。或許錢鍾書就在這樣的心情下，安土重遷就留在大陸上不出來了。這是一個很重大的決定。如果說錢鍾書留在大陸是一個錯誤的決定，則犯這種錯誤的不止錢鍾書一個人。至少他是自願留在大陸的。

很多人就像錢鍾書那樣留在大陸。在臺灣有人就不加思考地說，他們「心甘寧願投共的」，或者說得重一點他們「晚節不保」，則有失厚道，比如反共作家周錦就是這樣說的。[70] 政府失敗，你怎能怪老百姓不走。當年共軍圍攻北平，進城前夕，如果蔣介石不派飛機去接胡適、梅貽琦、陳寅恪等學人，他們不是也就留在大陸了，陳寅恪到了廣州不走了，你能說他心甘寧願投共嗎？李宗仁於一九六五年從美國經瑞士回大陸，這才是「心甘寧願投共的」。

錢鍾書決定重返清華。當時他清華的同學吳晗（吳妻袁震又是楊絳的好友）在一九四九年後是一個很活躍的人，他是介於學術界與政治界之間的人物。[71] 他（吳晗）於一九四九年隨解放軍進城，後來接管清華，在清華任歷史系教授兼該校校務委員會副主任委員，相當於副校長（後來出任北京市副市長職）。[72] 此時，吳晗力勸錢鍾書回母校任教。錢鍾書乃於一九四九年八月二十四日毅然舉家北上，重返清華園。這時他的心情應該是很愉快的，喜見太平年，一個新中國的誕生；那時他三十九歲。

1 楊絳，〈《傳譯傳記五種》代序〉，見《錢鍾書楊絳散文》（北京，中國廣播公司，一九九七），頁五六八。

2 當時老百姓有句口頭禪，什麼都值錢，就是鈔票不值錢。一九四七年十月，錢鍾書請吳宓及顧煦良吃飯，吳宓在日記裡記載這頓飯費十五、六萬元，由此可見一斑矣（見《吳宓日記》一九四七年十月十三日條）。

3 錢鍾書說過研究作者生平，就是不研究作者作品的「防空洞」（楊絳與湯晏書，二〇〇〇年七月二十日）。誠哉斯言！筆者即是一例，不過俟這部傳記寫完，倘假吾歲月，也許有一天會走出「防空洞」。

4 錢鍾書於一九四五年十月起擔任中央圖書館英文總纂工作至一九四九年六月止。他在震旦的教職於一九四五年底即辭。

5 這份專題演講節目表，原刊臺北《自立晚報》，轉引自林耀椿，〈錢鍾書在臺灣〉，《中國文史哲研究通訊》第五卷第四期（一九九五年十二月），頁三三至四三。

6 林耀椿，〈錢鍾書在臺灣〉，《中國文史哲研究通訊》第五卷第四期（一九九五年十二月），頁三三至四三。

7 林耀椿，〈錢鍾書在臺灣〉，《中國文史哲研究通訊》第五卷第四期（一九九五年十二月），頁三三至四三。

8 林耀椿，〈錢鍾書在臺灣〉，《中國文史哲研究通訊》第五卷第四期（一九九五年十二月），頁三三至四三。

9 劉鴻漸，字鼎三，湖南人，留學日本。劉辭去院長後仍留在臺大教法律。查了好幾種名人錄，均未找到。筆者曾於一九九九年十月初旬專函致臺大法學院祕書處，請他們幫忙，代我提供一些資料，結果石沉大海。

10 錢鍾書，《槐聚詩存》（北京：三聯，一九九四），頁九六。

11 錢鍾書，《槐聚詩存》，頁九五至九六。

12 錢鍾書，《槐聚詩存》，頁九五至九六。

13 請參閱楊叔蓀、周世輔，〈國立暨南大學校史〉，《學府紀聞——國立暨南大學》（臺北：南京，一九八六），頁二二至四九。

14 楊叔蓀、周世輔，〈國立暨南大學校史〉，《學府紀聞——國立暨南大學》，頁四五至四六。

15 林子清，〈錢鍾書先生在暨大〉，《文匯讀書週報》（一九九〇年十一月二十四日）；轉引自羅思編，《寫在錢鍾書邊上》（上海：文匯，一九九六），頁一一一。

16 羅思編，《寫在錢鍾書邊上》，頁一一一。

17 羅思編，《寫在錢鍾書邊上》，頁一一一。

18 羅思編，《寫在錢鍾書邊上》，頁一一三。

19 夏志清，《中國現代小說史》（臺北：傳記文學，一九七九），頁四四七。

20 迮茗，〈「寫在人生邊上」的「人獸鬼」〉，見陸文虎編，《錢鍾書研究采輯（二）》（北京：三聯，一九九六），頁二三二。

21 慕容龍圖，〈論錢鍾書的小說〉，香港《盤古》第三七期（一九七一），頁二九。

22 錢鍾書，《人・獸・鬼》（上海：開明，一九四六），頁二七至二八。

23 錢鍾書，《人・獸・鬼》，頁二六。

24 夏志清，《中國現代小說史》，頁四四三。

25 夏志清，〈追念錢鍾書先生〉，《人的文學》（臺北：純文學，一九七七），頁一七九。

26 錢鍾書，《人・獸・鬼》，頁四四。

27 Kai-yu Hsu（許芥昱），*The Chinese Literary Scene* (New York: Vintage Books, 1975), p. 18.

28 錢鍾書，《人・獸・鬼》，頁四五。

29 Jeffrey C. Kinkley, *The Odyssey of Shen Congwen* (Calif.: Stanford University Press, 1987), p. 319.

30 錢鍾書，《人・獸・鬼》，頁三八。

31 錢鍾書，《人・獸・鬼》，頁三九。

32 錢鍾書，《人・獸・鬼》，頁五九。

33 錢鍾書，《人・獸・鬼》，頁六五至六六。

34 錢鍾書，《人・獸・鬼》，頁四三。

35 錢鍾書與夏志清書，一九八〇年七月十二日。

36 水晶，〈侍錢「拋書」雜記——兩晤錢鍾書先生〉，《明報月刊》第一六三期（一九七九年七月），頁三八。水晶在文章中還提到說：「趙太太楊步偉女士知道否，她自己在〈貓〉裡客串過一個角色嗎？」我想即使她知道，這是晚輩在少年時幹的營生，不會去計較的。沈從文也一樣，並不因為錢鍾書在〈貓〉中影射他而記在心頭。錢鍾書於一九四九年移居北京後，錢氏夫婦曾特地拜訪沈從文、張兆和伉儷，大家都很和氣，談得來。梁思成、林徽因與錢鍾書、楊絳是近鄰，也很好，但並不親近（close）。孫大雨則知道錢鍾書當年在暨南大學，沒有頂了他，所以孫一直對錢有種感念之情。

37 錢鍾書，《人・獸・鬼》，頁六七。關於〈貓〉，詳請參閱《管錐編》第二冊（北京：中華書局，一九七九），頁八一五至八一六。

38 錢鍾書，《人・獸・鬼》，頁六七。

39 錢鍾書，《人．獸．鬼》，頁九四。

40 夏志清指出這位多產作家有魯迅的影子，魯迅臨死時就是這個樣子。到後來魯迅的影子消失時，這位作家也成為蔣光慈、曹禺和巴金的混合體。見夏志清，《中國現代小說史》，頁四四一。新加坡作家迮茗說，這個作家也可以與茅盾、老舍、郭沫若、張資平等作家沾上邊，甚至歌頌母愛的冰心也有份。見陸文虎編，《錢鍾書研究采輯（二）》，頁二三五。也許書中影射了這許多大作家，據說《寫在人生邊上》及《人．獸．鬼》於一九八〇年代擬再版時曾遭到魯迅專家的指控，說這兩本書有很大的政治問題，害得這兩本書耽擱了好多年才能出版。關於專家，錢鍾書在〈靈感〉中確也曾諷嘲過的。在〈靈感〉裡諾貝爾獎的裁判人對非歐洲語言作品沒有多大興趣，又不懂世界語，後來總算有人認出來了，這是中國文，所謂拉丁化的漢字，怪不得我們不認識，於是去問支那學者，這位支那學者回答說：「親愛的大師，學問貴乎專門。先父畢生專攻漢文的圈點，我四十年來研究漢文的音韻，你問的是漢文的意義，那不屬我研究的範圍。」（《人．獸．鬼》，頁九一）做主席的老頭瞧支那學者氣色不善，趕快說：「我想，我們不用理會這些作品，因為它們根本不合規則。按照我們獎金條例，必須以歐洲語言之一寫作者，方得入選，這些既是中文寫的，我們不必白費時間，再去研究。」其餘的老頭子一致贊同，並且對支那學者治學態度的審慎，表示欽佩。支那學者立刻謙遜推讓，說自己還比不上得本屆諾貝爾醫學獎金的美國眼病學者，只研究左眼，不診治右眼的病，那才算得專家（《人．獸．鬼》，頁九一至九二）。以後錢學裡當也會有很多這樣的專家。

41 錢鍾書，《人．獸．鬼》，頁一二四。

42 黃維樑先生在〈徐才叔夫人的婚外情〉（《聯合文學》第五卷第六期，頁一七四）一文中說，這個小城是在四川的山城。中島長文說似桂林（見〈圍城論〉，《錢鍾書研究》第二輯，頁二〇二），筆者起初以為是昆明或者昆明鄰近的小城。到底是哪地呢？讀水晶的文章，他說這個小城是昆明，我想很有可能，因錢鍾書未去過桂林，也未去過四川。

43 黃維樑在前引文中（第一七六頁）提出佛家因果報應。天健死於空戰，說錢鍾書給讀者教訓，勿淫人妻。這個說法有問題，因軍人天職是戰鬥，而飛行員則更是死亡率很高很高的一種軍種。

44 錢鍾書，《人・獸・鬼》，頁一五五至一五六。

45 張明亮，《槐蔭下的幻境——論《圍城》的敘事與虛構》（石家莊：河北教育，一九九七），頁二三八。

46 張明亮，《槐蔭下的幻境——論《圍城》的敘事與虛構》，頁二三八。

47 錢鍾書，《圍城》（北京：人民文學，一九八〇），頁二一一。

48 錢鍾書，《圍城》，頁九六。法文原文如下：「Le mariage est comme une forteresse assiegee: ceux qui sont dehors veulent y entrer, et ceux qui sont dedans veulent en sortir.」Jeanne Kelly 的英譯如下：「The people outside the city want to break in and the people inside the city want to escape.」見《圍城》英譯本，頁九一。重讀前牛津大學退休教授霍克思（David Hawkes，曾譯曹雪芹《石頭記》）評《圍城》書評裡，也講過這一段法國格言，覺得清新可愛，所以也順便錄在這裡：「Those who are outside want to get in, and those who are inside want to get out.」見倫敦 *The Times Literary Supplement* (June 27, 1980), p. 725.

除法國格言外，錢鍾書的「圍城」還有別的意義（即被困之城）。古籍「圍城」兩字最早在《史記》及《左傳》裡就有了，詳請參閱中島長文，〈《圍城》論〉，《錢鍾書研究》第二輯，頁一九一至一九二。《圍城》小說書名是有典故的，可是《圍城》日譯本書名更改為《結婚狂詩曲》，真是愚不可及。

49 錢鍾書，《圍城》，頁一四一至一四二。

50 錢鍾書，《圍城》，頁三二四。

51 夏志清，未刊稿。

52 林海，〈《圍城》與 Tom Jones〉，《觀察》週刊（一九四八年十一月二十七日）。

53 趙景深，〈錢鍾書楊絳夫婦〉，《文壇憶舊》（上海：北新書局，一九四八），頁一二二。

54 詳見中島長文前引書（〈圍城論〉），頁二〇七。中島說《圍城》結尾的老鐘就是代表著傳統中國嘲笑近代中國。

55 好像是王潤華或者是史景遷（Jonathan Spence）說過這樣的話，尚待查證，今姑識於此。

56 林海，〈《圍城》與 Tom Jones〉，《觀察》週刊（一九四八年十一月二十七日）。

57 Isaiah Berlin, *The Hedgehog and the Fox* (New York: Simon and Schuster, 1951). 後來收入柏林著、Henry Hardy 編的

Russian Thinkers（《俄國思想家》），New York: Viking, 1978. 此書臺北有中文譯本，彭淮棟譯，聯經出版公司出版（一九八七年）。

58 這裡詩人阿奇洛克思的話及柏林引文採自彭淮棟譯本。錢鍾書譯文見〈中國詩與中國畫〉第六節亦即最後一節。錢鍾書在《管錐編》裡也有談到刺蝟與狐狸，請參閱第二冊，頁五六四至五六五。

59 見李歐梵，〈「刺蝟」與「狐狸」〉一文（收入李著《浪漫之餘》（臺北：時報，一九八一），頁八二。他在該文裡又說魯迅是一個大「狐狸」，他的文學技巧及反諷手法是「狐狸性」的，他的思想也較一般作家深刻得多，但沒有一套體系，許多文學史家從馬列主義的立場，硬把魯迅說成有一套革命系統，實大錯。茅盾是刺蝟，他的文字與技巧不如魯迅，但他每部作品都有一個大架構，如《子夜》中的上海，即資本主義社會中都市文明的縮影。此外，李歐梵也在該文中，對當今大陸及臺灣作家，誰是「狐狸」的作家，誰是「刺蝟型」的作家，曾做了一個很簡明扼要的介紹，有興趣的讀者可以找來一讀。

60 據夏志清先生猜想：「《百合心》也是諷刺小說，可能影射左派人物，而一九四九年夏，錢鍾書即將移居北京，於是決定不寫下去，把已寫就的部分，珍藏起來，或者有可能他真忍心把它毀了。關於《百合心》手稿的種種，完全是我的臆測，一無事實根據。但錢學既已是顯學，他的第二部長篇的原稿存毀問題，值得我們去研究的。」（見夏志清未刊稿）

61 夏志清，〈重會錢鍾書紀實〉，收入夏著《新文學的傳統》（臺北：時報，一九七九），頁三六八。值得注意的是錢鍾書有傳統文人謙虛的毛病，但在這裡錢鍾書對夏講了真話。

62 鄭朝宗，〈再論文藝批評的一種方法〉，原載《文學評論》雙月刊，一九八六年第三期，轉引自《錢鍾書楊絳研究資料集》（武昌：華中師範，一九九〇），頁四五五。

63 錢鍾書，《談藝錄》（上海：開明，一九四八），頁二。

64 有興趣的讀者可參閱鄭朝宗前引文，對吾人讀《談藝錄》助益不少。

65 錢鍾書，《談藝錄（補訂本）》（北京：中華書局，一九八四），頁五十。

66 夏志清，〈勸學篇〉，《人的文學》（臺北：純文學，一九七七），頁一九八。

67 顏元叔的話轉引自前注引文。

68 夏志清，〈追念錢鍾書先生〉，《人的文學》，頁一八五。一九七六年海外又盛傳錢鍾書已去世（第一次是一九六二年），故夏志清寫了這篇〈追念錢鍾書先生〉悼文，正如錢鍾書所說「把假死亡賺取了真同情」。後來證實錢鍾書尚健在，故夏志清又在《中國時報》上刊登啟事闢謠，以陶淵明寫過自輓詩、自祭文及英國文豪斯威夫特也寫過「Verse on the Death of Dr. Swift」來自我解嘲一番。這篇文章還有一個不大為外人所知的後遺症，此即因此文引起了兩位秀才（夏志清與顏元叔）打架——一場小小的筆戰。

69 陳福康，《鄭振鐸年譜》，北京，書目文獻出版社一九八八年版，一九四九年二月條，頁四二九。鄭振鐸在香港、吳晗在北平分別致書錢鍾書，叫他留在上海迎接解放，中共會重視知識分子的。

70 周錦，《「圍城」研究》（臺北：成文，一九八〇），頁二。

71 李又寧，《吳晗傳》（香港：明報月刊，一九七三），頁四七。

72 李又寧，《吳晗傳》，頁四七。

【第十一章】

北京，一九四九至一九七八

一九四九年中華人民共和國成立，錢鍾書三十九歲。一九四九年後，一批老國民黨退到臺灣，曾經叫過一陣響亮的口號「人生七十才開始」，這種話當然不能當真。[1]但是若說「人生四十才開始」也許還說得過去。可是一九四九年做為作家的錢鍾書還不到四十歲，即開始過一種退隱（retired）的生活了。在社會主義下的新中國，雖有朝氣，但總覺有一種肅殺之氣，他一看苗頭不對，隨即封筆，從此不再創作。不僅此也，甚至連已寫就的《百合心》部分殘稿都毀掉，遑論其他。解放前夕，鄭振鐸及吳晗都對錢鍾書說不要走呀，中共是很尊重知識分子的。結果適得其反，也許除了秦始皇、明太祖外，歷史上沒有一個政權像毛澤東那樣糟蹋知識分子。[2]在這一章裡，先講錢鍾書在二十世紀五〇年代編撰《宋詩選注》外，然後按繫年先後記述他在文化大革命中所受的折磨：先是在學部被揪出來批鬥，繼而下放五七幹校，以及回北京後因「摻沙子」強鄰難與相處，先後「逃亡」五年。這一段歲月恐怕是他們夫婦一生最淒慘、最痛苦的一段日子。

經吳晗再三邀請，錢鍾書終於在一九四九年八月二十四日離開上海，舉家北上重回清華園。從此除了三年在幹校外，他一輩子在北京。那時清華校務委員會主任委員（即校長）是葉企孫，文學院院長為吳晗，外文系主任為趙詔熊。原來系主任陳福田早已離開清華，返僑居地夏威夷（卒於一九五一年）。錢鍾書終於又回到母校，但他這次到北京頗有杜工部所云「王侯第宅皆新主，文武衣冠異昔時」的景象，錢鍾書在北京有很多朋友。吳晗接替了馮友蘭文學院院長職位，但馮仍在哲學系授課。錢初到北京曾去拜訪舊友：去看沈從文、張兆和，梁思成、林徽因夫婦則是他們的鄰居。那時孫大雨也在北京。錢鍾書夫婦分別在清華外文系教課，但為時不久。

一九五二年各大學院系調整，錢鍾書夫婦即離開清華。中共自人民共和國肇建後，一切大政方針均模仿蘇聯，在教育上，加強工科及自然科學，以培養這方面的科技人才及工程師為當務之急。因此取消教會學校，以及國立大學應有的文理學院。另外增設了二十所工藝學院，及二十六所新辦的工科大學。全國大約有二百所大學院校，其中只有十三所大學是設有文理學院的綜合大學。這一措施即是日後所說的全國高等學校院系調整。時為一九五二年。因為院系的調整，清華改為工科大學，文學院併入北大。錢鍾書也就被調到新成立的文學研究所。文學研究所最初隸屬於北京大學，後來改隸於中國科學院社會科學部。錢鍾書夫婦均屬於文學研究所外國文學研究組。那時所長是鄭振鐸，鄭除擔任所長外，又兼任古代文學研究組組長。翌年，鄭振鐸借調錢鍾書到古典文學研究組工作，與他一起工作擔任研究員的還有俞平伯及何其芳等人。錢鍾書到了古典文學組後，再也沒有調回外國文學組。自從錢鍾書離開清華後，從此不再教書，對學生來說是一種損失，對他自己來說未嘗不是一件好事，以他的個性，心直口快，喜放言高論，尤好臧否人物，則在課堂上易被學生抓到小辮子，以子之矛、攻子之盾，做為日後批鬥的藉口，很容易出亂子。

錢鍾書調至古典文學組後即著手編撰《宋詩選注》。五〇年代初期，即有意整理中國古典文學，出版幾種普及性的古典文學叢書。《宋詩選注》即是在這套計畫中的一部詩選。一九五五年，鄭振鐸就把編選宋詩的計畫交給錢鍾書來做（《宋詩選注》一九五七年殺青，一九五八年付梓）。以錢鍾書對中國舊詩的底子及對宋詩的造詣，要他來選注宋詩，實是一個最適當的人選。但是在當時，一切以馬列為正宗，階級鬥爭為前提，這樣一來，無形中加了很多框框，致使錢鍾書編選這部書就會顯得束手束腳。所以明眼人如胡適一看就看出來了。胡適看了《宋詩選注》後說：「他（指錢）是故意選些有關社會問題的詩，不過他的注確實寫得不錯。還是可以看看的。」[3] 選目是由大家來決定的。參與遴選的有何其芳、余冠英及王伯祥等人。但一俟選目確定後，注及詩人小傳由錢鍾書一人負責撰寫。其實不僅「注確實寫得不錯」，詩人小傳也是寫得極其出色。茲舉例一二如下。如講到范成大的詩，他說：「范成大的風格很輕巧，用字造句比楊萬里來得規矩和華麗，卻沒有陸游那樣勻稱妥帖。他受了中晚唐人的影響，可是像在楊萬里的詩裡一樣，沒有斷根的江西派習氣時常還魂作怪。楊萬里和陸游運用的古典一般還是普通的，他就喜歡用些冷僻的故事成語，而且有江西派那種『多用釋氏語』的通病，也許是黃庭堅以後、錢謙益以前用佛典最多、最內行的名詩人。」[4] 還有講到徐璣時，說他和他的三位同鄉好友——字靈暉的徐照、字靈舒的翁卷、號靈秀的趙師秀——並稱「四靈」，開創了所謂「江湖派」。他後來又說，宋詩經過葉適鼓吹，有了「四靈」的榜樣，江湖派唐體詩風行一時，大大削弱了江西派的勢力，駸駸乎奪取了它的地位。[5] 最後講到葉適，他說：「我們沒有選葉適的詩。他號稱宋儒裡對詩文最講究的人，可是他的詩竭力煉字琢句，而語氣不貫，意思不達，不及『四靈』還有那麼一點點靈秀的意致。所以，他儘管是位『大儒』，卻不能跟小詩人排列在一起。」[6]

看注腳就可以盤「老底」（殷海光語），則看《宋詩選注》的注腳，就可以盤出錢鍾書的一點「老底」了。錢氏的注腳確是寫得好，就拿范成大一首〈催租行〉中的「草鞋費」注做例子，從這個注最可以看得出錢鍾書的學問及對唐宋詩文的諳熟。[7] 他說「草鞋費」就是行腳僧有所謂「草鞋錢」，早見於唐代禪宗的語錄（例如《五燈會元》卷三普願語錄）。宋代以後，這三個字也變成公差、地保等勒索的小費的代名詞，就是《儒林外史》第一回所謂「差錢」。元曲裡岳百川的《鐵拐李》第一折差人張千向韓魏公說：「有什麼草鞋錢與我些」，又寫韓魏公罵他說：「則我老夫身上還要錢買草鞋，休道別人手裡不要錢」，這可以注解范成大的詩句。[8]然後錢鍾書接著就在這個注裡評這首詩說：「參看柳宗元〈田家〉第二首：『里胥夜經過，雞黍事筵席』；李賀〈感諷〉第一首：『越婦通言語，小姑具黃粱；縣官踏飡去，簿吏更登堂』；唐彥謙〈宿田家〉：『忽聞扣門急，云是下鄉隸……老母出搪塞，老腳走顛躓……東鄰借種雞，西舍覓芳醑。』唐彥謙那樣具體細緻的刻畫也還不及范成大這首詩的筆墨輕快，口角生動。」[9]

陸游有一首〈示兒〉詩，是絕句，詩云：

死去原知萬事空，
但悲不見九州同。
王師北定中原日，
家祭無忘告乃翁。

這首詩做於嘉定二年（一二〇九年），陸游臨死時寫的（放翁卒於農曆十二月二十九日，折算成西曆則是一二一〇年一月二十六日），這是陸游的絕筆，詩中最後二句傳誦千古。錢鍾書為這首詩做了一個小注，這個注極佳，茲錄如下，俾供大家參考。他說：「參看《劍南詩稿》卷九〈感興〉第一首『常恐先狗馬，不及清中原』；卷三十七〈太息〉：『砥柱河流仙掌日，死前恨不見中原』；卷三十六〈北望〉：『寧知墓木拱，不見塞塵清』；卷三十八〈夜聞落葉〉：『死至人所同，此理何待評？但有一可恨，不見復兩京』。」然後錢鍾書下評語說：「這首悲壯的絕句最後一次把將斷的氣息又來說未完的心事和無窮的希望，陸游死後二十四年宋和蒙古會師滅金，劉克莊《後村大全集》卷十一〈端嘉雜詩〉第四首就說：『不及生前見虜亡，放翁易簀憤堂堂。遙知小陸羞時薦，定告王師入洛陽。』陸游死後六十六年元師滅宋，林景熙《霽山先生集》卷三〈書陸放翁書卷後〉又說：『青山一發愁濛濛，干戈況滿天南東。來孫卻見九州同，家祭如何告乃翁？』」從這個注解最可以看出錢鍾書對於宋詩的諳熟，像這樣旁徵博引出色的注腳在書中是很多的。

錢鍾書選了葉紹翁的一首〈遊園不值〉，全詩如下：「應憐屐齒印蒼苔，小扣柴扉久不開。春色滿園關不住，一枝紅杏出牆來。」[10] 葉是一個小詩人，但這首詩很有名，「古今傳誦」。這首詩附有一個注。這個注「確實寫得不錯」。錢鍾書小注說：「這是古今傳誦的一首詩，其實脫胎於陸游《劍南詩稿》卷十八〈馬上作〉：『平橋小陌雨初收，淡日穿雲翠靄浮；楊柳不遮春色斷，一枝紅杏出牆頭。』不過第三句寫得比陸游的新警。《南宋群賢小集》第十冊有另一位『江湖派』詩人張良臣的《雪窗小集》裡的〈偶題〉說：『誰家池館靜蕭蕭，斜倚朱門不敢敲；一段好春藏不盡，粉牆斜露杏花梢。』第三句有閒字填襯，也不及葉紹翁的來得具體。這種景色，唐人也曾描寫，例如溫庭筠〈杏花〉：『杳杳豔歌春日午，出牆何處隔朱門』，吳融〈途中見杏花〉：『一枝紅杏出牆頭，牆外行人正獨愁』，又〈杏花〉：『獨照影時臨水畔，最含情處出牆頭』，但或則和其他的情景摻雜排列，或則沒有安放在一篇中留下印象最深的地位，都不及宋人寫得這樣醒豁。」[11]像這樣的注，如非熟讀各家詩，是寫不出來的，而且像這樣的注在這本《宋詩選注》中所在多有。

這本書的序言不失為一篇討論宋詩的傑作，裡面有很多真知灼見。例如錢鍾書說：「批評該有分寸，不要失掉適當的比例感。假如宋詩不好，就不要選它，但是選了宋詩並不等於有義務或者權利來把它說成頂頂好，無雙第一。」[12]這幾句話可圈可點。然後他接著又說：「宋詩的成就在元詩、明詩之上，也超過了清詩。我們可以誇獎這個成就，但是無須誇張、誇大它。」[13]這幾句話加上前面引的話，不僅可以用在宋詩上，也可以用在一切學術上：譬如，治史或撰寫名人傳記（包括寫錢鍾書傳）均可適用，可當作一個治學的準繩。古希臘亞歷山大大帝在東宮時，每聽到父王在國外打勝仗的消息，他就發愁，因怕全世界都被他老子征服了，則他就無用武之地。錢鍾書說詩歌創作時代也會有類似這種情形，因此他說：「有唐詩做榜樣是宋人的大幸，也是宋人的大不幸。看了這個好榜樣，宋代詩人就學了乖，會在技巧和語言方面精益求精；同時，有了這個好榜樣，他們也偷起懶來，放縱了摹仿和依賴的惰性。瞧不起宋詩的明人說它學唐詩而不像唐詩，這句話並不錯，只是他們不懂這一點不像之處恰恰就是宋詩的創造性價值所在。」[14] 最後錢鍾書在序言裡說出了選宋詩取捨標準大致如下：押韻的文件不選；學問的展覽和典故成語的把戲也不選；大模大樣的仿照前人的假古董不選；把前人的詞意改頭換面而絕無增進的舊貨充新也不選；有佳句而全篇太不勻稱的不選；當時傳誦而現在看不出好處的也不選。[15]

錢鍾書在序言裡有二處引用了毛澤東的話，但夏志清認為假如編者在序言中不把毛澤東奉為文學權威，這本書會比較好得多。[16] 盛哉斯言！毛澤東對於打游擊戰及如何用權謀算計人家則是高手，但對於文學，在當時皓首窮經、宏彥碩儒比毛澤東高明的太多太多了。但當時大陸上寫書都要無緣無故莫名其妙地搬出馬克思如何說的或毛澤東如何說的，已成為一時風尚，錢鍾書亦不例外，據說這樣做可以避邪。[17] 但是《宋詩選注》出版後還是遭到批判，因為他沒有用經濟史觀來解釋的緣故。[18] 在大陸上只要黨部高幹一喊打，大家就會應聲而起。批判《宋詩選注》的文章紛紛出籠，計有黃肅秋〈清除古典文學選本中的資產階級觀點——評錢鍾書先生的《宋詩選注》〉（《光明日報》一九五八年十二月十四日）。黃肅秋的文章批評錢鍾書沒有選錄文天祥的〈正氣歌〉。劉敏如在〈評《宋詩選注》〉一文批評說：「本書在注釋方面，應詳不詳，應略不略，有的地方應注不注，有的地方流於繁瑣，也是沒有為讀者著想。」(《讀書》一九五八年第二十期)還有胡念貽的〈評《宋詩選注》序〉(《光明日報》一九五八年十二月十四日)及周汝昌的〈讀《宋詩選注》序〉(《光明日報》一九五八年十二月二十八日)等文章，大家都一窩蜂地批評錢鍾書。

但日本人對《宋詩選注》評價甚高。日本漢學泰斗吉川幸次郎是一宋詩專家，對此書甚重視。另一漢學家小川環樹對此書交口讚譽，並說在所有的選本中這是最好的一本選注，由於此書的出版，宋代文學史要改寫。因為《宋詩選注》在海外受到很高的評價，在國內一些批評家也就偃旗息鼓靜下來了。

大陸上衡量事物，沒有一定標準，也沒有是非觀念，不識好歹，更沒有言論自由，因此《宋詩選注》的下場不問可知。它的命運就像《圍城》、《談藝錄》及錢的其他著作一樣，在大陸上銷聲匿跡了。等到《宋詩選注》再版，已是二十年以後的事了，那是一九七九年九月由人民文學出版社再版，此時這本書像其編者一樣，已歷盡滄桑了。

最後談一談《宋詩選注》的書名，關於書名有一個小故事，據中國社會科學院文學研究所研究員劉世德晚年回憶說，一九五〇年代文學研究所與人民文學出版社合作編選了一套「中國古典文學讀本叢書」，這部叢書裡有《宋詩選注》是錢鍾書編的。余冠英(時任古典文學組組長，後任文學研究所副所長)認為叢書裡別的書都稱作「某某選」，例如《詩經選》、《史記選》、《唐詩選》與《話本選》等等，他想是不是請《宋詩選注》的編者錢鍾書先生改一改書名，將那個「注」字刪掉。余冠英乃遣青年助理劉世德去向錢鍾書傳達這個意見。錢鍾書不肯，他說：「我這部書不能去掉『注』字。要知道，我最得意的是『注』，而不是『選』。」劉世德說：「後來，這部書就一直保持著《宋詩選注》的書名」。善哉！[19]

當錢鍾書於一九五七年春編完《宋詩選注》，時值「大鳴大放」高潮。此時，他的父親在武漢師範學院任教。他的父親被批鬥時，所有的日記、手稿、書信文件被毀。不久，他父親生病住院。錢鍾書特地去湖北探父病，於旅次賦詩〈赴鄂道中〉五首，均收入《槐聚詩存》。[20]由這些詩可以窺見他此時心情，茲錄如下：

路滑霜濃喚起前，老來離緒尚纏綿。
別般滋味分明是，舊夢勾回二十年。

晨書暝寫細評論，詩律傷嚴敢市恩。
碧海掣鯨閑此手，祇教疏鑿別清渾。
（原詩小注：《宋詩選注》脫稿付印）

白沙彌望咽黃流，留得長橋閱世休。

心自搖搖車兀兀，三年五度過盧溝。

弈棋轉燭事多端，飲水差知等暖寒。
如膜妄心應褪淨，夜來無夢過邯鄲。

駐車清曠小徘徊，隱隱遙空碾薀雷。
脫葉猶飛風不定，啼鳩忽噤雨將來。

他父親未幾病重即逝。翌年母亦逝。

II

錢鍾書編完《宋詩選注》後，還寫過兩、三篇學術性的論文，其中包括〈林紓的翻譯〉[21]，這是一篇很出色的論文，似不可不談。為眾所周知，錢鍾書的父親錢基博與林琴南同為捍衛古文反對胡適宣導的白話文運動的同道，但是他們並不友好，有時簡直如同水火。某年錢基博本擬赴北京到北師大執教，但因林琴南搞鬼而作罷。上海商務印書館本欲刊布錢基博著作，也因林琴南作梗而未成。錢基博對於林琴南這樣做法深深不以為然，直至晚年一直耿耿於懷。[22]錢鍾書寫這篇〈林紓的翻譯〉，胸中卻無絲毫不平之氣，就事論事，未做「子報父仇」或「公報私仇」之舉。這一點實可做為士林楷模。錢鍾書認為林琴南的翻譯有「媒」的作用。他說這「已經是文學史上公認的事實」[23]。林琴南對他影響很大，他自己說就是讀了林譯小說之後激發了想去讀原著的興趣，他覺得西洋小說那樣迷人，他後來回憶說，假如他想念英文有什麼動機，就是想去讀原著。[24]他說，他對林譯的興味，絕非想找些岔子，以資笑柄談助，而林紓譯本裡不忠實或「訛」的地方也並不完全由於林的助手們語文程度低，不夠理解原文所致。[25]林紓頗能表達狄更斯（Charles Dickens）的風趣。錢鍾書認為林譯除狄更斯、歐文以外，前期的那幾種哈葛德（Henry Rider Haggard）的小說也頗有它們的特色。他這一次發現自己寧可讀林紓的譯文，不願讀哈葛德的原文理由很簡單：林紓的中文文筆比哈葛德的英文文筆高明得多。哈葛德的原文很笨重，對話更呆蠢板滯，尤其冒險小說裡的對話，把古代英語和近代語言雜拌一起。他隨便舉一例，《斐洲煙水愁城錄》第五章：「乃以惡聲斥洛巴革曰：『汝何為惡作劇？爾非癇當不如是。』這是很明快的文言，也是很能表達原文意義的翻譯。它只有一個缺點：沒有讓讀者看出那句話在原文裡的說法。在原文裡那句話（What meanest thou by such mad tricks? Surely thou art mad）就彷彿中文裡這樣說：『汝幹這種瘋狂的把戲，是誠何心？汝一定發了瘋矣。』對語文稍有感性的人看到這些不倫不類的詞句，第一次覺得可笑，第二、三次覺得可厭了。林紓的譯筆說不上工致，但大體上比哈葛德的輕快明爽。」[26]他認為即使在今日，林譯小說還是值得一讀，他說：「最近，偶爾翻開一本林譯小說，出於意外，它居然還沒有喪失吸引力。我不但把它看完，並且接二連三，重溫了大部分的林譯，發現許多值得重讀，儘管漏譯誤譯隨處都是。」[27]總括來說，拿哈葛德來說，錢鍾書對林琴南的評語是值得注意的，他說：「譯者運用『歸宿語言』的本領超過原作者運用『出發語言』的本領，或譯本在文筆上優於原作，都有可能性。最講究文筆的斐德（Walter Peter）就嫌愛倫坡的短篇小說詞句凡俗，只肯看波德萊亞翻譯的法文本；法朗士說一個唯美派的少年（un jeune esthete）告訴他《冰雪因緣》在法譯本裡尚堪一讀。雖然歌德沒有承認過納梵爾（Gérard de Nerval）法譯《浮士德》比原作明暢，只是旁人附會傳訛，但也確有出於作者親口的事例。惠特曼並不否認弗萊理格拉德（F. Freiligrath）德譯《草葉集》裡的詩也許勝過自己的英語原作。博爾赫斯甚至讚美伊巴拉（Néstor Ibarra）把他的詩譯成法語，遠勝西班牙語原作。惠特曼當然未必能辨識德語的好歹，博爾赫斯對法語下判斷確有資格的。哈葛德小說的林譯頗可列入這類事例裡。」[28]這一段話可以說是錢鍾書對林譯小說最大的恭維。

總括來說，錢鍾書對林琴南的言論尚屬客觀公允。不過自發表這篇文章後十數年間，他可以說沒有任何作品問世，往後兩年就是驚天動地禍國殃民史無前例的文化大革命來了。

III

文化大革命是一場殘暴與恐怖及不合理的大破壞運動。史學家唐德剛先生在一篇論文革的長文結論裡有這樣的幾句話：「對文革、甚至毛政權整體的評價。這是一本大書，一言難盡。我們只可說毛政權最後二十年，不但搞得死人數千萬，文物財產被他破壞得無法補償。最糟的還是他把整個中國弄到廉恥喪盡，是非全無，幾乎到了萬劫不復的絕境，三代五代都不易恢復也。我們肯定在中國政治社會文化第二次大轉型中，毛澤東政權，是傳統帝制的迴光返照。但是在兩千年帝制傳統裡，也只有漢末的十常侍和明末的魏忠賢的亂政，才差可與毛政權相比吧！」[29]由此可知不僅毛澤東壞事做盡了，而且為禍之深、為害之烈也是前所未見。而錢鍾書卻碰到了。下面是根據楊絳的《從丙午到「流亡」》一書所記他們在文革中所吃的苦頭。楊絳說這僅僅是這場「大革命」裡的一個小小的側面呢！[30]

一九六六年八月九日，楊絳下班回家，對錢鍾書說：「我今天『揪出來了』，你呢？」他說：「還沒有，快了吧？」果然三天後錢鍾書也被揪出來了。被揪出來後第一件事就要做一頂紙牌高帽子及名牌，以備第二天批鬥時戴上掛上。錢鍾書的罪名是「資產階級學術權威」，楊絳的罪名是「資產階級學者」。在文革時凡是一個人被揪出來後，這個人就像罪犯一樣，就沒有人權，任何人可以侮辱你，可以指使你。有一天錢鍾書無緣無故被剃了一個「十字頭」。所謂「十字頭」，即是頭髮被剃成縱橫兩道，顯出一個十字形。也就是大家叫作「怪頭」。楊絳說，「幸好我向來是他的理髮師」[31]，趕緊把錢鍾書的「怪頭」改剃成為「和尚頭」。聽說錢鍾書一個同夥因為被剃了「怪頭」，飽受折磨。理髮店不但不給他理髮，還給他扣上一個字紙簍，並命令他戴著回家，幸好這種戴字紙簍惡作劇，錢鍾書沒有碰到過。但這種惡作劇立刻有人響應。有一晚，同宿舍的「牛鬼蛇神」在宿舍的大院裡挨鬥，有人用皮帶向被鬥的人身上猛抽。錢鍾書背上還給抹上唾沫、鼻涕和漿糊，且都滲透進衣服裡面，楊絳則被剪去了一束頭髮。鬥完後又令錢鍾書、楊絳等一批挨鬥的人脫去鞋襪，排成一隊，大家彎著腰，依次扶住前面人的背，繞著院子圓形花欄跑圈圈，如果有人跑得慢、不跑或身子直起來就要被鞭子抽打。發號施令的是一個「極左大娘」，執行的是一群十幾歲乳臭未乾的孩子，男的女的都有。楊絳說：「我們在笑罵中不知跑了多少圈。」[32]批鬥完後，那位「極左大娘」還坐在大院偵察，不時發出警告：X門X號誰在燒東西、X門X號誰在撕紙。「誰家煙筒冒煙呢！」夜漸深，她還不睡，卻在大喊「X門X號！這會兒幹嗎還亮著燈？」還時常大聲恫嚇：「你們這種人！當心！把你們一家家掃地出門！大樓我們來住！」[33]可是不久她在前院挨鬥了。「極左大娘」的下場在文革時是一個司空見慣的典型例子。

錢鍾書被剃成「十字頭」後不久，楊絳被剃成了一個「陰陽頭」。所謂「陰陽頭」，是被紅衛兵剃去半邊頭髮，這也是一種怪頭。楊絳是陪鬥，她說，有一位用楊柳鞭抽她的小姑娘，拿著一把剃髮的推子，把另外兩名陪鬥的老太太都剪成「陰陽頭」，但有一位女子，不知是什麼罪名，她兩手合掌，眼淚汪汪，像拜佛似地求著這位姑娘發「慈悲」，總算未把她剃成怪頭，但楊絳說：「我不願長他人志氣，求那姑娘開恩，由她剃光了半個頭。那是八月二十七日晚上。」[34] 楊絳被剃成「陰陽頭」後，總不能學錢鍾書那樣剃成和尚頭。大熱天不能包頭巾，卻又不能躲在家裡，錢鍾書急得直說：「怎麼辦？」後來楊絳情急智生，想出一個辦法來——做假髮。但上街不能搭公共汽車，因為售票員一看就看出她的假髮，大喝一聲：「哼！你這黑幫，你也上車？」所以她全靠走路。但街上的小孩也能看出她的假髮，伸手來揪，幸有大人喝止。後來她託人買了一頂藍布帽子，可是戴上了還是有點形跡可疑，出門總是提心吊膽，有時想請錢鍾書陪著走，可是他戴眼鏡又剃光頭的老先生，恐怕也幫不了多少忙。她上街去買菜，有時賣菜的大娘也會盯住她的假髮，有一次問楊絳：「你是什麼人？」以後楊絳不敢去市場，而由錢鍾書去買菜。錢鍾書與楊絳在日偽時期上海沒有受過這樣的屈辱，何以在自己的新中國反而要受這種侮辱呢？

有人貼出大字報，聲討錢鍾書輕蔑毛澤東著作。這個罪名在當時是很大的，可能要殺頭的。楊絳大怒，也很恐慌，大罵這些人捕風捉影，無故誣人，並說如果錢鍾書要說這話，一定說得更俏皮些，這語氣就不像。錢鍾書、楊絳迅即寫了一份小字報，提供線索，請實地調查。他們於晚飯後，就帶了一瓶漿糊和手電筒到學部去，把這份小字報貼在大字報下面。第二天楊絳挨了一頓批鬥。在那個鬥天鬥地的時代，批鬥是家常便飯，批鬥楊絳時，紅衛兵問楊絳：「給錢鍾書通風報信的是誰？」楊絳說：「是我。」「打著手電筒貼小字報的是誰？」楊絳說：「是我。」臺下一片怒斥聲。當時很多夫婦彼此劃清界線，以免相互牽累。但楊絳沒有這樣做，還一口擔保，錢鍾書的事，她都知道。鬥完後，楊絳被打鑼遊街示眾，受盡屈辱，出盡洋相。當初軍宣隊認為此事（輕蔑毛澤東著作）情節嚴重，但查無實據，最後要錢鍾書寫一自我檢討。以錢鍾書的大才寫這種自我檢討，不管用文言或白話，優為之的，他只好婉轉其辭，不著邊際地檢討了一番，事情總算過去了。[35]

錢鍾書做清道夫，楊絳洗女廁所。錢鍾書在〈論文人〉（收入《寫在人生邊上》）一文裡說：「在白郎寧的理想世界裡，麵包師會做詩，殺豬屠戶能繪畫。」可是一切都顛倒過來。錢鍾書打掃院子，楊絳清洗兩間女廁所。打掃女廁所本來是文學所小劉的工作，她是臨時工，工資最低，楊絳在女子裡工資最高，紅衛兵乃叫楊絳做小劉的工作，小劉就做文學所的負責人。小劉現在是楊絳與錢鍾書的頂頭上司。楊絳說小劉人很好，沒有架子。但錢鍾書說，在文學所小劉是很威風凜凜的。楊絳一次藉故去找小劉，想看看錢鍾書的辦公室，他們把大大小小的書桌拼成馬蹄形，大家擠成一圈。上首一張小桌是監督大員小劉的。據楊絳記述：「她（小劉）端坐在桌前，滿面嚴肅。」[36]楊絳說，這一措施叫「顛倒過來」。其實，這可以反映出文革時一切都是倒行逆施。

錢鍾書下放五七幹校。五七幹校的名稱是因為毛澤東於一九六六年五月七日下達的指示而來。美其名曰幹校，其實即是集中營。錢鍾書在楊絳的《幹校六記》前面寫了一篇〈小引〉，說出了他對這個運動一個獨特的看法：「楊絳寫完《幹校六記》，把稿子給我看了一遍。我覺得她漏寫了一篇，篇名不妨暫定為『運動記愧』。」他說：「學部在幹校的一個重要任務是搞運動，清查『五一六分子』。幹校兩年多的生活是在這個批判鬥爭的氣氛中度過的；按照農活、造房、搬家等等需要，搞運動的節奏一會子加緊，一會子放鬆，但彷彿間歇瘧，疾病始終纏住身體。『記勞』，『記閒』，記這、記那，那不過是這個大背景的小點綴、大故事的小插曲。」他又說：「現在事過境遷，也可以說水落石出。在這次運動裡，如同在歷次運動裡，少不了有三類人。假如要寫回憶的話，當時在運動裡受冤枉、挨批鬥的同志們也許會來一篇〈記屈〉或〈記憤〉。至於一般群眾呢，回憶時大約都得寫〈記愧〉：或者慚愧自己是糊塗蟲，沒看清『假案』、『錯案』，一味隨著大夥兒去糟蹋一些好人；或者（就像我本人）慚愧自己是懦怯鬼，覺得這裡面有冤屈，卻沒有膽氣出頭抗議，至多只敢對運動不很積極參加。也有一種人，他們明知道這是一團亂蓬蓬的葛藤賬，但依然充當旗手、鼓手、打手，去大判『葫蘆案』。按道理說，這類人最應當『記愧』。不過他們很可能既不記憶在心，也無愧怍於心。他們的忘記也許正由於他們感到慚愧，也許更由於他們不覺慚愧。慚愧使人健忘，虧心和丟臉的事總是不願記的事，因此也很容易在記憶的篩眼裡走漏得一乾二淨。慚愧也使人畏縮、遲疑，耽誤了急劇的生存競爭；內疚抱愧的人會一時上退卻以至一輩子落伍。所以，慚愧是該被淘汰而不是該被培養的感情；古來經典上相傳的『七情』裡就沒有列上它。在日益緊張的近代社會生活裡，這種心理狀態看來不但無用，而且是很不利的，不感覺到也罷，落得個身心輕鬆愉快。」最後他說：「《幹校六記》理論上該有七記。在收藏家、古董販和專家通力合作的今天，發現大小作家們並未寫過的未刊稿已成為文學研究裡發展特快的新行業了。誰知道有沒有那麼一天，這兩部書缺掉的篇章會被陸續發現，補足填滿，稍微減少了人世間的缺陷。」[37]

IV

一九六九年中國科學院哲學社會科學部（簡稱學部，即後來的中國社會科學院）的知識分子正在接受「工人、解放軍宣傳隊」的「再教育」。先是在辦公室裡約十人左右，每天清晨做早操，上、下午和晚飯後一共三個單元。後來改為兩個單元，而年老體弱的可以回家住。不久有傳言說學部人員要下放幹校，時間地點不詳，大家只是猜測。楊絳記得那年十一月三日，她在學部大門口公共汽車站等車，約好與錢鍾書同去吃中飯，她看到錢鍾書雜在人堆裡出來，走到她旁邊，低聲地對她說：「待會兒告訴你一件大事。」看他的臉部表情，猜不出是什麼大事；後來大家擠上了車，錢鍾書乃對楊絳說：「這個月十一號，我就要走了。我是先遣隊。」雖早知有這麼一天，但聽了這個消息，楊絳的錯愕與憂忡可想而知：一、錢鍾書一個人遠赴幹校乏人照顧；二、再過十天就是錢鍾書虛歲六十歲生日。本來他們兩人很早就商量好，到生日那天吃一頓壽麵來慶祝，現在這樣一來，計畫中的「慶生會」不可能了。楊絳問錢鍾書：「為什麼你要先遣呢？」錢鍾書說：「因為有你。別人帶著家眷，或者安頓了家再走；我可以把家撂給你。」幹校的地點在河南羅山，他們全所是十一月十七日走。[38]這次下放大家叫「連鍋端」，就是拔宅下放，奉命一去不復返的意思。所以要帶的東西很多，不穿的衣服，自己寶貝的圖書和筆記等等，全得帶走，行李一大堆。而且只有一個星期備置行裝，錢鍾書只是在走前兩天才放假。而女兒女婿各在工廠做工，不能回來幫忙，只有靠楊絳幫忙收拾行李。

十一月十一日是錢鍾書隨先遣隊動身赴幹校的日子。楊絳、女兒錢瑗（阿圓）和女婿王得一均陪同到車站送行。車站上嘈雜倥傯。錢鍾書的行李不算多，王得一還可以幫忙行李多的人，他們排隊進月臺，擠上了火車，找到座位，錢鍾書在車上安頓了下來。楊絳等三人就下車，等著火車開動。此時的心情，楊絳有著這樣的描寫：「我記得從前看見坐海船出洋的旅客，登上擺渡的小火輪，送行者就把許多彩色的紙帶拋向小輪船；小船慢慢向大船開去，那一條條彩色的紙帶先後迸斷，岸上就拍手歡呼。也有人在歡呼聲中落淚；迸斷的彩帶好似迸斷的離情。這番送人上幹校，車上的先遣隊和車下送行的親人，彼此間的離情假如看得見，就決不是彩色的，也不能一迸就斷。」[39]這時火車還不開，楊絳、錢瑗和王得一呆呆站在月臺上不走，於是錢鍾書走到車門口，叫楊絳三人回去吧，別等了，四人默默站著相對無言，有什麼話好說呢？不是當年赴牛津深造，也不是赴西南聯大當教授，而今六十老翁赴幹校去「鍛煉」[40]。楊絳一想，如果車子開動時，錢鍾書就會看到他們三人一副不放心他的表情，則更是難過，所以楊絳三人不等開車就走了。但還不知多少次回頭看看車子開了沒有。在回家的路上，三人一路無話。錢瑗和王得一各自回工廠，他們本在同一個學校，但不同系，因此也不在同一個工廠工作。現在錢鍾書一家四口分散在四個地方。

錢鍾書一夥人所謂先遣隊到達羅山五七幹校，當夜即宿一間原來是勞改營的營房，大家都睡在草鋪上，初尚覺燠熱，但後來天驟寒忽降大雪，冬天來了。[41]十七日，文學所俞平伯等大隊人馬來了，很熱鬧。八十多個單身漢子聚居一室，分睡在幾個炕上。有一個小男孩很是調皮，隨父下放，每晚臨睡前常繞炕撒尿一匝。人家說他為炕上的人「施肥」。在幹校每逢十日休息一天，俗稱大禮拜，逢到大禮拜，大家都到鎮上買東西吃，如燒雞或煮熟的烏龜。錢鍾書常做些打油詩寄給楊絳，如果這些詩還保存著，現在讀起來一定趣味無窮。楊絳說：「得空就打點包裹寄給默存。默存得空就寫家信；三言兩語，斷斷續續，白天黑夜都寫。這些信如果保留下來，如今重讀該多麼有趣！但更有價值的書信都毀掉了，又何惜那幾封。」[42]因錢鍾書常寫信，所以楊絳對五七幹校的消息很靈通。她說，在北京等待上幹校的人，當然關心幹校生活，常叫她講些給他們聽。大家最愛聽的是何其芳吃魚的故事。當地竭澤而漁，食堂改善伙食，有紅燒魚。何其芳忙拿了自己的大漱口杯去買了一份；可是吃來味道很怪，愈吃愈怪。他撈起最大的一塊想嘗個究竟，一看原來是還未泡爛的藥肥皂，落在漱口杯裡沒有拿掉。大家聽完大笑，帶著無限同情。他們也告訴楊絳一個笑話，說錢鍾書和丁聲樹兩位一級研究員，半天燒不開一鍋爐水。[43]所以大家給錢鍾書一個外號叫「錢不開」。她又說，他們過年就開始自己造房。女同志也拉大車、脫坯、造磚、蓋房，充當勞力。錢鍾書和俞平伯等幾位「老弱病殘」都在免役之列，只幹些打雜的輕活兒，他們下去八個月之後，楊絳的「連」才下放。那時候，錢鍾書他們已住進自己蓋的新屋子了。[44]

一九七〇年七月十二日，楊絳也下放幹校。錢鍾書下放時有三個人送他。可是楊絳下放時，只有女兒阿圓一人送她。因為阿圓的丈夫王得一已於一個月前自殺了。王得一挨批挨鬥，說他手上掌握「五一六」反革命分子的名單。王得一最後一次與楊絳晤面時，他對丈母娘說：「媽媽，我不能對群眾態度不好，也不能頂撞宣傳隊，可是我決不能捏造名單害人，我也不會撒謊。」楊絳說他（王得一）到校就失去自由。階級鬥爭如火如荼，阿圓等在廠勞動的都返回學校。工宣隊領導全系每天三個單元鬥得一，逼他交出名單。得一就自殺了。楊絳下放的那天，阿圓送她上了火車，楊絳叫她先回去，別等開車。她不是一個脆弱的女孩子，應該可以放心撇下她。可是楊絳說，看著她的背影，心上無限淒楚，「忙閉上眼睛，閉上了眼睛，越發能看到她在我們那破殘淩亂的家裡，獨自收拾整理，忙又睜開眼。車窗外已不見了她的背影。我又合上眼，讓眼淚流進鼻子，流入肚裡。火車慢慢開動，我離開了北京。」文革把好好的一個家，弄得家破人亡。

楊絳在幹校與錢鍾書所屬的連相距不遠，因各有所屬，要聽指揮，服從紀律，不能隨便走動，但經常有書信來往，到休息日才得探親。如有事，大禮拜可以取消。可是比起獨自在北京的阿圓，他們就算同在一處了。楊絳到了幹校見了錢鍾書，說他臉又黑又瘦，簡直換了個樣，但她一見就認得出來。她說：「幹校有一位心直口快的黃大夫。一次默存去看病，她看他在簽名簿上寫上錢鍾書的名字，怒道：『胡說！你什麼錢鍾書！錢鍾書我認識！』默存一口咬定自己是錢鍾書。黃大夫說：『我認識錢鍾書的愛人。』錢鍾書經得起考驗，報出了他愛人的名字。黃大夫還是將信將疑，不過錢是否冒牌也沒有關係，就不再爭辯。事後向黃大夫提起這事，她不禁大笑說：『怎麼的，全不像了。』」楊絳發現錢鍾書右下頷有一個像榛子大小的紅包，已經灌膿，她大為憂慮，認為當做熱敷。錢鍾書對楊絳說，以前他也有過一個像這樣的外疹，他的上司讓他休息幾天，並叫他改行不再燒鍋爐，叫他去做輕鬆一點的工作——白天管工具，晚上巡夜。因為楊絳去看他，他的上司還賜假半天，可是楊絳的排長卻鐵面無私，不肯通融，叫她跟著別人去探望一下，立即回隊。沒有辦法，她只好遵命。回去時由錢鍾書送她回隊，沒有說幾句話即分手了。女婿王得一自殺事還在瞞著他。

V

一九七〇年十一月二十一日是錢鍾書六十週歲生日，在幹校過的。雖然錢鍾書從來沒有記得他的生日，但楊絳會記得，所以他們每年都有做壽慶祝。一九四〇年、一九四四年及一九五二年錢鍾書還有賦詩誌慶。[45] 美國女作家瑪麗．麥卡錫（Mary McCarthy）於一九七二年六十歲生日時，她的丈夫席設六十桌招待賓客，以資慶祝。現在我們看看這位中國第一大才子錢鍾書怎樣慶祝他六十歲生日。照中國人的習俗，做壽是做虛歲生日，但去年錢鍾書虛歲六十歲生日時，他才下放幹校，他與楊絳本來商量好，到那天大家要去吃一頓壽麵慶祝，但因下放，故計畫中的慶生會而不可得。楊絳一直耿耿於懷，不大高興。現在楊也下放，雖還隔一小段的路程，但算起來兩人同在一處了。到錢鍾書生日那天，楊絳是休息日，特地到錢鍾書的連部去，為他慶祝六十週歲生日。照幹校的規矩，平時吃三餐，但如果是休息日只吃二頓。那天楊絳休息，但錢鍾書不放假。楊絳吃了早餐到那裡，中午還吃不下中飯，卻又等不及吃晚飯就得回連，所以勉強吃了幾個饅頭。他們除在食堂買了壽麵外，還買了一罐紅燒雞罐頭來慶祝，雖然罐頭裡骨頭比肉多，但錢鍾書還是吃得津津有味。錢鍾書六十歲生日沒有作詩，當然也沒有與朋友共飲市樓，這算是一個別開生面的慶生會，他的六十週歲生日就是這樣度過的，與麥卡錫女士相較，真有天壤之別。

在幹校做的所謂「勞動」均是粗工。種豆、種麥是農田粗工，大熱天，淩晨三點即起，沒有吃東西即下田，做到六點有人送飯到田裡；吃罷早飯即一直做到中午休息；黃昏時再下田做到天黑。各連初到幹校借住民房，然後自己蓋房子，自己做磚塊。菜園及廚房裡的工作以老弱居多，繁重的工作都得由年富力壯的年輕人去做。楊絳分在菜園班，班長派她看菜園，這算是照顧她，因為菜園工作輕，且距錢鍾書的宿舍近，只不過十幾分鐘就可以走到。錢鍾書職司保管工具，這是他工作的一部分。楊絳說，她的班長常叫她去借工具，借了當然還要還。同夥都笑嘻嘻地看她興沖沖走去走回，借了又還。錢鍾書看守工具只管登記，巡夜也和別人輪值，他的專職是通訊員，每天下午到村上郵電所去領取報紙、信件、包裹等回連分發。郵電所在菜園的東南，錢鍾書每天沿著菜地東邊的小溪迤邐往南又往東去。他有時繞道到菜地來看楊絳，楊絳大夥兒就停工歡迎。可是他不敢耽擱時間，也不願常來打攪。楊絳和同伴阿香一起留守菜園的時候，阿香有時會忽然推楊絳說：「瞧！瞧！誰來了！」錢鍾書從郵電所拿了郵件，正迎著楊絳的菜地走來。他們三人就隔著小溪叫應一下，問答幾句。如果楊絳一人守園的時候，發現小溪乾涸，可一躍而過；錢鍾書可由菜地過溪往郵電所去，不必繞道。楊絳說：「這樣我們老夫婦就經常可在菜園相會，遠勝於舊小說、戲劇裡後花園私相約會的情人了。」過了年（一九七一年），清明那天（四月五日），學部的幹校從息縣遷往京漢鐵路線上的河南明港，啟程前，菜園班同志將菜園所有的建築均拆除。臨行時錢鍾書與楊絳特地連袂到菜園去一趟，看一眼，憑弔抑惜別？總之頗有孟浩然所云：「不知從此分，還袂何時把？」（出自〈江上別流人〉）

幹校遷往明港後，錢鍾書與楊絳住得更近，只隔著一排房子，來回只五、六分鐘即可。四周環境很好，風景不殊，所以他們老夫婦每天相約黃昏後，可以一起出來散步，羅曼蒂克情調似更勝於息縣菜園相會。錢鍾書在明港時生過一場大病。時在楊絳赴北京治目疾之後不久。楊絳從北京回幹校時帶了阿圓同行到明港看看父親，料想錢鍾書按照火車班次及到達時間，一定會到車站去接她們，但當母女下了車，卻不見錢鍾書人影。豈知當楊絳甫離明港，他即生大病，氣喘病發，還發高燒。他們連裡的醫務員還算不上赤腳醫生；據她自己說，她生平第一次打靜脈針，緊張得渾身冒汗，打針時結紮在默存臂上的皮帶，打完了針都忘了解鬆。可是打了兩針居然見效，楊絳和阿圓到幹校時，他已退燒。那位醫務員常指著她自己的鼻子，晃著腦袋說：「錢先生，我是你的救命恩人！」[46] 真是難為她。假如她不敢或不肯打那兩針，送往遠地就醫只怕更糟呢。

一九七二年，錢鍾書夫婦被遣回北京。楊絳說，當她寄居息縣楊村民房時，有一次房東家的貓惡作劇以「腐鼠饗我」。一天晚上，楊絳準備回房就寢，忽然發現床上有兩堆東西，用手電筒一照，是一隻五臟俱裂、膛開肚破的死鼠，另一堆粉紅色的是內臟。楊絳驚恐之狀當可想見，在錯愕之餘，找人幫忙，拉著床單四角把死鼠抛在後院積肥的垃圾堆上。後來她把這齣貓的惡作劇告訴錢鍾書。錢鍾書用蔡元培解《石頭記》的索隱法來安慰她說：「這是吉兆，也許你要離開此處了。死鼠內臟和身軀分成兩堆，離也；鼠者，處也。」那年（一九七一）年底，錢鍾書到菜園來時，他對楊絳說，在郵電所有人告訴他，據說北京打電報給學部幹校，叫幹校遣送一批「老弱病殘」回京，名單上有他。[47]楊絳聽了大喜過望，她想，如果錢鍾書能回京，和阿圓相依為命，她一人在幹校也就放心了。結果希望落空，回京的名單上有俞平伯卻沒有錢鍾書。[48]楊絳認為一定是「輕蔑領袖著作」黑材料作祟所致，錢鍾書則說事已如此，還管它做什麼。到了一九七二年三月（時幹校已遷至明港），又一批老弱病殘被遣回北京，名單上有錢鍾書和楊絳的名字。他們當然很高興，同夥的也為他們高興，還為他們倆餞行。楊絳說，他們吃了好幾頓餞行的湯糰，還吃了一頓薺菜肉餛飩。

VI

錢鍾書夫婦朝夕企盼能脫離這個集中營生活，重返北京。但回北京又有另一種苦惱——

忍受著一種「摻沙子」的痛苦經驗。什麼叫「摻沙子」，就是「革命群眾」住進「資產階級權威」家裡去。這個辦法很不好，一般當國的人，總是想盡辦法使老百姓安居樂業，但毛澤東的做法，似是都是往另一方面走。一所房子住兩家人是會吵架的，有時會吵得天翻地覆，這也許就是毛當初想出這個辦法的用意所在。

錢鍾書於一九六二年八月搬進屬於學部坐落在北京乾麵胡同的宿舍大樓三樓，有四個房間。那時錢鍾書女兒女婿均住在一起。文革初期，錢鍾書被打成「資產階級學術權威」。一九六九年五月學部的「革命群眾」住進錢鍾書家裡（此即「摻沙子」）。錢鍾書家的房子被分了一半，搬進來的這家人，男的名濮良沛，筆名林非，屬社會科學院文學所；女的名趙鳳翔，筆名蕭鳳（北京廣播學院）。他們搬進來三個月後，錢鍾書即下放幹校，不久濮良沛及趙鳳翔亦先後下放，楊絳則於翌年七月也下放，所以他們大家住在一起的時間不長。但到了一九七二年三月錢鍾書與楊絳自幹校回來，七月間學部下放的全體人員也都回北京，濮良沛及趙鳳翔也回來了，於是兩家住在一個屋簷下合用一個廚房，共用一個廁所，不僅很麻煩，時間久了一定會引起很多糾紛。到後來就開始打架。據楊絳說：「十二月二日是星期日，大家休沐日。我家請一個鐘點工小陳來洗衣服。革命女子也要她洗，並且定要先為她洗。錢瑗說，小陳是我家約來的。革命女子揚著臉對錢瑗說：『你不是好人！』隨手就打她一耳光。我出於母親的本能，立即衝上去還手。錢瑗是看慣紅衛兵行徑的，不願媽媽效尤，拉著我說：『媽媽，別——』可是她拽不動我，就急忙由大門出去了（她是去找居委會主任的）。」錢鍾書這時在套房的窗下看書。楊絳說：「這時兩個革命男女抓住我的肩膀和衣領，把我按下地又提起來，又摔下，又提起，又摔下。小陳當時在場。她向別人說，那女人要挖我的眼睛，我不知道她是什麼根據，革命女子沒有挖我的眼睛，我只感到有手指在我臉上爬。我給跌摔得暈頭暈腦，自知力弱不勝，就捉住嘴邊的一個指頭，按入口內，咬一口，然後知道那東西相當硬，我咬不動，就鬆口放走了。我記不清自己給跌摔了多少次。」[49] 錢鍾書本來在房間裡看書，後來他跑出來了，看到妻子與人家打架，於是「他舉起木架子側面的木板（相當厚的木板），對革命男子劈頭就打。幸虧對方及時舉臂招架，板子只落在胳臂肘上。如打中要害，後果就不堪設想了」。[50] 這就是後來海外及港臺盛傳楊絳咬人及錢鍾書打人的新聞來由。[51]

對打架事錢鍾書效金人三緘其口。打完架後，楊絳還說幸虧她身體輕，沒傷筋骨，算了。錢鍾書似餘怒未息，用手一抹說：「這事不再說了。」隨即又感嘆地說：「和什麼等人住在一起，就會墮落到同一水準。」[52] 打人、踹人，以至咬人都不是什麼光采的事，錢鍾書從此不再去談這一件事。有人說錢鍾書打架是奉行儒家學說「頭可殺、士不可辱」等大道理來的。[53] 在文革時錢鍾書挨批、挨鬥，受辱他都沒有反抗。這樣把錢鍾書說成聖人或不吃人間煙火的神，其實他也是人，他也有喜怒哀樂，他看到妻女與人打架，也許在忍無可忍之下，他本能地就拿起木板來打人，哪裡會有餘裕去想到儒家經典？鄰里打架本是常事，但在這種情形下，濮良沛與趙鳳翔或許也是「階級鬥爭為綱」時期裡的受害者，但真正受害的恐怕還是錢鍾書夫婦。[54]他們的房子鵲巢鳩占。因強鄰揚言要報復，所以暫到女兒錢瑗北師大宿舍避難。避難共五年，做了五年「難民」，一直到一九七七年二月搬進現在居住的三里河南沙溝新居。

1 「人生七十才開始」這句口號是有政治作用的，因為這批跑到臺灣的老國民黨，年事已高，但還不想把職位交給年輕人，譬如，蔣介石做總統，仍想戀棧，故叫出「人生七十才開始」，大陸上過去或現在也會有這種類似愚民的口號。

2 中共於一九四九年取得政權後，共產黨當家作主，不應該再是破壞性的革命政黨。理論上從革命戰爭過渡到建設時期，要達到革命目標，不應再訴諸暴力。建設一個現代化國家千頭萬緒，何況中國連年兵燹之後，亟需休養生息。一個現代化國家不僅需要各種科技、工程、經濟建設的專門人才，也需要社會科學、歷史、文學各方面的人才，缺一不可。本來中國教育就不很普及，一九四九年前後，大學畢業生在總人口中只占百分之一，人才這麼少，如何建設一個現代化國家呢？毛當權後竟如此糟蹋人才，真愚不可及。

3 胡頌平，《胡適之先生晚年談話錄》（臺北：聯經，一九八四），頁二一。

4 錢鍾書，《宋詩選注》（北京：人民文學，一九五八），頁二一八。

5 錢鍾書，《宋詩選注》，頁二四七。

6 錢鍾書，《宋詩選注》，頁二四八。

7 錢鍾書，《宋詩選注》，頁二二一。

8 錢鍾書，《宋詩選注》，頁二二一至二二二。

9 錢鍾書，《宋詩選注》，頁二二二。

10 錢鍾書，《宋詩選注》，頁二九五。

11 錢鍾書，《宋詩選注》，頁二九五至二九六。

12 錢鍾書，《宋詩選注》，頁十二至十三。

13 錢鍾書，《宋詩選注》，頁十三。

14 錢鍾書，《宋詩選注》，頁十三至十四。

15 錢鍾書，《宋詩選注》，頁二五。

16 夏志清，《中國現代小說史》(臺北：傳記文學，一九七九)，頁四四〇。

17 筆者在臺灣念中學時，有時課後到同學家去玩，常常會在客廳看到同學父親與蔣介石合攝的照片，有時到別的同學家裡也會看到這樣的照片，不管是著軍裝或便裝，蔣介石永遠是坐著，我同學的父親（不管是哪一位）永遠是在背後站著。蔣介石還會在照片上親筆簽名，這種做法有拉攏的意思。有一次在同學家裡對這樣的照片看得很出神，一位同學對我說，這種照片可以避邪。初不解其意，後來他說，如果家裡掛了這種照片，有人來查戶口或警察上門就不會找麻煩。還有一位同學插嘴說，小偷也不會光顧。真假如何我不知道，因為我們家裡沒有這種照片。據說能與蔣介石照相，軍人至少在師長或軍長以上，文職至少在簡任以上。先君半生軍旅，出入槍林彈雨之中，對國家有微勞，但不會鑽營，官階本來就不高。到了臺灣後，又降了一級，所以始終沒有資格與蔣介石照相。每次我家有小偷光顧或警察來我們家找麻煩，我就會想到同學家裡的蔣介石簽名照片。我常想，如果我們家裡也有一張這樣的照片多好。錢鍾書在書中引用毛澤東的話，其作用與我同學家裡掛蔣介石照片一樣，希望能避邪消災。但錢鍾書運氣不好，《宋詩選注》出版後，仍然遭到清算與批判。

18 胡適說：「錢鍾書沒有用經濟史觀來解釋，聽說共產黨要清算他了。」胡頌平，《胡適之先生晚年談話錄》，頁二一。

19 見丁偉志主編，《錢鍾書先生百年誕辰紀念文集》（香港：牛津，二〇一〇），頁二一六。

20 錢鍾書，《槐聚詩存》（北京：三聯，一九九四），頁一一〇至一一一。

21〈林紓的翻譯〉最初發表在一九六四年六月《文學研究季刊》第一冊。錢鍾書於六〇年代初還寫過〈通感〉及〈讀《拉奧孔》〉二篇論文，後來均收入《舊文四篇》及《七綴集》裡。自一九六〇年起直到「文化大革命」開始，錢鍾書還參加了迻譯《毛澤東詩詞》小組，袁水拍（馬凡陀）是組長，除錢鍾書外，還有喬冠華及葉君健等人。毛澤東詩詞英譯，其性質與許世園英譯汪精衛的詩一樣，沒有多大文學上的價值，故本文不便去談它。

22 見〈錢基博自傳〉，《光華大學半月刊》第三卷第八期。

23 錢鍾書，《林紓的翻譯》（北京：商務，一九八一），頁二二。

24 錢鍾書，《林紓的翻譯》，頁二二。

25 錢鍾書，《林紓的翻譯》，頁二四。

26 錢鍾書，《林紓的翻譯》，頁四五。

27 錢鍾書，《林紓的翻譯》，頁二三至二四。

28 見錢鍾書，〈林紓的翻譯〉，收入錢著《七綴集》（北京：三聯，二〇〇二），頁一〇四至一〇五。

29 唐德剛，〈十年浩劫「文化大革命」的前因後果簡述（下）〉，《傳記文學》第七六卷第二期（二〇〇〇年二月），頁四一。

30 楊絳，《從丙午到「流亡」》（北京：中國青年，二〇〇〇），頁三。

31 楊絳，《從丙午到「流亡」》，頁七。

32 楊絳，《從丙午到「流亡」》，頁七。

33 楊絳，《從丙午到「流亡」》，頁八。

34 楊絳，《從丙午到「流亡」》，頁十一。

35 事後知道，大字報所控是有根據的：因有人告發，紅衛兵按線索調查，但告發的人否認了事，錢鍾書寫了一份自我檢討，此事後來就不了了之。見楊絳，《從丙午到「流亡」》，頁一二四至一二五。

36 楊絳，《從丙午到「流亡」》，頁十八。

37 季羨林教授也有類似的說法，但他比錢鍾書說得直率，更是沉痛。他不但叫人把文革中受的苦寫出來，他自己也寫，他把自己在文革中被害的親身經歷寫成一卷《牛棚雜憶》，他在自序中說：「我期待著有人會把自己親身受的災難寫了出來。一些元帥、許多老將軍，出生入死，戎馬半生，可以說為人民立了功。一些國家領導人，也是一生革命，是人民的『功臣』。絕大部分的高級知識分子，著名作家和演員，大都是勤奮工作，赤誠護黨。所有這一些好人，都被莫名其妙地潑了一身汙水，羅織罪名，無限上綱，必欲置之死地而後快。真不知是何居心。中國古來有『狡兔死，走狗烹；飛鳥盡，良弓藏』的說話。但幹這種事情的是封建帝王，我們卻是堂堂正正的社會主義國家。所作所為之殘暴無情，連封建帝王也會為之自慚形穢的。而且涉及面之廣，前無古人。受害者心裡難道會沒有憤懣嗎？為什麼不抒一抒呢？我日日盼，月月盼，年年盼；然而到頭來卻是失望，沒有人肯動筆寫一寫，或者口述讓別人寫。我心裡十分不解，萬分擔憂。這場空前的災難，若不留下一點記述，則我們的子孫將不會從中吸取應有的教訓，將來氣候一旦適合，還會有人發瘋，幹出同樣殘暴的蠢事。這是多麼可怕的事情呀！」見《牛棚雜憶》（香港：三聯，一九九九），頁五至六。

38 文學所和另一所下放時，用部隊的名稱，不再稱「所」而是稱「連」，兩連動身的那天，學部的人，都敲鑼打鼓去歡送，楊絳也去歡送，看到俞平伯夫婦是打前鋒當領隊。楊絳看到這對老夫婦已年逾七旬，還像學齡童子那樣排著隊伍，遠赴幹校上學，楊絳說：「我看著心中不忍，抽身先退。」見楊絳，《從丙午到「流亡」》，頁六四。

39 楊絳，《從丙午到「流亡」》，頁六二至六三。

40 赴幹校折磨，當時叫「鍛煉」。

41 一月過後，幹校遷至淮河邊上的河南息縣東嶽。在地圖上找得到息縣，卻找不到東嶽。

42 楊絳，《從丙午到「流亡」》，頁六五。

43 楊絳，《從丙午到「流亡」》，頁六六至六七。
44 楊絳，《從丙午到「流亡」》，頁六七。
45 一九四四年生日請閱《槐聚詩存》頁八七。茲錄一九五二年〈生日〉詩如下（見《槐聚詩存》頁一〇〇）：

身心著處且安便，局趣容窺井上天。
拂拭本來無一物，推擠不去亦三年。
昔人梵志在猶未，今是莊生疑豈然。
聊借令辰招近局，那知許事蛤蜊前。
（原詩小注：與家人及周生節之共飲市樓。）

46 楊絳，《從丙午到「流亡」》，頁一二八至一二九。
47 錢鍾書在郵電所幫助那裡的工作同志辨認難字，尋出一些偏僻的地名，解決了不少問題，所以對他另眼相看，常受到茶水款待及經常透露一點小道消息給他。
48 在第一批回京的名單上沒有錢鍾書，但有俞平伯夫婦。俞平伯回北京後，在日記上寫著：「居然平安返京矣！」他本有客死鄉居的準備，現在居然能平安返京，見韋柰，〈我的外祖父俞平伯〉，《光明日報》，一九九二年四月四日，轉引自張文江，《錢鍾書傳》（臺北：業強，一九九三），頁一三一。
49 楊絳，《從丙午到「流亡」》，頁一三八至一三九。
50 楊絳，《從丙午到「流亡」》，頁一三九。
51 臺北《中國時報》於二〇〇〇年三月十二日印有「楊絳咬人，錢鍾書打人」的報導；及朱健國〈錢鍾書被毆的網上爭議〉，香港《開放》二〇〇〇年四月號。
52 楊絳，《從丙午到「流亡」》，頁一四一至一四二。
53 方丹，〈我所認識的錢鍾書〉，《明報月刊》第一六四期（一九七九年八月），頁四二。

54 錢鍾書的鄰居濮良沛及趙鳳翔比錢鍾書和楊絳年輕二十歲，個子又高大，濮身高一點八米、趙一點七米；錢一點七五米、楊只一點五米。即使錢鍾書、楊絳要打架，也當然打不過這對年輕夫婦，為避免報復，所以錢鍾書只好「逃亡」。

【第十二章】

出國訪問，一九七八至一九八〇

毛澤東治國若烹小鮮，哪有不出亂子；偉大的舵手把船撞到暗礁。一九七六年唐山大地震數十萬人喪生，照中國傳統農民的說法，皇帝做錯了事，天怒了。這樣的皇帝非崩不可，毛澤東終於在這一年九月去世。不久「四人幫」垮臺，鄧小平再度出山。政策變了：對外開放，不僅是政治、外交、經濟、貿易，即使教育與文化也要交流。在文化交流方面，中國派代表團出席一九七八年九月在義大利召開的歐洲漢學家會議。錢鍾書除參加了這個會議外，翌年，隨中國社會科學院代表團訪問美國。復於一九八〇年十一月單槍匹馬「東征」日本。

一九七八年在義大利召開的「歐洲漢學家會議」，前身是「青年漢學家會議」，每隔兩年或者三年由歐洲各國輪流主辦，一九七八年二十六屆年會由義大利主辦。地點在義大利北部白雲石山區旅遊勝地，一個名奧蒂賽依（Ortisei）[1]的小城。會議時間為九月三日至九月九日。參加這次會議的，除了歐洲各國（包括蘇聯及東歐）學者外，還有來自亞洲和美洲等地的代表，共計約一百五十人。各地來的華裔學者大約十餘人。中國出席的代表計有團長許滌新（經濟）、錢鍾書（文學）、夏鼐（考古）、丁偉志（哲學）及兩位翻譯共六人。這次會議的主題是「瞭解現代中國：問題與方法」。與會代表一共提出三十三篇論文或報告。範圍很廣，包括宗教、哲學、語言、文學、歷史、政治及經濟等專題。中國代表在會議上講題如下：

（一）夏鼐：「近年來中國考古新發現」

（二）許滌新：「現代中國社會主義建設中運用經濟規律的問題」

（三）錢鍾書：「古典文學研究與現代中國」

（四）丁偉志：「儒學的變遷」

除了許滌新因講「經濟規律問題」而較多涉及政治術語外，其他三位所講內容，都還能保有純粹學術交流的態度，沒有文革中慣用的詞語，也沒有引用毛澤東思想。講詞為中文，但均譯成英文，印成小冊子，分發與會代表。[2]

這次會議中最為人矚目的是中國代表團（因為二十多年來第一次參加這種國際性會議）。在中國代表團裡最受人注意的是錢鍾書，因為他言談風趣，學問淵博，外語又好，在會議上他直接用英語演講，不是像外界傳說的用義大利文，但是他在演講中如果引用義大利作家的話則用義大利文，其他引德文、法文亦然。他的開場白很動聽，他一開始即說他是研究中國古典文學的，如果他說現代的中國人對中國古典文學的興趣濃厚，也許大家會認為他是職業上的偏見，或誇大其詞。但他又提醒大家，前不久，外國記者報導《唐詩選》出版時，北京書店門口大排長龍購買此書的消息，證之他所說，洵非虛言。同時他又說，莎士比亞中譯本亦甚暢銷，這也可以說明「我們的興趣還包括外國的古典文學」[3]。雖然在當時「四人幫」已垮，冰層開始融化，惟「餘寒猶在」，像所有中國大陸的出國訪問者一樣，小心翼翼，錢鍾書亦不例外，他在會議上說，現代中國文學研究的主要傾向，是應用馬克思主義來分析或評價個別作家、作品和探討文學史的發展。不過他說主要的傾向不等於唯一的傾向，非馬克思主義的、傳統方式的文學研究同時存在，但是均無代表性。[4]有人認為以馬克思主義來分析或評價個別作家作品，這是一種方法和觀點，要求每一個人都拿馬克思主義的尺度來衡量作家和作品，未免流於偏頗。[5]錢鍾書的演講，對馬克思主義本身似未加以褒貶，只是說明一種現象而已。

錢鍾書在演講中對陳寅恪花費太多時間在白居易〈長恨歌〉裡考證「楊貴妃入宮時是否

處女？」稍有微辭。在錢鍾書看來，這種雞毛蒜皮的小事（trivial）不值得小題大作，一如「濟慈喝什麼稀飯？」「普希金抽不抽菸？」同樣的瑣碎細小。余英時在〈我所認識的錢鍾書先生〉一文中說，陳寅恪在一九四九年前，費一番苦心考辨楊貴妃進宮時是否是處女，是為了證實朱子「唐源流出於夷狄，故閨門失禮之事不以為異」的議論，不能算是trivial。惜余氏文是悼文，錢鍾書沒法看到。因為錢鍾書批評陳寅恪的考證，所以有人就說錢鍾書瞧不起陳寅恪。其實論道或學術上的爭論與私人恩怨是兩回事。文革後，陳寅恪弟子蔣天樞整理先師遺稿時，曾求助於錢鍾書。錢與夏志清通信時曾提到此事：「我正受人懇託，審看一部《陳寅恪先生編年紀事》稿，材料甚富，而文字糾繞冗長，作者係七十八歲的老教授（陳氏學生），愛敬師門之心甚真摯，我推辭不得，只好為他修改。」[6] 據楊絳說：「鍾書並不贊成陳寅恪的某些考證，但對陳的舊詩則大有興趣，曾費去不少時間精神為陳殘稿上的缺字思索填補。蔣天樞中風去世後，他這份心力恐怕是浪拋了。能說錢對陳頗有『微詞』而看不起陳嗎？我不能同意。」[7]

錢鍾書給夏志清信中提到的《陳寅恪先生編年紀事》書稿，一九八一年出版時名為《陳寅恪先生編年事輯》，書前刊有蔣天樞寫的「題識」，在「題識」最後蔣天樞記：「拙稿承錢默存、張公逸兩先生暨家屬及先生的助教黃萱惠予指正闕失，藉免愆尤，謹致謝意。」由此可知錢鍾書校書所花的心力，沒有白費。錢鍾書認為，像陳寅恪這樣的考證被視為嚴肅的文學研究就很難接受了。但他說現在古典文學所研究的考據仍有其嚴謹的一面，並且加強其思想性，不僅在專門研究裡，而且也同時存在於一般普通讀物裡，對資料重視正確性，已到空前未有的程度，他舉了一個現成的例證，古典小說和戲劇通俗版本，如《西遊記》、《牡丹亭》或《官場現形記》都經過校勘並附有注解，對大眾讀物的普及本有這樣重視，為中國出版史上無先例。上面錢鍾書這一段講話是事實，可是有人批評說，他宣傳味較重。因為過去中國文學均以詩詞韻文為正宗，小說、戲劇受人重視是五四以後（受西洋文學影響所致）。[8]自晚清以來，已有不少學者咸認為小說為國家改革的工具。[9]無論如何，小說、戲劇在現代中國如此重視是值得喝采的。錢鍾書自我批評說：「我們的古典文學研究成績還是很不夠的。我們還沒有編寫出一部比較詳備的大型『中國文學史』；我們還沒有編校出許多重要詩文集的新版本；許多作家有分量的傳記和評釋亟待產生。」

最後他自我譴責地說：「我們還得承認一個缺點，我們對外國學者研究中國文學的重要論著，幾乎一無所知；這種無知是不可原諒的。」錢鍾書講這話有感而發，不是無的放矢。在漢學家會議上，有一位義大利漢學家見了錢鍾書胸前名簽，深覺這個名字甚熟稔，少頃乃拍額大叫道，汝乃C. T. Hsia（夏志清）在書中有一專章討論過的錢鍾書了，隨即拿著夏著《中國現代小說史》給他看（按此書英文本初版於一九六一年，復自一九七〇年後一版再版）。但錢鍾書自己根本不知道有此書。在會場上他不僅初次見到了《圍城》法、俄、捷克三種文字的譯者，同時他也第一次聽到美國珍妮・凱利（Jeanne Kelly）女士正在迻譯這部小說。[10]

講完古典文學在中國的情形後，錢鍾書強調中義兩國文化交流。他像平常一樣，引經據典、旁徵博引，較上述所說的更生動，更風趣，更具有錢鍾書的文采特色。他講了幾個小掌故來預測將來中國和歐洲文化交流必有一個良好的前景。他首先說義大利大批評家德・桑克諦斯（Francesco De Sanctis）在《十九世紀義大利文學史》（*La Letteratura Italiana Nel Secolo XIX*）一書裡不留情面地把義大利和中國相提並論：「義大利不能像中國那樣和歐洲隔絕。」這句話他在英文講稿裡是用義大利文（L'Italia non é la Cina per tenersi dal resto d'Europa）說出來的。然後接著說，義大利有一句諺語：「好些河水已經流過橋下了。」他說北京附近一座舉世聞名的古跡盧溝橋（即西方稱馬可孛羅橋）下也流過好多水了，義大利和中國也不再隔絕了。義大利學者對中國研究有很大的貢獻，儘管馬可孛羅本人對中國哲學、語文無甚興趣，讓那座以他命名的橋梁做為中義兩國「古老而又保持青春的文化長遠交流的象徵罷」！隨即他引錄德國一學者名著《藝術的互相照明》[11]，來說明詩歌和繪畫可以各放光明，交互輝映，兩國文學（像義大利和中國）也可以互相照明。他說，十九世紀義大利大詩人卡度契（Carducci）曾譴責佛羅倫斯人，說他們「瑣碎細小，所見不大，簡直是義大利的中國人」（Con la meticolosità e la puntigliosità che portiamo anche nelle piccolezzi, noi fiorentini saremo forse i cinesi d'Italia）。錢鍾書接著又說：「我甘願分擔這個譴責，再舉兩個小故事來說明我的題目。」[12]在薄伽丘（Boccaccio）的《十日談》裡的一個故事說，一個名叫腓力普（Filippo Balducci）的人喪偶後，即攜其幼子隱居山野，與世隔絕，等到兒子十八歲時，帶他下山到佛羅倫斯見見世面，一路所見牛、馬，前所未見，乃向父親問長問短，後來見一漂亮姑娘過街，又問父親這是什麼東西，父親對他說，快低下頭別看，這是壞東西，名叫傻鵝。晚上回家，父親問兒子進城印象，兒子說除了傻鵝以外，均不感興趣，要求父親給他一隻傻鵝。

這個故事講完後，錢鍾書說中國也有類似的故事。他說法國早期漢學家[13]首先向歐洲介紹的十八世紀中國詩人袁枚講的一個故事：有一小沙彌，年甫三歲就跟一禪師在五臺山山頂上修行，從不下山。十餘年後，禪師帶著沙彌下山，由於長期遠離塵世，沙彌見牛馬雞犬，皆不識，一路問個不停，禪師指而告之曰，此牛也，可以耕田。此馬也，可以騎。此雞犬也，可以報曉，可以守門。沙彌唯唯。少頃，一少女過，沙彌驚問，此又是何物，禪師怕他動心，乃正式告之曰：「此名老虎，人近之者必遭咬死，屍骨無存。」晚上回五臺山，禪師問小沙彌：「汝今日在山下所見之物，可有心上思想他的否？」小沙彌說：「一切都不想，只想那吃人的老虎。」[14]錢鍾書說，這個被稱為世界上第二個最古老的故事在中國出現得那麼晚，值得研究。

錢鍾書講完老虎的故事，就講孔融的故事。眾所周知，孔融是個奇童，他十歲時請見河南尹李膺，對答如流，在座的人莫不驚嘆。太中大夫陳煒後到，座中的人把這事告訴了陳煒，陳說「夫人小而聰了，大未必奇」。孔融應曰：「觀君所言，將不早慧乎？」[15]千百年來，這個故事在中國已成為諺語。他說，在文藝復興時代包其奧（Poggie）的《詼諧錄》（*Liber Facetiarum*）有一則類似這樣的故事：教皇駕臨佛羅倫斯，一個十歲小孩晉見，見其談吐文雅，一位紅衣主教在場，就說：「像這樣聰明的小孩子，愈長大就愈不聰明，到了老年變成一個十足的笨蛋。」那小孩子泰然自若地說：「你老人家當年準是個絕頂聰明的孩子。」此外，錢鍾書還說了薩凱蒂（Franco Sacchetti）的《三百新事》（*Il Trecentonovelle*）中一則故事：一個成人與小孩鬥嘴，輸了，為了爭回自己的面子，就說「沒有一個聰明孩子長大了不是傻瓜的」。那小孩子接口說：「天哪！你先生小時候不用說是聰明的了。」錢鍾書講這個故事時，是用義大利文講的，所以外界傳說錢鍾書的演講是用義大利文。上述幾個義大利故事和中國故事相像得如孿生子一樣，錢鍾書說這類相同故事一定還有很多，尚待發現，是值得研究的，有助於中義兩國文學家「互相照明」。他最後又用義大利文說，決不致像你們諺語所謂「傻和尚點燈，愈多愈不明」（la illuminazione di Prete Cuio/Che con di moltilumi facea buio）。錢鍾書演講，不僅顯出他博學，且內容風趣而有意義，很受歡迎。據與錢鍾書一起赴義大利參加這次會議的丁偉志回憶說，錢先生的演講使會場氣氛頓時活躍起來。上面這些歷史掌故，也許算不得什麼大學問，義大利人大都知道上述這些義大利掌故，而中國人也都曉得前面講的這些中國故事，但錢鍾書穿針引線用在這種場合，就顯得特別有意義、格外難得。一個人同時知道中義二國這種相關的典故，在這個會場中除了錢鍾書外，恐怕沒有第二個人了。

在講演完後，他在對各國學者提問的答話中，把英、法、德國文學掌故、民間諺語，信手拈來，道來如數家珍。有一位法國學者用中文問錢鍾書，但他用法語引錄法文典籍加以作答，使這位法國學者聽了，即大聲叫嚷：「他知道法國的東西，比我還多！」丁偉志說，這句話「引起了全場一片讚嘆的轟動」。丁又說，那時他在場「真是感動萬分，我真正感受到，錢先生確實是中國文化的光榮，或者說，現代的中國文化由於錢先生這樣傑出的代表而倍生榮光。我多麼由衷地慶幸我們國家，在大劫之後，居然還保存下來了這樣出類拔萃的大學問家」[16]。巴黎的《世界報》（*Le Monde*）在報導這次會議時，講到錢鍾書有下面這樣的評論：「聽著這位才氣橫溢、充滿感情的人講話，人們有這樣的感覺，在整個文化被剝奪了近十年後，思想的世界又開始復蘇了。」[17]錢鍾書在會場上很出風頭則是事實，在演講完後，錢鍾書成為歐洲學者包圍的對象。他在歐洲同行面前，表現得從容大度，坦誠、幽默而自尊，恰到好處，頗有大學者毋固毋必、不詭不隨之風。

錢鍾書在義大利還有一個小插曲，儘管當時中國與蘇聯關係欠佳，蘇聯代表在會議上對錢鍾書甚是禮遇。蘇聯代表提出四篇論文，其中有一篇與錢鍾書有關。蘇聯漢學家索羅金（V. F. Sorokin）於九月六日宣讀他的論文〈四〇年代的文學和中國的寫實主義問題〉，對錢鍾書推崇備至，對《圍城》讚不絕口。惟當時中蘇不睦，當蘇聯代表宣讀論文時，中國代表沒有出席，而新聞界則以惟恐天下不亂的心情來炒新聞，故本地義大利報紙有這樣的標題：「蘇聯學者來演說，北京代表去爬山」。其實爬山是另一回事，這是團體行動，與蘇聯代表演說不相干。不過，許滌新率領的中國代表沒有去為蘇聯學者捧場則是事實。故當索羅金演說時，錢鍾書不在場，致使索氏嘆息道，可惜《圍城》作者沒有聽到他的演說，深表遺憾。

在義大利開會期間，旅德華僑喬偉教授偕夫人親至旅舍拜訪錢鍾書，並備好紙墨請錢題詞留念。錢鍾書即揮毫書寫其於一九三六年旅歐時舊作〈萊蒙湖邊即目〉（萊蒙湖在瑞士日內瓦附近）七絕一首，詩云：

瀑邊淅瀝風頭溼，
雪外嶙峋石骨斑。
夜半不須持挾去，
神州自有好湖山。[18]

丁偉志說當時他就很驚嘆，錢先生選寫這首詩，多麼得體，又貼切委婉地道出了傳統中國文人的自信與自尊。丁先生又說：「我從這次題詩中，又似乎更深一層認識到錢先生品格的高潔。」[19]

錢鍾書此來參加漢學家會議，向大會報告中國研究古典文學的現狀，並同時強調中國與歐洲文化交流的重要，他都做到了，且做得很成功。他也有收穫，他知道外國學者研究中國文學（及他自己的作品）的概況，總之，他不虛此行。

錢鍾書在漢學家會議結束後，即漫遊義大利，曾訪拿坡里大學（Napoli 即英文 Naples）等校。這次義大利之遊。對他來說，意義是多方面的：這是他一九四九年後第一次出國門，也是四十年來第一次重遊歐洲，劫後餘生，而又能暢遊歐洲，這在文革時是夢想不到的。而對海外「錢迷」（當時還沒有這個名稱，即是關心錢鍾書的人士），可告慰的是，錢鍾書尚在人間。據與會的人說：「他看上去並不蒼老，頗有生氣。而去年竟有人為他作追悼文哩！」[20]

II

錢鍾書自參加歐洲漢學家會議返國後不久，中美建交，自一九四九年始，三十年後兩國關係終於正常化。翌年（一九七九年）四月錢鍾書隨中國社會科學院代表團訪問美國。這個代表團一行十人於四月十六日從巴黎飛抵美國首都華盛頓，展開為時一月的訪問。他們在華盛頓時訪問布魯金斯研究所（Brookings Institution）及在巴爾的摩的約翰霍普金斯大學。全體團員於四月二十二日抵達紐約，翌日訪問哥倫比亞大學。那天節目排得很緊湊，早上九時參加哥大校長麥吉爾（William McGill）在洛氏紀念圖書館（Low Library）即行政大樓會議室請客人品咖啡茶點。十二時教務長招待代表團在哥大教授俱樂部午餐，四時開始在國際研究所大樓哈瑪紹大廳有酒會招待，其餘時間則各團員由哥大相關科系接待，並與學生晤談。在代表團裡有兩位團員，是蜚聲中外的國際著名學者，此即錢鍾書與費孝通。費孝通由人類學系教授孔邁隆（Myron Cohen）陪伴參觀哥大。錢鍾書則由東亞語文系夏志清教授接待。[21] 夏志清與錢鍾書係舊識，他們兩人於一九四三年初晤於上海宋淇家，見過一次面，以後即各分西東，一九四八年夏志清考取李氏獎學金留美。一九五一年在耶魯大學獲文學博士學位後就留在美國教書，一帆風順。當錢鍾書於一九七九年遊美時，夏志清在學術界（漢學界）已露頭角。他們三十六年後在紐約重逢，在夏志清堆滿了書的大辦公室裡，兩人開懷暢談，大有天寶話玄宗的況味。這一談給夏志清兩個驚人的發現：一是他一直認為中國科學院均備有歐美新著，在這一假定之下，他認為錢鍾書早已讀過他的《中國現代小說史》了。其實不然，這顯示出中國大陸關閉多年，不僅科技落後，樣樣落後，即使學術也跟不上時代。錢鍾書在義大利漢學會議上很沉痛地說，中國對外界幾乎一無所知。第二，錢鍾書英文很好為眾所周知，而他的法文之佳，令夏志清大為驚奇。錢與夏交談時，有時中文，有時英語，但不時夾一些法文成語或詩句。夏志清很佩服錢鍾書的法文咬音準，味道十足，他認為中國人能講到像錢鍾書那樣的法文則戛戛乎其難兮哉！[22]

夏志清為錢鍾書安排一個座談會，時間是二十三日下午二時至四時，地點在懇德堂（Kent Hall）四樓四〇五會議室（Seminar Room），參加座談會的大都是哥大中國文學系的師生；也有一些旅居紐約的華人慕名而來，想一瞻錢氏風采，這些人大都是夏志清的朋友。因此三、四十人把這個小教室擠得滿滿的，濟濟一堂，甚是熱鬧。當座談會開始後的一刻鐘，有一個美國女學生走進來，夏志清即說：「她是我的學生，專門研究《平妖傳》，正撰寫博士論文，想請教錢先生。」錢鍾書隨即用英語說出他對《平妖傳》的看法，並說了這本小說的優點和缺點。最後說，《平妖傳》是明代最好的一部小說，其前半部較後半部為佳，最後幾章寫得極差。錢鍾書讀這本小說，當在四、五十年前或者更早，但他給人印象好像他昨天才看完這部小說。還有一個例子，據夏志清說，一位哥大華籍教授抄了一首絕句問錢；此詩通常認為是朱熹寫的，但不見於《朱子全集》，錢一看便如利劍斷鐵，很明快地說此詩刊於某書，非朱熹作品。錢鍾書在座談會上講話，全是用英語講的，錢氏講得一口流利而典雅的英語，據在哥大教中國史的洋教授大衛．詹森（David Johnson，哈佛畢業，在柏克萊加州大學獲博士學位）事後對人說，生平從未聽過講得像錢鍾書那樣漂亮的英語，他回憶說，也許他在哈佛做學生時，有一位教授的英語或差堪與錢氏可比。錢鍾書不但英文好，也精通法、德、義及拉丁文。在座談會中講到法國文豪莫泊桑時，他引用一句法文原文，在座有懂法文的美國人聽了就哄堂大笑。其他在談話中引錄德文、義大利文及拉丁文的地方也所在多有，他對古今中外文學道來如數家珍，且時有極精闢的見解，其積學之深，嘆為觀止。

中國社會科學院代表團結束了哥大訪問，下一站是位於康乃狄克州紐黑文（New Haven）的耶魯大學，哪一天到耶魯不詳。[23] 從紐約到紐黑文只一個小時車程，他們坐火車去的，耶魯曾派人到火車站去迎迓。到達的下午有一個茶會。到的人很多，據與會記者報導，人山人海，把小小會場擠得滿滿的。耶魯經濟系教授費景漢先生說：「會場上，最出風頭的要算錢鍾書了，他給我的印象是機智、善於 impressive 別人——錢鍾書博學強記，出口成章，把許多美國人都唬住了。」[24] 錢在茶會上提到某一位英國詩人時，他就用優美的英文背誦一段那位詩人的詩；提到另一位德國詩人，他就用標準的德語背誦他的作品；再提及一位拉丁詩人時，他也能用拉丁文背一段。這些詩人未必是大詩人，而提到的也未必是名詩，但錢鍾書都能背出來，把在場的中西人士嚇到了。[25] 據楊絳說：「鍾書很喜歡詩，他最愛誦中國舊詩及西洋詩。他說過外國詩比中國詩滋味深。歌德、但丁他讀得最熟，整本整本地讀，出國訪問時，大約是情不自禁而背誦幾句，也許有人以為他是在賣弄呢。」[26] 錢鍾書對英國文學及中國文學造詣之深，幾乎不分軒輊。他一九三八年自歐洲回來，即被公認為中英文學養俱佳，最有才華的青年學者。此外，他對法文、德文造詣亦深，旁及拉丁文及義大利文。他初學一種外國語文時，選定一個名家，然後精讀這一名家作品；如德文選歌德、黑格爾；法文是拉伯雷（François Rabelais），義大利文是但丁。[27]

錢鍾書在學問以外的另一面——嫉惡如仇。中國社會科學院代表團訪耶魯那天，晚間參加一位華裔教授家裡招待的自助餐，到會的有耶魯師生及外賓大約七、八十人。在席間講話最多的是錢鍾書與費孝通，其他團員則很少講話。有人問到有關吳晗被清算時，錢當眾說當年反右運動（五〇年代），吳整別人時，也是一點不留情面，無情得很。神情口氣好像費孝通即是受害者之一。錢講話時，不時看費孝通，費則一臉苦笑，表示默認了他的話。[28] 余英時說：「在這次聚會中，我發現了默存先生嫉惡如仇，激昂慷慨的另一面。」[29] 像陶淵明一樣，他在寫〈歸園田居〉、〈飲酒〉詩之外，也寫〈詠荊軻〉、〈讀山海經〉一類的詩。有人特別指出錢鍾書一九八九年〈閱世〉一詩，詩云：

閱世遷流兩鬢摧，塊然孤喟發群哀。
星星未熄焚餘火，寸寸難燃溺後灰。
對症亦知須藥換，出新何術得陳推。
不圖剩長支離叟，留命桑田又一回。

III

錢鍾書一行結束耶魯訪問後，乃北上麻州劍橋訪哈佛大學，時在四月底。訪哈佛後乃逕赴中西部訪問芝加哥大學。在芝加哥旅次，《圍城》英譯本已殺青，即將問世，譯者茅國權寫完〈導言〉中有關錢氏生平部分，印第安那大學出版社為慎重起見，特遣人赴芝城晤錢鍾書請予過目。訪芝加哥後，代表團全體人馬即直飛西部第一大城——洛杉磯。

代表團抵洛杉磯後，宿Marina City Club。錢鍾書於五月六日在百忙中用旅舍便箋寫了一封英文信給夏志清說快要返國了，道一聲珍重（Good-bye），然後即赴北加州舊金山。舊金山是一個大碼頭，因為鄰近有兩所名校：即在柏克萊的加州大學及在帕羅奧圖（Palo Alto）的史丹佛大學。錢鍾書於五月九日訪加大，在柏克萊座談會上表演了他的辯才、博學及過目不忘的拿手好戲。五月十日訪史丹佛，他坦率直言（outspoken），日後引起了一點爭議。今先講加大（本地人及師生均稱加大為UC）。錢鍾書在加大像在哥大一樣是座談會，時間是五月九日下午二時，地點在加大東方語文系接待室，出席的人不多，不到十人，全是加大師生。[30]出席的人裡面有一位名叫Vicky Cass女士專門研究《金瓶梅》，正在寫博士論文。正如錢氏在哥大座談會碰到一位研究《平妖傳》的女生一樣，想有所請教錢鍾書，聽聽他對《金瓶梅》的意見，錢氏即用英語說：「《金瓶梅》是寫實主義極好的一部著作，《紅樓夢》

從這本書裡得到的好處很多。儘管如此，在中國的知識分子間，《金瓶梅》並不是一本盡人可以公開討論的書，所以我聽說美國有位女教席在講授《金瓶梅》這本書時，嚇了一跳。因為是淫書，床笫間穢膩之事，她怎樣教？」[31]

水晶（當時尚是一個加大比較文學的研究生）是研究《肉蒲團》的，於是從《金瓶梅》這部淫書談到另一部淫書《肉蒲團》來。水晶問錢鍾書對這部書的看法。他說，《肉蒲團》寫得最成功的地方是文字簡潔流暢，一洗春宮小說（erotic novels）的凡俗與累贅。同時也寫得非常雋永風趣（witty），自有其嚴肅的一面，是應該可以當作嚴肅小說來看待的。[32]而後錢鍾書從《金瓶梅》的寫實主義講到一般作家所常犯的「時代錯誤症」（anachronism），像在《金瓶梅》第三十三回裡的諺語「南京沈萬三，北京枯樹灣」，《金瓶梅》的故事發生在北宋，在那時只有東京（開封）、西京，而無南京、北京之分。但是碰到專門以nit-picking（雞蛋裡挑骨頭）的餖飣小儒，就會大做文章來挑剔作者的不是。錢鍾書乃一面說著，一面在一紙便箋上寫了「南京沈萬三，北京枯樹灣」的字樣給大家看。他接著說，有三十多年沒有碰《金瓶梅》了，但是他引證這兩句諺語時，恍如他昨晚閱過似的。水晶說：「這大概是錢鍾書先生最大的能耐之一，就是讀書過目不忘，若有神助，西洋人所謂『照相術的記憶力』是也。」[33]後來錢鍾書又談了一些其他小說裡的「時代錯誤症」，他說像《鏡花緣》清朝乾嘉時代的人，狀擬唐高宗時代的事，林之洋怎會戴近視眼鏡？還有《西遊記》這樣好的一本書，在第九回裡袁守誠的賣卜鋪「兩邊羅列王維畫」，唐太宗時反而有了唐玄宗時人的畫？錢鍾書認為對這些事不必太認真，否則真是殺風景了。[34] 正在這時，加大白之教授插嘴說像這種「時代錯誤症」，作者有時明知故犯。譬如《牡丹亭》三十三齣〈祕議〉，石姑對柳夢梅說：「大明律開棺見屍，不分首從皆斬哩。你宋書生是見不著皇明律……」，誰知白之剛念到這裡，錢鍾書即將下文「不比尋常穿籬挖壁……」咿咿呀呀背下去了，這種驚人的記憶，水晶說只有借用《圍城》裡孫柔嘉的句子，差可比擬聽者的驚訝：「驚奇的眼睛（此地應改作嘴巴）張得像吉沃吐（Giotto）畫的〇一樣圓。」[35]

此時張洪年教授將《水滸傳》裡的王婆一句費解的玩笑語（見第二十四回「王婆貪賄說風情」）向他請教：「他家（指武大夫婦）賣拖蒸河漏子，熱燙溫和大辣酥。」這幾個字是寫在紙上的，錢鍾書就張洪年手裡一瞄，即說這是一句玩笑話，也就是西洋修辭學上的oxymoron（叫冤親詞），即將兩種詞意相反的詞語放在一起，就如「新古董」（novel antiques）。像河漏子（一種點心）既經蒸過，就不必再拖；大辣酥（也是一種點心）也同時不可能有熱燙溫和兩種特質，據此推斷，王婆一句風言風語，用來挑逗西門慶，同時也間接刻畫出潘金蓮在《水滸》中正反兩種突兀的雙重性格。[36]

翌日（五月十日）錢鍾書訪問史丹佛。史丹佛與加大相距甚近。根據在史丹佛大學亞洲語文系執教的莊因說，中國社會科學院代表團來訪史丹佛時，費孝通被邀至人類學系去演講，亞洲語文系本想請錢鍾書做一次演講，因錢不想演講，只希望像在加大一樣，做一個非正式的座談會，大家交換意見，於是就在亞洲語文系教授休息室內舉行了一個座談會，除了史丹佛師生外，還有UC柏克萊也來了一些人，總計有三十多人。[37] 那天史丹佛其他語文系也有教授來參加，而錢鍾書又好引法文、德文，滔滔不絕、大珠小珠落玉盤（水晶語），各系教授對錢鍾書印象彌佳，認為他witty（措詞巧妙，詼諧而多機智）和impressive（一見難忘）。德文系一位教授對錢氏更是佩服得五體投地，連說：「He is the best intellectual that I have ever seen.」（他是我平生僅見學養深厚的知識分子）莊因說：「這樣看來，錢氏不但在大學時代就是才子，而且中外對他的看法是相同的。那天錢氏自始至終都是用流暢的高級英語，兼及法文、德文，引經據典，對西方文學功力之厚，令在座洋人咋舌。」[38]

在史丹佛座談會上錢鍾書對馮友蘭有所批評。他說馮友蘭沒有文人的骨氣，也沒有一點知識分子的節操觀念，說馮不應該出賣朋友。[39] 他又說馮友蘭捏造事實，坑人使妻小俱死，馮現在在北大人人嗤之以鼻，錢氏用英語說：「Feng's name is no good at Peking University now.」（馮友蘭在北大臭名昭彰），情緒頗為激動。[40] 至此，很容易令人想起錢鍾書在耶魯批評吳晗後，余英時說過他發現了錢鍾書嫉惡如仇的另一面；此乃可以說明錢鍾書是一風骨凜然的正人君子也。[41] 關於馮友蘭為人，說的人已很多。茲舉一例：一九七八年在義大利漢學會議期間，各代表在聽完嚴肅的學術演講後，也曾有機會去遊覽鄰近名勝，在遊覽閒談中，有某漢學家問丁偉志，中國是否打算再召開有關孔子問題的討論會？丁答，全國性的研討孔子會議將於十月在武漢召開。至於問到哪些人會出席，丁答，任繼愈會出席，趙紀彬因身體欠佳，不會出席。問到馮友蘭時，丁說：「馮友蘭不會參加。我們都不喜歡他的作為，他經常改變自己的立場。做為一個學者，我們認為應該堅守自己的立場和意見，不可隨便更改。」[42]

錢鍾書訪史丹佛後還有一個小插曲及一個小掌故。此即臺灣旅美女作家陳若曦仿〈貓〉及《圍城》的筆法寫了一篇短篇小說〈城裡城外〉（刊於臺北《聯合報》副刊，一九七九年九月九日、十日）來譏嘲錢鍾書。故事以中國社會科學院代表團訪問史丹佛為背景，敘述代表團團員秦徵、畢文甫及領隊侯立等一些人在史丹佛歷史系華裔教授尤義家裡晚餐時，在談話中曾吐私意：秦徵希望侄子來美讀書，畢老希望孫子能來美國，最後訪客告辭時，侯立在與主人握手時，向主人塞了一張紙條，希望他們幫忙將他的兒子設法弄來美國念書，這是陳若曦小說的大概。小說裡秦徵影射錢鍾書，畢文甫為費孝通，侯立當是宦鄉，詩人殷勤指劉若愚，尤義是指勞榦的兒子勞延煊，博士夫人文惠當是陳若曦自己。因為是小說，影射人物，無可厚非。但陳若曦手法有點怪，如文中一再提到秦徵寫的《圍城》及編的《宋詩選注》。既然是小說，何不虛構一個書名呢？陳若曦寫秦老「看到自己的書，本本精裝十分開心，齊文拿出《圍城》，封裡兩張借書紀錄蓋滿了日期。聽說它是熱門小說，秦老直叫

『年輕時代的遊戲之作！』一臉的喜氣洋洋，看得出仍是很得意。他自己抽出一本五〇年代出版的《宋詩選注》，一瞧借書紀錄寥寥無幾，就不動聲色地放回去」。陳若曦把錢鍾書寫成一個悻悻然的小丈夫。到小說快結尾，在尤義家吃飯時，秦徵說：「我女兒去年到英國去了。」接著乃對尤義說：「現在就是兩個侄子想出來。我想讓他們到美國來，你看有什麼路子可走？」看了陳若曦的小說，錢鍾書後來說：「陳女士當時也在場，冷眼冷笑於傍，弟於其人毫無印象，可謂『不識泰山』，〈城裡城外〉去年七月中由《八方》寄示，讀之嘻嘆，於弟雖加卡通式描繪，尚屬筆下留情也。」[43]

儘管陳若曦在小說內蓄意譏刺錢鍾書，事實上處處想學錢鍾書，譬如題目〈城裡城外〉即取自錢鍾書的《圍城》。復次，陳若曦也刻意摹仿錢鍾書的筆法，可惜陳的才華不夠，小說技巧也差，所以沒法與錢鍾書比。可是一九八〇年初陳若曦返臺，《聯合報》特邀請文藝界人士對陳若曦的〈城裡城外〉小說會評（詳見一九八〇年一月九、十、十一日《聯合報》副刊），對這個短篇大捧而特捧，因為那時蔣經國當政，尚屬戒嚴時期，無多少言論自由，故這種會評沒有多大意義。後來錢鍾書與友人通信時曾提到〈城裡城外〉開玩笑地說：「Princeton 去年夏天以來，三、四次寫信邀我去，我一再推辭；去年十二月底 Sullivan 和 Plaks 都正式來函聘請，我已決定謝絕，七十老翁不再走江湖賣膏藥了（這樣也許免於陳若曦女士〈城裡城外〉的嘲笑，by the way，她那題目顯然借用《圍城》典故）。」[44] 一九八二年七月，陳若曦遊大陸，在北京時親至三里河趨謁崇階，登門拜訪向錢鍾書「請罪」。錢鍾書寫給夏志清的信上說：「陳若曦女士三日前來訪，初次晤面，談笑頗歡，渠曰『請罪』，我曰：『我 greatly amused by her naughties，無罪可請也。』」（一九八二年七月二十五日）錢鍾書對陳若曦的「請罪」一笑置之。這個文壇小掌故，知者不多，茲錄於此。

陳若曦該不該寫錢鍾書？該如何寫？則全憑一個作家的良知（conscience）。抗戰勝利後，錢鍾書一連出了三本書，那時錢氏還未及四十，這樣的年齡正是一個作家人生閱歷豐富，思想成熟，創作旺盛的年齡，著書立說的好辰光。但解放後，在毛政權治下，錢氏封筆，創作生命遽而中止，實在是很可惜的事，所以有人就這樣批評陳若曦，說她「沒有為錢氏未能繼續從事有價值創作而惋惜或寄予同情，不在這方面著筆，反而取小人之徑而中傷他人，實在太不應該了」[45]。

中國社會科學院代表團訪美成敗得失，當然不會因國民黨不友善的報導與陳若曦的小說諷刺而有所影響。總的來說，這次代表團訪美是成功的。在團員中，最露鋒芒的是錢鍾書。在訪問史丹佛後，錢鍾書一行自加州搭機西飛返國，結束了為時一月的美國訪問。錢鍾書以古稀之年在三十天內環繞世界一周，與當年從上海至藍田也走了三十天的心情，當不可同日而語了。

錢鍾書於一九七九年自美返國後，第二年又去日本訪問。在日本他訪問了三所大學。

此即京都大學、愛知大學及早稻田大學。他在這三個大學所講題目容有不一，但均圍繞著一個主題：即一個人在不得志之下才有好的作品產生。

IV

一九八〇年十一月十日，錢鍾書應邀在京都大學座談會講話，地點在京都左京區北白川東一條的京大人文研究所本館二階會議廳，時間為下午二時，到的人大約三十人。形式很像他在美國訪問各大學一樣——是座談會，日本人稱懇談會。問的問題也像他在哥大一樣，如他考進清華，數學考多少分，小說《百合心》殘稿下落如何等。在眾多的問題中有一個問題較為新鮮，此即有關「四人幫」垮臺後的「傷痕文學」。錢鍾書說出了他的意見，他說從文學史的眼光來看，「傷痕文學」是文學的主流。凡是成功的偉大作品都是作者身心受到創傷，苦悶之下的產品，極少是歌功頌德的。[46]

錢鍾書在愛知大學文學部演講，正確日期不詳，[47]講題為「粉碎『四人幫』以後的中國文學情況」，在這篇演講中，他又提到「傷痕文學」，他說所謂「傷痕文學」，就藝術而言，也許好的或成熟的作品不多，但是「物不得其平則鳴」，這是很自然的現象。二十年來大家看慣了歌功頌德的一面，一旦看到了這種諷刺咒罵現狀的作品，說反常，「離經叛道」，其實這是正常的現象。他後來又說，從中國甚至西洋文學史來看，偉大的作品極大多數是表示對社會或人生不滿。[48] 錢鍾書的話當然不無道理，細數歷屆諾貝爾文學獎得獎作品均屬此類。錢鍾書在演講中引錄了司馬遷在講中國古代文學的兩大源泉《詩經》和《離騷》時所說的話：「發憤之所為作也。」而當代已故的瑞士學者墨希格（Walter Muschg）在其名著《悲觀的文學史》（*Tragische Literaturgeschichte*）一書中講，許多大作家都是痛苦的，精神或肉體上有傷痕的人。「傷痕文學」的出現，表示中國文學創作在內容上開始解放，題材可以廣一點。同時，在形式或技巧方面，也突破了「四人幫」垮臺以前那種框框而做出新的嘗試。[49]

十一月二十日，錢鍾書在早稻田大學以「詩可以怨」為題做學術演講。這是一場很出色的演講，旁徵博引，有他一貫風格。他從孔子、司馬遷、劉勰、鍾嶸而至宋金元，這是一篇很有分量的學術論文，最後結尾時說：「詩可以怨」是中國古代一種文學主張，現在他把它扯上了西洋近代，這也是很自然的事，我們講西洋，講近代，有時也會在不知不覺中講到中國，上溯古代。現在人文科學彼此聯繫，不但跨越了國界，銜接時代，而且貫串著不同學科，由於人的智力及生命有限，於是把個人研究分得日益細密，所以成為某一門學問的專家，雖在主觀上是得意的事，而在客觀上是不得已的事。「詩可以怨」也牽涉到更大的問題。他又說，古代評論詩歌，重視「窮苦之言」，古代欣賞音樂，也以「悲哀為主」；這兩個類似的傳統有沒有共同的心理基礎？悲劇已遭「現代新批評家」鄙棄為要不得的東西了。

但歷史上占優勢的文學理論認為悲劇較喜劇偉大，那種傳統看法和壓低「歡愉之詞」是否也有共同的心理基礎？他說：「一個謹嚴安分的文學研究者盡可以不理會這些問題，然而無妨認識到它們的存在。在認識過程裡，不解決問題比不提出問題總還進了一步。當然，否認有問題也不失為解決問題的一種痛快方式。」[50]

V

總結來說，錢鍾書訪問日本，像他訪問義大利及美國一樣成功。錢鍾書以一口典雅的牛津英語與外人對答如流，在美國東西兩岸一小部分華人和知識分子中間，確是風靡一時。但留學英美學生不一定都能講英語講到像錢鍾書那樣流利。譬如，團員中費孝通雖早年留英，他訪問哥大時有一個演講會，對著講稿，照本宣科，其英語口音又重，亦不流利，當不能與錢鍾書比了。大陸或港臺常見報載某某人出國講學，但因為語言障礙，他們出國不是講學，通常做一些研究（research）工作而已，像錢鍾書就不一樣，他本錢夠，英語又好，但他一九七九年在美國沒有講學，也沒有演講。近讀樊國安先生寫的一篇〈襟懷——記錢鍾書先生二三事〉（收入《不一樣的記憶》一書內），均屬道聽塗說，捕風捉影，他說：「我想起一則外國名諺，中國有三寶：長城、故宮、錢鍾書。早年在八〇年代初錢鍾書應邀赴美講學時，不僅座無虛席，據說遠在日本的學者乘飛機赴美聆聽錢先生幾十分鐘的授課，並以此為快事。」這些話聽來好聽是好聽，但究非事實。按錢鍾書於一九七九年遊美後，就未再去過美國，樊先生所說八〇年代初當指一九七九年春遊美事。按一九七九年錢鍾書遊美時，訪東西兩岸名校，既未講學，也未授課。至於樊文中所說：「中國三寶長城、故宮、錢鍾書」，這種說法也算是無稽之談，筆者孤陋寡聞，在美國住了四十年，沒有聽過這種「中國三寶」的神話。照目前來說，錢鍾書的名聲在西方漢學界似不及胡適或魯迅，也許與王國維、陳寅恪相埒，一些畢生從事中國問題研究的洋學者中，不知錢鍾書為何許人者也大有人在，將來如何則未可知也。

常有人撰文或為錢鍾書作傳的人說錢鍾書訪美轟動一時，這句話應該做一番說明，不然易生誤會，所謂「轟動一時」，只是指在海外一小部分華裔高級知識分子之間而已。不然吾人會把這種盛況聯想到民國初年杜威或羅素在中國的演講，則就相去何止千里。錢鍾書隨中國社會科學院代表團訪美，拿紐約市來說，本地華僑中文報紙均有報導，親北京的左翼報紙報導得更詳盡些，但西文報如《紐約時報》則未見隻字報導，至於說聽講的人座無虛席，只是在一個可容三、四十人的小教室內，盛況空前云云，也可想而知，只是小場面而已。

錢鍾書致夏志清函中說，日程排得「密不透風，尚有登記請見者近千人」（一九七九年四月十三日）。日程排得「密不透風」，當可以想見，但「請見者近千人」是太誇大了，想是美國國務院或大使館辦事人員給的資料不確實所致。總的來說，這個代表團訪美是成功的，如果當年代表團中沒有錢鍾書及費孝通，則這個代表團不會這麼受人重視。如果派出的是文革時曾是錢鍾書上司的小劉或「極左大娘」赴美訪問，豈不是叫人笑掉大牙，貽笑邦國？

錢鍾書出訪義、美、日三國是他一生學術生涯的昇華。他出國訪問期間，他窮畢生精力寫就的鉅著《管錐編》正在分冊出版中，此書出版加上他訪歐美及在日本講學，對他來說正是紅花綠葉相得益彰，錢返國後聲譽之隆，如旭日東昇，烜赫一時。

1 奧蒂賽依是義大利北部一個旅遊勝地，風景幽絕，夏天避暑，冬天滑雪，北部及東部接壤奧地利，西境為瑞士，至奧、瑞邊界相距甚近。附近較大的一個城市名叫波爾察諾（Bolzano）。

2 詳請參閱潘鳴嘯，〈歐洲漢學會議側記〉，香港《觀察家》第十三期（一九七八年十一月），頁十四。

3 錢鍾書，〈古典文學研究在現代中國〉，香港《明報月刊》第十四卷第九期（一九七九年九月），頁三七。

4 錢鍾書，〈古典文學研究在現代中國〉，香港《明報月刊》第十四卷第九期（一九七九年九月），頁三七。

5 虞和芳，〈在歐洲交流中國文化，記「歐洲中國研究協會」第二十六屆會議〉，香港《觀察家》第十三期（一九七八年十一月），頁十六。

6 錢鍾書與夏志清書，一九八〇年一月二十六日。

7 楊絳與湯晏書，二〇〇〇年八月十一日。

8 虞和芳，〈在歐洲交流中國文化，記「歐洲中國研究協會」第二十六屆會議〉，香港《觀察家》第十三期（一九七八年十一月），頁十六。

9 夏志清，〈新小說的提倡者：嚴復與梁啟超〉，收入夏著《人的文學》（臺北：純文學，一九七七年），頁六三。

10 按此書（《圍城》英譯本）於一九七九年由美國印第安那大學出版社出版。

11 華澤爾（Oskar Walzel）著，一九一七年出版，原名 *Wechselseitige Erhellung Der Kunste*。轉引自錢鍾書，〈意中文學的互相照明——一個大題目，幾個小例子〉，《一寸千思——憶錢鍾書先生》（瀋陽：遼海，一九九九），頁六一六。

12《一寸千思》，頁六一七。

13 錢鍾書所說法國早期漢學家安卜．于阿爾（《一寸千思》頁六一八）不知所指何人？查英文稿（同前書頁六一二）為 Marquis d'Hervey de Saint-Denys，按此人全名為 Marie Jean Léon d'Hervey de Saint-Denys，生於一八二三年，卒於一八九二年，他有一個中文名叫德理文。德氏為法國漢學大家儒蓮弟子，法譯《離騷章句》及法譯馬端臨《文獻通考》等書，卻未見有關譯述袁枚著作。另一法國漢學家 Camille Clément Imbault-Huart（1857-1897），中文名于雅樂，畢業於巴黎東方語言學校，先後在上海領事館及北京法國使館任譯員。後任漢口副領事及廣州領事等職。著有《袁子才之生平及其著作》（*Un Poëte Chinois Du Xviiie Siècle: Yuan Tseu-Ts'aï, Sa Vie Et Ses Oeuvres*）及法譯《明清六家詩選》（附注解），此六家即為劉基、楊基、朱熹、袁子才、清高宗及曾國藩等六人。不知錢鍾書文中安卜．于阿爾究竟所指為誰？頗多困惑，希高明讀者、賢達之士不吝指點。

14 見袁枚，《續子不語》卷二。相似故事見《聊齋志異》會校、會注、會評本卷七，〈青梅〉評。

15 見《後漢書．鄭孔荀列傳》；亦可見《世說新語．言語》作「小時了了，大未必佳，想君小時，必當了了」。

16 丁偉志，〈送默存先生遠行〉，瀋陽《萬象》第一卷第二期（一九九九年一月），頁四。

17 轉引自丁偉志，〈送默存先生遠行〉，瀋陽《萬象》第一卷第二期（一九九九年一月）。

18 錢鍾書，《槐聚詩存》（北京：三聯，一九九四），頁十五。

19 丁偉志，〈送默存先生遠行〉，瀋陽《萬象》第一卷第二期（一九九九年一月）。

20 康祥，〈錢鍾書在義大利〉，香港《明報月刊》第十三卷第十期（一九七八年十月），頁九九。

21 其餘八位包括領隊宦鄉均無學術地位，也無國際聲望：其中一位尚不諳英語，據夏志清說，他偏偏又是最紅最專，滿口黨八股，在國內關起門來，則這種人「大有可為」，可是到了國外，一籌莫展，人家不吃這一套。負責招待他的人說，因為言語不通，無話可談，事後叫苦連天。詳請參閱夏志清，〈重會錢鍾書紀實〉，收入夏著《新文學的傳統》（臺北：時報，一九七九），頁三五七。

22 夏志清，〈重會錢鍾書紀實〉，《新文學的傳統》，頁三六〇。

23 美國東部名校林立，中國社會科學院代表團曾否去訪問在費城的賓州大學或在紐約市內的紐約大學及紐約近郊的普林斯頓大學，不詳。

24 費景漢，〈費孝通來了耶魯——錢鍾書印象〉，《聯合副刊》，一九七九年七月二十四日。

25 費景漢，〈費孝通來了耶魯——錢鍾書印象〉，《聯合副刊》，一九七九年七月二十四日。

26 楊絳與湯晏書，二〇〇〇年七月二十日。

27 請參閱胡定邦博士論文。Dennis Ting-pong Hu, "A Linguistic Literary Study of Ch'ien Chung-shu's Three Creative Works," (Ph.D. Dissertation: University of Wisconsin, 1977), pp. 8-9.

28 余英時，〈我所認識的錢鍾書先生〉，《一寸千思》，頁二二五。

29 余英時，〈我所認識的錢鍾書先生〉，《一寸千思》，頁二二五。

30 當時尚在加大念書的水晶先生寫過一篇很生動而出色的訪問記。見水晶，〈侍錢「拋書」雜記——兩晤錢鍾書先生〉，香港《明報》月刊第十四卷第七期（一九七九年七月）。

31 水晶，〈侍錢「拋書」雜記——兩晤錢鍾書先生〉，香港《明報》月刊第十四卷第七期（一九七九年七月），頁三六。

32 水晶，〈侍錢「拋書」雜記——兩晤錢鍾書先生〉，香港《明報》月刊第十四卷第七期（一九七九年七月），頁三六。

33 水晶，〈侍錢「拋書」雜記——兩晤錢鍾書先生〉，香港《明報》月刊第十四卷第七期（一九七九年七月），頁三六。

34 水晶，〈侍錢「拋書」雜記——兩晤錢鍾書先生〉，香港《明報》月刊第十四卷第七期（一九七九年七月），頁三六。

35 水晶，〈侍錢「拋書」雜記——兩晤錢鍾書先生〉，香港《明報》月刊第十四卷第七期（一九七九年七月），頁三六。

36 水晶，〈侍錢「拋書」雜記——兩晤錢鍾書先生〉，香港《明報》月刊第十四卷第七期（一九七九年七月），頁三七。

37 莊因，〈錢鍾書印象〉，《聯合報》副刊，一九七九年六月五日。莊因在文中說，「另外柏克萊校區也來了一批人，聽說是前一天在柏克萊校區演講（應是座談會）限制很嚴，很多人沒有見到他」，所以特別到史丹佛來。其中所言「限制很嚴」，很令人費解。

38 莊因，〈錢鍾書印象〉，《聯合報》副刊，一九七九年六月五日。

39 莊因，〈錢鍾書印象〉，《聯合報》副刊，一九七九年六月五日。

40 莊因，〈關於〈錢鍾書印象〉的補充〉，《聯合報》副刊，一九七九年六月二十六日。

41 吳晗是錢鍾書清華同學，吳妻袁震是楊絳好友。解放後吳力薦錢鍾書夫婦至清華任教。馮友蘭是錢鍾書在清華師長。錢鍾書自歐洲歸來，進西南聯大教書是由馮友蘭在校長梅貽琦面前力陳「不拘一格降人才」，破格聘請錢鍾書任外文系教授。現在有些為錢鍾書作傳的人說錢忘恩負義。其實這是兩回事，個人交誼是一回事，一個人人品是非則又是另外一回事，切不可混為一談。

42 潘鳴嘯，〈歐洲漢學會議側記〉，香港《觀察家》第十三期（一九七八年十一月）。

43 錢鍾書與湯晏書，一九八〇年四月十七日。

44 錢鍾書與夏志清書，一九八〇年一月二十六日。

45 伍柳堂，〈對陳若曦〈城裡城外〉的批評〉，香港《南北極》第一一八期（一九八〇年三月），頁九一。

46 孔芳卿，〈錢鍾書京都座談〉，香港《明報月刊》第十六卷第一期（一九八一年一月）。

47 根據《一寸千思》一書中稱錢鍾書於一九八〇年十一月在愛知大學演講（見頁六二一），但在頁六二三卻說一九八〇年一月，可能後者有誤。

48《一寸千思》，頁六二四。

49《一寸千思》，頁六二四。

50 錢鍾書，〈詩可以怨〉，收入錢著《也是集》（香港：廣角鏡，一九八四），頁十六。

【第十三章】

錢鍾書熱，一九八〇至一九九四

錢鍾書訪問歐洲、美國及日本很成功。當他在國外訪問期間，他的鉅著《管錐編》四大冊陸續在國內出版。同時他的小說《圍城》於一九八〇年由北京人民文學出版社第一次再版。《圍城》出版後馬上就成為暢銷書，後來《圍城》改拍成電視劇也很受歡迎。因此自新中國成立三十年來，錢鍾書從「沒沒無聞」一躍而名滿天下。在國外，《圍城》英、法、德、俄、日和捷克文譯本亦相繼於這一時期問世，對錢鍾書來說，算是綠葉之助，因此引起了一陣錢鍾書旋風，即所謂「錢鍾書熱」。也因為《圍城》很暢銷，大凡利之所在，商人趨之若鶩，日後就鬧出了層出不窮的匯校本、盜印本及續集等糾紛來，這些問題也曾喧騰一時，我們在本章中也會談到。不過在這裡我們先從《管錐編》談起。

《管錐編》是錢鍾書的畢生精心傑作，即西洋人所謂之Magnum Opus是也。嚴格說來，這部四巨冊（後來增訂至五大本）的傳世之作，不是有系統、有架構的大書，而只是一種傳統式的讀書筆記：專論經、史、子、集裡十部古書的讀書心得。在《管錐編》第一冊裡他討論的計有《周易正義》（二十七則），《毛詩正義》（六十則），《左傳正義》（六十七則），《史記會注考證》（五十八則）。第二冊《老子王弼注》（十九則），《列子張諶注》（九則），《焦氏易林》（三十一則），《楚辭洪興祖補注》（十八則），《太平廣記》（二百一十三則）。第三、四冊《全上古三代秦漢三國六朝文》計二百七十七則。這部書像錢氏其他著作一樣，如《談藝錄》或《寫在人生邊上》，旁徵博引，古今中外典籍信手拈來，串連在一起，乍看起來好像在做學問的展覽。但是仔細想一想，一個甫及弱冠的大學生能為《新月》月刊寫出一連串擲地有聲的書評，一個二十多歲還不到而立年華的青年講師能寫出像《寫在人生邊上》的散文及《談藝錄》的詩話，則到了耳順之年能寫成《管錐編》大塊頭書也就一點也不感覺意外了。也許有人說錢氏在《寫在人生邊上》賣弄學問，在掉書袋，其實他對這些掉書袋工作做得很貼切而恰當，可是在《管錐編》裡，錢氏引經據典則視作必需了。像《談藝錄》一樣，《管錐編》是用文言文寫的，用繁體字排印的。有人問過錢鍾書為什麼用文言文寫？他回答說為了減少一些毒素流布。這當然是戲言，也是遁詞。但後來錢鍾書又說是因為《管錐編》裡引文大都是文言文，如處處譯成白話文則諸多不便亦不宜。且初稿草撰於文革期間，為了省事，就乾脆用文言文寫了。[1]據說還有一層意義，說是駁斥黑格爾鄙薄中國語文不宜思辨的謬論，故他用文言文寫《管錐編》即告訴大家，即使傳統的中國文言文亦宜於思辨，證之黑氏謬矣！[2]那為什麼用繁體字排印呢？也許是對簡體字的一種抗議。中國繁體字是很美麗的一種文字，簡體字實在很難看。如果《談藝錄》及《管錐編》用簡體字來排印，實在是一件很殺風景的事，跟文言文實不相配。現在年輕的大學生或治漢學的洋人，看慣了簡體字及白話文，再來讀《談藝錄》已經覺得很費力，但《管錐編》的文字較《談藝錄》更是難懂。

《管錐編》多多少少亦可視為錢鍾書避世主義（escapism）下的作品，這不是一個壞名詞，這是中國文人的偉大傳統。[3]據胡適說，這種避世主義外國也有，他說：「Goethe自記他每遇到政治上最不愉快的情形，他想勉強從事於離本題最遠的學術工作，以收斂心思。故當拿破崙戰氛最惡劣之時，歌德每日從事於研究中國文字。」[3]太史公在〈自序〉中說過：「昔西伯拘羑里，演《周易》；孔子戹陳、蔡，作《春秋》；屈原放逐，著《離騷》；左丘失明，厥有《國語》；孫子臏腳，而論《兵法》；不韋遷蜀，世傳《呂覽》；韓非囚秦，《說難》、《孤憤》；《詩》三百篇，大抵聖賢發憤之所為作也。此人皆意有所鬱結，不得通其道也。」錢鍾書算是中國百年來最近的一個例子。甲午戰後，馬建忠幽居滬瀆，撰《馬氏文通》。陳獨秀於一九一四年討袁失敗後，逃亡日本著《字義類例》一書。後來陳氏組黨，一九二七年國共分裂，隱居上海，一九三二年被捕，一九三七年抗戰軍興，南京國民政府釋放政治犯，陳獨秀出獄，隨政府內遷。陳在獄中及後來居四川江津時，潛心研究文字學，撰有《小學識字教本》，是一部學術著作。胡適於一九四九年後寓居紐約，研究《水經注》。很明顯的，錢鍾書的《管錐編》應該也屬於這類。

有人說，《管錐編》是一天書。其實也不然，而且有些地方還很有趣味的，茲舉數例如下：在第二冊頁七五一有一則〈不識鏡〉錄自《笑林》，這一節全講鏡子及自身投影的故事。某村一農夫買了一面鏡子回家，妻子拿來照，驚告母曰：「某郎又索一婦歸也。」母親也拿來照乃說：「又領一親家母來也！」錢鍾書說《俞樓雜纂．一笑》的「漁婦不蓄鏡」一則，全襲此。還有講到敦煌卷子本侯白《啟顏錄．昏忘門》裡也有這樣類似的故事：某縣村人買奴，看到鏡中自己的影子誤為「壯奴」，就買了回來，父親看了鏡子，怒斥子買一老奴歸，母抱一小女視之，詫「買得子母兩婢」。這些都是笑話，但錢鍾書旁徵博引，說西洋也有這樣類似的故事。他說西方童話中，有黑婢取水，見水邊樹上有美女影在水中，黑女見影大詫，自嘆道：「蘿茜何太薄命乎？」因此把水桶打破了。古希臘傳說一美少年映水睹容，不知即是自己，愛慕勿釋，赴水求歡，乃至溺死，而後有水仙花症（narcissism）即指此病。[4]

還有一類故事也是很逗人好笑的。在《朝野僉載》裡有這樣的一段對白：「看判曰：『書稍弱。』選人對曰：『昨墜馬傷足。』」其實「墜馬傷足」與書法又有何關？錢鍾書說英國也有這類故事。一則是狄更斯《冰雪因緣》裡有一段述一個女子代父寫信說，因其父腿傷而不能提筆（*Nicholas Nickleby*, Chapter 15）。另一則是在蓋斯基爾夫人《鄉鎮舊聞》中說：「勿許其妻作書，因妻足踝扭筋，握管不便。」（Mrs.Gaskell, Cranford: "Old Letters"）[5]這種有趣的例子在書中所在多有，不勝枚舉。

錢鍾書在書中亦偶記身邊瑣事，也兼記童年回憶，如於抗戰時期在湘西購得一冊清人筆記，言及無錫以產泥娃娃出名，他說，吾鄉稱土偶為「磨磨頭」，而自道曰：「倸伲」，故江南舊諺，呼無錫人為「爛泥磨磨」，亦猶如蘇州人渾名「空頭」、常熟人渾名「湯罐」、宜興人渾名「夜壺」是也。[6]

因《管錐編》是讀書札記（共計七百七十九則，後來又增訂至五冊，當不止此數），每則札記長短不一，短的每條只有幾十字，長則有一二千字不等。因此讀《管錐編》就像讀名人日記及作家書翰集一樣，可以不必從頭到尾按順序來讀，吾人翻到哪一頁，讀哪一則都可以，這也是讀《管錐編》的一個好處。

從另一個角度來看，《管錐編》不是一部立竿見影的書。但是如果以錢鍾書的才華與學養寫一部巨型（四卷或五卷）完備的《中國文學史》，如不能說絕後，至少是空前的曠世鉅著，其貢獻與影響當來得更大，更深遠，但錢鍾書膽子小，不敢寫。像《宋詩選注》那樣出色的書，出版後即遭批判，在一個沒有明辨是非的極權統治之下，一切以「人民」、黨及馬列為正宗的框框之下，錢怎能寫？誰敢寫？妥協的結果，錢鍾書給我們一部《管錐編》。即使如此，《管錐編》「只完成了一半，還有杜甫、韓愈未寫完」[7]。據楊絳說：「《管錐編》其實還有至少小半未寫出，《外編》只在他心上，未落在紙上。」[8]大家都知道錢鍾書與楊絳都由清華大學外語系調入文學研究所，同屬於外國文學組，但後來錢借調至中國古典文學組，未再返外文組，楊絳回憶說：「反正好多年我們也未能安安定定工作。已是『髮短心長』，經不起短髮又一剪再剪。」[9]她又感慨地說：「《管錐編》能出版已是大幸了。」[10]

從任何角度來看，《管錐編》是一部不可忽視的鉅著。在錢鍾書逝世後，香港城市大學張隆溪教授寫的追悼文中，對《管錐編》有過這樣的一段話。他說：「尤其經過文革那種讀書無用、知識有罪的黑暗年代，《管錐編》的出現，更有特別的意義，簡直像在宣告天意不欲喪斯文於中華，中國文化經過了那樣的磨難，仍然能放出如此絢麗的異彩。」[11]《管錐編》是錢鍾書一生的重要著作，有了《管錐編》，廈門大學鄭朝宗教授設帳授徒，專門研究這部書。[12]有了《管錐編》，而後有「錢學」這個名稱及不定期刊物《錢鍾書研究》問世。[13]在國外，德國有位莫芝宜佳女士（Monika Motsch）著有《管錐編——從錢鍾書的《管錐編》到對杜甫的新觀察》一書[14]，美國有艾朗諾（Ronald Egan）英譯《管錐編》（選譯本）出版。[15]《管錐編》深受海內外學術界所重視，由此可見一斑。

II

《管錐編》出版後，《圍城》接著於一九八〇年底由北京人民文學出版社重新以簡體字橫排再版發行。除一九四七年晨光版原序（刪了第二段）外，錢鍾書又寫了一篇簡短的重印〈前記〉，裡面說：「《圍城》一九四七年在上海初版，一九四八年再版，一九四九年三版，以後國內沒有重印過，偶然碰見它的新版，那都是香港的『盜印』本。沒有看到臺灣的『盜印』本，據說在那裡它是禁書。美國哥倫比亞大學夏志清教授的英文著作裡對它做了過高的評價，導致一些西方語言的譯本。」錢鍾書後來寫給夏志清的信上說：「看 They 有沒有這個雅量容許我這樣致謝，書的出版大約要到年底，但是我破例把〈前記〉寄上海《文匯報》增刊去了，看它是否發表。」[16] 後來《文匯報》把〈前記〉發表了，人民文學出版社也有「雅量」將〈前記〉裡的「致謝」文字照刊不誤，至於〈前記〉中錢提到香港「盜印」本，但他說：「沒有看到臺灣的『盜印』本，據說在那裡它是禁書。」在那時，《圍城》在臺灣沒有盜印本。因為在一九八七年戒嚴令沒有取消以前，所有大陸作家的作品在臺灣是禁止閱讀的，是故《圍城》是禁書，禁書是不准翻印的，如被抓到要坐牢，他當然看不到臺灣的盜印本。但在一九八七年解嚴後，臺灣可能會出現盜印本。

三十多年來第一次再版的《圍城》第一次印刷即印了十三萬冊，在三個月內銷售一空。

一九八一年第二次印刷，印了二十萬冊，至一九八五年八月又做第四次印刷。一九九〇年春，人民文學出版社因《圍城》印刷了多次之後，紙型開始磨損不清，又重排了一次（內容未作更動，只是封面題簽改用楊絳寫的字）。即使再版十年後，《圍城》仍暢銷不墜。一九九一年在廣州第三屆全國書市，《圍城》在暢銷書排行榜名列第一；同年北京圖書節，在暢銷書總類名列第五名（在文學書類名列第一）。[17]《圍城》雖連連加印數次，仍供不應求，於是市面上出現了盜印本，而且還不止一種。這種盜印本當不會發生在一個現代化的西方國家，因為他們有法律明文規定保護著作權，如再版或重印或版權轉移，或者即使做學術研究引錄部分章節，均必須得到原作者或出版公司同意方可，如有侵權，則會受到法律制裁，執法甚嚴。而這種明目張膽的盜印發生在中國真匪夷所思。根據報導，《圍城》在中國大陸上盜版最多，是著作權受到侵犯最嚴重的一部小說，為中國出版史上所罕見。[18]除了上述明目張膽的盜印本外，還有兩種，即侵犯版權或是變相的盜印。一種是於一九九一年蘭州甘肅人民出版社的《錢鍾書人生妙語》，此書乃由編者高雪摘錄自《圍城》和錢氏其他作品的文字，不管小說裡正面或反面人物說的話，也不管在什麼場合說的，一概當作錢鍾書說的話，而輯成為一種語錄體的書（全書計一百七十六頁）。另外刊了三篇文章做為附錄：舒展〈關於刻不容緩的錢鍾書的一封信（文化崑崙錢鍾書）〉、楊絳〈記錢鍾書與《圍城》〉及柯靈〈錢鍾書創作淺賞〉，當然都未經作者同意，錢鍾書對此書甚是反感。另一種是《圍城匯校本》。

這兩本書的出版，事前錢鍾書一無所知，故錢很是生氣，匯校本事情鬧得很大，引起訴訟。

所謂「匯校本」是以《圍城》最初在上海《文藝復興》雜誌上連載為底本，然後參照一九四七年上海晨光版及一九八〇年人民文學版，乃比勘這三種版本異同處。匯校本於一九九一年五月由四川文藝出版社出版，該書編輯龔明德於書出後曾寄了一冊給錢鍾書，在贈書的扉頁上寫著：「錢楊雙老：自一九八〇年起我致力於中國現代文學名著版本研究，先後有若干成績獻世。去年頓生念將錢老《圍城》弄出匯校本，曾託人函示錢老。現書已出，乞支持這項吃力不討好的造福子孫後代的做工。盼你們的信。」[19] 這段文字頗堪玩味，其旨在蒙混，告訴錢鍾書木已成舟，叫他默認算了。從前小學教員薪金微薄要求加薪時說，雖只斗米之微，而會影響到後代子孫的教育，是說得過去的。至於說「匯校本」是一項「造福子孫後代的做工」，我們實在看不出來。這正如薛寶釵所說的「胡說」了（《紅樓夢》第八十回）。說來說去，編校「匯校本」之前未得作者同意是說不過去的。以錢鍾書的法眼，當然一看就看得出來這是渾水摸魚的做法，他說什麼匯校本啊！這就是變相的盜版，「要使用我的作品，也不預先徵求我的意見。」[20] 有些事得過且過，大可不必錙銖必較，但有些事實在退讓不得的，如一退讓則後患無窮，一個人的產權或著作權即屬此類。如果作家的著作權或版權被人侵犯，要是作者或出版社不出來維護則誰出來維護？職是此故，同年七月人民文學出版社致函四川省版權局，指出「匯校本」侵犯了著作權及版權，並提出：一、立即停止侵權，

二、向作者及人民文學出版社賠禮道歉，三、賠償損失。但四川文藝出版社卻理直氣壯地說《圍城匯校本》是一項學術研究的成果，並不是什麼「盜印本」。雖然如此，四川文藝出版社承認工作上的疏忽，事先沒有徵得作者及人民文學出版社的同意，表示願意賠禮道歉。在談判期間，四川文藝出版社虛與委蛇，顯然缺乏誠意。一九九二年四月，當人民文學出版社獲悉四川文藝出版社又將《圍城匯校本》公開發售，對人民文學出版社來說，是可忍，孰不可忍，乃向四川文藝出版社攤牌，最後訴之於法，對簿公堂，結果四川文藝出版社敗訴。但因執行不力，未見公開道歉。[21]

《圍城》盜版及訴訟案同時，海內外出版錢著大忙。[22]《圍城》早有英、德、法、日、俄文譯本，最新的西班牙文譯本也在一九九〇年十一月出版。差不多也在這個時候，《圍城》由孫雄飛、屠傳德和黃蜀芹改編成電視連續劇，由黃蜀芹導演，於一九八九年底開拍，一九九〇年上映，結果很是成功。《圍城》電視劇於一九九一年在第二屆優秀電視評獎大會獲最佳電視編劇獎外，亦得最佳導演、最佳男主角及最佳音樂獎，囊括了四項大獎。錢鍾書《圍城》聲勢浩大，本來《管錐編》、《談藝錄》的出版以及《圍城》小說暢銷，錢鍾書的聲名只及學術界和一般知識分子，但自《圍城》拍成電視劇後，錢鍾書即成為一個家喻戶曉的人物。中國大陸上掀起一陣罕見的《圍城》熱，有一位錢學家生一女取名「城澡」，取自《圍城》之「城」及楊絳小說《洗澡》之「澡」（後來錢鍾書夫婦建議更名「藻澄」）。北京有一家理髮店即取名「圍城」做招牌，以廣招徠，「圍城」號召力之大可見一斑矣。

在前述《圍城匯校本》訴訟期間，《圍城》又起糾紛，緣於一九九二年七月有一家春風文藝出版社印了一冊署名魯兆明寫的《圍城之後》，副題是「《圍城》續集」。故事緊跟著原著：在《圍城》結尾，方鴻漸與孫柔嘉夫妻相罵後，柔嘉到姑媽家去了。在續集裡，鴻漸到陸家向柔嘉賠罪，後來知道柔嘉已懷孕，兩人又言歸於好，但好景不長，柔嘉流產，而夫妻又起勃谿，而鴻漸為了幫董斜川丈人在香港辦報，乃隻身赴港。在香港時又碰到鮑小姐，兩人重拾舊歡。但為時不久，鴻漸離香港到重慶去找辛楣，辛楣乃介紹他到《新渝週刊》任娛樂版記者，在一聚會上與唐曉芙不期而遇，此時唐為一劇團演員，此後兩人時相過從，且談論婚嫁，不久抗戰勝利，曉芙開始走紅，而鴻漸獨自回上海，在華美新聞社工作。辛楣及董斜川均在北平，叫鴻漸也去。鴻漸閱報悉曉芙演《孽海情天》電影大紅，並即將與導演陶某結婚，大受刺激，心神恍惚，耽誤了工作而遭解僱，最後結尾時，鴻漸直奔車站，搭車北上投奔辛楣。故事就這樣結束。《圍城》續集顯然侵犯了《圍城》版權，人民文學出版社據理力爭，結果春風文藝社向錢鍾書道歉並支付賠償。

《圍城》糾紛好像永無止境似的，一波甫平一波又起。有一家農村讀物出版社復推出魏人寫的《圍城大結局》一書，故事是銜接魯兆明的《圍城》續集之後，把方鴻漸的故事繼續說下去：話說鴻漸到了北平，先在燕京大學中文系任教，後來在一家報館擔任副刊主編，但都做得不長。鴻漸由辛楣幫忙出任北平市文化局副局長，在一宴會上巧遇唐曉芙，兩人和好如初，最後結為連理。婚後鴻漸因故丟官，賦閒在家，某日有一北大女生岳小姐來訪，走後忘掉一副手套，曉芙回家看到了，因而大吵一場，曉芙一氣之下，說要回上海，說走就走，鴻漸追到車站，卻不見曉芙人影，反而看到柔嘉與她的現任丈夫，鴻漸心中不是味道。後來鴻漸收到上海來電報說曉芙病了，乃趕赴上海，剛好此時辛楣外放駐外使館職，也在上海等船赴任，他知道鴻漸與曉芙不睦，乃出面調解未成，鴻漸只好又回北平，次日是陽曆新年元旦，鴻漸獨自在家，適北大女生岳小姐造訪，鴻漸想起他與曉芙吵架是從她而起，岳小姐走後百感交集，乃獨自一人喝悶酒，酒後倒臥在床，故事就這樣結束了。[23] 雖然名之曰大結局，這個故事當然還可以寫下去。

中國文學史上歷來續集是很多的，屢見不鮮，最多的當推《紅樓夢》。[24] 但《圍城》不一樣。不僅那時作者還健在，且《圍城》有版權保障的。世界上先進國家，對於著作權嚴格保護且至為周到，拿美國來說，美國版權法對模仿或剽竊是不許可的，如果是續集或將原著改編成劇本，也須得到原作者許可，易言之，他人不能亂來越俎代庖或者借箸代籌把故事延伸下去，譬如一九九二年亞歷山德拉・芮普莉（Alexandra Ripley）寫的《飄》（*Gone with the Wind*）續集（*Scarlett: The Sequel to Margaret Mitchell's Gone with the Wind*），在撰寫之前，芮普莉女士事先即獲得瑪格麗特・米切爾遺產管理委員會（The Margaret Mitchell Estate）許可。除了續集外，照美國的出版法，他人也不能寫小說發生前的故事。如照美國法律，則他人不能寫方鴻漸留學時代或大學時代的故事。錢鍾書對《圍城》盜印本或可置之不理，牽涉的只是錢的問題，他常說姓了一輩子錢，還在乎錢嗎？但對《圍城匯校本》及續集，他的態度就不一樣了，道理很簡單，匯校本侵犯到他的隱私（privacy），而續集及大結局則干擾他的智財（property），狗尾續貂為任何作家所不許，因為拙劣的續集絕對會損害原著者的思想、藝術及形象（image）。《圍城》是錢鍾書匠心經營的長篇小說，這是他的私產，也是他的小baby，是不容許人家碰的。錢鍾書在《圍城》裡對所有人物均有冷嘲熱諷來取笑或挖苦一番，唯獨對唐曉芙是一個例外，原因無他，唐曉芙是作者偏愛的人物，是以楊絳做模特兒，在唐曉芙身上有楊絳的影子，如果有人任意來糟蹋唐曉芙，豈不氣煞錢鍾書？

III

由《圍城》續集，令人想起當今美國名作家厄普代克（John Updike）的兔子續集來。厄普代克為大作家，一九三二年生於美國賓州東部費城附近一個小城，故他的小說均以賓州東部家鄉荷蘭郡（Dutch County）為背景。除了小說外，他也寫詩、散文、書評及評論，一年出一本書，出了五十多冊，但他最拿手的還是小說，最有名的當推兔子系列小說。他的文字美麗，小說技巧也是第一流的，幾十年下來，厄普代克筆下的兔子很像瑪格麗特・米切爾（Margaret Mitchell）《飄》裡的郝思嘉（Scarlett O'Hara）和白瑞德（Rhett Butler）一樣，大家耳熟能詳，成為美國家喻戶曉的人物。兔子小說第一冊《兔子出走》（*Rabbit, Run*）出版於一九六〇年，書出後，很暢銷，為萬方矚目，後來又拍成了電影，厄普代克名噪一時。「兔子」是這部小說的主人翁，像方鴻漸一樣是作者創造出來的人物，他的全名是Harry 'Rabbit' Angstrom，他身高六英尺三寸，年輕時是籃球明星，在球場上奔馳敏捷，身手矯健，很像一隻兔子，故他有「兔子」這個諢名。書出後，人家都認為兔子是作者自己，所不同的是兔子中學畢業後沒有上大學，即與本鎮姑娘珍妮絲（Janice）結婚，像方鴻漸一樣，婚後琴瑟不調，兔子離家出走。這是厄普代克第一部小說，那時尚不到三十歲，當時他沒有多大把握能寫長篇小說，居然牛刀小試，一舉成功。過了十年（一九七一），厄普代克又出版了一部兔子續集名《兔子歸來》（*Rabbit Redux*），也是三百多頁的長篇，與兔子初集等量齊觀。在續集裡兔子又回到他妻子身邊，重歸於好。以後每隔十年，厄普代克出一續集，到了一九八一年他出版了第三本兔子小說名《兔子富了》（*Rabbit Is Rich*），這時兔子已入中年，開始發胖，做日本豐田（Toyota）汽車代理商賺了一點錢，兒子尼爾森（Nelson）也長大成人，但尼爾森的舉止動作、觀念想法與兔子年輕時如出一轍，也是一個好逸惡勞、不太會動腦筋的人。一九九〇年，厄普代克又出版了一冊兔子第四集《兔子安息》（*Rabbit at Rest*），at rest也可以做死亡解。此時兔子已在半退休狀態，半年在賓州，一到冬天則到南方佛羅里達州（Florida）避寒，將代理豐田業務交給他兒子尼爾森來經營，尼爾森有毒癮，盜用公款，豐田駐美代表來賓州查帳，發現司帳的會計患有愛滋病，做的是一筆爛帳。兔子在佛州度假，心臟病發，在死亡邊緣掙扎，生死未卜。

當年《兔子安息》甫問世，即轟動一時，厄氏對外界說，這是他最後的一本兔子小說了，而後謠諑紛紜，說兔子死了，後來有記者訪問他時，他又重申這是他最後一本兔子小說，他說：「再過十年，不知道我還會不會活著，能否再寫一本兔子小說。」（見《紐約時報》一九九一年四月十四日）那時厄氏五十九歲，再過十年，還不到七十歲，兔子才六十五歲，他為什麼不再寫一本呢？過了十年，兔子真的死了，但作者還健在，人家都認為兔子死了，以後就沒有兔子小說了，其實不然，厄普代克又有一本兔子續集問世，題《懷念兔子》（*Rabbit Remembered*），但這次不是單獨出版，這是一篇中篇小說，計一百八十二頁，收入他在二〇〇〇年秋天出版的《愛的插曲》（*Licks of Love*）小說集裡，在第五集兔子小說裡，並沒有兔子，談的均是兔子的子女、孫子、孫女。兔子的妻子珍妮絲已改嫁了。厄普代克卒於二〇〇九年一月，以後就不會再有兔子小說了。

作者對小說主人翁有感情，好像舊識。厄普代克對兔子是有感情的，當他與朋友討論兔子的脾氣為人，不像是他創造出來的人物，一如真有其人，錢鍾書對方鴻漸當也會有這種感情。當年，第一集兔子問世時，人家都說這是作者的自傳小說，也像錢鍾書一樣，厄普代克出來否認。他說儘管兔子也像他一樣是獨生子，身高六英尺多，也在賓州東部小城長大，兔子是籃球選手，但他不善打球。兔子中學畢業後即與本鎮姑娘結婚生子，但厄普代克中學畢業後北上波士頓進哈佛大學讀書。大學還未畢業即與哈佛女子部拉德克利夫學院（Radcliffe College）女同學瑪麗．潘寧頓（Mary Pennington）結婚，也像錢鍾書一樣帶了新娘留學英國，進牛津大學深造。也像錢鍾書一樣，他的大女兒在牛津出生。因為小說裡兔子有作者的影子，故大家就說這是厄普代克的自傳小說，這種例子中外文學史上是很多的。可是當厄普代克的兔子續集一本一本出版後，現在再也沒有人說兔子小說是作者的自傳小說了。

當人家讀了《圍城》後，大家都說方鴻漸就是錢鍾書，錢否認。楊絳的〈記錢鍾書與《圍城》〉在結尾中說「《圍城》裡寫的全是捏造，我所記的全是事實」。楊絳寫此文的動機就是告訴大家，方鴻漸不是錢鍾書。現在我們假定，如果錢鍾書能像厄普代克一樣，可以把方鴻漸的故事，像兔子小說一樣一本一本寫下去，則《圍城》是自傳小說當不攻自破。

從表面上來看，厄普代克的兔子小說，是作者在敘述兔子一生的故事，其實不僅在說故事，而是他把美國過去半世紀的重大事件如色情問題、女權運動、民權運動、越戰、吸毒、愛滋病、槍支暴力及墮胎問題，以寫實主義的手法寫進兔子系列的小說裡，以十年為期做一總結。在兔子小說第五集裡，當時報章喧騰的大消息如柯林頓緋聞案及在科羅拉多州（Colorado）利特爾頓（Littleton）學童用槍支亂射、岡薩雷斯（Elian Gonzales）遣返古巴及小甘迺迪飛機失事身亡都寫進去了。其中有很多隱喻，象徵的地方很多。總之，他在寫整個時代。這裡不是討論厄普代克的地方，只是為了方便，用厄普代克及兔子做例，旨在說明一部好的小說——成功的小說，別人是不能越俎代庖的，文字結構猶在其次，原作者思想如何能捉摸？如何能控制？所以中外文學史上沒有一部小說續集成功的——大多均庸俗不堪。試想，如果厄普代克的兔子續集由他人來借箸代籌，將是一個什麼樣子。怪不得《圍城》續集一出現，錢鍾書火冒三丈訴諸有司，對簿公堂，在所不惜。如果錢鍾書不是生活在毛澤東暴政之下，則說不定錢鍾書很可能將《圍城》繼續寫下去，寫方鴻漸從年輕時、中年到老年，到死為止，可是時也，命也！錢鍾書生不逢辰，卻生在近世史上一個極權專制政治之下，把豐富的「繆思」封殺了，夫復何言！

IV

除了匯校本、盜印本及續集困擾他外，還有國外邀請他去講學，但最使他困擾的是訪客太多。

錢鍾書於一九七九年自美返國後不久，即有許多大學函電交馳，邀請他到美國去講學，邀請之熱誠為前所未有，即使胡適當年（一九四二年）卸任駐美大使後或一九四九年後在美國做寓公，也未有過如此風光。[25]但錢鍾書對這些邀請都婉拒了，其理由在他給夏志清的信中說：「Princeton，Chicago等來函，邀弟明年攜眷來美『講學』，七十老翁，夜行宜止，寧作坐山虎，不為山林狼，已婉謝矣。」[26]翌年錢鍾書致夏志清函中又提到普林斯頓大學講學事，他說：「Princeton去年夏天以來三、四次寫信邀我去，我一再推辭；去年十二月底，Sullivan和Plaks都正式來函聘請，我已決定謝絕，七十老翁不再走江湖賣膏藥了。」[27]關於普林斯頓大學聘請事，有人曾有過於渲染的敘述，他說進入一九八〇年，從天上往錢家掉金子的事接二連三，美國普林斯頓大學邀請錢鍾書去講學半年，開價十六萬美元，那時的十六萬美元何等珍貴，即使現在（二〇〇一年）也沒有這樣高的待遇。交通、食宿、餐費另行供給（美國沒有這樣做法），可攜夫人同往。普林斯頓大學只提出由錢鍾書講課兩星期一次，每次四十分鐘，半年講十二次課，實際授課時間只有一個八小時工作日。[28]他這種計算方法是相當驚人的，這樣好的價碼，恐怕也會使大陸的歌星咋舌的。可是錢鍾書不假思索地拒絕了，拒絕的理由是：「你們的研究生的論文我都看過了，這種水準，我給他們講課，他們聽得懂嗎？」[29]這裡有幾點我們必須說明，一、普林斯頓大學在美國是一名校，他們的研究生不會太差；二、即使如此，錢鍾書不會說這樣幼稚的話；晚年的錢鍾書是一個很謙遜、和藹慈祥的老人。中共學者經過鬥天鬥地的革命，與西方隔絕已久，自開放後重與西方接觸，他們知道中國不僅科學工藝落後，即使在人文、社會科學學術研究上也落人後，這批飽經憂患的中國知識分子知之甚稔，錢鍾書哪有不知道的道理？一九七八年旅歐華裔學者馬大任與錢鍾書（及其他中國代表）同在義大利歐洲漢學家會議上晤面，馬大任即有此印象。[30] 一九七九年錢鍾書訪美，歸國後，在他的遊美觀感中除縷述在美一般漢學及比較文學研究外，他特別強調在美晤見了幾位美國有名的比較文學家，此即耶魯的路瑞・尼爾森（Lowry Nelson, Jr.），哈佛的萊文（Harry Levin）和紀廉（Claudio Guillen）。以撰寫八卷本鉅著《近代批評史》（*History of Modern Criticism*）聞名世界的耶魯退休教授韋勒克（René Wellek）剛好外出旅行去了，否則也會晤面的。他也會晤了密西根大學比較文學系主任魏大可（Charles Witke）。錢鍾書說，他讀過尼爾森、萊文和紀廉三氏著作，故與他們談得很投機，彼此都認為比較文學有助於瞭解本國文學。[31] 曾與這些大學者在一起，錢鍾書怎麼會對普林斯頓大學聘他的人說些侮辱（insult）的話？

編造錢拒聘普林斯頓大學事的同一作者又說，英國有一家出版社願以重金購買錢鍾書自己眉批的英文大辭典，錢拒之。還有說美國好萊塢片商有意拍攝《圍城》，多次邀請錢夫婦赴美遊覽觀光，隨便吃住，並請監督影片製作，都為錢鍾書拒絕。[32] 這些說法儘管聽起來很好聽，但究非事實，這種天方夜譚式的無稽之談，不值識者一笑。

關於洋人欲出高價購買其眉批字典也是不太可能的事，錢學識淵博世所公認，但在洋人中具有西洋文學造詣的多的是，何必一定求助於錢鍾書？至於國學，錢鍾書常自嘲《談藝錄》或《管錐編》為他老學究的「家當」，在錢鍾書的時代，國人中有錢鍾書這樣「家當」及國學造詣的「老學究」還是有的。但是一個人同時具有錢鍾書那樣的英文造詣及國文成就，則就鳳毛麟角了，這也就是錢鍾書可貴的地方，所以當他在清華求學時，學貫中西的教授如吳宓、葉公超、張申府、溫源寧等人就十分器重錢鍾書，對他刮目相看。但在清華的洋教授或不諳中文的華裔教授如王文顯、陳福田等人，就是不識貨，看不出錢鍾書的才華，其故在於此。

《圍城》英譯本於一九七九年錢鍾書訪美這一年底由美國印第安那大學出版社出版，一般美國大學出版社印書不以營利為目的，但既然出書，當然希望銷路好，《圍城》英譯本出版後，銷路欠佳，後來未售完的精裝本銷毀，充作紙漿。好萊塢影片商不太可能這樣笨，冒巨險來拍攝一部銷售欠佳的外國小說。

外界還有類似這樣的報導，說錢鍾書在家與家人均講外語，好比說週一講英語，週二講法語，週三講德語及義大利語，餘類推。這也是無稽之談。錢鍾書看到了一笑置之。他寫信給夏志清說：「弟法語已生疏、意語不能成句，在家與季康操無錫土話。」然後他很風趣地說：「身外是非誰管得，滿村聽唱蔡中郎。」他又說：「由後世考據家寫文章爭論可也。」[33]

除了普林斯頓大學外，哥倫比亞大學翻譯中心也想聘請錢鍾書，錢婉拒之，後來該中心聘詩人卞之琳來代替他。哥大翻譯中心之聘，穿針引線者為旅美女作家於梨華，她對此事最為熱心。錢鍾書拒翻譯中心之聘是應該的，因為這個機構不夠分量，與錢鍾書大學者身分不相配。

而後錢鍾書以老嬾為辭婉謝了一連串歐美名校與他身分相配的邀請，或講學或訪問，即在上述致夏志清函接著說：「昨日得Hannan信，代Guillen詢問我是否明年肯到哈佛作Renato Poggioli Lecture，我也等過一天寫信婉謝。兄如要和我再見，恐怕只能Mahomet gets to the Mountain，當然，世事難料，誰也不能自主。安知不有Joyful Surprises。」[34]（世事固難逆料，於一九八二年錢鍾書做了中國社科院副院長後，這一年夏志清到韓國去開會，會議完後會應社科院邀請訪華二週，舊友重逢，這種「Joyful Surprises」歡愉之情不言可喻。）

哈佛未了，哥倫比亞大學又有延聘錢鍾書之意。錢說哥大之聘「禮隆幣重」，但他還是辭謝了。他對夏志清說：「弟自去冬訪日本歸，自省七十之年，逸我以老，安我以拙，將為伏櫪之病驥，非複行空之天馬。故Princeton舊約，牛津All Souls（All Souls是牛津一個College之名）新招，均謝未赴；邇如香港，亦嬾規往。」[35]他接著又說：「遊騎無歸，流輩固樂而不疲，夜行不止，古人則彌以為戒。李易安〈永遇樂〉詞云，『如今憔悴，風鬟霧鬢，怕見夜間出去』，斷章詠之，知弟如兄，當能鑒諒。惟不得與兄續拾墜歡，飫聞高論，商量舊學，增益新知，是大恨事耳！」[36]還有美國俄亥俄州立大學（Ohio State University）於一九八二年想聘請錢鍾書去講學，東方語文系負責人黎天睦（Timothy Light）教授[37]先請人帶口信，錢鍾書同意，則正式發邀請函，但黎天睦教授所託非人，帶口信的人沒有轉告，用上海話來說算是出了一個「洋盤」。錢鍾書的信說得更清楚：「吳君（吳曉鈴）信口開河，回國後早將一切許願忘個乾淨：Ohio之Timothy Light託渠邀請弟，如弟願意，即正式來函，歷時四月，杳無音信，乃長途電話直接問弟，弟方知有此事。香港有人託其帶贈禮物交絳，渠全部吞滅，其人來信詢問，弟夫婦方知有此事。」[38]後來俄亥俄州大聘約事，不出所料，錢鍾書也辭謝了。

自一九七九年錢鍾書訪美國後，聘約接踵而至，但錢均婉謝了。也許大家都知道，錢不想再走動了，照他自嘲的說法不想「再走江湖」了。可是到了一九八四年底，普林斯頓大學聘約事又舊事重提（這時他已是社科院副院長），這次提出的是普林斯頓大學華裔資深教授高友工，因為傳說錢鍾書此時有出來看看的意思，一般大學者靜極思動，放點空氣是常有的事，但錢鍾書以其一貫幽默語氣說：「言老僧思凡下山一節，恐出訛傳。」[39]普林斯頓大學又邀錢前去講學，在這裡可以說明一點，即某些傳記家無徵而信——說錢鍾書上次因普林斯頓大學研究生水準不夠好而婉拒的臆測之詞不攻自破。如果錢鍾書真的說過「我給他們講課，他們聽得懂嗎？」的狂妄之言，則普林斯頓大學決不會這次又來自取其辱。

除了婉謝上述這些名校的邀請外，錢鍾書也辭謝了美國魯斯基金會（Henry Luce Foundation）及法國政府的邀請。此外，他也謝卻了到歐美短期訪問或開會。一九八一年七月初，中國有一個代表團訪問美國，錢鍾書名列為副團長，錢力辭蒙允，後來該團於九月底赴美。[40] 錢鍾書沒有參加這個代表團，故大家都不知道於八〇年代初有這個代表團訪美。

錢鍾書也婉拒了一九八〇年九月在瑞士蘇黎世（Zurich）召開的歐洲漢學家會議。錢鍾書在寫給夏志清的信附記中說：「弟老嬾怕出門，九月歐洲漢學會在Zurich開會，以全體會員名義『邀我』為『guest of honour』，已婉謝不去。」[41]

一九八〇年十月，錢鍾書本來要到西德去開會，有一次與作者通信時曾提到，他說：「下月或須追隨赴西德一行，為期不過十餘日，然怕出門如弟者亦惴惴以為大事，哀慵可笑。」[42] 但後來錢鍾書訪西德也沒有成行，他與友人說：「十月中西德之遊，亦已謝卻。深薄中國者向國外general stampede而又枵腹空心，貽譏海外，故甘心為dropout。」[43]

錢鍾書不想走動，健康是一個很大的因素，他給夏志清的信上說：「弟去冬起，患血壓偏高，服藥經年，起伏不恆，老挾病來，自屬常理，然以此愈放慵卻拘。」[44] 後來他又談到法國政府邀請他，他說：「法譯《圍城》與〈詩可以怨〉等論文（*Cinq Essais de poétique, tr. Nicolas Chapuis*）兩書陰曆元月在巴黎出版，法政府四年來每歲邀愚夫婦觀光，茲因拙著問世，復申前請，謂可收promotional tour之效，弟仍婉辭。」[45] 他也不僅婉拒出國遊歷，法國政府欲頒授動章給他，嘉獎他對中法文化的貢獻，他也以素無此勞，不敢忝冒婉拒了。[46] 西方國家似乎以法國人待他最好，所以他曾對友人說，既然婉謝了法國的邀請，他就不好接受別的國家邀請。[47] 一九八七年夏，中美比較文學雙邊會議本擬在美國舉行，他們想請錢鍾書參加，主辦者初面邀，繼以函招，但錢鍾書不為所動，他對友人說：「弟終如上海人洋涇濱所謂『拿鉛桶』（No can do）而已，蓋弟既無興致，又乏精力，蝸縮龜藏，逸吾之老，已為大幸，不願參人Old man in a hurry之行列也。」[48] 錢鍾書總認為老年人不宜走動。楊絳也說過，老年人像紅木傢俱，看起來好看，但不能動的。錢與友人說：「《舊約》中Isaiah言埃及人云：『their strength is to sit still』（憶Emerson's Journals中曾以此形容老大之中國），竊謂老年人當奉為箴銘。」[49]

錢鍾書不喜酬酢，不喜熱鬧是他的天性。以他自己解嘲的說法，過了七十之年，不想「走江湖了」來辭謝一切邀請，除了年老力衰以外，還有與體力有關的幾項考慮。他自遊美歸國後，常對友人說，旅居美國的華裔教授都很辛苦，沒有傭人幫忙，凡事都要自己動手，這一點對他們夫婦也許覺得力有未逮，訪美之舉就裹足不前。上述邀錢的幾所名大學，除了普林斯頓大學在鄉郊外，像哈佛、哥倫比亞、芝加哥大學均在大城市，也許哈佛在劍橋比較起來好一點，哥倫比亞及芝加哥大學均在inner city，所謂inner city即是黑人區的別稱，校園附近乞丐成群，治安很壞，盜賊如毛，二老幽居，不是插標賣首，則也真會提心吊膽。

像普林斯頓小城幽靜，校園美麗，治安良好，但在美國小城如無汽車代步，就等於沒有腳，寸步難行。如果說從頭做起，七十老翁學開車，等於八十歲學吹鼓手，不僅太老，而且太危險了。錢鍾書是一個絕頂聰明的人，心想一動不如一靜，還是住在北京三里河最好。而自始夏志清就不以錢鍾書拒美大學聘約為非，故錢甚樂，乃致書夏志清說：「來書不以弟之辭謝赴美講學為非，其高識洞鑑，不同俗見。愚夫婦雖名心未盡除而皆世緣較淡，求之人事者亦不多，老年得此生涯已出望外，只願還讀我書而已。」[50]

V

即使錢鍾書不想到國外去，但他名氣太大，居北京三里河，就像廟裡的菩薩，香客不管中外，到了北京都想見一見這個大菩薩，如果到了北京沒有見過錢鍾書，好像入寶山空手而回，就沒有什麼牛皮好吹了，所以到了北京大家都想一識韓荊州，這樣一來就苦了錢鍾書。七〇年代自中美關係改善後，美國來的訪客最早的也許始於一九七八年。是年十月十四日至十一月十八日，美國有一批大學教授組漢代研究代表團（The Han Studies Delegation）訪問中國，在他們遊完西北及雲南、四川回北京後的第二天，團員中有傅漢思（Hans Frankel）、芮效衛（David Roy）、張光直及余英時，還有一位國務院任職的史普曼（Doug

Spelman）訪問錢鍾書，確切日期是一九七八年十一月十三日，地點是在北京三里河俞平伯寓所。在芝加哥大學執教的芮效衛教授自北京返美後，整理出一篇長達三萬多字的旅遊日記，題為「Journal of a Trip to China, October-November, 1978」，供芝大同事間傳閱。在這篇長達五十八頁的札記中，自頁四六至五一記述他與錢鍾書談話所得印象。他說錢鍾書「除了天才之外沒有更恰當的名稱」（who〔指錢鍾書〕can not conveniently be subsumed under any label but that of genius）（p. 46）。並說：「錢鍾書是一位絕對令人驚奇的人物，從我們抵達俞府至告別止，他滔滔不絕，言談中處處閃爍著睿智，是我平生所僅見。」（p. 47）「但是他也並不全在一個人講，他也參加我們談話，很禮貌地聽我們講話，或提出問題，然後發表他的宏論，雖然大部分談話用中文講，但其間穿插著大量拉丁、法、德、英及中文引文妙語，而且都很恰到好處。」（同上）芮教授又說，他有過目不忘的記憶力（英文裡用 photographic memory），對中西文學、藝術、歷史和哲學有全盤瞭解，對近代思潮亦瞭若指掌（同上）。從芮教授這篇報告看來，這次談話全是錢鍾書一個人在「秀」（show），予人印象甚是深刻，事隔二十年後芮教授於二〇〇一年九月十八日致書作者說：「He was undoubtedly a figure of towering genius.」（毫無疑問他是一個鶴立雞群的大才子）芮教授的報告中有關錢鍾書部分，香港潘銘燊先生曾譯成中文，題為〈一九七八年的錢鍾書〉，刊於香港《明報月刊》二〇〇〇年十一月號，這個題目不切題，應該是「洋人筆下的錢鍾書」。

訪客太多不能一一盡記，在這裡只記一些有趣的事例而已。一九七九年夏錢鍾書有一封英文信給夏志清，他說：「自七月以還，訪客不絕，大率均屬美利堅人，此輩獵奇朝聖者，乃如至萬牲園之漫不經心之遊客，在東張西望好奇之餘，欲一見中國士夫而已，弟本性不喜酬應，但亦欲想一晤某些來客如麗人鄉妹秦家懿女士是也。」[51] 因來客太多，有一次寫信給友人說：「上月底起即『避地』謝客（葉維廉來即未晤）。」於是他很風趣地說：「然仍有不能謝、不宜謝、不忍謝者。」[52] 據楊絳說：「一次我聽他在電話裡對一位求見的英國女士說：『假如你吃了個雞蛋覺得不錯，何必認識那下蛋的母雞呢？』」[53] 來看望他的人多了，成為他一種負擔，使他不堪其苦。他不時抱怨，有時自我解嘲一番。有一次錢鍾書致書友人說：「十日前，一遠道不相識人，『慕名』持介紹信來，隨身攜帶流感毒菌以俱至。我覺得來勢不妙，稍事寒暄，即送其去。人一去，我即嚏嗽交作，熱度高至三九度八，延醫打針服藥，三日前始退，而又引起咳喘，現在正每日四頓西德特效藥，或可免於大難。」來客帶來諸多麻煩，然他輕鬆地說：「虛名之帶來災害，如是如是！」[54] 下面引錢鍾書致另一友人書，也是「十日前」開始的，是否同一訪客不詳，他說：「十日前有美學者夫婦惠過，攜其兒來，兒感冒未痊，傳染內人，即波及我，咳嗽引起哮喘。」然後很風趣地說：「閉門家裡坐，病從外國來。」[55] 錢鍾書好讀書，對於來客不勝其煩，但又不能拒人於門外，因來客多了，會耽誤他的讀書計畫，關於這一點，蕭乾夫人文潔若女士說得最好：「人活一世，精力和時間都有限。要是來者不拒，到頭來什麼也做不成。確實應該有所為，有所不為。」[56]這些絡繹不絕的訪客，直到錢鍾書臥病住院才中止。

一九九三年春天，錢鍾書進醫院割去左腎，手術達六小時之久，算是大手術。楊絳來去醫院，備極辛勞，她也生病了。錢鍾書病後對友人說：「愚夫婦皆以問醫服藥為日課。」對於來客，他說：「一向不喜交遊『活動』，現在更謝絕外務及來客，離群索居，已堪當Aristotle『政治學』所謂beast而無疑義矣！八十翁嫗，實已為dead person on furlough。」[57]錢鍾書本來體質羸弱，而八十老翁上手術臺而能生還，真是僥天之幸。他於一九九三年夏天病癒出院，同年十一月他辭去了中國社會科學院副院長的職務，[58]同時掛名應聘為社科院特別顧問，時院長為胡繩。他出院後，除了出版《槐聚詩存》與《石語》，及分別撰寫書序外，[59]謝絕來客，在家養病。

1 張隆溪，〈懷念錢鍾書先生〉，《香港文學》第一七三期（一九九九年五月），頁二九至三十。

2 張隆溪，〈懷念錢鍾書先生〉，《香港文學》第一七三期（一九九九年五月），頁二九至三十。錢鍾書批駁黑格爾，請參閱《管錐編》第一冊（北京：中華書局，一九七九），頁一至二。當年《談藝錄》問世，曾有人問他，何以用文言文著述，他答道：「一曰特定時代成就此書或可久存。二曰借此測驗一下舊文體有多少彈性可以容納新思想。」見〈錢鍾書「化境」與《談藝錄》譯句管窺〉，香港《翻譯學報》第三期（一九九九年三月），轉引自《一寸千思》（瀋陽：遼海，一九九九），頁五〇一。這一段話亦可供錢氏何以用文言文撰《管錐編》參考。

3 見一九六一年十一月二十三日胡適日記手稿，轉引自李又寧編，《胡適與他的朋友》第五集（紐約：天外，一九九九），頁一〇六。

4 請參閱《管錐編》第二冊，頁七五一至七五三。

5《管錐編》第二冊，頁七四〇。

6《管錐編》第四冊，頁一四六九。

7 楊絳與湯晏書，二〇〇〇年七月二十八日。

8 楊絳與夏志清書，一九九九年五月三十一日。

9 楊絳與夏志清書，一九九九年五月三十一日。

10 楊絳與夏志清書，一九九九年五月三十一日。

11 張隆溪，〈懷念錢鍾書先生〉，《香港文學》第一七三期（一九九九年五月），頁二二。

12 見鄭朝宗等著，《《管錐編》研究論文集》（福週：福建人民，一九八四），這本書即是研究成果。

13 因錢鍾書反對，故《錢鍾書研究》只出了三期即停刊，很可惜。

14 莫芝宜佳德文書名：*Monika Motsch, Mit Bambusrohr und Ahle: Von Qian Zhongshus "Guanzhuibian" zu einer Neubetrachtung Du Fus* (Frankfurt: Peter Lang, 1994).

15《管錐編》英譯本：Qian Zhongshu, trans. by Ronald Egan, *Limited Views: Essays on Ideas and Letters* (Cambridge: Harvard University Press, 1998).

16 錢鍾書與夏志清書，一九八〇年一月二十六日。

17《新民晚報》，一九九一年十一月二十三日。

18《新民晚報》，一九九一年十一月二十三日。

19 徐公明，〈是是非非「匯校本」〉，原載一九九三年十月二日《文匯讀書週報》，轉引自羅思編，《寫在錢鍾書邊上》(上海：文匯，一九九六)，頁一九八。

20 羅思編，《寫在錢鍾書邊上》，頁一九八。

21 據楊絳說：「贏了官司，但執行不力，未見公開道歉。」(楊絳與湯晏書，二〇〇一年三月二十二日)

22 一九八四年九月，《談藝錄》補訂本出版，補訂本分為上下兩篇，一冊計六百二十二頁。上篇為一九四八年版《談藝錄》原著，下篇是錢鍾書多年來增訂的成果。一九八四年第一次印刷，印數二萬四千冊，一九八六年第三次印刷，一九九〇年十月及一九九二年四月又做第四次及第五次印刷。

23 《管錐編》增訂本之一及之二於一九九一年增訂併為一冊，即第五冊，前四冊依舊。除中華版外，錢鍾書授權臺北書林出版公司出版錢著七種包括《談藝錄》(補訂本)、《管錐編》四冊及補編、《圍城》校訂本、《人‧獸‧鬼》、《寫在人生邊上》。一九八六年〈詩可以怨〉等論文五篇《詩學五論》(*Cinq Essais de Poétique*)出版法文譯本，翌年《圍城》法文譯本問世。《圍城》其他各國文字譯本，也差不多於此時先後出版。

24 關於《圍城》續集及大結局，詳請參閱施康強，《都市的茶客》(瀋陽：遼寧教育，一九九五)，轉引自羅思編，《寫在錢鍾書邊上》，頁二一九至二三〇。

25 這裡當不是指高鶚續寫的《紅樓夢》後四十回。很多紅學家如周汝昌和俞平伯等大罵高鶚，說他狗尾續貂寫得不好，唯獨林語堂卻認為後四十回也是曹雪芹寫的。

26 胡適於一九四二年卸任駐美大使職，後於一九四九年後寓居美國，在哈佛及加州大學講學，為時甚暫。

27 錢鍾書與夏志清書，一九七七年六月七日。函中 Princeton 指普林斯頓大學，Chicago 指芝加哥大學。

錢鍾書與夏志清書，一九八〇年一月二十六日。函中 Sullivan 全名是 Edward Daniel Sullivan，生於一九一三年，中學畢業後進哈佛，專攻法國文學，一九四一年獲博士學位，隨即留校任教，於一九七五年轉任普林斯頓教授，錢鍾書訪美時他是普林斯頓資深教授兼人文科學委員會主席。Plaks 是指 Andrew H. Plaks，一九四五年生於紐約市，大學是在普林斯頓念的，畢業後留在母校讀研究所，一九七五年獲博士學位(東亞語文)，旋即留校任教。畢業的第二年(一九七六)他的博士論文〈Archetype and Allegory in the Dream of the Red Chamber〉出版成書，他也編過一本 *Chinese Narrative: Critical and Theoretical Essays*(一九七七年)，以上兩書均由普林斯頓大學出版社出版。Plaks有一個中文名字叫蒲安迪，蒲氏治學甚勤，為漢學界後起之秀。錢鍾書自美返國後曾在一篇遊美觀感報告中提到過他，說他「四十二、三歲，公推為同輩中最卓越的學者，祖籍南斯拉夫，通十四、五國語文，是研究《紅樓夢》的」。見錢鍾書，〈美國學者對於中國文學的研究簡況〉，原載《訪美觀感》（北京：中國社會科學，一九七九），後收入《錢鍾書散文》（杭州：浙江文藝，一九九七），頁五五〇至五五一。

28 見羅思編，《寫在錢鍾書邊上》，頁一六三。

29 見羅思編，《寫在錢鍾書邊上》，頁一六三。

30 二〇〇一年二月八日在哥倫比亞大學Modern China Seminar會議室訪馬大任。

31 錢鍾書，〈美國學者對於中國文學的研究簡況〉，見《錢鍾書散文》，頁五五二至五五三。。

32 羅思編，《寫在錢鍾書邊上》，頁一六三至一六四。

33 錢鍾書與夏志清書，一九七九年十七日，何月不詳。

34 錢鍾書與夏志清書，一九八〇年七月十二日。錢鍾書函中，Hannan全名是Patrick Dewes Hanan，紐西蘭人，一九二七年生，在紐西蘭念完大學後即到英國，進倫敦大學專攻中國文學，一九六〇年獲博士學位。自一九六三年赴美國，在西岸史丹佛大學教書，於一九六八年秋轉至哈佛任教。

Guillen指Claudio Guillen，是哈佛資深教授，比較文學專家，望重士林，著有*The Challenge of Comparative Literature*及*Literatures as System: Essays Toward the Theory of Literature History*。一九七九年錢鍾書訪哈佛時曾與Guillen晤面，據錢說他們「談得很投機」。Guillen對錢學養印象彌深，故隔了一年後仍想請他到哈佛來講學。

35 錢鍾書與夏志清書，一九八一年六月十四日。

36 錢鍾書與夏志清書，一九八一年六月十四日。

37 Timothy Light，一九三八年生，一九六〇年耶魯大學畢業，一九七四年獲康乃爾大學東亞語文系博士，他的主要興趣是音韻學。當錢鍾書於一九七九年訪美時，他初到俄亥俄州立大學。俄亥俄州大雖不如東部哈佛、普林斯頓或哥大有名，但這所學校很大，學生有三萬多人，為中西部Big Ten之一，在美國州立大學中亦是佼佼者。

38 錢鍾書與夏志清書，一九八三年，錢鍾書落款時只書十七日，無年、月。惟讀其內容如「弟去秋起被任命為社會科學院副院長」，當知此函是一九八三年三月或四月寫的。

39 張隆溪，〈懷念錢鍾書先生〉，《香港文學》第一七三期（一九九九年五月）；轉引自《一寸千思》，頁五二七。

40 錢鍾書致夏志清函，原函無年月日，根據郵戳應為一九八一年七月三十一日。

41 錢鍾書與夏志清書，一九八〇年七月十二日。

42 錢鍾書與湯晏書，一九八〇年九月四日。

43 錢鍾書致夏志清函，一九八一年七月三十一日。

44 錢鍾書與夏志清書，一九八六年十二月三十日。

45 錢鍾書與夏志清書，一九八六年十二月三十日。

46 錢鍾書說這是「不虞之譽」（錢鍾書與夏志清書，一九八六年十二月三十日）。

47 張隆溪，〈懷念錢鍾書先生〉，《香港文學》第一七三期（一九九九年五月）。

48 錢鍾書與夏志清書，一九八六年十二月三十日。

49 張隆溪，〈懷念錢鍾書先生〉，《香港文學》第一七三期（一九九九年五月）。

50 錢鍾書與夏志清書，一九七九年十七日，何月不詳。

51 錢鍾書與夏志清書，一九七九年八月九日。這一節是在原函中第三段，英文原文如下：「Since July, I have had a constant stream of foreign callers, most of them Americans. For all these rubberneckers' blarney about being pilgrims to a shrine, they are really idle visitors to the zoo and are curious to see a Chinese intellectual on the hoof. Being rather an unsociable beast, I have tried to be accessible only to a chosen few, including the charming Miss Julia Ching.」

52 錢鍾書與夏志清書，一九八二年七月二十五日。像David Roy這種訪客即屬於「不能謝、不宜謝、不忍謝者」。

53 楊絳，《記錢鍾書與《圍城》》（長沙：湖南，一九八六），頁一（前言）。

54 沙予，〈最是《圍城》多風雨〉，收入陸文虎編，《錢鍾書研究采輯（二）》（北京：三聯，一九九六），頁二二〇。

55 錢鍾書與張隆溪書，一九八一年十月三十一日，轉引自〈懷念錢鍾書先生〉，《一寸千思》，頁五二六。錢鍾書素患氣喘病，楊絳稱他的氣喘病為「呼嘯山莊」，一天要發作幾次，到晚上至少一次，因此影響他的睡眠，睡眠不好是百病之源。

56 文潔若，〈錢鍾書先生的精神永存〉，原載《北京晚報》，一九九九年一月五日，轉引自《一寸千思》，頁二四四。

57 錢鍾書與夏志清書，一九九四年一月五日。夏志清是錢鍾書晚年通信最勤的一位朋友，這封信可能是錢鍾書給夏志清的最後一封信，以後錢臥病，夏去函均由楊絳作覆。

58 一九八二年，錢鍾書被清華同學兼老友胡喬木以「疲勞轟炸」的方式「說服」他出任中國社會科學院副院長，他乃勉為其難答應了，但他不許人家稱他為「錢副院長」。後來他寫信給夏志清說：「弟去秋起被命為社會科學院副院長。Some are born mandarins, some grow to be mandarins, some have mandarinate thrust upon them! 故事較忙，得兄贈〈玉梨魂〉文，快讀後遂未復謝，歉甚！」如果說副院長是官職，這是他一生唯一的官職，他雖不想幹，但被「強迫」做的，他寫信給張隆溪說，要他做副院長是「夢想不到的事」。副院長照理是閒差使，但卻也不然，故在前引他給夏志清信中說「故事較忙」。他做了副院長後，還向朋友說了一個笑話自我解嘲。他說，考古所長夏鼐先生對「副」一詞有極妙的解釋，副院長之「副」字，在英文裡是deputy，讀音近似「打補釘」，所以他說，他只是一個「打補釘」院長，裝裝門面而已。

59《槐聚詩存》的序及《石語》的前記可能是錢鍾書重入醫院治病前寫的最後正式文字，也許是他一生最後的撰述。

【第十四章】泰岱鴻毛，一九九四至一九九八

Thou know'st 'tis common; all that lives must die,
Passing through nature to eternity. ——Hamlet

一九九四年七月錢鍾書又病了，起初是發燒。送到醫院急診室，初步診斷結果說是肺炎，必須住院。後來進一步做檢查，發現膀胱頸上有三個三釐米的腫瘤（tumor），是惡性的，且蔓延速度甚快，經過醫生會診後，決定一俟錢鍾書熱度退卻即施手術，將腫瘤割除。手術很是成功，但沒有想到手術有後遺症，影響到腎，結果發生急性腎功能衰竭。錢鍾書這次進醫院直到一九九八年十二月病逝為止，前後達四年之久，他就沒有出過醫院大門，不僅如此，且也未曾下過病床，真是名副其實纏綿病榻。他在病榻上慶祝結婚六十週年紀念，在病榻上獲悉圓女先他而去，也在病榻上慶祝他最後一個生日——八十八歲華誕（俗稱

米壽）。

錢鍾書臥病期間，最辛苦的是楊絳，她每天下午到醫院送菜給錢鍾書吃，在病榻旁陪他。因錢鍾書食道不便，通常均服流質食料，故楊絳都在家裡熬了雞湯或魚湯送到醫院去，其辛苦忙碌情形，當不難想見，楊絳與友人寫信時說：「我實在疲勞了，不得不要女兒代我送去，讓我休息幾天。但我女兒工作極忙，我又心疼我的女兒。」[1] 後來女兒錢瑗也病了，照顧錢鍾書的工作全由楊絳一人擔當。[2] 培根說：「妻子是青年人的情人，中年人的伴侶，老年人的保母。」[3] 楊絳都做到了。

錢鍾書與楊絳是中國文壇上少有的一對佳偶。胡適於一九一八年在北京女子師範演講說過：「近來的留學生，吸了一點文明空氣，回國後第一件事便是離婚。」[4] 胡適的話不是無的放矢，在那個時候確是如此，如陳獨秀、魯迅、周作人、徐志摩、郭沫若、蔣廷黻等人，[5] 無不見異思遷，但錢鍾書這個「新青年」與人家不一樣，他與楊絳於一九三五年結婚後，定一而終，白首偕老。

錢鍾書與楊絳結婚後感情彌篤。一九四一年珍珠港事變前後，錢鍾書在上海出版日後膾炙人口的《寫在人生邊上》，在扉頁上書「贈予季康」，這是十分珍貴的禮物。他們是同道，又是知音。錢鍾書的《圍城》得力於楊絳之處尤多，《圍城》出版後，錢在序言中說：「這本書整整寫了兩年，兩年裡憂亂傷生，屢想中止。由於楊絳女士不斷的督促，替我擋了許多事省出時間來，得以錙銖積累地寫完。」一九八二年楊絳應胡喬木之請寫了〈記錢鍾書與《圍城》〉，此文是研究錢鍾書的生平及小說創作極有價值的材料。據楊絳說，這篇文章不是為傳記家提供材料，而旨在說明一個創作問題，此即《圍城》是小說，方鴻漸不是錢鍾書。她說：「創作是由想像構成，按照poetic truth，傳記是紀實，當按照史實。知悉作者生平，有助於賞析作品。但如果從作品中考訂史實，就不免走入迷宮。」[6]她又說：「我並不知道鍾書幼年事，所以經我一一盤問，都是他自己講的。鍾書因自己常說傳記不可靠，別傳就是自傳這類的話。」[7]楊絳文中有大膽打破一些框框，如「婆媳不睦」和「長子無出息」等諸類禁忌。文章寫成後，楊絳說叔父及叔伯兄弟未予責備。但錢鍾書不想發表這篇文章，不是別的，而是他認為「以妻寫夫，有吹捧之嫌」。同時他意識到楊絳將來可能會受到非難，乃在楊絳稿子反面寫了幾句不到一百個字的跋語，茲錄如下：「這篇文章的內容，不但是實情，而且是『祕聞』。要不是作者一點一滴地向我詢問，而且勤快地寫下來，有些事蹟我自己也快忘記了。文筆之佳，不待言也！錢鍾書識一九八二年七月四日（中書君印）。」這是一九八二年的事，而正式發表是幾年以後。後來經人一再催索才同意發表，於一九八六年五月由湖南出版社出版。這本小冊子最後一段話即是楊絳撰寫本文的動機：「我們自己覺得年紀老了，有些事，除了我們倆，沒有別人知道。我要乘我們夫婦都健在，一一記下。如有錯誤，他可以指出，我可以改正。《圍城》裡寫的全是捏造，我所記的卻全是事實。」楊絳告訴大家，方鴻漸不是錢鍾書。

像上述可以說明他們文字上合作無間的這類掌故還有，如在《圍城》裡蘇文紈抄襲德國十五、十六世紀民歌那首小詩即由楊絳翻譯的，[8]錢對楊說，不必譯得好，一般即可。當錢編注《宋詩選注》時，楊絳自告奮勇，願充白居易的「老嫗」。當楊絳寫小說時，錢鍾書為小說裡的人物擬作舊體詩〈代擬無題〉七首。[9]到了晚年他們如有著作問世，如是楊絳作品，書的封面由錢鍾書題簽，如是錢鍾書的著作，則由楊絳題簽。上述這些錢楊文字上往還絕妙好辭，也可以反映出他們夫婦鶼鰈情深。

一九九五年是錢鍾書與楊絳結婚六十週年紀念，西洋人稱Diamond Wedding，即「鑽石婚」是也，在人生的旅途上這是很難得的，也是一件很了不起的大事。「鑽石婚」必須具備兩個先決條件：一、夫婦和睦，二、夫婦壽長。錢楊自一九三五年結婚以來，他們一起留學、一起歸國，後來除了在昆明聯大一年及在藍田國師二年外，他們六十年來患難與共，相濡以沫，且老而彌堅，實是少見的一對佳侶，足可楷模四方。一九九五年七月十三日是他們結婚六十週年紀念日，錢鍾書臥病在床，那天，楊絳買了一束鮮花靜悄悄地放在錢鍾書病榻案頭，以資慶祝，此外並沒有其他紀念儀式。那時他們的女兒錢瑗還健在。

II

錢瑗是錢鍾書與楊絳的獨生女，一九三七年五月十九日生於牛津，是牛津出生的第二個中國嬰孩，生下來後大家都說是一個happy girl，後來即以Miss Chien向牛津市政府登記註冊。鄧小平主政後，錢瑗赴英國讀書，有人告訴她，並勸她為來去英國方便計，她可以申請居留，或可以領綠卡，但錢瑗沒有這樣做。錢瑗雖生在英國，但她在英國居留不到三個月，在襁褓中即隨父母離英赴法。像所有的父親一樣，圓女（錢瑗）是錢鍾書的掌上明珠。不同於一般作家，錢鍾書除舊體詩外，從不寫有關他親人或家庭瑣事，不過我們從楊絳〈記錢鍾書與《圍城》〉及錢的舊詩中看得出父女舐犢情深。一九三九年錢鍾書從上海到藍田，隻身西行，一路顛沛流離，沿途均有詩紀行寄楊絳，另《槐聚詩存》裡收有〈遊雪竇山〉，第四首中句有「擘我妻女去，酷哉此別離」，詩中錢鍾書隻身西行，思念妻女心切；及另一首〈寧都再夢圓女〉中句有「汝祖盼吾切，如吾念汝多」，讀後一樣感人肺腑。錢瑗仍守中國舊家庭傳統，與父母關係至為密切，即使婚後仍與父母常在一起，奉侍左右。一九九四年春，錢鍾書出版《石語》一書，他在前言中說：「絳檢得余舊稿，紙已破碎，病中為之黏襯，圓女又釘成此一冊子。槐聚記一九九四年四月四日。」錢鍾書寫此前言在他進醫院前三個月，但在這短短數語中當可窺這種「家庭工業」三位一體的天倫樂趣。惟這種樂趣也沒有維持多久，不久錢鍾書開始長期住院。一九九五年底，錢瑗在她父親病房裡忽然覺得腰部劇痛，以為扭傷了背脊，但後經醫生檢查診斷為肺癌已擴散到腰椎。錢瑗為了不使父母憂傷，一直瞞著父母。楊絳在一年後，到一九九六年底始知女兒真實病情。

經過一年多的折磨，錢瑗於一九九七年三月四日去世。再過兩個半月即是錢瑗六十歲生日，照西方說法，她卒時尚不到六十歲。錢鍾書在醫院裡知道圓女生病住院，她去世後，楊絳先還瞞著他，為他編造些女兒的消息。錢鍾書身體極度虛弱，但頭腦仍甚清楚，逐漸楊絳覺得瞞不住了，她想據實相告，覺得太殘忍了，但如果一直瞞著不告訴他則覺得更是殘忍，最後楊絳花了十天時間，慢慢地將女兒的病情及逝世的噩耗告訴了錢鍾書。中國有句老話，世間最悲愴者莫過於少年喪母，中年喪偶，老年喪子。錢瑗是他們唯一的孩子，不管兒子或女兒都是一樣的——都是自己的骨肉，寶貝心肝。故錢瑗之死對錢鍾書與楊絳打擊之重不問可知，試想還有什麼不幸的事比老年喪子女更甚的了？楊絳與錢瑗是錢鍾書生命中的兩根精神柱子，如今錢鍾書尚在病榻上，就被拆去了一根精神脊柱，其悲慟之情不言而喻。

當年聽到錢瑗逝世的消息後，他們的鄰居朋友吳興華夫人謝蔚英女士說：「老天爺為什麼對這樣的好人如此苛刻，讓他們遭受白髮人送黑髮人之悲痛。」[10]

III

一九九八年十一月二十一日，錢鍾書在醫院度過八十八歲生日。此時錢鍾書很像美國詩人桑德堡（Carl Sandburg）〈夕陽〉詩中所說「有一種低聲道別的夕陽」的感覺。[11]生日那天，中國社會科學院同仁在院長李鐵映率領之下，捧了蛋糕到醫院去為錢鍾書恭賀八十八華誕，祝老人生日快樂、長命百歲。壽星躺在床上，在心靈上、肉體上受盡了常人不能忍受的痛苦與折磨，其實他不要這些熱鬧，此時他所需要的是一安靜的片刻（moments）閉目養神。這些人自有他們的想法，也是一番好意，但就苦了錢鍾書。

錢鍾書晚年病魔纏身，有一次他給一位朋友寫信說：「衰老即是一病，病可治而老難醫，病或日減而老必日增。」[12]錢鍾書對生死看得那樣透徹，像他那樣的人，對人生豁達淡泊，睿智通透，一樣難免對於生老病死有一種莫名的慨嘆。[13]當他於四年前住院後，他一直希望有一天能重回三里河南沙溝家中，但這個願望始終沒有實現。當他過了八十八歲生日後不久，他的病情突然變化，十二月初旬，他開始發高燒，經北京醫院的專家多次會診，用各種方法治療，但高燒不退，且血壓下降，此非佳兆也。錢鍾書多年來纏綿病榻，毛血日衰，遍體鱗傷，如果死神光臨也算是大施慈悲，對他來說也算是一種解脫。一九九八年十二月十九日晨七點三十分，一代天才錢鍾書解脫了病魔，告別世界。

錢鍾書去了。人總是要死的，正如祭義上說：「眾生必死，死必歸土。」莎士比亞在名劇《哈姆雷特》第一幕第二景裡也說過類似這樣的話，此即前面的題詞所引的話：「Thou know'st 'tis common; all that lives must die, / Passing through nature to eternity.」(你知道這是一件很平常的事情，活著的人誰都要死去，／從生存的空間踏進了永恆的寧靜。——朱生豪譯)講到死，我們當然會想到司馬遷的話：「人固有一死，或重於泰山，或輕於鴻毛。」這也就是一般人經常引用的譬喻來說明一個人的死與泰山同重，受人尊敬與仰慕，也有的則輕如鴻毛。太史公的話是近於一種價值觀念，有些人不一定贊同，因為死無輕重，只有遲早，只有自然的死亡或死於非命。從司馬遷的話聯想到一個人「死後哀榮」這四個字來。以錢鍾書生前淡泊名利的習性，他當不計較這些，但我們為他立傳的人，還是值得一記的。

IV

在錢鍾書去世的當晚，中國所有的電視臺都在新聞節目中報導錢鍾書逝世的消息。翌日所有中國的報紙均有報導這個消息。在海外華文世界，香港、臺灣、新加坡以及在紐約發行的《世界日報》和《明報》均以顯著的版面刊出錢氏去世的消息，對錢氏志事與生平均有不厭其詳的報導。中國國家主席及中共總書記江澤民於錢鍾書逝世的當天晚上，親自打電話給錢鍾書遺孀楊絳慰問，對錢之過世表示哀悼，希望楊絳節哀並保重身體。在北京的清華大學同學聞悉錢鍾書仙逝後，在校園內二條幹道旁邊的樹上，用細繩繫滿了近千隻白色紙鶴，以紀念這位才去世的傑出校友。

中國社會科學院治喪小組及楊絳收到全國各地親友及機關學校來的唁電無數，我們不能盡錄，在這裡僅錄兩位故交的電報及輓詩各一，最足以道出錢氏學術思想與為人處世。第一位是吳忠匡先生，他是錢鍾書尊翁子泉老先生的門人，抗戰時期與錢鍾書同在湘西藍田國師任教，吳氏時居哈爾濱。[14]他的電文：「驚聞默存先生之喪，悲痛傷心。六十年來最承教愛，齒耄道修不能赴殯，尤深疚憾。先生聰明精粹，博見強志，是本世紀最大的天才。他對獨立思想和自由精神的追求，他考鏡源流，辨章學術，綜合交匯古今東西的文化傳統。誦其著述，想見人德。他的靈魂永遠不會死亡。伏維珍重。吳忠匡。」[15]另一位我們錄錢氏清華同學詩人王辛笛的輓詩，詩云：

（一）

默存淡泊已忘年，
學術鑽研總率先。
何可沉痾終不起，

臨風灑淚世稱賢。

（二）

傷心愛女竟先行，
此日西游孺慕迎。
洗盡鉛華遺籍在，
是非千古耐人評。[16]

廣州的《羊城晚報》於錢鍾書卒後，打越洋電話訪問居紐約的夏志清教授。夏志清對《羊城晚報》記者說：「錢先生去世，我是非常難過。」[17]不過他已經病了很久，記憶力已經喪失，所以去世也是意料中的事。他又說，錢病後，不能寫作，真正可惜的是在五〇年代，那時他正值壯年，可做之事正多，但不能寫作，只編了《宋詩選注》和《中國文學史》唐宋部分，太少了。[18]後來他又補充說：「錢鍾書顯然已把中國古代經典，歷代詩、詞、曲、古文、駢文、詩話、詞話全數讀遍。當然他讀過西洋文學名著、哲理名著、文藝批評名著原文，數量之大，也是無人可及的。」最後說：「我們的子子孫孫若有志研讀古代的經籍，就非參閱《管錐編》不可。」[19]在香港發行的《明報月刊》於一九九九年二月號還出了一個紀念錢鍾書特刊。

V

在西方，對錢之死反應不一，以法國人做得最好，其次是英國人，最差的是美國人。法國總統席哈克（Jacques Chirac）得悉錢鍾書逝世後，於十二月二十四日致函楊絳以申哀悼弔慰之意。他說，獲悉錢先生過世，他感到很難過，在錢先生身上我們可以看到中華民族最美好的品質：聰明、高雅、善良、坦誠和謙遜。他又說：「法國深知這位二十世紀的文豪對法國所做的貢獻。自三〇年代錢鍾書先生就讀於巴黎大學時，他就一直為法國文化帶來榮譽並讓讀者分享他對於法國作家和哲學家的熱愛。」[20] 並說錢鍾書的作品法文譯本無論是創作或評論均深受法國人民歡迎，[21] 最後對楊絳說：「我希望在這一不幸中分擔您的痛苦，並以法國人民和我自己的名義，請您接受我的深切哀悼之情。」[22] 一九九八年十二月二十七日，法國很有聲譽的《世界報》刊出Francis Deron所撰寫的一篇悼文，說錢鍾書是本世紀最後一位偉大的中國文學家，並說「正處於現代化建設並追逐物質享樂時代的整個中華民族失去了一位偉大的思想家」[23]。一九九八年十二月二十九日，法國《解放日報》刊出Claire Devarrieux的一篇悼文，題為〈錢鍾書：一個時代的結束〉。Devarrieux對錢鍾書的學識才華讚不絕口，並肯定錢鍾書是「中國最傑出的文學家」。[24]

在英國，英國文化部長史密斯（Chris Smith）於一九九九年一月二十日致函唁慰楊絳說，錢鍾書是二十世紀一位傑出的學者，他的廣博學識給西方學者留下深刻的印象，他介紹英國文學至中土厥功至偉，並說他的過世「對中國文化是一大損失」。[25] 在文化部長史密斯致書楊絳弔唁翌日，倫敦的《泰晤士報》刊出〈悼錢鍾書教授〉一文，文中除介紹錢氏生平著作外，對他英國文學的造詣、散文文采及創作小說均有所贊許。此外，該文特別提到一九八六年英女皇伊莉莎白訪華時，曾在她的演講中引錄錢鍾書在牛津論文〈十七、十八世紀英國文學中的中國〉中一段做中英兩國傳統友誼的答辭。[26]

《香港南華星期日早報》（*Sunday Morning Post*）於一九九九年一月十日刊出Jasper Becker〈Death closes book on literary genius〉（文學天才之死）一文，說錢鍾書是北京最後一個隱士，最有傲骨的人，也總不折腰媚權臣。記者說這種人不多，舉國上下除了錢鍾書外，還有史學大師陳寅恪，以及錢氏遺孀楊絳。

《圍城》日文本譯者荒井健、中島長文及中島碧曾致唁電給楊絳。

西諺有句格言「沉默是金」，美國各界對錢鍾書之死的反應，可謂做到了具體而微一片「沉默」。在八〇年代美國幾所名大學競相邀請錢氏赴美講學的如哈佛大學、普林斯頓大學、哥倫比亞大學和芝加哥大學均未見有任何表示哀悼之意。在錢氏病歿前不久甫出版英譯《管錐編》的哈佛大學亞洲中心及譯者艾朗諾亦無唁電吊慰。最令人驚奇的是，美國東西兩岸的兩家大報：東部的《紐約時報》、西部的《洛杉磯時報》，對錢鍾書之死，無片言隻字。[27] 胡志德在他自己撰寫悼念錢鍾書的文章結尾時說，直到截稿時他尚未見到《紐約時報》或《洛杉磯時報》刊登有關悼念錢氏的文章，胡志德說，這就進一步說明美國對中國和中國文化認識的淺薄。[28]除了美國對中國認識淺薄外，就新聞角度來說，《紐約時報》及《洛杉磯時報》擺了一個大烏龍。更可以說明這二家大報當時駐北京記者有怠職守，像錢鍾書之死，即使報館漏了，則駐北京記者應發專電給報館，當以北京來電發布在訃聞版，如劇作家曹禺及翻譯家戴乃迭（Gladys Yang，楊憲益夫人）之死均是這樣處理的。[29]由錢鍾書之死可以看出像《紐約時報》這樣大的報紙，有時也會打盹。雖然錢鍾書淡泊名利，但對聲譽卓著的《紐約時報》來說，擺這種烏龍是說不過去的。錢鍾書之死，令人意外的倒還不是美國大報擺烏龍，而是錢氏死後喪葬之簡樸。

VI

錢鍾書的葬儀甚是簡化，他不喜世俗繁文縟節、勞師動眾及傳統鋪張隆重的熱鬧場面，因此他很早就立下了遺囑，一切從簡。他的遺囑大意是遺體只要兩三個親友送送，不舉行任何紀念儀式，懇辭花籃、花圈，不留骨灰。楊絳遵照錢鍾書遺囑辦事，所以喪事一切從簡。

如果不是楊絳的堅持，說不定錢鍾書的喪葬儀式也會有像胡適的場面。胡適生前力主中國喪禮應改革，應該簡化，雖然胡適也有遺囑留下來，說死後火葬，但胡適於一九六二年在臺北病逝後，沒有火葬。而他的喪禮是極其隆重，場面偉大。據報載有兩萬多人至極樂殯儀館瞻仰遺容，有一萬多人送葬，送葬人綿延數里之長，蔣介石親臨弔唁。[30]這場面也許不是胡適的本意，這當然是胡適親友一番好意，但卻使胡適在喪禮改革上變成一個理論家，而不是力行者（錢鍾書才是一個力行者）。

錢鍾書火化時所穿的不是一般傳統壽衣，而是很平常的普通毛線衣褲，不是妻子楊絳編的，即是女兒錢瑗織的，其他均是錢氏先前喜歡穿的衣帽。據說錢鍾書在醫院時，有些他的衣服，楊絳準備拿出去救濟災民，但為錢鍾書攔住：這是「慈母手中線」，其他衣服可捐，這幾件留著。這些留著的衣服後來錢鍾書火化時穿著。[31]錢鍾書遺體於十二月二十一日火化。火化前在北京醫院告別室，有一個很簡單的儀式，但沒有輓聯，沒有鮮花，也沒有哀樂。送行的也只有十幾個人，均屬至親好友，下午二時靈車運至八寶山火化。從八寶山回到家裡，楊絳對親友說：「鍾書、我，還有女兒，我們商量好了，身後都不留骨灰。我按鍾書的意願送走了他，我完成了任務，鍾書不喜歡人家哭他，所以，今天我沒有哭。」[32]據一位參與送行的人說：「我是『過路人』。我在國外生活近二十年，海內海外，我參加過不少葬禮，錢先生的後事的確與眾不同。」[33]另一位「過路人」說：「錢先生的偉大不僅在於他的著作，而且也在於他的為人。這是一筆不可估量的精神財富。」[34]錢鍾書走了，但他的著作及精神財富還在。茲錄十九世紀英國詩人柯利（W. J. Cory）的一句小詩可說明何謂永恆價值：

死亡帶走一切，
但夜鶯愉悅的歌
仍留在大地上。[35]

1 羅洪，〈紀念錢鍾書先生〉，《解放日報》，一九九九年一月二十五日；轉引自《一寸千思》（瀋陽：遼海，一九九九），頁二八五。

2 當錢鍾書逝世後，楊絳寫信給夏志清說，幾年來一直在忙亂中過，「不敢憂傷，怕錢鍾書病中失去我。我總希望比他略長壽一點，能送他走。」（楊絳與夏志清書，一九九九年五月三十一日）

3 見培根，〈談婚姻與獨身〉，李光億譯，《培根論文集》（臺北：協志工業振興會，一九五七），頁二十。

4 胡適，〈美國的婦女〉，收入《胡適文存》第四集（臺北：遠東，一九五三），頁九二四。

5 其中蔣廷黻的情形，較他人更是特別：他本在出國前已訂親，但在美學業快要完成時，與他父親講要求與對方解除婚約，如果他父親不肯，他就不回國，最後他父親還是曲循了兒子的意思，把他從小訂的婚約解除。蔣後來與哥大同學唐玉瑞女士結婚，自由戀愛，新式婚姻，應該滿意了，但蔣後來與唐離異，與他部屬妻子結婚，時蔣已兒女成群。

6 楊絳與湯晏書，二〇〇一年二月二十三日。

7 楊絳與湯晏書，二〇〇一年二月二十三日。

8 錢鍾書，《圍城》（北京：人民文學，一九八〇），頁七七。

9 見錢鍾書，《槐聚詩存》（北京：三聯，一九九四），頁一三三至一三七。

10 謝蔚英，〈和錢鍾書做鄰居的日子〉，原載《北京晚報》一九九九年二月二十六日，轉引自《一寸千思》，頁二八九。

11 桑德堡（Carl Sandburg），〈夕陽〉（Sunsets），邢光祖譯，見林以亮編選，《美國詩選》（香港：今日世界，一九六一），頁一九〇。

12 黃維梁，〈拜訪錢鍾書先生記〉，原載香港《大公報》一九九九年二月五日，轉引自《一寸千思》，頁三九七。

13《一寸千思》，頁三九七。

14 吳在中共治下曾執教於哈爾濱師範大學中文系。吳善飲，尤好烈酒，患過中風，二〇〇二年去世。在藍田時他與錢鍾書相處甚得，他每有困難時，必向小夫子求救，錢鍾書有求必應，幫他很多忙，他對錢鍾書很是服帖，凡事言聽計從（楊絳與湯晏書，二〇〇〇年九月十二日）。

15 吳忠匡唁電，引自《一寸千思》，頁五六八。

16 王辛笛，〈敬輓錢默存（鍾書）學長兩絕句〉，原載《新民晚報》一九九八年十二月二十八日，轉引自《一寸千思》，頁五八二至五八三。

17〈夏志清追憶錢鍾書〉，原載《羊城晚報》一九九八年十二月二十四日，轉引自《一寸千思》，頁四五。

18《一寸千思》，頁四五。

19《一寸千思》，頁四六至四七。

20〈法國總統雅克．希拉克函〉，見《一寸千思》，頁五六六。

21 法國總統弔唁中說的錢鍾書的作品法文譯本是指〈詩可以怨〉為主譯成的《詩學五論》（*Cinq Essais de*

Poétique）、《圍城》（*La Forteresse Assiégée*），以上兩書分別於一九八七及一九八六年由法國 Christian Bourgois éditeur 出版社出版，及《人・獸・鬼》（*Hommes, Bêtes, et Demons*），於一九九四年由 Gallimard 出版社出版，其中法譯《圍城》曾於一九九六年再版。西方國家研究漢學最有成績首推法國，因早年（上兩個世紀）法國傳教士的努力，歷史久，貢獻最大（詳請參閱北平中法漢學研究所編《十八世紀、十九世紀之法國漢學》，一九四三年出版；及湯晏〈法國漢學研究成就輝煌〉，載一九八三年五月二十七日《中國時報——美洲版》第二版）。看來《管錐編》法文全譯本的出版，恐怕也只是遲早問題。在密特朗（François Mitterrand）做總統時，總統和總統夫人及駐華大使館都一再邀請錢鍾書赴法訪問，他總以「老嬾」（un vieillard paresseux）為辭辭謝了。Simon Leys 曾在一九八三年六月十日法國《世界報》上撰文說，錢鍾書學貫中西，「他在今日中國甚至全世界都是無可比擬的。」（Qian Chongshu n'a pas son pareil aujourd'hui en chine et même dansk monde）。法國人重視他，也就是重視中國文化，錢鍾書不是不知道，故他對朋友說，既然謝絕了法國的邀請，以後也就不好接受別的國家的邀請了（見張隆溪〈懷念錢鍾書先生〉），他都做到了，於一九八〇年底（過了七十）自日本歸後，再也不曾出國訪問。

22 〈法國總統雅克・希拉克函〉，見《一寸千思》，頁五六六。

23 《一寸千思》，頁一六七至一六八。

24 《一寸千思》，頁一九〇至一九二。

25 《一寸千思》，頁五六七。

26 《一寸千思》，頁一〇一至一〇二。

27 這兩家報紙有時對一些名不見經傳的中國人，如某些食譜作家或園藝設計師還會在訃聞版上占一些篇幅，卻漏了錢鍾書，真匪夷所思。

28 胡志德，〈尋找錢鍾書〉，刊於香港《明報月刊》一九九九年二月號。

29 曹禺之死刊於《紐約時報》，一九九六年十二月十六日，題為：「Cao Yu, 86; Modernized Chinese Drama」，Eric Pace 撰稿，同時刊出曹禺照片。戴乃迭的訃聞刊於《紐約時報》，一九九九年十二月十九日。

30 見於衡〈胡適博士入殮記〉，《聯合報》，一九六二年三月三日。

31《一寸千思》，頁六一。

32《一寸千思》，頁一八八。

33《一寸千思》，頁六四。

34《一寸千思》，頁六五。

35 這首詩原文如下（譯文見《一寸千思》，頁二二八）：

Still are thy pleasant voices, thy
Nightingales, awake;
For Death, he taketh all away, but
them he cannot take.

結語

據李濟說，有一年他出席在華盛頓召開的第二次中美學術會議，當時蔣廷黻任中華民國駐美大使，蔣對李濟說就住在大使官邸雙橡園，不必住在外頭。李濟後來回憶說：「在我快要離開的時候和他談天，我就問他：『廷黻，照你看是創造歷史給你精神上的快樂多，還是寫歷史給你精神上的快樂多？』」蔣廷黻反過來問李濟，他說：「濟之，現在到底是知道司馬遷的人多，還是知道張騫的人多？」[1] 蔣廷黻顯然沒有正面答覆這個問題，或者根本沒有回答這個問題。後來蔣的朋友陳之邁為蔣作傳時，對這個問題做了一番解釋，他說蔣並沒有避免直接答覆李濟所提的問題，蔣廷黻以司馬遷和張騫做例，在他（陳）看來，蔣的意思是在兩者不可得兼的情形下，他覺得寫《史記》比出使西域好，因為他估計後世知道司馬遷的人比知道張騫的人多，他的估計不一定對，但他的用意是很清楚的。[2]

由李濟向蔣廷黻提出的問題，我們也可以問錢鍾書，他想做司空圖，還是想做曹雪芹呢？我們沒有機會問他這樣的問題，故也不知道他將如何回答。但一九八〇年《圍城》在大陸再版時，楊絳問過錢鍾書，還想不想再寫小說，錢鍾書的答話或可供我們參考，他答道：「興致還有，才氣已與年俱減。要想寫作而沒有可能，那只有會遺恨；有條件寫作而寫出來的不成東西，那就只有後悔了。遺恨裡還有哄騙自己的餘地，後悔是你所學西班牙語裡所謂『面對真理的時刻』，使不得一點兒自我哄騙、開脫或寬容的，味道不好受。我寧恨毋悔。」[3] 錢鍾書說這話是很含蓄委婉。他對寫小說興趣還是有的，只怕「寫出來的不成東西」，這可能是謙虛，但還有一層意思，因為沒有言論自由，豈能寫，即使寫出來，恐怕也「不成東西」。據楊絳說：「他自信還有寫作之才，卻只能從事研究或評論之作，從此不但口『噤』，而且不興此念了。」[4] 這是很沉痛的話，對錢鍾書來說也是很可惋惜的。做學術研究，凡具有磨繡花針的能耐與工夫均能優為之的，但小說是有才華的人始能寫。錢鍾書是一個有才華的人，像桓譚和杜預一樣，「并有著書，咸能自序。」一九四一年他出版一冊散文集《寫在人生邊上》，抗戰勝利後，他一連出了三本書：《人・獸・鬼》（一九四六年）、《圍城》（一九四七年）及《談藝錄》（一九四八年），此時正是創作旺盛的年代。在解放前夕，他已著手撰寫一長篇《百合心》，已起了一個頭，寫了約三、四萬字。但一九四九年共產黨來了，在黨、馬列主義的高壓政治之下，文學要為「人民」服務，錢鍾書像大陸上所有有才華的作家一樣，放棄寫作，從此封筆，並將《百合心》殘稿毀了，遑論其他。錢鍾書的創作生命遽而中止，「從此不但口『噤』，而且不興此念了。」只有苟全性命於亂世，做些純粹學術性的工作，在五〇年代編了一部《宋詩選注》，是一部極富學術價值的書，日本漢學界一致叫好，咸稱其精，譽為所有宋詩選本中最佳者。可是在一個國家上上下下被馬列主義沖昏了腦袋，不明是非，不識好歹，於是《宋詩選注》出版後不久由於該書「人民性」不夠，即遭批判，錢鍾書痛心疾首，以後幾十年再也沒有任何重要著作問世。一直到文革末期自幹校回京後，自念老之將至，來日不多，乃將他一生讀書心得寫成一部五巨冊讀書筆記名《管錐編》，此乃日後公認為錢氏傳世之作。

錢鍾書生於憂患，《管錐編》是避世主義（escapism）下的作品，也是錢鍾書妥協下的結果。如果在太平盛世，他不會去寫這種書的，他會去創作小說或寫文學史。也許有人要問，如果錢鍾書生在一個有創作自由的國家，換一個環境，錢鍾書將是一個什麼樣的錢鍾書？以他的才華可做之事很多，他可能是一個伏爾泰或斯威夫特。他也可以做批評家，同時也可以從事文學創作，如像在西方的大詩人艾略特，或如小說家納博科夫（Vladimir Nabokov）。如果在批評家與小說家不可得兼情形下，我們相信創作小說給他精神上的滿足多，他會選擇做一個小說家，[5]他可能是一個曹雪芹或中國的托爾斯泰，他有這種潛力。錢鍾書在文學上的天才，就像莫札特之於音樂，狄馬喬（Joe DiMaggio）之於棒球，是很自然的事。但很不幸，他沒有那樣幸運，給他一個發揮天才的機會，可謂生不逢辰，他生在二十世紀動亂頻仍的中國——軍閥割據，抗日戰爭，國共內戰及文化大革命，因此把一個三百年來難得一見的天才毀了。[6]時代辜負了他。錢鍾書有志著述，但今日留下來的著作，不夠傳述其才華於萬一，的是「千古文章未盡才」，用曹子桓的一句話來說：錢鍾書是「常斐然有述作之意，其才學足以著書，美志不遂，良可痛惜」（〈與吳質書〉）。

1 李濟，〈廷黻先生對學術界的貢獻與關切（發言紀錄）〉，《傳記文學》第二九卷第五期（一九七六年十一月），頁九至十。蔣廷黻與李濟是多年朋友，他們在一九二〇年代從美國回來同在創辦不久的天津南開大學教書。蔣廷黻離南開後曾任清華大學教授兼歷史系主任，楊絳曾選過他課。

2 陳之邁，《蔣廷黻的志事與平生》（臺北：傳記文學，一九六七），頁一四一。

3 楊絳，《記錢鍾書與《圍城》》（長沙：湖南，一九八六），頁三八。

4 楊絳，《記錢鍾書與《圍城》》，頁三八。

5 近二、三百年來，小說已成為西方文學的正宗，歷屆諾貝爾文學獎得獎人以小說家居多。中國自晚清以來，革命先驅視小說為傳播思想、改造社會 的工具。

6 錢鍾書的朋友柯靈及鄭朝宗都說他是三百年難得一見的天才。

【附錄二】

《民國第一才子錢鍾書》後記

在本書定稿階段（二〇〇一年），發生了震驚世界的紐約世界貿易中心雙子塔（Twin Towers）被毀事件，對美國影響至深且巨，我居曼哈頓鬧市首當其衝，電話不通，地鐵改道，電視臺受到干擾，一切日常生活都變了。那幾天，天天看電視、紐約Downtown（下城）滿目瘡痍，慘不忍睹，念天地悠悠，生死即在刹那之間，我不信鬼神，我萬分同情這些死難的無辜冤魂。

我與世貿大樓有一種說不出來的感情，當我於二十世紀六〇年代中期來紐約時，紐約的地標（landmarks）如自由神像、帝國大廈，都已有了，唯獨世貿大樓是我來紐約後看它蓋起來的大樓。在世貿大樓被毀前兩天，我們還去過一趟，那天是九月九日上午，我與內人要去Downtown看海港景色，因搭錯了車，走出地鐵一看是世貿中心，因此在四周繞了一圈。很多人不喜歡這兩座Twin Towers，說它不美，但我們剛好相反，我們不僅認為它很美，而且認為它簡直是一件藝術品，萬萬沒有想到，在我們最後一次巡禮後兩天，這件「藝術品」

從地球上消失了。耶魯大學建築系教授Robert Stem說雙子塔是近代奇蹟，可以媲美古埃及金字塔，經過這次「九一一」暴力事件後，這兩座近代奇蹟成為歷史名詞了。

我是一個和平主義者，反對暴力，我也反對不照規矩辦事，可是「九一一」暴力事件後，還有後遺症：一是美國採取報復政策——轟炸阿富汗；二是紐約市長朱利安尼（Rudolph Giuliani）趁此「非常時期」想修改紐約市憲章（Charter）連任（他的任期到二〇〇一年底，不能連任）。不前不後，也在這個時候，前芝加哥公牛隊明星喬丹（Michael Jordan）披衫復出，喬丹三十八歲了，在球場上算是一個「老頭子」（senior citizen）了，怎能與二十三歲的小夥子柯比（Kobe Bryant）在球場上奔馳搶球呢？上述這些大小事我都很關心，我認為他們都錯了，我的意見對他們當然無絲毫影響，但他們的決定會影響我的工作，因為我關心這些事，就使我分心，我就不能全神貫注伏案工作，這些也許算是我寫錢傳中的小插曲。

趁著寫這篇「後記」的機會，我還要謝謝下列三位：第一位是楊絳女士，她對我鼓勵尤多，對我所提出的問題，真的做到有問必答。她常來信說叫我放心去寫，如有錯誤，她會告訴我，而她九秩高齡，記憶力之好，確是驚人。第二位我要謝謝周策縱先生，他把編詩選事擱去一邊，特地為我寫序文。第三位我要謝謝博文兄，定稿時他在百忙中為拙稿校讀一遍。如無博文兄出力，本書不太可能與讀者見面，本書付梓時，復蒙博文兄賜序文，對以上三位我有說不盡的感謝。

最後我要謝謝內人劉笑芬女士，她很有耐性看我將錢傳一章一章寫完，在撰寫期間，一直追問「錢先生現在在哪地了？什麼時候可以寫完？」現在總算寫完了。阿彌陀佛。

【附錄二】

《民國第一才子錢鍾書》周策縱教授序

以前我常常想到，文革時代遭批鬥的好些知識分子，怎麼能忍耐不死。尤其想到北宋初年范仲淹（989-1052）借烏鴉之口說的「寧鳴而死，不默而生」，更覺文革時對作家那種遊行屈辱，實在使人不容易隱忍活下去。後來，一九八一年，南京大學和中國作家協會邀請我去中國訪問夏天在上海巴金先生家裡談到這個問題，他解釋說：個人死去不難，可是還有妻子兒女一大堆人都要遭殃，怎麼辦？我當時更想到，在那種情況下，實在不應該輕生，即使你不顧一切，白送了幾條命，又有什麼用呢？連後來替自己辯冤白謗都沒有人！留得青山在，總還可以寫些別的東西，留給後人。

這年秋天，我又重訪北京，見到不少的作家和學者，當中有錢鍾書先生和他的夫人楊絳女士。錢教授當然早已知道，威斯康辛大學在陌地生市的校本部早已在一九七七年就有研究生胡定邦（Dennis Hu）寫有博士論文，討論他的幾部小說。兩年後，茅國權（Nathan K. Mao）和另一美國女生又合作英譯了他的主要小說《圍城》。他們都是在威大念的博士。我去見他時，他表現得頗親切。由於在上海才和巴金先生討論過的問題，使我特別注意他從小就字「默存」。中共上臺後，他馬上便不搞創作了。我認爲這是很明智的抉擇。

我去看他的時候，四人幫早已垮臺，可是他比別的知識分子還更小心。我那次訪問，帶了錄音機，所有的作家和學者都讓我錄音，如巴金、冰心、朱光潛、曹禺、艾青、馮至等許多人，還有稍後的沈從文，都無例外，並且都有外辦陪著，也能相當坦白談話。可是這次我特別不要別人陪伴，一個人去，錢鍾書卻說不要錄音。其實我帶錄音機，也不是爲了什麼備此查照，只因自己聽力不夠，只好回來仔細聽清楚，以免誤解。所以我每次都要徵求對方同意才錄音。既然錢先生說不要，我當然不錄。錢和我談得很投機，他喜歡夾雜許多英語和歐洲語言。後來我讀到芝加哥大學芮效衛（David T. Roy）教授記他和一批美國學者在北京訪錢的經過，提到錢的談趣，正是如此。當時我們也談到湘西安化縣藍田鎮國立師範學院，因為他父親錢基博先生在那裡當過中文系主任，我初中一位同班同學顏克述正是他父親的得意門生之一，可惜克述沒畢業或才畢業就害肺病去世了。錢鍾書在那個學院擔任的是英文系主任，不過他告訴我他父親門下的確有不少古文根底很好的學生。其實，照我的看法這也是那時湖南中等學校學生和別省不同的地方。

錢鍾書在歐洲留學的時候，曾經用英文發表過一篇文章，介紹中國的迴文詩。多年前，芝加哥大學英文系有位資深美國教授，聽說我對迴文頗有研究和創作，特別複印了錢的那篇文章，還寫信提出了好些問題。我那時正忙於系務，未能和他詳細討論。只回信告訴他一九六七年我寫過一首「字字迴文詩」，發表在香港《明報月刊》次年二月分，因此引起香港大學一個學生何文匯寫了一篇六百多頁的碩士論文〈雜體詩釋例〉。（後來於一九八六年由香港中文大學出版社出版成書，我還寫了篇序。所謂「雜體詩」，包括過去所有的遊戲詩體，如迴文、集句、離合、雜嵌等。文匯後來在倫敦大學念了博士學位。現任香港中文大學教務長。）那時我只把文匯碩士論文的英文摘要四頁複印寄給芝大那位教授，做爲解答。這次我把這事告訴了錢鍾書，問他還有什看法。他說也沒有什麼新意見了。我想關於這個問題，恐怕文匯的研究還比較詳細，雖然宋末以後，以至和別國遊戲文學的比較，還有待開發，可惜像錢鍾書這樣淵博，懂多種語言的人已不易多得了。

我們暢談了一兩個鐘頭才請楊絳女士來照了幾張相。由於我還要去看也住在三里河的俞先生，問鍾書如何去法。他堅持親自送我去，我那時還不知道像吳忠匡先生說的錢鍾書不會記路，所以就跟著他去了。結果他路記得很清楚，雖然路不遠，但曲曲折折，一排排房屋看來都相似，如不熟識，也不易找到。可是錢先生一走就到，一點錯處都沒有。他敲了門，俞先生早在等我。我在旅館裡會預先打了電話，說下午會去拜訪他。所以一聽敲門聲，就親自來開門。鍾書一見俞先生，像日本人那樣深深一鞠躬，說聲「老師！」他這種對老師的尊敬，倒使我吃了一驚，也使我自覺慚愧，自從到美國以後，無論在臺灣、香港或大陸，見到過去的老師，都沒講究過這種舊式尊師的禮節。現在年紀大了，即使想找以前的老師來尊敬一番，也找不到了！那次俞平伯先生還邀請錢先生也到他家裡坐一坐，可是錢先生說不要打擾，轉身就回去了。

後來過了幾個星期我回到美國後，寫信給錢先生道謝，並附了在他家照的幾張照片。他也回了一信，字寫得滿滿的，我因又忙於奔波，沒有再寫信了。過了幾年，我又過訪北京，那時他已經是社會科學院的副院長，有個星期一去新蓋的社科院看他和一些朋友。只見新院子一座高樓，裡面傢俱還沒搬好。會客室坐著兩三個老太婆，我說要見錢鍾書副院長，她們說沒聽見過這名字，我說不可能，她們就拿出職員名冊來查，翻了翻也沒查到。我說應該在最前面吧，她們再翻查一下，果然查到了他的名字。可是她們說：星期一是沒有人來辦公的。當然她們從來也沒有見到錢副院長來過。她們要我過幾天再來試試，但是我隔天就要離開北京了，所以只好錯過再見一面的機會。回來寫了一首打油詩想寄給他們夫婦，開個小玩笑，後來也牽延未寄，目前也匆匆找不到了。

湯晏博士把他多年積聚起來，並且大多已零星發表過的稿件《民國第一才子錢鍾書》，寄來要我寫序，我匆忙中讀完他的傳稿，覺得他寫的十分周詳，對錢鍾書也非常同情和公平，不失為值得細讀的傳記。無疑的錢鍾書是空前可能絕後的天才，值得欽佩；當然他也有好些缺點，如頗喜賣弄和很自負，書卷氣太重等等，湯先生在傳裡也好幾次提到過。據我看，對他的創作和學術著作，尤其是後者，恐怕從來還沒有人仔細認真評論過。當然這很不容易。像《寫在人生邊上》裡的短文，每篇都好，讀來有味；可是細細考慮起來，卻問題多了。例如〈談教訓〉裡批評到孔子，《論語》〈季氏章〉：「孔子曰君子有三戒：少之時，血氣未定，戒之在色；及其壯也，血氣方剛，戒之在鬥；及其老也，血氣既衰，戒之在得。」錢先生便說：孔子「忘了說中年好教訓」。這兒所謂少年、壯年、老年，當然說得很籠統，古今來人的壽命長短不同，到底各個年期指多少歲，往往隨時代而說法不同。如梁朝皇侃的《論語義疏》便說：三十歲以前是少年，三十以上是壯年，五十以上爲老年。有些人卻根據孟子說七十歲才可算老。從東漢到晉代，大約中年指四十歲到五十歲左右。其實孔子說的壯年，可能和中年相當，我們很難說他忘記了中年；並且「好教訓」和「好鬥」也很類似，這就更難細細區分了。

錢鍾書的天才受了壓抑，使他不能自由創作，因此率性放棄創作，這真是中國的大不幸。許多優秀學者和作家，如陳垣、陳寅恪、吳宓、巴金、沈從文等許多人，無論是不能還是不願掙脫這種壓抑，走向自由，終於造成了個人的不幸，我們只有同情和惋惜，不忍批評責難。在這方面我更特別推重湯晏博士這部大著，它真是給一個現代中國知識分子遭受浩劫的最好見證，也給我們大家一面最明澈的鏡子。

周策縱

二〇〇一年十一月三日序於美國威斯康辛州陌地生市之棄園

【附錄三】

《民國第一才子錢鍾書》林博文先生序

認識湯晏（晏如）已經二十多年了，我們是老同事也是老朋友。湯晏是個興趣廣泛的人，網球打得不錯，對美國職業籃球（NBA）更是如數家珍，他博學多聞，從他的著作《我們的園地》（一九九八年出版）中，可以概見湯晏涉獵之廣。他是學歷史的人，是科班出身的史學家，然對文學的興趣似乎甚於史學，他欣賞胡適、徐志摩、葉公超、福克納、海明威、瑪麗．麥卡錫和約翰．厄普代克等中外學者及作家，但他最心儀的則是錢鍾書。湯晏很佩服錢鍾書的蓋世才學，多年前即聽他說很想寫一本錢鍾書傳，其時我就鼓勵他早日動筆，並預祝他寫出一部足以傳世的錢傳定本。今秋，湯晏寫完錢傳，多年宿願終於得償，他很高興，我也慶幸能分享其喜悅。

錢鍾書是現代中國罕見的才子、稀有的讀書人。我第一次知道錢鍾書這個人，是在一九六三年，我高中畢業那一年。余光中在第六十八期《文星》雜誌上寫了一篇〈剪掉散文的辮子〉（後收入《逍遙遊》），他把當時中國的散文分成四種型態：學者的散文、花花公子的散文、浣衣婦的散文、現代散文。在學者的散文中，余光中說：「這一型的散文限於較少數的作者。它包括抒情小品、幽默小品、遊記、傳記、序文、書評、論文等等，尤以融合情趣、智慧、和學問的文章為主。它反映一個有深厚的文化背景的心靈，往往令讀者心曠神怡，既羨且敬。面對這種散文，我們好像變成面對歌德的艾克爾曼（J. P. Eckermann），或是恭聆約翰生博士的鮑斯威爾（James Boswell）。有時候，這個智慧的聲音變得犀利而辛辣像史威夫特，例如錢鍾書；有時候，它變得詼諧而親切像蘭姆，例如梁實秋；有時候，它變得清醒而明快像羅素，例如李敖。許多優秀的『方塊文章』的作者，都是這一型的散文家。」

戒嚴時代的臺灣，錢鍾書的著作被查禁，亦不易找到。七〇年代初，我才有機會讀到香港基本書局重印的《圍城》，湯晏則早在四〇年代末、五〇年代初就讀臺北建國中學時即看過錢鍾書的《寫在人生邊上》。我後來陸陸續續讀了不少錢氏的專書和散文，他的散文果真如余光中所形容的「犀利而辛辣」，風格獨幟；他的學問則有如百川匯聚，博大而精深；七〇年代初，他對中外古典文學的析論，辭豐而意縱，如同長江大河，雖方寸之水亦興波焉。錢鍾書的學術成就和小說、散文，在紅色中國被埋沒三十年後，開始揚名海外；學者稱頌他、研究生以他為博士論文題材、中外文化界讚嘆他的博聞彊記；他的舊作被大量翻印，探討錢鍾書和研究錢鍾書，變成一門顯學。錢鍾書是個有魅力的人，他的魅力不僅表現在他的學問、文章裡面，更耀顯於他的談吐之上。他於七〇年代末、八〇年代初在美歐所做的學術之旅，風靡西方學界，他的淵博、機智、幽默和外語能力，使西方學者大開眼界，為之傾倒不已，「錢學研究」頓時成為一時風尚。一九七九年四月二十三日，錢鍾書訪問哥倫比亞大學，湯晏即在座談會上親炙錢氏的丰采，湯晏回憶說：「錢鍾書是中等身材，圓圓的臉戴黑邊眼鏡、穿玄色的中裝，他給我的第一個印象，覺其為慈祥和藹之長者，步履康強，精神飽滿。……今天錢鍾書講話全是用英語講的，錢氏講得一口流利而典雅的英語，他口才很好，也很健談，他語氣幽默，神思朗澈，不類常人，在座談會上暢談中外文學。……在談話中講到法國文豪莫泊桑時，他引用了句法文原文，在座中的美國人懂法文者聽了就哄而大笑。其他在談話中引錄德文、義大利文及拉丁文的地方也很多，他對古今中外文學道來如數家珍，且有極精闢的見解，其積學之深，嘆為觀止。」

海外的「錢鍾書熱」，不久即回流到日益開放的中國大陸，許許多多的大陸讀者，尤其是年輕的一代，赫然發現中國居然也有個學貫中西、博通古今的錢鍾書，以及文字犀利不亞其夫的錢夫人楊絳女士。於是，「錢學研究」也在中國大陸成為一門顯學。近幾年來，大陸文化界突然冒出一些批錢現象，有人對錢鍾書鳴鼓而攻，如從「疑義相與析」的角度批評錢的學問和著作，毋寧是一種健康的風氣，但如果是存心找碴，從雞蛋裡挑骨頭，則這些批錢者無疑是蚍蜉撼大樹也。

錢鍾書是中國文化與西方文明結合的一個璀燦樣品，他受過完整的中國古典訓練、現代教育的洗禮和西方文學的薰陶。和錢鍾書同輩的知識分子，以及比他早一個世代的讀書人，出現不少斐然有成的學者和作家，對中國文化與學術，不但具開拓與充實之功，且對中國的知識群眾產生了巨大的影響力，如魯迅、胡適、陳寅恪、馮友蘭、費孝通、徐志摩、巴金、茅盾、曹禺……。在一個新舊交替、東西匯合的時代，政治雖然動蕩不安，人才卻競相出籠，抗戰時期的西南聯大，就是光采照人的人才養成所，它所培養的各方面人才，使海峽兩岸和新大陸受用不盡。錢鍾書所成長的時代，早已遠颺，然而，那是一個令人迴想、引人遐思的時代，為什麼那個時代會培養出那麼多的秀異分子？為什麼那個時代的知識分子會把書念得那麼扎實？爲什麼那個時代的讀書人能夠受到較好的中西文化的陶冶？

現代中國的最大悲哀是，一九四九年以後，許多留在大陸的學者和作家，面對毛澤東與中共的高壓統治，他們在極其惡劣的環境中求生存，有時候連求生存的尊嚴亦橫遭摧折，他們深切體會到杜工部筆下「世亂遭飄蕩，生還偶然遂」的無奈與悲哀。在一個完全沒有創作自由、思想自由和言論自由的土地上，錢鍾書放棄創作，從此埋首於中西古典文學研究，《圍城》頓成荒城，《寫在人生邊上》成為絕響．沈從文告別創作，皓首於古代服飾研究，《邊城》永別於世，以《雷雨》、《日出》和《北京人》享譽文壇的曹禺，也只能寫一本奉命劇本《王昭君》。在右一個運動、左一個鬥爭的「毛家花園」中，花木都荒廢了，只剩下毛澤東享有創作自由和打壓自由，有良心的知識分子活得很累、很辛苦、也很窩囊。費孝通在「大鳴大放」的時候，上了中共的大當，寫了一篇擲地有聲的〈知識分子的早春天氣〉，結果慘遭劇烈批鬥，把這位社會人類學家嚇壞了。

美國開國元勳、〈獨立宣言〉起草人傑佛遜說過，他要永遠對抗加諸於人類心靈的暴政，這是一句很鼓舞人心的話，也是一句放諸四海而皆準的名言。然而，那些真正活在暴政下的學者和作家怎麼辦？他們如何對抗可怕的暴政、如何在壓制心靈的鐵蹄下生存？傑佛遜於一八〇〇年說出這句冠冕堂皇的話，但他所面對的只是幾個誹謗他的政敵，而錢鍾書等高級知識分子所面對的卻是二十世紀的獨裁專制政權，一個不把人當人的統治者。錢鍾書只能在書堆裡默默耕耘地生存，他後半生的遭遇，不幸地印證了他底「默存」字號。

湯晏細密詳贍地寫下錢鍾書的成就和苦悶、光采與沮喪、脫俗及挫折。在一個沒有自由空氣的地方，人文氣息蕩然無存，創作活力必然化為烏有。被專制陰霾所壓抑的學者和作家何止成千成萬，而錢鍾書則是這齣現代中國悲劇的代表人物。

林博文

二〇〇一年十一月八日深夜於紐約

【附錄四】

讀英譯《管錐編》——紐約讀書筆記之二

錢鍾書的《管錐編》英譯本*Limited Views: Essays on Ideas and Letters*，[1]一九九八年由哈佛大學亞洲中心出版，共計四百八十三頁，定價四十五美元。譯者為艾朗諾（Ronald Egan）[2]，為聖塔巴巴拉加州大學東亞語言文化學系教授。[3]自華盛頓大學畢業後，進哈佛研究所，在哈佛完成博士論文後曾在哈佛任教一段時期。曾撰有*The Literary Works of Ou-yang Hsiu (1007-72)*及*Word, Image and Deed in the Life of Su Shi*兩書，著述甚勤。

英譯《管錐編》不是全譯本。本書分六部，選譯六十五則。本書有一篇很長的導言（Introduction），連注釋在內計二十六頁。這篇導言寫得很好，除介紹錢鍾書生平外，對譯者如何編選及如何分章節、輯回目均有交代，惟對譯《管錐編》所遭遇到的困難，遂譯時有哪些人予以幫助，卻無片言隻字。

本書是選譯本，但不是節譯本。綜觀全書，譯者並不泥古於原著。如第三十七頁最後一段開頭一句話「Song-dynasty literati continued to reiterate the idea in their own ways.」在原著裡第九百三十七頁是沒有的。原著同頁如孟郊〈招文士飲〉、宋祁〈淮海叢編集序〉及徐凝〈和夜題玉泉寺〉，譯者放在注釋內。譯者偶有刪削，譬如英譯本第二篇「Worldly Frustration and Literary Composition」（文窮後工）是根據原著第三冊第九三六至九三八頁。但第九三七頁「晁補之《雞肋集》卷三十〈海陵集序〉『文學不足以發身，詩又文學之餘事，為之而工，不足以取世資，故世稱少達而多窮』」，上述這一段艾朗諾未譯，不知何故。不過這種例子在書中不多。譯者也沒有按照原書次序逐譯排列。譬如原書第一冊第一篇「周易正義」、「論易三名」（原書第一至八頁），但在英譯本中放在「Part III（Semantics and Literary Stylistics）」中第二篇（pp. 202-207）。英譯本中第一篇「The Meaning Surpasses the Image」即選自原著第二冊第七一九至七二三頁。《管錐編》四冊計九百多條加上增訂本大約在一千二百條上下，英譯本雖只選譯了六十五則，但已經快要五百頁了，如果《管錐編》全部譯出來，則真的將是卷帙浩繁皇皇鉅著了。

翻譯是一樁很難的事：為眾所知美國大詩人佛斯特（Robert Frost）說過一句話，「Poetry is what gets lost in translation」（詩是譯不出來的），則《管錐編》更是難譯，因為裡面除了大量詩詞外，尚涉及文學、哲學、繪畫及寓言，可謂包羅萬象，要譯這樣一部書（雖是選譯），我不得不佩服譯者的魄力與雄心。有很多地方實在不好譯，只能意會，不能言傳，不難想像譯者擲筆浩嘆，可是譯者還是譯出來了。如「氣韻」這兩個字譯成「breath resonance」，然後將中文「氣韻」放在英譯後面括弧內（pp. 101-102）。其他如譯「神韻」（daemon resonance）（p. 102），「遺韻」（handed-down rhymes）（p. 104）也採同一手法，可見譯者用心之苦，亦可證佛斯特名言譯事之難。

本書譯筆雅馴。《管錐編》第二冊第七五一頁有一則〈不識鏡〉錄自《笑林》，這一節全講鏡子及自身投影，是很有趣味的。英譯譯得很好，尤其是結尾（頁七五三至七五四）：「及夫《紅樓夢》大行，黛玉不啻代興，青讓於黛，雙木起而二馬廢矣。歐洲十九世紀末詩文中有『脆弱女郎』一類型，具才與貌而善病短命；采風論世，頗可參驗異同焉』。」譯文如下：「Later, when *The Story of the Stone* became famous, Lin Daiyu replaced Feng Xiaoqing in this role: "green" (*Xiaoqing* 青) yield to black (*Dai* 黛 yu), and once the "twin trees" (*Lin* 林) arose the "two horses" (*Feng* 馮) were abandoned!」錢鍾書撰《管錐編》是採舊式讀書筆記體裁，不分段落。但譯者在上引「歐洲十九世紀末……」以後一節分成一段「At the end of the nineteenth century in European literature, there appeared the character type of the "fragile lady" (*femme fragile*), who had talent and beauty but was sickly and died young. Those who are fond of comparing cultures and historical periods may want to study the divergences between this European type and its Chinese counterpart.」（p. 183）上面短短一段原著只有一個注釋，可是譯者加了四個注釋，注釋也寫得很好，時時照顧讀者。而錢鍾書最後一段評語，即是像夏志清所說

的《管錐編》「給『漢學』打開了一個比較研究的新局面」（見夏志清著《新文學傳統》第三六五頁），德國漢學家莫芝（Monika Motsch）女士也說過類似這樣的話（關於莫芝女士評論《管錐編》本文後面還要講到）。

本書也有幾個譯者疏忽的錯誤。如原著第九三七頁「端慚少作老更拙，不廢汝詩吾固窮」，艾氏的譯文如下：「I'll gradually write less, growing foolish with age. / If I don't abandon you, Poetry, you'll certainly impoverish me.」（p. 38）很明顯的，譯者把「慚」字誤看成「漸」字。還有譯者對「少作老更拙」的解說也有問題，這裡「少」對「老」而不是「少」對「多」，因此應該解說「慚愧年少時的作品，而到年老時也無多少進境（拙是自謙意）」。《管錐編》第三冊第九三六頁《孟子．盡心上》有句話：「獨孤臣孽子，其操心也危，其慮患也深，故達。」英譯本頁三五「孤臣孽子」譯為「The estranged subject or the son of concubine」，似有待商榷。「孤臣孽子」有另一意義，在古時一個朝代亡了仍有死心塌地效忠過去君上的舊臣或遺民，如近代王國維即是一例。我認為譯者至少應該加一個小注來說明之。本書末書目有兩個手民之誤。如頁四三七「晚清小說大系」系字誤植「係」，又頁四四一楊絳〈記錢鍾書與《圍城》〉誤植為「圍程」。

譯者說錢鍾書在《管錐編》徵引兩洋著作偶有小錯或手民之誤，艾朗諾說他都已改正過來了。譬如原書錢鍾書引用佛洛伊德（Freud）的書 *Art as Wish-fulfilment*，書名不全（第九三九頁），艾氏把它補全為 *Art as Wish-fulfilment and the Conscious*（p. 40）。筆者對徵引西書特別注意，發現譯者索引原書極其細心，但錢鍾書所引西書沒有大錯（偶有頁碼有異，也可能版本不同），這樣看來《管錐編》是經得起西方學者 challenge 的。莫芝也說過：「《管錐編》引用外文，間有誤植。」[4] 他們認為這些錯誤的原因，因為這是讀書札記，時隔多年，以及當時惡劣的政治環境（文革）使然。儘管這樣，艾氏及莫芝對錢氏過目不忘的驚人記憶力，在逆境中尚能從容治學，對中西典籍旁徵博引，引用自如，無不佩服得五體投地。

錢鍾書寫《管錐編》是為中國人寫的。艾氏譯《管錐編》卻是為西洋人譯的。譯者不僅時時照顧西方漢學家，亦處處顧全到一般西方學者，對原書王弼注老子一書，計十九條，艾氏選譯了八則，放在英譯本第四輯（以及本書注釋）內，最可看得出譯者用心所在。

莫芝女士說：「《管錐編》有雙重用途，一方面它像一部電腦，儲存了很多文學實例；另一方面它又提供了很多專門研究的題目。對於西方漢學家來說，這部書用途很大；它提醒大家不要對中國文學做不切實際的總體評價，它以全部中國經典為羅盤，利用西方文學指示接觸點，為運用西學方法研究中國文學指出了道路。」[5] 接著她又說，對於非漢學家的西方學者來說，《管錐編》的英譯本也會同樣有趣。職是之故，英譯本問世意義是深長的。

毋庸置疑，本書出版，對於漢學及錢學是一大貢獻，艾朗諾有大功德也。

錢鍾書與錢基博父子合照

楊蔭杭全家福，1927 年攝於蘇州老宅，女兒楊絳在後排左二。

1934年，錢鍾書和楊絳在北平。

1935年，錢鍾書與楊絳在赴英國留學的船上。

N.B.—This form must be filled up by the Candidate for Matriculation in his own handwriting.

UNIVERSITY OF OXFORD 5 NOV 1935

Date.	~~October 16~~ November 5 1935
College, Hall, or Society.	Exeter
Surname. (To be written in Block Letters.)	CH'IEN
Christian Names in Full. (To be written in Block Letters.)	CHUNG-SHU
Date of Birth. (Year, month, and day of month.)	October 20th, 1910
Place of Birth. (Name of place, country in which it is situated, &c.)	Wusih, China.
School or other place of education.	National Tsing-hua University, China.
Father's Name in Full.	CHI-PO CH'IEN
Father's Profession or Occupation.	Professor of Chinese literature, Kwang-hua Univ. China.
Father's present residence. (If Father is no longer living, please write the word "deceased".)	The Dean's Office, Kwang-hua Univ. Shanghai China.
State whether you are his first, second, &c., or only son.	First son

錢鍾書手寫牛津大學註冊資料卡

1936年冬，錢鍾書與楊絳攝於牛津大學公園。
錢鍾書的堂弟錢鍾韓攝。

楊絳，攝於1941年。

錢鍾書，大約攝於1940年代。

這是《圍城》法文本封面。
人家還認為這是錢鍾書與楊絳的結婚照，其實不是的。
錢鍾書說：「他們隨便找了一張照片就印上去了，
也許是為了主題，增加吸引力。」

1.《圍城》1947年初版封面
2.《圍城》1949年第三版封面

錢鍾書與楊絳，攝於1962年。

1982年，錢鍾書與《圍城》德譯本譯者莫芝宜佳（Monika Motsch）合影。

1979年，本書作者湯晏（左）錢鍾書（中）夏志清（右）合影於哥倫比亞大學校園。

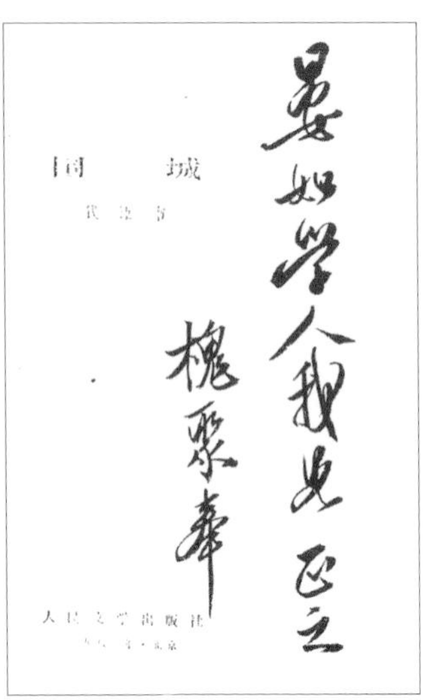

1980年，《圍城》再版，錢鍾書題簽扉頁，航寄一冊給作者。

晏如吾兄文几：得書欣慰。承示大文，尤感愧。陳女士當時必在場，冷眼[illegible]笑於旁，[illegible]於吾人毫無印象，可謂不識太山。「圍城」外云云，去年七月中國「八方」寄示，讀之噫嘆。於中雖加長衛氏描繪，由寫筆下留情也。「桃花源」、「烏託邦」均見，自慚寡陋。卑陳所知：「全唐文」卷五二九顧況「仙遊記」（參看卷五二八顧「莽蕩賦」）、王禹偁「小畜集」卷一四「錄海人書」，係唐宋名家仿「桃花源記」之篇而未見人道及者。此外可參看「宋詩選註」序文6頁、本文321頁，「管錐編」第二冊767頁皆有線索。[illegible]後，得見可早寄上，因五月前後來訪客多，恐不早寫信，便趁擱下去了。夏先生久無信來，去冬航寄「管錐編」三四冊及一信，未知是收否，想念。「圍城」明由北京人民文學出版社重印，中校讀一過，並稍修飾字句，[illegible]，大約秋間可出書。當寄奉一冊，以志交誼。匆此即頌

近祉

錢鍾書 四月十七日

[illegible]先生詩集由[illegible]先生編定，[illegible]刪繳出。[illegible]陳先生[illegible]未嘗寫[illegible]也。

錢鍾書致作者湯晏函

原載香港《純文學》月刊
一九九九年七月三十一日出版

1 根據陸文虎稱，這個《管錐編》英文譯名是錢鍾書生前認可的。見陸文虎，《圍城內外：錢鍾書的文學世界》（北京：解放軍文藝，一九九二），頁三十。

2 艾朗諾（Ronald Egan）這個中文名字是根據其夫人陳毓賢（Susan Chan Egan）女士所撰《洪業傳》中所載。

3 現為（二〇二〇年）史丹佛大學東亞語言文化學系主任。

4 見陸文虎編，《錢鍾書研究采輯（一）》（北京：三聯，一九九六），頁四九。

5 見莫芝，〈《管錐編》：一座中國式的魔鏡〉，《錢鍾書研究》第二輯，頁一〇三。

【附錄五】

回憶「魔鬼夜訪」過的錢鍾書先生

我雖居曼哈頓鬧市，但平時不看中文報，因此漏了很多故園消息，像錢鍾書先生最近在北京仙逝的消息我就不知道。今年（一九九九年）一月底有一位朋友（殷志鵬）給了我一份他寫的一篇紀念錢鍾書病逝的文章影本，我才知道錢先生已於去年十二月去世。我得悉後不禁悵然良久，回想當年我與錢先生在紐約初晤的情形，真有一種說不出來的感傷。錢先生雖是享大名的博學鴻儒，但對我們後輩非常謙和而親切。錢先生自遊美返大陸後，我們開始通信，且屢獲錢先生贈書。在書本上他幫我很多忙，我很感謝他，現在我想把我們之間的交誼寫出來，算作對錢先生一點紀念微意。

我曉得錢先生的大名很早。我最早讀過錢先生的書及聞其名是我在臺北建國中學做學生的時候。猶憶一日放學時，一個同學在我背囊中塞了一本書，打開一看是一本錢鍾書寫的《寫在人生邊上》，這是一本薄薄的小書，我很快地囫圇吞棗地把它看完了，其實當時我不見得能欣賞作者的睿智與文采。譬如該書第一篇〈魔鬼夜訪錢鍾書先生〉，就是一篇趣味雋永、意義深長的散文，是借魔鬼夜訪而作的一段對白，除針砭時弊，也寓嘲諷。但其中印象最深刻的一篇當推《讀〈伊索寓言〉》，也許是故事最迎合十幾歲大孩子的心理，我很喜歡這一篇文章，故當我讀完後，還把全文抄錄在日記本裡。當時的感想是認為作者才氣很高，也很俏皮。那是在民國三十八年（一九四九）前，不久中共勝利了，蔣介石敗退臺灣。所有留在大陸的作家的作品在臺灣被視為禁書，錢鍾書的著作亦不例外，因此我們與錢鍾書作品絕緣，於一九六〇年代我來美國讀書，一日在紐約唐人街友方書店看到一冊香港翻印本錢著《寫在人生邊上》，如見故人，很是高興，就買了下來。後來看到錢氏其他著作，也一本一本地買來讀，對錢鍾書的才華佩服得五體投地。可是萬沒有想到於一九七九年在紐約拜見了這位心儀甚久的江南才子——錢鍾書先生。

一九七九年四月，錢鍾書隨中國社會科學代表團來美國訪問，四月十六日抵達首府華盛頓，二十二日到紐約，在紐約一共四天，二十三日訪問哥倫比亞大學。到了哥大，各團員由哥大相關科系接待。在這個代表團裡有兩位團員是國際聞名的大學者，一是錢鍾書，一是費孝通。費氏由人類學系孔邁隆（Myron Cohen）教授陪同參觀哥大。錢鍾書則由東亞語言系夏志清教授接待。夏先生為錢鍾書安排了一個座談會，時間是下午二點，地點在懇德堂（Kent Hall）四樓，我就參加了這個座談會。這個座談會很精采。錢先生講得一口流利典雅帶有英國口音的英語。事前沒有準備，可是錢先生口才很好，有問必答，絕無冷場，且時有妙語如珠，錢先生應付這種場面，很是熟練老到，很像一個表演武藝的俠客，揮刀自如，遊刃有餘。正如夏先生事後對人說：「錢鍾書表演了兩個小時，滿堂熱烈鼓掌。」

那天座談會完後，我曾撰了一短文記述此一盛會，後在本地《華僑日報》刊出（五月十六日）。錢先生返大陸後，我曾寫信給他，並將剪報及照片寄給他，沒有想到很快就收到他的來信，這是我們通信的開始。有人說一般文章寫得好的人，他們的書信也都寫得很好，如福婁拜、濟慈，用錢先生來印證，此語不虛。錢鍾書的信寫得相當出色，而且他的毛筆字勁逸秀潤，清妙可喜，極富收藏價值，所以我收到他的信後，如獲至寶，其樂可知。這封信的日期是十月二十五日，未敘年，但最近查出來是一九七九年，這是我收到錢先生的第一封信。錢先生遊美時，在東西兩岸風靡一時，我去信時亦表示自己對他仰慕之忱，並說自己像時下一些人一樣，自稱是個錢迷，是一個拜「錢」主義者。故他的回信有一段這樣說：「拜錢云云乃是戲論，舊日相傳真命天子微時入廟禮拜，鬼神皆不敢當，土木偶像或起立於傍，或倒塌於地。Idolatry 便成 Iconoclasm，相反相成，一笑。」（文中 Idolatry 是崇拜偶像，Iconoclasm 作打倒偶像解。）這一段我認為寫得很好，很有趣味也很俏皮。在信結尾時又說：「下月初將有美友來華過訪，當以《舊文四篇》小冊託其轉奉教正。」《舊文四篇》是錢先生選了〈中國詩與中國畫〉、〈讀拉奧孔〉、〈通感〉及〈林紓的翻譯〉四篇，那時此書才出版不久，這本書後來是由夏志清先生帶給我的。扉頁上有錢先生題字並簽名蓋章，我收到這本書後，當寶貝一樣，更難得的書內由錢先生親自更改增訂一、二十處。錢先生除贈書外還幫我找書。

當我為探索中國烏托邦問題，有困難時，錢先生來信告訴我應讀哪些書。下面這封信有其學術價值，故刊布如後：

晏如吾兄文幾：

得書欣慰，承示大文，尤感愧。陳女士當時必在場，冷眼冷笑於傍，弟於其人毫無印象！可謂「不識泰山」。〈城裡城外〉去年七月中由《八方》寄示，讀之嘻嘆，於弟雖加卡通式描繪，尚屬筆下留情也。「桃花源」、「烏托邦」問題，自慚寡陋，率陳所知：《全唐文》卷五二九顧況〈仙遊記〉（參看卷五二八顧〈莽墟賦〉）、王禹偁《小畜集》卷十四〈錄海人書〉係唐宋名家仿〈桃花源記〉之篇而未見人道及者。此外可參看《宋詩選注》序文六至七頁、本文三二一頁，《管錐編》第二冊七九六至七。皆有線索。趕緊奉復，俾兄可早著手，亦因五月前後來訪客多，若不早寫信，便耽擱下去了。夏先生久無信來，去冬航寄《管錐編》三、四冊及一信，未知妥收否，極念。《圍城》將由此間人民文學出版社重印，校讀一過，並稍修飾字廿幾處，大約秋間可出書。當寄奉一冊，以志交誼。匆此

即頌

近祉

陳寅恪先生詩集由其一弟子八旬高年蔣天樞先生編定，請弟閱訂，剛繳出，來書道及陳先生有關桃花源文，未曾寓目也。[1]

錢鍾書四月十七日夜

關於函中所談「桃花源」及「烏托邦」問題，那時我在紐約大學讀書，選過名教授Frank Manuel一門「十八世紀以來的西方烏托邦思想」的課。Manuel教授是一才子，在一九三〇年代初，在哈佛一連拿了三個學位（一九三〇年文學士，一九三一年得碩士，一九三三年獲歷史學博士），他一生勤快，撰述不輟，著作等身。他是當代西洋思想史權威，當時在紐約大學歷史系是肯南（Kenan）講座教授。他是一個跛子，行走不便，上課下課處處需人攙扶，但講課極其出色。對學生有一種異於常情的寬容。一九七八年退休，退休那年，凡是選他課的學生，一視同仁全部拿A，皆大歡喜，一時在校園裡傳為美談。因為他名氣大且即將退休，學校也拿他沒有辦法。他退休後即至波士頓近郊Brandies University教了一個短時期，並將在紐約大學歷年講稿整理出版了一本書，題為*Utopian Thought in the Western World*，於一九七九年由哈佛大學出版社出版，共八百九十六頁，是一鉅著也。於此時我對烏托邦問題興趣很大，對中國烏托邦思想興趣更大。為了撰一短文討論中國烏托邦觀念，但苦於一時找書不易，故乃寫信向錢先生請教，錢先生很快來信，為我提供了很多線索，如果沒有錢先生指點迷津，要我去找這些書不知何從找起，也不知何年何月呢。

下面一封信是錢先生談論他的《圍城》英譯本，亦富學術性，故錄於後，他日或可供錢學專家採擇也。

晏兄文幾：

奉書及大作，愧喜交並。拙著《管錐編》乃故紙堆中老學究家當，初意未必為少年英妙如君者所喜，故未寄奉。竟至累君破費，內疚不已。以後弟倘再有災禍梨棗之作，請勿再掏腰包，弟當呈正。《舊文四篇》居然將再版，並以大號字重排，弟因校訂其脫訛各處，並增入十餘處，三日前定稿寄滬，明春當可郵獻。《管錐編》亦增訂五、六萬言，他年再版，亦必送上。《圍城》校樣本早閱過。兄在海外覯拙作請忍心癢欲得、手快欲掏之衝動。「All things come around to him who will but wait.」

大作使弟既感且佩。經君一贊，對己也刮目相看，顧影自憐！Spence、Randal、Hawkes諸君長評由Indiana Univ. Press寄示，無如尊作之直湊單微，快馬入陣者。Kelly女士於弟有大功德，譯筆弊病，在弟不當計較。Wilde遊美印象文中記Rocky Mountains一酒排間中告示云：「Please don't shoot the pianist! He's doing his best.」竊欲借用其語：如原書三七二頁，「李先生，『俺是好人！』

乃回顧二三三頁蘇州寡婦之「俺先生真是好人！」a threatening reminder，譯本中 miss the point；三二八頁「他是不是寫過一本——呢——『這不過』是—」etc.[2] 乃趙辛楣不看話劇，誤以當時上海盛演之《這不過是春天》（李健吾作）為曹禺作，譯者亦 miss the point。此等處實在難譯，不能苛求也。西德漢學老輩 Wolfgang Bauer 者，君必聞其名，乃 Helmut Martin 君之師，來京過弟處，以所撰 *China und die Hoffnung auf Gltick: Paradiese, Utopien, Idealvorstellungen in der Geisveschichte Chinas* 相贈，考論中國烏托邦觀念者，似與兄上次來函所詢頗有供參考。兄知其書否？圖書館必有之。苟借不得，當寄贈。下月或須追隨赴西德一行，為期不過十餘日，然怕出門如弟者亦惴惴以為大事。哀慵可笑！專此復謝，即頌

近祉

鍾書上　九月四日

上面這封信是錢先生於一九八〇年九月四日寫的。來信第一段是對我去信時說，近於唐人街購得《管錐編》，稱得此書甚樂，讀之甚歡。函中所提到的《舊文四篇》及《圍城》均先後收到。《圍城》新版是錢先生用航空掛號寄來，我於年底收到。關於第二段錢先生講《圍城》英譯。英譯本出版後，我曾購一冊，讀完後並寫了一篇讀書筆記題為〈喜見《圍城》英譯本問世〉，發表在香港《南北極》上（第一二三期，一九八〇年八月十六日）。在信尾錢先生還

時時為我留意我的「烏托邦」問題，並提到願寄贈那本論及中國烏托邦德文書，讀了這封信很使我感動。

函中提到Spence是指耶魯大學中國史教授Jonathan Spence，他還有一個中國名字叫史景遷。Randall是指Francis Randall，哥大教授。Hawkes為David Hawkes，牛津大學教授，曾英譯《紅樓夢》。《圍城》英譯本出版後，他們三位均有書評發表。這封信錢先生用鋼筆寫的，紙張很粗，我常想這位百年難得一見的大才子（夏志清先生語），這樣好的文采卻寫在這樣粗劣的紙張，實在太委曲了錢先生，所以我後來由航空寄了五百張一包的米黃色上等信紙給錢先生，如果錢夫人楊絳女士尚能記得在一九八〇年代初期收到一包無名氏由紐約寄出的信紙，即是我寄的。

一九八六年雙十節（即十月十日）晚上，在紐約一家中國餐館歡迎臺北傳記文學社社長劉紹唐先生的宴會上，蕭乾坐在我鄰座（他那時是紐約大學訪問學者），我問他：「汝識錢鍾書先生否？」他說：「鍾書是我鄰居，惟他年來多病。」那時我倒很想託他帶一點小東西給錢先生，但蕭先生嫌麻煩，因而作罷（近聞蕭先生於錢先生卒後不久亦逝）。

初我與錢先生通信很勤，但後來因他過京洋人求見的訪客愈來愈多，並且他的身體不好，故信就少了，我也不敢再去打擾他。

回想當年錢先生在紐約，我本來沒有機會見錢先生的，承夏先生的好意，讓我參加了錢先生的哥大座談會（我與哥大一無淵源，也非哥大學生），現在回想起來參加這兩小時的座談會，是我平生一個很愉快的回憶，與錢先生晤對如沐春風。

錢先生在西岸訪問加州大學（柏克萊）後，水晶先生寫了一篇很出色的訪問記（〈侍錢『拋書』雜記〉載《明報》月刊一九七九年七月），其中有一節稱：「余何人也，能有幸親炙天顏？余死而無憾！一方面也想借此來炫耀世人。」我在紐約見了錢先生後也是很高興的。但我現在寫這篇小文，不是想「炫耀世人」，而旨在紀念錢先生。他幫我很多忙，我衷心感激。如今這位可愛的老人已逝，幽明永隔，燈下展讀錢先生遺札：「兄知其書否？圖書館必有之。苟借不得，當寄贈」，能不愴懷！

二十三年前夏志清先生因誤聽錢鍾書去世的謠言，曾寫悼錢紀念文，後來又在報上登啟事闢謠。但這次錢先生真的走了。「真的『魔鬼夜訪』過的錢鍾書先生走了」[3]。

一九九九年三月二十六日於紐約

本文原載香港《純文學》復刊第十二期，一九九九年四月三十日出版

1 函中所云夏先生是指夏志清先生，接信後我即打電話把錢先生的話轉告夏先生。陳女士是指女作家陳若曦女士，她寫過一篇〈城裡城外〉中篇小說，以一九七九年中國社會科學院訪美代表團做素材，文中諷刺代表團成員，亦有譏嘲錢鍾書，把錢寫成一個悻悻然的小丈夫。其實錢先生不是這樣的人。我後來曾用伍柳堂筆名撰對〈城裡城外〉的批評一文刊在香港《南北極》第一一八期（一九八〇年三月十六日出版）。

2 The passage is said to have given great offence to somebody. Oh, how hard it is to please people.

3 借用水晶先生在訪問記中一句話，但改了一個字。（水晶本名是楊沂）

【附錄六】

錢鍾書訪哥大側記

中國社會科學代表團一行十人於一九七九年四月十六日抵達華府京畿，展開為時一月的訪問，在美期間，他們將訪各著名大學及學術機構。他們參觀的地方包括在華府的布魯金斯研究所（Brookings Institute）及在華府近郊的約翰霍普金斯大學，在紐約的哥倫比亞大學及紐約大學。然後訪耶魯大學、哈佛大學、芝加哥大學以及西岸的史丹佛大學及柏克萊加州大學等著名學府。

中國這次派遣這個代表團來美訪問，俾使這些久與西方隔絕的中國學者重與外界接觸而促進相互瞭解及文化交流，其意義是很深長的。而令人注目的代表團中包括了蜚聲中外的著名學者費孝通及錢鍾書等人。關於錢鍾書幾年前即已盛傳去世，夏志清曾撰文追悼，後來又在《中國時報》上登啟事闢謠，鬧了一個笑話，而夏又以陶淵明寫過自輓詩、自祭文，及英國文豪斯威夫特（Jonathan Swift）也寫過〈Verse On The Death of Dr. Swift〉來自我解嘲。錢鍾書「生死不明」一直為海外學子所關心。後來閱報得悉錢鍾書於去年九月曾赴義大利參加歐洲第二十六屆漢學會議，我們才知道錢鍾書「尚在人間」。

錢鍾書這次隨社會科學代表團來美，於四月二十二日自華府來紐約訪問（停留四日），抵達紐約當日中午，全體團員應耶魯大學中文講師趙浩生邀宴，次日全體團員訪問哥倫比亞大學，所有團員均由哥大相關科系來接待並與學生晤面。費孝通是由哥大人類學系教授孔邁隆（Myron Cohen）陪伴參觀哥大，錢鍾書則由東亞語文系教授夏志清來接待。我參加了錢鍾書的座談會，時間為下午二時半，二時不到已有很多中外學生在課室外恭候錢氏光臨，二時半錢鍾書由夏志清陪同進入哥大壑德堂四樓四〇五會議室，首由夏教授為錢氏一一介紹在座的人。錢鍾書是中等身材，圓圓的臉戴黑邊眼鏡，穿玄色的中裝，他給我第一個印象，覺其為一慈祥和藹之長者，步履康強，精神飽滿。今天參加座談會約三、四十人，把一個小教室擠得滿滿的，都是哥大學中國文學的學生或教授，也有慕錢鍾書名想一瞻錢氏丰采的人，有幾位遠道而來的較為一般人所熟知的如於梨華、王浩及陳幼石等也在座。錢鍾書在〈論文人〉中說：「卡萊爾在《英雄崇拜論》裡說文人算得上英雄」，則今天錢鍾書在我們眼中是個「英雄」人物。

今天錢鍾書講話全是用英語講的，錢氏講得一口流利而典雅的英語，他口才很好，也很健談，他語氣幽默，神思朗澈，不類常人，在座談會上暢談中外文學。譬如在座一位美國女學生是專門研究《平妖傳》的，錢氏遂即席講一些對《平妖傳》的看法及其優點缺點，最後他說《平妖傳》是明代最好的一部小說，其前半部較後半部為佳。吾人都知道他精通英、德、法、義及拉丁文，在談話中講到法國文豪莫泊桑時，他引用了一句法文，在座中的美國人懂法文者聽了就哄而大笑。他在談話中引錄德文、義大利文及拉丁文的地方也很多，他對古今中外文學道來如數家珍，且有極精闢的見解，其積學之深，嘆為觀止。

在座談會上也談了一些他早年的掌故。有人問他當年考清華時，他數學考零分，但英文特佳而破格錄取，確否？他回答說確有其事，不過他說：「我數學考得不及格（I failed in math），但國文及英文還可以，為此事當時校長羅家倫還特地召我至校長室談話，蒙他特准而入學。我並向羅家倫鞠躬申謝。」最後錢氏補說了一句他（羅）是一個反動者（He was a reactionary），此語一出，引起哄堂大笑。有人問他有關《圍城》小說時，他說小說中人物均有其人，如三閭大學校長高松年是影射當時湖南一小型大學校長。《圍城》後半部主角方鴻漸與孫柔嘉婚後常夫妻吵架，有人就說作者錢鍾書夫婦琴瑟不調，錢氏此話還未講完，大家即已大笑起來。

在座一位洋人耿德華（Edward Gunn）專門研究錢夫人楊季康（楊絳是劇作家），問楊絳近事，錢說最近楊絳譯竣幾部西班牙小說，很暢銷，她最近也代表中國學術界訪問過日本及歐洲。

關於錢鍾書的生年，各種記載不一，故筆者特為此面詢錢氏，他告訴我說，他是一九一

○年十一月生，今年（一九七九）虛歲是六十九。

從錢鍾書今日的談話中得悉錢氏近已完成一部鉅著，名《管錐編》，其綱領選錄已發表在《大公報在港復刊三十週年紀念文集》上卷。《宋詩選注》增訂本即將再版發行。他說他不喜歡這本書。筆者問他在他所有著作中最喜歡的是哪一本書，他很謙虛地回答說他一本都不喜歡。又有人問他現在香港及美國有人以他為碩士及博士論文的題材，他笑著答說：「博士論文是一項新興企業（Writing dissertations is a growth industry），何足道哉！」也引得大家哄堂大笑。

這個不拘形式的座談會於四時一刻結束，錢氏即隨夏志清到夏的辦公室去休息，片刻後應幾位年輕人邀約在哥大校園內攝影留念，隨即去參加哥大特為歡迎中國社會科學代表團全體團員而設的茶會。

一九七九年四月二十三日深宵於紐約

原刊於一九七九年五月十六日紐約市《華僑日報》「海洋副刊」

【附錄七】

錢鍾書訪哈佛，一九七九

錢鍾書一行十人結束耶魯訪問後後，乃北上麻州劍橋哈佛大學，時在四月下旬，正確日子為四月二十八日下午抵劍橋，五月一日下午離開Harvard Yard（哈佛校園）。在哈佛有兩位華裔資深教授，一位是楊聯陞，另一位是方志彤，他們都是錢鍾書的清華校友。楊聯陞於一九三三年考進清華經濟系，那一年正是錢鍾書畢業的一年。但是他們兩人先後都是葉公超的學生。葉公超於一九八一年病逝後，楊聯陞寫了一篇文情並茂的悼文：〈追懷葉師公超〉。在這篇文章中，他提到錢鍾書。他說葉師很賞識錢鍾書與吳世昌（吳不是清華的），兩位都有文章在《學文》上刊載。他又說：「鍾書是基博先生的哲嗣，早歲就通習西文數種，他的《談藝錄》，甚受推重。近年的《管錐編》更見充實。中西比較，『若是班乎』之處，實在不少。不過就我這外行的拙見，在見其異處，若再多著筆，可能更多啟發。鍾書前幾年來訪哈佛，相見恨晚，更恨當時賤軀患病，未能多談。」（臺北《傳記文學》一九八二年七月號）。因此錢鍾書在哈佛由方志彤接待。方志彤像錢鍾書一樣精通好幾種外國語文，他夫人是德國人，他在家講德語，除了英、德兩種語文外，他會希臘文、拉丁文兼及法文及義大利文。方志彤一九一〇年生於日據時代朝鮮。他是高麗人，但他所受的教育都是在中國。一九二八年考進清華哲學系。他與錢鍾書同庚，但在清華比錢鍾書高一屆，他是一九三二年畢業的，然後在哲學研究所念了兩年。一九四七年應哈佛燕京社邀請赴美協助編輯中文字典。公餘之暇，他在哈佛比較文學系進修，一九五八年以龐德（Ezra Pound）為題的論文獲得博士學位。然後留在哈佛教書，他一輩子在哈佛。因為他教書範圍是屬於中國語言系統，所以他退休時的職稱是Senior Lecturer（高級講師）而不是Professor（教授），他對此稍有微詞，但沒有protest（抗議）。他雖得了洋（哈佛）博士，但他的思想、觀念，言談吐屬很像一個傳統的中國儒家學者。他對在哈佛不懂中國語文的華裔學生垂垂訓誡勸告他們一定要學中國語文。他於一九七五年退休，把他一生所有藏書捐給北京圖書館。

錢鍾書與方志彤在大學讀書時即相識，但離開清華後各奔東西，沒有碰面，隔了四十多年後他鄉遇故知，在哈佛重逢，歡愉之情不可言喻。社科院代表團於四月二十八日（週六）下午抵劍橋，晚上方志彤到錢鍾書下榻的旅舍，二人傾談兩小時始歸。翌日錢鍾書寫了一封英文短箋給方志彤，「謝謝你來看我，還送我書。」並說「昨晚見到劉年玲（她也是楊絳及錢瑗的朋友），因代表團的日程排得不能再滿了，去她家請吃飯只得取消，我已請她通知你」。錢鍾書的日程排得密不透風是可以想見。他們訪問哈佛，為期四天，其實只有兩天半還不到。

翌日星期天也是很忙的一天，上午、下午的節目不說，晚上是重頭戲——哈佛正式在波士頓燕京酒樓有一個盛大的宴會接待代表團全體團員。

訪哈佛的第三天是星期一（四月三十日），是錢鍾書在波士頓最忙碌的一天也是最愉快的一天。上午十時，錢鍾書由方志彤陪同專訪哈佛比較文學系的大牌教授萊文（Harry Levin）。他是哈佛第一位榮獲白璧德（Irving Babbitt, 1865-1933）文學講座教授的人，他也是方志彤做學生時候的老師。錢初次見面他們談了半個小時，談得很愉快。

中午錢鍾書出席哈佛教授俱樂部（Harvard Faculty Club）午餐會，這個午餐會是由哈佛大學研究生聯誼會舉辦的，參與的大都為哈佛文學相關學系的師生，有一位上海來的學生，一位日本學生，還有一位用英文翻譯《管錐編》的艾朗諾（Ronald Egan）及其華裔夫人陳毓賢女士，濟濟一堂，很是熱鬧。這個午餐會，錢鍾書稱之為「工作午餐會」，因為他要在會上表現他的拿手好戲。這個會性質與其在哥倫比亞大學及在西岸的柏克萊加州大學、史丹佛大學的座談會性質很相似，也即沒有主題，聽眾提出任何有關中西文學上的問題，由錢鍾書一個人答覆。這個談話會方式是由他自己提出來，這是很吃重的方式，也沒有辦法事先準備，這種做法也只有錢鍾書能擔當。但他在哥大及在西岸的座談會上，就是這樣的卻非常成功。他手無片紙，縱談古今中外文學，舌戰群儒，妙趣橫生，他英文又好，在座談會上，像大力士打擂臺一樣，刀槍不入，沒有一個人說得過他。我在一九七九年四月二十三日下午參加了哥大的座談會，我坐在錢先生對面（隔一張長桌），那天所得印象即是如此，這種難得一見的精采座談會，我躬逢其盛（I was there）。我今日（二〇一八年五月三日）補寫錢先生訪哈佛這一節。已整整三十九年過去了，但我對錢先生在哥大座談會上的印象仍甚深刻。錢鍾書那天在哈佛的表現也一樣的精采。結果不出所料，恕我錄一段方志彤致友人書如下：「錢鍾書口若懸河，妙語連珠，現場表現二小時，滔滔不絕，老錢沒有時間吃飯。」（Achilles Fang（方志彤英文名）給Elizabeth Hull原函，現藏哈佛燕京學社檔案）。他又說：「所有在場的人，無不佩服，包括Harry Levin、Claudio Guillen、海陶瑋、韓南等人，前者二人是比較文學領域裡大學者，名重士林，有國際聲望。後者是在東亞系裡治中國文學有點小名氣。」錢鍾書回國時對同仁有一簡單的報告，他曾提到前面二位。他說：「我這次見了美國有名的比較文學家，耶魯的Lowry Johnson Jr，哈佛的Harry Levin，Claudio Guillen。」

他又說：「我讀過Nelson Jr.、Levin、Guillen三位的著作，談得很投機，我們都認為，比較文學有助於瞭解本國文學，各國文學在發展上，藝術上都有特色和共性，即異而求同，因同而見異，可以使文藝學具有科學的普遍性；一個僻小國家的文學也常有助於解決文學史上的大問題。」（見錢鍾書，〈美國學者對於中國文學研究簡況〉）

在哈佛工作午餐會上有一個女學者問錢鍾書：「假如你們把《金瓶梅》當作『淫書』（porn），那麼我們現代小說都會遭到你們的怒目輕視（brown up）。」錢鍾書說：「我聯想起去年秋（一九七八年）訪問義大利拿坡里大學，一位教授中國文學的青年女教師告訴我，她選的教材是《金瓶梅》裡的。」錢鍾書的這句話無意中也反映了美國以及整個西方的社會風尚。當他後來到加州在柏克萊加州大學座談會上，又遇見一位女學生名Vicky Cass研究《金瓶梅》，正在寫博士論文。可能益使他相信西方社會風尚的趨向。

如果錢鍾書今日還在，他看到了川普當選了美國總統，他不知又何想法？因為川普是一個womanizer（好色之徒），他當了總統後過去緋色新聞滿天飛，甘迺迪及柯林頓這二位年輕總統比起川普來簡直是小巫見大巫了。二〇一八年三月二十日《紐約時報》專欄作家Maureen Dowd寫了一篇專欄文章稱川普為「The First Porn President」，創造新名詞，不知錢先生有何見解。

錢鍾書訪問哈佛期間，方志彤等及其同仁鼓動哈佛當軸聘請錢鍾書來哈佛講學，後來成功了。一九八一年哈佛正式邀請他來，全名是Lowell Professorship of Poetry（Lowell詩學講座）做六次演講，請他考慮，錢鍾書自度不能勝任，婉言辭謝了。

【附記：錢鍾書於一九七九年在哈佛時曾特地去訪名教授萊文（Harry Levin）。他是國際有名的比較文學大家。錢鍾書回國後在社科院會議裡一再提到萊文。他說此行與萊文及其他學者會談後得益匪淺。二年後（一九八一年）萊文訪華曾至三里河拜訪錢鍾書晤談良久，甚歡。當他告辭出來，在路上對陪他同行的一位社科院的青年學者說：「我不如他。」他又說：「他（錢）曉得的西洋文學那麼多，可是還有另一半，我一無所知。」萊文所說的「另一半」，即是指中國文學。（這篇附記寫於二〇二〇年八月七日，〈哈佛訪問記〉寫於二〇一八年五月）】

錢鍾書年表

一九一〇 宣統二年（農曆）十月二十日（西曆一九一〇年十一月二十一日）生於江蘇無錫。因伯父錢基成無嗣，錢鍾書過繼給伯父名下。

一九一一 辛亥革命推翻清朝。一月一日，中華民國成立。

一九一三 開蒙讀書。

一九一九 考取東林小學，東林小學對錢鍾書的影響是多方面的，最大的影響是他開始接觸西洋小說。

是年秋伯父去世，乃由父親錢基博管教。

一九二三 夏，東林小學畢業，考上蘇州美國聖公會辦的桃塢中學。

一九二七 桃塢中學停辦，錢鍾書回無錫進一所也是聖公會辦的輔仁中學。

一九二九 是年輔仁中學畢業，考進清華大學。盛傳錢鍾書數學考零分，按例不得錄取，但因他的中英文特優而被破格錄取；故他進清華時文名已滿全校，即有清華才子之稱。

一九三〇 是年錢穆出版《國學概論》一書，請錢基博撰序，此序言乃出自錢鍾書手筆。

一九三二 開始為上海《新月》撰稿，發表一連串頗有分量的書評。

一九三三 清華大學畢業，隨即應聘為上海光華大學英文講師。

是年夏與同邑少女楊絳訂婚。

一九三四 出版舊體詩《中書君詩》一冊（自印本）。這是他出版的第一本書。

一九三五 是年春，報考第三屆中英庚款公費留學。他同班同學萬家寶（曹禺）本也想去參加留學考試，但聽說錢鍾書已報名，就不敢去報考。不出所料，錢鍾書不但金榜題名，而且得分最高，名列榜首，平均分數高達八七・九五分，為歷屆各科之冠。

一九三七

是年七月十三日（農曆六月十三日）與楊絳結婚。同年八月十三日錢鍾書偕新娘子從上海啟程赴英，進牛津大學艾克斯特學院（Exeter College）。

春，五月十九日獨生女錢瑗生於牛津。

夏，獲牛津大學 B. Litt. 學位。

在牛津學業結束後錢鍾書一家即赴歐洲大陸，居巴黎一年，在法國時即應聘為清華大學外文系教授。

一九三八

九月離法國馬賽返國，船抵香港，錢鍾書從香港下船轉赴昆明西南聯大任教（一年），楊絳及稚女錢瑗則乘原船赴上海。

一九三九

離西南聯大，赴湖南任藍田師範學院英文系主任。

在藍田二年，錢鍾書開始撰寫《談藝錄》及完成了半部《寫在人生邊上》裡的散文，並出版了一冊舊體詩集《中書君近詩》。

一九四一

夏，回上海居法租界。在震旦女子文理學院任教。

十二月在珍珠港事變前後，出版散文集《寫在人生邊上》（開明書店）。

一九四四

開始撰寫長篇小說《圍城》。

一九四五

十月在《新語》半月刊上發表中篇小說〈靈感〉。

一九四六

一月中篇小說《貓》發表在《文藝復興》月刊創刊號。

二月《圍城》在《文藝復興》月刊上連載。

六月中篇小說集《人・獸・鬼》出版（開明）。

一九四七

《圍城》出版（晨光版）。

一九四八

文學批評《談藝錄》出版（開明）。

一九四九

五月二十七日上海解放。

夏，舉家北上，任教於北京清華大學外文系。

◆ 十月一日中華人民共和國成立。

一九五二 ◆ 全國各大學院系調整，清華改為工科大學，清華文學院併入北京大學，錢鍾書離開清華，調至新成立的文學研究所，文學研究所最初隸屬北大，後改隸於中國社會科學院。

一九五五 ◆ 調至古典文學組，隨即負責編選《宋詩選注》。

一九五七 ◆ 《宋詩選注》殺青。

◆ 父親去世。

一九五八 ◆ 《宋詩選注》出版（人民文學版）。

◆ 母親去世。

一九六九 ◆ 十一月十一日錢鍾書隨先遣隊赴河南羅山五七幹校，初管農具後做信差。未幾，五七幹校遷至河南息縣東嶽。

一九七〇 ◆ 七月十二日楊絳亦下放幹校，與錢鍾書所屬的連相距不遠。

十一月二十一日錢鍾書六十歲生日，在幹校過的。他沒有作詩，當然也沒有與朋友共飲市樓，但楊絳特地來看他，並在幹校食堂裡買了壽麵外，還買了一罐紅燒雞罐頭來慶祝。

一九七一

四月五日五七幹校遷至京漢鐵路線上的河南明港。

一九七二

是年三月，錢鍾書與楊絳自幹校重回北京。

一九七八

九月，錢鍾書出席在義大利北部奧蒂賽依（Ortisei）舉行的第二十六屆歐洲漢學家會議。他提的論文是〈古典文學研究與現代中國〉。

一九七九

四月隨中國社會科學院代表團訪問美國。在訪問東西兩岸各名校期間，錢鍾書在座談會上暢談古今文學，像一個大力士打擂臺一樣，舌戰群儒，刀槍不入，誰都說不過他；錢鍾書在美國漢學界及一些旅美的高級知識分子之間，確是風靡一時，出盡風頭。

九月由上海古籍出版社出版《舊文四篇》。

十月，中華書局出版他的巨製《管錐編》，這是他的畢生精心傑作，即西洋人所說之Magnum Opus是也。

年底《圍城》英文譯本問世。

一九八〇

五月《圍城》俄文譯本出版。

十一月訪問日本。十一月十日在京都大學像在美國一樣是座談會，日人稱懇談會。但十一月二十日在早稻田大學是演講，講題：「詩可以怨」，這是一場極其精采的學術演講。在愛知大學演講的日期不詳，演講的題目是「粉碎『四人幫』以後的中國文學情況」，在這篇演講中，他曾提到「傷痕文學」。

是年年底，《圍城》由北京人民文學出版社重新以簡體字橫排再版發行。

一九八三

《談藝錄》增訂本出版。

一九八七

《圍城》法文譯本問世。

一九八八

《圍城》日文譯本出版，惟書名改為《結婚狂詩曲》，不妥，因「圍城」有典故的，不能隨便改的。

《圍城》德文譯本出版。

一九八九
《圍城》改編成電視連續劇。

一九九四
七月，生病住院。這次進醫院直到一九九八年十二月仙逝，錢鍾書沒有出過醫院大門，且也未曾下過病榻。

一九九五
七月十三日是他與楊絳結婚六十週年紀念日，錢鍾書臥病在床。是日，楊絳買了一束鮮花放在錢鍾書病榻案頭，以致慶祝。

一九九七
三月四日獨生女錢瑗肺癌病死。

一九九八
《管錐編》英文選譯本（*Limited Views*）由美國哈佛大學亞洲中心出版。

十一月二十一日，錢鍾書八十八歲米壽生日，也是在醫院裡過的。

八十八歲生日過後不久病情突然惡化。

十二月上旬病重。

十二月十九日晨七時去世。

羅家倫，〈學術獨立與新清華〉，收入羅家倫，《文化，教育與青年》，臺北：華國出版社臺灣分社，一九五二。

英文參考資目

Berlin, Isaiah. "The Hedgehog and the Fox," in Henry Hardy, ed., *Russian Thinkers,* New York: Viking, 1978.

Ellmann, Richard. *Oscar Wilde* , New York: Vintage Books, 1988.

Hu, Dennis Ting-pong（胡定邦）. "A Linguistic-Literary Study of Ch'ien Chung-shu's Three Creative Works," Ph. D. dissertation, University of Wisconsin, 1977.

Huters, Theodore. "Traditional Innovation: Qian Zhongshu and Modern Chinese Letters," Ph.D. dissertation, Stanford University, 1977.

Huters, Theodore. *Qian Zhongshu*, Boston: Twayne Publishers, 1982.

Mazlish, Bruce. *James Mill and John Stuart Mill: Father and Son in the Nineteenth Century*, New Brunswick, NJ.: Transaction Press, 1988.

Mill, John Stuart. *Autobiography*, New York: Columbia University Press, 1960.

Roy, David. "Journal of a Trip to China," October-November 1978 (Unpublished manuscript).

Spence, Jonathan. "Forever Jade," *The New York Review of Books*, April, 1980.

Zeldin, Theodore. *The French*, New York: Vintage Books, 1983.

張隆溪，〈懷念錢鍾書先生〉，《香港文學》，第一七三期，一九九九年五月。
莊因，〈錢鍾書印象〉，臺北《聯合報》副刊，一九七九年六月五日。
莊因，〈關於〈錢鍾書印象〉的補充〉，臺北《聯合報》副刊，一九七九年六月二十六日。
許振德，〈水木清華四十年〉，臺灣新竹《清華校友通訊》，新四十四期，一九七三年四月。
陳若曦，〈城裡城外〉（短篇小說），臺北《聯合報》副刊，一九七九年九月九日、十日。
費景漢，〈費孝通來了耶魯——錢鍾書印象〉，臺北《聯合報》副刊，一九七九年七月二十四日。
馮友蘭，〈國立清華大學校史概略〉，收入《國立清華大學一覽》，北平：國立清華大學出版事務所，一九三七。
馮友蘭，《三松堂自序》，北京：三聯，一九八四。
楊絳，《回憶我的父親》，收入《錢鍾書楊絳散文》，北京：中國廣播電視，一九九七。
楊絳，《從丙午到「流亡」》，北京：中國青年，二〇〇〇。
楊鋒，《記錢鍾書與〈圍城〉》，長沙：湖南，一九八六。
虞和芳，〈在歐洲交流中國文化——歐洲中國研究協會第二十六屆會議〉，香港，《觀察家》，第十三期，一九七八年十一月。
鄒文海，〈憶錢鍾書〉，臺北《傳記文學》，一九六二年六月創刊號。
潘鳴嘯，〈歐洲漢學會議側記〉，香港《觀察家》，第十三期，一九七八年十一月號。
蔡元培，〈我所受舊式教育的回憶〉，上海《人間世》創刊號，一九三四年四月五日。
蔣天樞，《陳寅恪先生編年事輯》，上海：上海古籍，一九八五。
錢基博，〈錢基博自傳〉，《光華大學半月刊》，第三卷第八期。
錢基博，《古籍舉要》，臺北：華世（翻印本），一九七五。
錢穆，《八十憶雙親．師友雜憶合刊》，臺北：東大圖書，一九八二。
錢鍾書，《人．獸．鬼》，香港：翻印本，無出版年月。
錢鍾書，《也是集》，香港：廣角鏡，一九八四。
錢鍾書，《石語》，北京：中國社會科學，一九九六。
錢鍾書，《宋詩選注》，北京：人民文學，一九七九。
錢鍾書，《圍城》，北京：人民文學，一九八〇。
錢鍾書，《槐聚詩存》，北京：三聯，一九九四。
錢鍾書，《管錐編》五冊，北京：中華書局，一九七九至一九九一。
錢鍾書，《寫在人生邊上》，北京：中國社會科學，一九九一。
錢鍾書，《談藝錄（增訂本）》，北京：中華書局，一九八四。
錢鍾書，《舊文四篇》，上海：上海古籍，一九七九。
錢鍾書等，《林紓的翻譯》，北京：商務，一九八一。
羅久芳，〈錢鍾書先生早年的兩封信和幾首詩〉，臺北，《聯合文學》，第五卷第六期。
羅久芳編，《羅家倫先生文存》，第八冊，臺北：中國國民黨中央委員會黨史委員會，一九九六。

主要參考書目

中文參考書目

《無錫文史資料》第十三輯，一九八六年三月。

《無錫文史資料》第三輯，一九八一年八月。

丁偉志，〈送默存先生遠行〉，瀋陽《萬象》，第一卷第二期，一九九九年一月號。

丁偉志編，《錢鍾書先生百年誕辰紀念文集》，香港：牛津大學，二〇一〇。

孔芳卿，〈錢鍾書京都座談會〉，香港《明報月刊》，第十六卷第一期，一九八一年一月號。

水晶，〈侍錢「拋書」雜記——兩晤錢鍾書先生〉，香港《明報月刊》第六三期，一九七九年七月。

王安石，〈傷仲永〉，申丙選注《唐宋散文選注》，臺北：正中書局，一九六九。

甘毓津，〈離校五〇年〉，臺灣新竹《清華校友通訊》，第八十三期校慶專輯，一九八三年四月。

伍柳堂，〈對於陳若曦〈城裡城外〉的批評〉，香港《南北極》，第一一八期，一九八〇年三月。

吳世英，〈畢業五〇年雜感〉，臺灣新竹《清華校友通訊》，第八十三期校慶專輯，一九八三年四月。

吳宓，《吳宓日記》，北京：三聯，一九九八。

吳宓，《吳雨僧詩文集》，臺北：地平線（翻印本），一九七一。

吳忠匡，〈記錢鍾書先生〉，收入田蕙蘭等編，《錢鍾書楊絳研究資料集》，武昌：華中師範大學，一九九七。

吳魯芹，〈詹姆斯與斯蒂文蓀〉，香港《明報》月刊，一九八五年五月號。

李歐梵：〈「刺蝟」與「狐狸」〉，收入李歐梵，《浪漫之餘》，臺北：時報，一九八一。

沈剛伯，〈我幼時所受的教育〉，臺北《傳記文學》，一九六二年六月創刊號。

季羨林，《牛棚雜憶》，香港：三聯，一九九九。

季羨林，《季羨林自傳》，南京：江蘇文藝，一九九六。

胡頌平，《胡適之先生晚年談話錄》，臺北：聯經，一九八五。

夏志清，〈重會錢鍾書紀實〉，該文首先發表在臺北及香港報刊，後收入夏志清，《新文學的傳統》，臺北：時報，一九七七。

夏志清，《中國現代小說史》（中文譯本），臺北：傳記文學，一九七九。

康祥，〈錢鍾書在義大利〉，香港《明報月刊》，第三卷第十期，一九七八年十月號。

張明亮，《槐蔭下的幻境——論《圍城》的敘事與虛構》，石家莊：河北教育，一九九七。

十五畫

十六畫以上

十三畫

十四畫

十一畫

十二畫

九畫

胡適 11, 21-22, 29, 44-45, 49
范成大 310-311
曾昭掄 211n, 215n
曾國藩 50, 370n

十畫

七畫

八畫

索引

春山之聲　019

被壓抑的天才：錢鍾書與現代中國

作　　者　湯晏
總 編 輯　莊瑞琳
責任編輯　盧意寧
行銷企畫　甘彩蓉
美術設計　徐睿紳
內文排版　丸同連合 studio
編輯協力　蔡耀緯

出　　版　春山出版有限公司
地址：11670 台北市文山區羅斯福路六段297號10樓
電話：02-29318171
傳真：02-86638233

總 經 銷　時報文化出版企業股份有限公司
地址：33343桃園市龜山區萬壽路二段351號
電話：02-23066842

製　　版　瑞豐電腦製版印刷股份有限公司
初版一刷　2020年8月

定　　價　560元
　填寫本書線上回函

Email　SpringHillPublishing@gmail.com
Facebook　www.facebook.com/springhillpublishing/

國家圖書館預行編目資料

被壓抑的天才：錢鍾書與現代中國／
湯晏作.
－初版.－臺北市：春山出版，2020.08
面；　公分.－(春山之聲；19)
ISBN　978-986-99072-6-2(平裝)

1.錢鍾書 2.傳記 3.中國
782.887　　　109010586

島嶼湧現的聲音
ALL VOICES FROM THE ISLAND